运动创伤学

田　佳　主编

北京体育大学出版社

策划编辑：佟　晖
责任编辑：佟　晖
责任校对：潘海英
版式设计：李沙沙

图书在版编目（CIP）数据

运动创伤学 / 田佳主编. -- 北京 : 北京体育大学出版社，2008.01（2022.7重印）
ISBN 978-7-81100-826-5

Ⅰ. ①运… Ⅱ. ①田… Ⅲ. ①运动性疾病－创伤外科学 Ⅳ. ①R873

中国版本图书馆CIP数据核字(2007)第164515号

运动创伤学　　田佳　主编

出版发行：北京体育大学出版社
地　　址：北京市海淀区农大南路1号院2号楼2层办公B-212
邮　　编：100084
网　　址：http：//cbs.bsu.edu.cn
发 行 部：010-62989320
邮 购 部：北京体育大学出版社读者服务部 010-62989432
印　　刷：北京昌联印刷有限公司
开　　本：850mm × 1168mm　　1/16
成品尺寸：280mm × 203mm
印　　张：17.5
字　　数：482千字
版　　次：2017年3月第2版
印　　次：2022年7月第6次印刷
定　　价：45.00元

编 委 会

主　编　田　佳　北京大学医学部　博士　教授

副主编　胡明鉴　成都市第二人民医院　主任医师

王　玉　成都体育学院医学系　博士　副教授

解　勇　成都体育学院医学系　副教授

编　者　李渝苏　成都体育学院医学系　副教授

伍　兵　四川大学华西医院　博士　讲师

胡毓诗　成都体育学院医学系　硕士

王传恩　成都体育学院附属体育医院　硕士

蒲劲松　成都体育学院医学系　硕士

刘彦娜　成都体育学院医学系　硕士

张挥武　四川省骨科医院　硕士

赵　勇　山东省烟台市烟台山医院　硕士

程中衡　山东省日照市中医院骨科　硕士

王泉巅　四川省骨科医院　硕士

编者的话

现代运动医学学科的发展，始于1928国际运动医学联合会建立以后，而近30年来在全世界发展迅速。随着人们生活和文化水平的提高，体育运动正逐步渗透到人们的日常活动之中，与运动相关的创伤也成为骨科的常见病和多发病。临床上，对于运动创伤不仅要求正确诊断、及时治疗，更要求尽早恢复其运动功能，因而对其治疗及康复提出了更高的目标和要求。随着现代诊疗技术，如影像学检查、关节镜技术、手术器械及各康复技术的迅速发展，使运动创伤学成为当今全球发展最快的学科之一。然而，随着世界竞技体育的飞速发展与大众体育活动的普及，运动性创伤的预防和治疗普遍面临着专业人才匮乏的现象，这本《运动创伤学》教材就是在这种背景下编写的。

本书执笔者有长期从事运动创伤学科教学、科研、临床的学者；有长期工作在运动实践第一线，从事不同项目运动训练监控的医务工作者；也有长期从事中、西医临床骨科工作的临床医生。这也就形成了这本《运动创伤学》的特点：理论与实践相结合，中西医并重。既吸取了国外的先进知识，又体现了中国特色；既有循序渐进的系统理论，又具有实用的诊疗技术。

在编写的过程中，编者始终遵循突出实用性、系统性和全面性的原则，在内容编写上力求体现本门学科的先进性和科学性，并尽可能反映现代运动创伤学的研究进展；在文字上，言简意赅，定义准确，概念清楚，结构严谨，言之有据；本书尽量使用规范的医学名词、术语和法定计量单位，充分体现了教材的科学性、思想性、先进性、启发性和适用性。

希望广大读者能以本书为舟，在运动创伤知识的海洋中遨游。

前　　言

随着世界竞技体育不断向人类的生理极限挑战，以及大众健身运动广泛开展，运动性创伤的发病率逐年升高，运动医学界面临的任务亦日益加重。一方面，了解运动创伤的发生、发展、预后及转归机理，清楚如何更加科学合理地指导运动训练，不仅有利于提高运动成绩，亦有利于预防运动创伤；另一方面，掌握在创伤发生后，如何早期正确诊断、及时合理治疗与康复，更是每一位运动创伤医务工作者应知、应会的基本功，这也是我们编写这本《运动创伤学》的主要目的。

本书根据21世纪高等体育教育精品教材的要求，在查阅了国内外近十几年来最新研究成果的基础上，尽可能地展示现代诊疗技术在运动医学领域的进展，同时结合编者数十年来在运动创伤方面的临床实践和科研成果，从不同的运动项目与人体解剖、生理、病理关系入手，比较深入地探讨了运动创伤发生、发展的基本规律及其机制，特别强调不同运动项目运动创伤的一般规律、诊断方法和处理原则。在诊断与治疗方面，不仅重视医学诊疗技术的介绍，也注重中医中药在治疗运动创伤中的独到之处，力求本教材的内容更加丰富，使之更具现代医学科学性与中国特色，有利于本课程建设的发展。

本书分上下两篇，共14章。上篇着重于运动创伤的总论，分别阐述了运动创伤的范畴与分类、运动创伤的致伤因素和不同运动项目运动创伤的一般规律及特点、检查诊断与现代诊断技术在运动创伤中的运用、中西医治疗和预防运动创伤的方法、运动创伤的康复训练，以及关于肌肉骨骼系统不同组织运动性创伤的概述；下篇重点讲述了在不同的运动项目中，人体各部位（包括头面部、颈与躯干部、肩部、肘部、腕手部、髋与大腿部、膝与小腿、足踝部等）常见的运动创伤。

本书作为运动人体科学专业本科（全日制）教材，主要针对人体运动科学专业和运动医学专业的学生，使之在掌握了本学科基础理论知识的基础上，了解不同运动项目运动创伤的特点和规律、处理原则和方法，从而获得较全面的、实用的运动创伤专业诊疗技术方面的系统训练。也可供运动医学专业、运动队随队医师和临床骨科实习医师参考。

本书最后的附方索引收录了我国著名的中医骨伤科和运动创伤专家郑怀贤教授，以及我国传统的中医伤科经典的组方和方剂。书中的重要条目、专有名词及疾病名称后注以相应的英文，对于某些外来检查方法的名称，根据其特点和国内有关资料，使用便于记忆的名称，原名称附于其后，并在书后附以中英文索引，方便读者查阅。

本书编者具体章节分工如下：

主　编　　田　佳

副主编　　王　玉　胡明鉴　张挥武　解　勇

第一章　　解　勇　王传恩

第二章　　田　佳　王　玉　解　勇

第三章　　伍　兵　李渝苏

第四章　　解　勇　胡明鉴　蒲劲松

第五章　　蒲劲松　解　勇　王传恩

第六章　　张挥武　胡毓诗　田　佳

第七章　　田　佳　胡明鉴　刘彦娜

第八章　　田　佳　胡明鉴　刘彦娜　程中衡

第九章　　王　玉　田　佳　蒲劲松　赵　勇

第十章　　王　玉　田　佳　蒲劲松　王泉巅

第十一章　王　玉　田　佳　蒲劲松

第十二章　胡明鉴　解　勇　胡毓诗

第十三章　田　佳　张挥武　胡明鉴

第十四章　田　佳　张挥武　蒲劲松

在本书的编写过程中，得到了高俊刚、范守正、杨明发等的大力协助及支持，在此一并致谢。

我们希望本书能为初学者提供叩开运动创伤大门的金钥匙，为运动创伤学的发展贡献微薄之力。书中缺点和错误之处，恳切期望广大读者批评指正，以利于我们改进和提高！

目　录

上篇　运动创伤总论

下 篇 运动创伤各论

上　篇

运动创伤总论

- 第一章　运动创伤的范畴与分类
- 第二章　运动创伤的病因与病理
- 第三章　运动创伤的检查与诊断
- 第四章　运动创伤的治疗与预防
- 第五章　运动创伤的康复训练
- 第六章　骨骼肌肉系统运动创伤概述

运动创伤是指在从事体育运动及其相关活动中所发生的各种创伤。运动创伤是影响运动员正常训练与比赛、限制其运动成绩提高的重要原因之一。有效地预防与治疗运动创伤，不但可以使运动员享受运动本身带来的快乐，最大限度地避免或减轻运动创伤造成的痛苦，还可使之在向人体生理极限挑战的同时，保持良好的竞技状态，达到理想的运动成绩，并延长其运动寿命。

本篇主要从运动创伤的范畴与分类、病因与病理、检查与诊断、治疗与预防及运动创伤的康复训练等几个方面，做了重点介绍。目的是使初学者通过本篇内容的学习，了解什么是运动创伤及其发病规律；运动创伤是如何分类的；在各种运动项目尤其是大型比赛项目中运动创伤的发生特点是什么；不同组织在运动创伤发生后的病理过程及其特点是怎样的；如何系统进行全身和局部的检查与诊断；运动创伤的治疗与预防（尤其是从专项训练的角度预防运动创伤）的概述。力求让学生从总体上系统地学习并掌握运动创伤的基础知识，较全面地了解国内外研究成果，为接下来系统地学习不同的运动创伤性疾病奠定坚实的基础。

通过对本篇的学习，应清楚地认识、了解运动创伤的范畴与分类，熟悉各种运动项目中常见运动创伤的发病规律（即流行病学特点），理解并掌握运动系统的不同组织，在不同的损伤阶段的病理变化特点，理解并熟练应用运动创伤诊断中的各种体检方法和现代诊断技术，适时选择正确的治疗原则和康复手段。

第一章　运动创伤的范畴与分类

运动创伤学研究的对象并不仅限于运动员，而是包括所有从事体育运动的一般参与者。运动创伤学涉及运动骨科学及颅脑、胸、腹等创伤学科，是运动医学的重要组成部分，也是创伤骨科学的重要分支。运动创伤学包括生物学基础、临床防治及流行病学研究等3方面内容。运动创伤的临床表现比较复杂，在诊断中不仅要准确判断损伤性质，还要确切掌握创伤的严重程度，以选择合适的治疗与康复手段，判断伤病恢复所需要的时间，决定运动员重返运动场的时机。

本章大体讲解了运动创伤的范畴，从不同角度阐述了目前常用的运动创伤分类方法，力图使读者清楚运动创伤与一般意义上的创伤的联系和区别，同时对运动创伤的分类方法有一个全面的了解与把握。学习本章应重点掌握运动创伤的分类标准，以期在以后的临床实践中能够准确判断伤情，合理运用治疗措施。

第一节　运动创伤的范畴

运动创伤（Sports Injury）是指在从事体育、运动及其相关活动中所发生的各种创伤。它的发生与运动训练的安排、运动项目、运动技术、运动水平以及运动环境条件等因素有关。

运动创伤学（Sports Traumatology）是探讨体育运动中创伤的发生发展规律，研究有效地治疗和预防运动创伤的一门临床学科。运动创伤学涉及运动骨科学及颅脑、胸、腹等创伤学科，是运动医学的重要组成部分，也是创伤骨科学的重要分支。运动创伤学不同于一般的创伤骨科，其任务除预防和治疗运动中发生的创伤和缺乏运动产生的骨与关节疾病之外，还需要研究创伤发生的机理和规律，并和教练员、运动员等一起改进技术动作与训练手段，以提高运动机能及运动成绩，延长运动寿命。运动创伤学包括生物学基础、临床防治及流行病学研究等3方面内容。

一、生物学基础

包括人体结构的运动解剖学和生物力学、创伤修复病理学、细胞生物学及分子生物学等人体科学基础，为临床防治工作提供理论依据。此外，基因治疗、生物医学工程学等方法将被运用于运动创伤学，具有较好的远景。

二、流行病学研究

调查和总结各种运动项目的常见病、多发病及其病因学，分析不同防治方法的疗效，探讨损伤对训练的影响等，对运动多发伤病的防治方法及其运动训练安排，提供参考和指导意见。

三、临床防治

运动创伤后的疼痛和功能受限是运动创伤治疗工作中需要解决的首要问题。慢性软组织损伤是运动系统伤病中最常见、也是运动创伤治疗中的难点问题之一。而严重的意外损伤和多发的运动技术伤病是预防工作的重点。

体育不仅仅是竞技项目，也是健身、益智、娱乐的手段。运动创伤学研究的对象并不只限于运动员，而是包括所有体育运动的参与者。从伤病的发生率来看，不论是绝对人数还是相对比例，业余体育爱好者的运动创伤发病率都远远高于专业运动员。从运动项目来看，不只限于田径、体操、足球等竞技体育项目，还包括健身跑（操）、体育旅游、舞蹈、登山、自行车等许多与运动有关的日常活动。因此，运动创伤的研究含盖人类各种运动，以及与运动相关的活动所致的损伤及其发生原因和机制、诊断和鉴别、防治和康复；不仅要解除病人的伤病痛苦，而且要保护其运动功能。

随着社会的发展，我国《奥运争光计划》和《全民健身计划》的大力实施，无论是竞技体育还是大众体育运动，参与者越来越多，随着参加次数的增加和运动强度的增加，受伤频率也会随之而提高。体育运动中的损伤在长时间内会对运动员产生一定的影响，尤其对于那些由于反复损伤，而没有得到很好治疗的运动员，在其整个运动生涯中都会受到伤病的困扰。运动创伤不仅可以使训练水平高的运动员无法参加训练或比赛，甚者可致残疾或丧失生命。

我国运动创伤的防治自开展以来，许多项目已达到并具备国际先进水平。对各个运动创伤疾病的诊断和治疗积累了丰富的经验，基础理论研究也取得了可喜的成果。具有中国特色的中西医结合防治运动创伤，更是我国运动创伤学的一大优势和特点。

第二节　运动创伤的分类

运动创伤发生后，应当尽早检查，以明确诊断。不仅要判断损伤性质，还要评定损伤程度及其预后。对运动创伤进行分类，有益于分析总结并提出有效的防治措施，从总体上系统地掌握运动创伤的基本情况，对运动创伤的防治具有重要意义。

一、按损伤的程度分类

根据创伤发生后组织器官的破坏程度，以及对运动能力和全身机能影响的大小，分为轻、中、重度损伤。

（一）轻度损伤

日常活动正常，不影响工作，未丧失运动能力，尚能进行运动和训练，仅在运动时感觉不适。解剖结构无明显或只有可逆性微小损害，预后良好。

确认轻伤者，允许按计划进行训练，或应急处理后继续比赛，有时需在保护下进行。

（二）中度损伤

24 小时以上不能工作者，日常生活活动有一定影响，丧失部分运动能力，不能完成大部分训练内容。解剖结构有明显可逆性损害，预后尚好，但取决于治疗和继续训练的相互关系。

确认中度损伤者，短时间内（2 周以内）暂停或减少伤部专项训练，积极治疗，在保护下开始恢复训练。

（三）重度损伤

妨碍日常生活，丧失运动能力，完全不能训练。解剖结构有较大破坏，其预后取决于损伤结构的特性和良好的完整康复治疗。

确认重度损伤者，通常需完全停训并住院接受专科治疗，较长时间（4 周以上）不能恢复训练或比赛。

在运动实践中由于伤病的复杂性，一般意义上的轻、中度损伤，治疗和训练上会有相应的特殊处理。因此，确定损伤的轻重程度，还应按照专项运动的技战术特点，由医生、运动员和教练共同确定其是否对训练或比赛有明显的影响。制订评定指标，有利于估计创伤后果和提出预防及训练安排措施。如青少年运动员早期的关节软骨损伤，虽损伤程度较轻，也不妨碍日常生活，但往往严重影响运动训练，一旦出现，即使是轻度损伤，也应引起重视，减少相应部位的专项运动训练量，并及时治疗；有胸、腹或颅内的器官损伤，呼吸、循环、意识等重要生理功能发生障碍，均属重伤。

二、按损伤后的时间分类

（一）急性损伤

也称为新鲜损伤，指损伤初期。

骨折、脱位通常在 2 周以内的损伤都称为急性损伤。软组织损伤则以3天以内为急性期，3天~2周为亚急性期（功能恢复期），通常2周以后则为慢性期（陈旧性期）。急性期的损伤处理不当或误诊、误治，不仅可转入慢性期，而且可能因损伤组织结构性改变而影响功能，因此，重视软组织损伤急性期的治疗，在软组织损伤的治疗中非常重要。

（二）慢性损伤

在运动创伤中，慢性损伤较多，常由于以下两种情况引起：

1. 急性期处理不当，伤后治疗不及时。伤病未愈，过早进行锻炼。一般急性损伤2周后，进入慢性期，又称陈旧性损伤。后者可能成为诱发再次急性损伤的因素。

2. 劳损，系长期微细损伤积累所致。由于训练安排不当，局部训练过度或负荷量过大而逐渐发生。长期反复的微细损伤积累可以引发可察觉的损伤。这类损伤看似较轻，但往往经久不愈，严重影响训练和比赛成绩，若出现急性发作或继发性损伤则可能导致严重后果。如足球运动员中多发的“足球踝”即是一种慢性的创伤性骨关节炎；篮球、排球等运动中由于长期反复的微细损伤积累而引发的髌腱末端病和髌腱腱围炎等也属于此种情况。

三、按与运动训练技术的关系分类

（一）运动技术伤（sports technopathy）

与运动技术特点密切相关，多数为过劳伤（overuse injury），少数为急性伤。如因投掷而引起肱骨螺旋形骨折，空翻等动作使踝过伸后爆发用力导致跟腱断裂等。尤应注意的是有许多运动技术伤，虽仅在大运动量训练时才出现疼痛，日常活动并不受影响，属轻伤范畴，但却严重影响运动训练及运动成绩的提高，甚至影响运动寿命。可见科学训练和医务监督是防治运动创伤十分重要的环节。

（二）非运动技术伤

与运动技术无明显关系，多为意外伤。对此类损伤应重视预防工作，制订完善的比赛规则和重视防护是防止严重意外损伤的关键。

四、按损伤皮肤、黏膜的完整性分类

皮肤是覆盖人体表面的组织，在运动中很容易遭受暴力而致损伤。受伤部位的皮肤或黏膜保持完整，深层组织没有裸露称为闭合性损伤（closed injury）；受伤部位皮肤或黏膜破损，甚至伤及深部组织，使之与外界相通，称为开放性损伤（open injury），此类损伤容易并发感染。

五、按损伤性质分类

致伤的原因与运动创伤的病理改变密切相关，故按此分类的方法较为常用。

（一）扭伤（sprain）

关节的被动活动超越了正常的解剖学范围（可动区域），导致关节周围的肌腱、韧带、关节囊、滑膜受到牵拉而被撕裂、甚至断裂，称为扭伤。如足的内翻或外翻造成踝关节的扭伤。扭伤是运动中最常见的创伤。

（二）挫伤（contrusion）

体表受到钝性器械的打击或其他外力直接作用下，使皮下软组织、肌肉、韧带或其他组织受伤，而伤部皮肤往往完整无损或只有轻微损伤，称为挫伤。挫伤的程度根据组织所受的压力、内出血的程度来判断。临床早期表现为伤处肿胀、局部压痛，之后逐渐出现皮肤青紫，皮下瘀血，严重者可导致肌肉组织的损伤和深部血肿。

（三）拉伤（strain）

拉伤是指肌肉、筋膜及肌腱附近的组织因受牵拉性外力所致的组织部分撕裂或完全断裂。肌肉拉伤主要发生在肌－腱移行部位或肌腹，表现为程度不等的肌纤维或肌－腱结构的损伤。轻度肌肉拉伤，仅有少量肌纤维断裂，最主要的是肌纤维被过度牵拉引起的反射性的肌痉挛和收缩；中度肌肉拉伤，为部分的肌纤维断裂，肌力可能无明显下降；重度肌肉拉伤，指肌肉断裂、肌－腱移行部的分离、腱止点的撕脱骨折，多有肌肉功能的丧失，血肿的形成。自然愈合需经过血肿的形成与吸收，也可能由于纤维肉芽细胞的再生而形成瘢痕组织。

（四）骨折（fracture）与脱位（dislocation）

骨折是指骨的连续性或完整性遭到破坏。根据骨折端是否与外界相通可分成开放性骨折和闭合性骨折两种，后者包括一般骨折和疲劳性骨折。

脱位是指构成关节的骨端对合面的正常解剖结构异常改变，发生移位。通常伴有关节辅助装置（如关节周围的韧带、肌腱）的损伤及关节功能的障碍。根据关节的移位程度可将关节脱位分为全脱位和半脱位。全脱位指关节面完全移位分离，半脱位则为部分移位，通过 X 线检查有助确诊。

（五）浅部软组织创伤

1. 擦伤（rubbing）

跌倒时，皮肤擦过粗糙面可造成擦伤，检查时可见明显皮肤擦痕及散在的小出血点，受伤面积较大。

2. 裂伤（laceration）

皮肤受到钝性暴力打击，出现不规则的皮肤裂口，可直达深筋膜浅面，有时亦可合并肌肉组织损伤和出血。

3. 割伤（incised wound）

快速运动的肢体遇到锐利的物件，造成皮肤和皮下软组织或黏膜裂开，伤口边缘较裂伤整齐。腕和手指部割伤常可伤及深部的肌腱、血管、神经，出血较多。

4. 刺伤（pricking/punctured wound）

这是尖锐的物体刺中身体的某一部位而造成的损伤。如击剑运动护身以外的部位被剑击中。此类伤口多不大，但部位较深，深部的重要器官组织也可能被刺伤；若有异物折断于伤口，则更应引起重视。

六、按损伤的组织结构分类

人体各部位的组织器官有各自的结构和功能特点，伤后病理改变亦各不相同，需区别对待。人体运动系统除骨骼以外的肌肉、肌腱、韧带、筋膜、滑膜、关节囊等组织，以及周围神经、血管的损伤，称为软组织损伤，在运动创伤中发病率最高。肌肉、肌腱、韧带、筋膜、滑囊、关节囊急慢性损伤的主要病理改变，表现为结缔组织的损伤性炎症及变性；关节软骨的急性损伤多为切削伤、旋转挤压伤、撞击伤等，而慢性损伤主要为软骨的退行性改变；最常见的运动性骨组织创伤包括疲劳性骨膜炎、疲劳性骨折、撕脱骨折、螺旋骨折、短骨骨折等；运动性神经组织损伤以牵拉、压迫、粘连等原因致伤多见，完全断裂较少见；其他组织器官损伤包括内脏器官损伤、眼挫伤、齿损伤，以及冻伤、烧伤等。

另外，按部位分类可分为颅脑损伤、头颈部损伤、胸腹部损伤、腰背部损伤、肢体损伤等。

本章小结

（1）运动创伤学探讨体育运动中创伤的发生发展规律，研究有效地治疗和预防措施，是运动医学的重要组成部分。运动创伤学包括生物学基础、临床防治及流行病学研究等三方面内容。

（2）按照专项运动的技战术特点，医生、运动员和教练员共同确定运动创伤的轻重程度。

（3）由急性损伤转变而致的陈旧性损伤，在治疗及康复训练上不同。

（4）按损伤性质将运动创伤分为扭伤、挫伤、拉伤、骨折与脱位、浅部软组织创伤。

讨论题

（1）运动创伤学不同于一般的创伤骨科学。

（2）在不同运动项目中，小指骨折经医学处理后 2 周，是否都是严重损伤，举例说明。

（3）运动创伤按其与运动训练技术的关系分类有何临床意义？

推荐阅读参考文献

曲绵域、于长隆，实用运动医学，第四版，北京大学出版社，2003：本书关于运动创伤的概念及其范畴做了较详细准确的阐述。

王亦璁，骨与关节损伤，第三版，人民卫生出版社，2001：本书第一章对常见损伤做了详细的分类，并对每一类的损伤特点及病因做了详细介绍。

陈启明、秦岭，骨科基础科学，第二版，人民卫生出版社，2001：本书从组织学角度详细介绍了各类损伤的特点及愈合过程。

第二章　运动创伤的病因与病理

运动创伤是运动医学的重要组成部分，其主要任务是探讨体育运动中创伤发生的规律，研究有效的预防和治疗措施，尽可能减少创伤的发生，以促进运动技术水平的不断提高和体育运动的广泛开展。

由于造成或引起运动创伤的机制和原因十分复杂，在日常训练或竞技比赛中，难免发生不同程度的运动损伤。运动员、教练、随队医务人员在运动现场早期发现运动创伤，施以恰当的急救处理，是保证运动员顺利康复、延长运动寿命的必要条件。为了预防和及时、有效地治疗运动创伤，必须对造成损伤的机制和原因有充分的了解。

运动者和指导者应当高度重视预防运动创伤。事实证明，运动创伤的发生，多与体育教师、教练员训练经验不足，医生缺乏运动医学知识，未能完善地进行医务监督有关。如能注意总结经验，广泛宣传并提高理论和业务水平，很多运动创伤是可以预防的。因此，为了有效预防和及时治疗运动创伤，把研究运动创伤的病因、病机与早期妥善处理放在同等的地位，是运动创伤学中最基本的观点之一。

第一节　运动创伤的致伤因素

运动创伤尤其是慢性损伤，往往由多种因素造成，并且这些致伤因素不是彼此孤立的。从预防损伤发生的角度来看，有必要对每一种损伤的因素加以研讨和分析。各种运动项目都有其各自的特点，但总的说来，运动创伤的产生是运动员的身体条件、心理素质、训练方法及环境因素等内外因素综合影响的结果。

一、身体因素

（一）年　龄

青少年运动员由于骨骼肌肉系统尚未发育成熟，骨骼的弹性和柔韧性较大，骨化尚未完成，而骨的长径生长与骨周围肌肉肌腱发育相比，前者显得较慢，所以在骨的突起部、肌肉肌腱附着部容易发生损伤，出现肿痛；肌肉的发育尚不平衡，小肌肉群的发育较大肌肉群慢。因此，青少年运动员抵御外力的能力较弱，易发生骨折、肌腱末端病及特发的骨骺慢性损伤等运动损伤。青少年时期腰部有损伤史的运动员，以后慢性腰痛的发生率较高。青少年运动员长时间负荷较大的动作，如田径运动员冬训期间的速度耐力训练（100 米 ×10 组 ×1 周），（艺术）体操运动员的静止性动作练习时间过长等单打一的专项训练，往往造成局部肌肉、韧带的慢性劳损；同时也使身体处于过度疲劳状态，造成少年对运动丧失兴趣，精神萎靡不振，运动能力不能持久，而且会过早结束运动员生涯，甚至往往带来深远的不良影响（肢体畸形、外伤、内脏器官功能下降，严重者可出现各种神经精神症状）。

关节由骨和周围的关节囊、韧带等组成。在韧带受到暴力损伤时，骨和软骨往往先出现损伤；在中老年运动员中，脊柱和关节的柔软性降低，加之维持稳定的力量降低，由应激动作造成的运动创伤并不少见，特别在高龄运动员中，由于应激保护反应和视力减弱，下肢肌力下降，常易发生失跌外伤。

青少年损伤最多见的是骨折，其次是扭挫伤。而在高龄组中软组织挫伤占首位，骨折占第二位。不同年龄的运动创伤具有不同的特点

(图 2－1)。

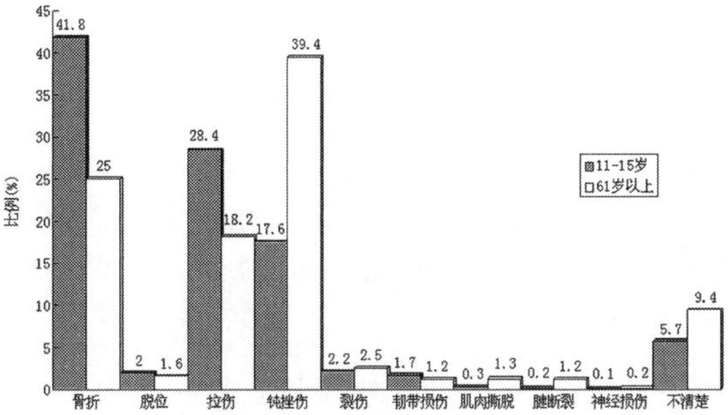

图 2－1 青少年与高龄组运动创伤特点

(引自陈中伟，1996，158 页)

(二) 性 别

成人身体各部分横断面中骨骼肌、脂肪含量是有一定的差别的，如女性的上臂横截面中脂肪含量明显超过小腿甚至大腿部，男性与女性身体内脂肪含量有明显的差别。

由于男性和女性机体解剖和生理机能的不同，易发生运动损伤的部位和损伤类型也有所差异。其中，性别差异最引人注目的是运动对女性激素的周期性分泌的影响。女子马拉松运动员经长时期训练后，月经周期往往出现紊乱，造成雌激素分泌低下，已知这是造成疲劳性骨折的原因之一。另外，中老年妇女，尤其在 50 岁闭经后骨盐量急剧减少，出现骨质疏松，在运动时一个并不很大的暴力也可造成骨折。从解剖的角度来看，女性上肢提携角常大于男性，在做上肢支撑动作时，易引起关节周围组织损伤。女性比男性更多见到轻度膝内翻畸形，这种下肢力线容易造成膝小腿肌肉的积累性劳损，导致出现疲劳性胫骨疼痛。最近的调查发现，女子足球员前十字韧带受伤的比例比男子足球员高 2～8 倍，其中 16～17 岁的女孩最容易受伤，而且大多数都发生在无身体接触情况下。

(三) 体 格

Backous 曾对青春期运动员的身高和握力进行测定，发现身材高大的运动员握力相对较弱，这类运动员运动创伤的危险度增加。体重或肥胖者，因体内脂肪多，肌肉欠发达，身体欠灵活，运动中耐久力及肢体的协调性较差，故抵御暴力的能力较低。

机体屈肌群与伸肌群肌力的不平衡，也是造成运动创伤的一个极重要的因素，例如膝的伸屈肌力比不平衡（尤其常见于女运动员），容易发生膝关节周围组织的损伤，尤其是大腿后侧肌群（屈肌）容易发生肌肉撕裂伤。肌力软弱，不能保证关节的动态稳定时，易发生关节损伤，这在青少年运动员中发生率较高。轻度结构异常如肘提携角或膝外翻角（Q 角）过大时，运动应力分布不匀，使关节及其周围组织结构易受损伤。

(四) 解剖生理弱点

在各项运动项目中，因特殊技术要求及特点，可引起有一定规律的专项多发病（“职业病”）的发生。其发生是由技术要求和某些部位的生理解剖弱点两方面的因素决定的。其中，有的是急性损伤，如体操运动员的（单杠）前臂卷缠骨折、自由体操运动员跟腱断裂等；而大多数则是长时间、周期性负荷积累造成的，属于过劳损伤，如跨栏运动员的坐骨结节末端病、羽毛球运动的椎板疲劳性骨折（峡部不连）、足球踝、投掷肘、网球肘、髌骨软化症等。

人体运动器官解剖生理结构不能适应运动训练的特殊要求，是运动创伤的潜在原因或解剖学原因。运动器官不能适应过于频繁的运动应力，从而引起局部结构损伤，其中微小的组织损伤未及时愈合时可积累成慢性损伤，较为严重的结构损伤则表现为急性损伤，代表性损伤如髌腱末端病和肩袖损伤。另一方面是运动器官不能适应体育训练中异常方式的运动应力负荷而引起局部结构损伤，例如体操运动中大量的身体倒立动作使上肢异常负重，肩、肘、腕等关节易受损伤。

应当指出，人体运动器官解剖生理结构不能适应运动训练的特殊要求，是运动创伤发生的潜在原因或解剖学原因。这是客观存在的，只能说有了发生外伤的可能，但不一定都必然会发生外伤。

（五）其 他

大多数的体育运动是一侧性的活动。长时间进行相同的体育运动会使身体的某一特定部位异常地发达，引起身体不均衡发展，形成身体姿态的不均衡，是产生运动创伤的原因之一。

运动员自身状态不良，疲劳、疾病、恐惧及心理状态不良等，都会使注意力不集中，竞技状态下降，对运动训练特别是比赛过程中遇到的意外状况，缺乏敏锐的判断和快速准确的保护反应，运动创伤发生概率就可能会增加。

二、心理因素

心理因素在运动中对运动员来说有非常重要的影响。良好的心理状态，可使运动员在比赛中发挥出较高水平；心理状态不稳定时，不仅不能使运动员发挥正常水平，顺利进行正常的训练和比赛，甚至会导致运动员在运动中的严重损伤。

如运动员注意力不能集中，或者集中注意力持续时间不长，不能对自身有效地控制，在从事冰球、橄榄球、足球等冲撞性运动时，发生损伤的危险度增加。青春期运动员，精神状态相对不稳定，往往出于某种原因而进行不科学或持续的超负荷训练，容易产生身心疲劳，运动创伤的可能性也随之增大。再如，过分紧张、高度兴奋的运动员也易发生运动创伤，如奥林匹克竞赛或国际大赛，由于赛前的强化训练，或是连续参加重大比赛时的紧张情绪、身心疲劳尚未调整完善，即使是优秀运动员也可能发生扭挫伤、骨折等损伤。

中老年运动员参加比赛，由于既定目标过高、过度的竞争心、精神压力大或参加力不能及的比赛，也易出现重大损伤。

容易出现运动创伤的个体心理因素包括：害怕竞争的心态、情绪受到压抑、被迫参赛的心理、企图逃避竞技和自卑的心理、心身症以及诈病。

三、训练因素

运动训练的内容包括准备活动和整理活动、一般身体训练（力量、速度、耐力、灵活性）、专项技术训练、战术训练以及道德品质和心理训练几个方面。运动创伤的发生不仅与从事的训练专项密切相关，也与运动员身体素质训练有关，忽略了任何一种训练或训练不当都会发生运动创伤。如果由于训练安排不当，局部训练过度，可进而逐渐发生慢性运动创伤；而对于技术不熟练的运动员，训练负荷量过大，多出现急性运动创伤。如没有准备活动，肌肉从安静状态突然进入激烈的工作状态可引起肌肉拉伤甚至断裂。

事实上，有不少运动员经过多年训练，成绩稳步提高而未发生外伤。由此分析运动损伤的原因，多与不恰当和不科学的运动训练有关。

身体因素和训练因素是发生运动创伤的两个因素，是潜在的矛盾对立的两个方面，是对立的统一，也是客观存在的。在以上因素的基础上促使外伤发生的人为因素有以下几个方面。

（一）训练方法与训练的强度和量

1. 训练方法与技术

技术因素指在运动中，运动员对运动项目正确的技术动作和要领的掌握程度。运动员的训练包括准备活动和整理活动、身体素质训练（力量、速度、耐力、灵活性）、专项技术训练、战术训练以及道德品质和心理训练，忽略了其中任何一种训练或训练不当都会发生运动创伤。

从生理学的角度讲，运动中对每一项训练都是条件反射的建立过程。要成为一个全面训练的运动员，需要一定的时间，更需要有长远的训练计划，才能打下良好基础。在这个过程中，如果对专项技术训练不够，动作要领掌握不好，条件反射的定型就不巩固，容易发生外伤。同时，运动员由于自身的身体条件、技术水平的限制，以及选择不适宜的运动种类，损伤的发生率将会提高。例如，女子足球员膝前交叉韧带受伤的比例明显高于男子足球员（2～8 倍），其中 16～17 岁的女孩发病率最高，且受伤时并无冲撞接触，这与女足球员起跳落地时缺乏缓冲，以及其膝伸屈肌力比不平衡有关；体操运动员练习空翻转体 360 度时，如果掌握不好，尚未完成 360 度即落地，就很容易摔伤；青少年运动员在辅助性柔韧性训练中，压腿、振肩等动作过猛或教练人为施加震颤性暴力后，常会引起肌肉拉伤。此外，一般身体训练不够，也是发生运动创伤的重要原因，但这一因素往往被忽略。如肩、踝部肌肉和肌腱力量训练水平不够是体操运动员这些部位容易受伤的直接原因。

不遵守训练原则，盲目追求快出成绩，不顾年龄、性别、伤病情况和训练程度的差别，尤其是青少年运动员的身体状况和训练水平，在缺乏身体全面训练的基础上集中于专项训练或者训练安排不当，或盲目采用大运动量或“单打一”的训练方法，均是发生运动创伤的重要原因。如排球运动员扣球差则每次训练课都集中练习扣球，最后发生髌骨软骨软化及肩袖炎的例子已相当普遍，许多优秀运动员都因而提前退出集训队。因此，科学的训练方法不能不引起重视。

训练中缺乏保护与帮助，这在体操与技巧项目中尤为突出，教练员与运动员都应重视保护与自我保护，正确使用某些粘膏支持带和护具。

准备活动不充分，神经系统和内脏器官没有充分动员起来，微循环状态不良，肌肉伸缩能力欠佳，力量不能很好发挥，动作不协调，容易受伤；准备活动量过大，容易发生疲劳，当进入正式运动时，身体机能有所下降，易发生动作失误而受伤；准备活动内容安排不当，做准备活动时未遵循循序渐进的原则，一开始就用力过猛，可使运动员在做准备活动时受伤；准备活动的内容与运动项目的基本内容结合不好，缺乏专项准备活动，运动中负荷较重的部位机能没有改善，容易受伤；未掌握好准备活动时间，距比赛时间过长，当比赛开始时，准备活动的作用已经消失，容易受伤。

2. 训练的强度与量

大运动量是提高运动员训练水平和技术所必需的，但运动量过大、时间过长、频率过高，缺乏必要的间隙和节奏，超过身体的机能潜力，就会破坏内在的稳定，造成身体运动集中的部位处于疲劳状态，出现损伤的高发生率。下肢过度训练时可表现为过度使用（overtrain）症状：出现疲劳性骨膜炎、慢性小腿骨筋膜室综合征、应力性骨折、跟腱和髌腱腱围炎等。疲劳性损伤与运动量大小，尤其与周期性运动项目的强度大小及频率有密切关系。开始时仅在大运动量训练后出现，若未及时采取措施，则症状逐渐加重，在中、小运动量训练后也可出现。

大强度的训练和比赛后，全身或局部都会产生一定的疲劳，伴机体机能的暂时下降，如果不采取有效的恢复措施，使疲劳及时得以消除，疲劳积累就会形成过度疲劳。由于专项技术要求，可使局部负荷过度产生局部疲劳，表现为局部肌肉僵硬，关节活动度降低，肌肉、肌腱和韧带弹性减弱，局部酸痛等，这些现象如果未能及时消除，就会使局部生理负担能力下降，可造成急性损伤，也容易使细微损伤积累而形成慢性损伤。

（二）意外损伤

意外损伤多属于非技术类损伤。由于运动比赛项目种类繁多，几乎所有交通、工业以及战争中所能发生的创伤（除原子、化学武器伤之外），在运动比赛中都可能发生。这些外伤的预防，一靠规范的技术动作和法规，二靠各种有效的保护装置，如护膝、护肩、头盔等。

四、环境因素

（一）自然条件与人工环境

1. 自然条件

影响运动创伤发生的自然环境因素包括气候、湿度、温度等等，尤以季节和气候最为突出，如光线不足、雨后路滑、气温过高或过低等，也能引起创伤。

气温过高还可能发生中暑。在冬季进行滑雪、滑冰等运动时，会常常发生冻伤，尤其是转换训练或比赛场地时，由于空气湿度和风速的变化，发生冻伤的机会更大。此外，一天中 13：00～16：00 时为滑雪运动创伤高发时间，这可能与这段时间中运动员的精神状态与机体机能状态较差以及雪的质量等因素有关。寒冷和潮湿的气候，会使运动创伤的发生率显著增加。其原因是由于寒冷使肌肉的活动能力、弹性和机械耐力下降，关节活动的灵活性和肢体的协调性降低，当运动技术动作失误时，极易导致肌肉韧带等软组织的损伤。如下肢肌肉损伤频发于4、5、6月（日本1985），可能是亚洲地区的这几个月梅雨季节湿度增大、日间温差较大等因素所致。登山运动或高原训练比赛时，随着海拔的增加，空气中含氧量逐渐降低，导致运动员呼吸困难，精神状态改变，容易出现创伤。

2. 人工条件

运动装备（器械、服装、场馆）不恰当或损坏，包括田径场地不平、太硬，单杠固定不好，摩托车比赛不用皮靴和硬帽盔等保护装备，都会造成运动损伤。

（二）医源性因素

1. 缺乏医务监督

参加运动的人必须进行体格检查及运动机能评定，为教练员提供全面的信息，以便科学系统的安排训练。

缺乏医务监督或医务监督措施不力，是比赛或训练时发生运动创伤最重要的原因之一。而教练员、运动员不重视医生的意见，或对加重外伤的原因认识不足，以至于允许已有伤病或过度疲劳的运动员参加训练或比赛，常常引起创伤或促使运动员伤病加重，甚至造成更严重的后果。

2. 医疗手段的滥用和误用

服用合成类固醇可使肌肉力量的增长成为一个超常的爆发过程，迫使肌腱不得不承受因此产生的、难以控制的肌力增长，而肌腱的血液供应也相应受到限制；另一方面合成类固醇的应用又可使结缔组织（韧带和肌腱）失去弹性，发生肌腱炎。因此，运动员使用合成类固醇后，会感到肌肉发胀、发紧和变硬，甚至痉挛。在此情况下，运动员又从事高强度力量训练，就常常会发生肌肉拉伤，加上肌腱的病理变化，更易导致肌腱的撕裂或断裂。

另外，不适当的服用肌酸（一种增加肌肉力量的营养剂，非兴奋剂范畴）也会出现同样的危险。

局部封闭治疗时，误注射入肌腱内，常常会引起肌腱的脆性变，继而导致肌腱断裂。

第二节　运动创伤的流行病学特点

一、运动创伤的一般规律

运动创伤主要发生在运动系统，以四肢和腰背为高发部位，并有其独特的发病特点。

（一）轻度创伤多

轻度运动创伤是指伤后能按原计划进行训练的创伤，运动创伤发生率较高。由于这类轻度运动创伤多属于运动技术伤，虽损伤程度较轻，也不妨碍日常生活，但往往严重影响运动训练和运动成绩的提高，一旦出现，即使是轻度损伤，也应引起高度重视，减少相应部位的专项运动训练量，并及时治疗。

轻度伤的治愈标准，不能满足于症状的消除，而应努力使之恢复到伤前的运动水平。

（二）软组织创伤多

运动创伤以软组织损伤多见。软组织损伤以肌肉、筋膜、肌腱、腱鞘、韧带和关节囊损伤最多，其次是关节软骨、半月板、腕三角软骨盘、肩袖等损伤。运动创伤流行病学调查显示，患病率前5位的运动创伤为腰背肌肉筋膜炎（14.48%）、踝关节腓侧副韧带损伤（4.49%）、膝关节半月板损伤（4.20%）、肩袖损伤（4.07%）、髌尖末端病（3.57%）。

（三）慢性损伤多

在运动创伤中，慢性损伤较多，而且与运动项目的特点有着密切关系。慢性损伤是指局部过度负荷、多次细微损伤积累而成的损伤，或由于急性损伤处理不当转化而来。训练安排不当，局部训练过度或负担量过大；急性创伤伤后治疗不及时，伤病未彻底治愈而过早参加训练比赛，多次损伤积累都会形成慢性损伤。如胫骨疲劳性骨折、胫骨疲劳性骨膜炎、腕舟骨胫骨疲劳性骨折、髌骨劳损、足球踝、慢性腱鞘炎等。

任玉衡等在2000年报道了6810名运动员的运动创伤流行病学调查，结果表明慢性损伤占78.9%，急性损伤占21.10%。

（四）复合伤多

坚持长年训练的专业运动员，往往有多处复合损伤；初涉运动或缺乏科学指导盲目自练的人，尤其是青少年，也会此伤未愈，彼伤又起。

（五）复发率高

损伤的复发是体育运动训练中的一个十分重要的问题。尤其是慢性损伤与运动训练方法及技术动作的密切联系，是运动创伤复发率高的主要原因。严重的损伤多次发生，复发损伤程度的加重及复发的频度加快很常见。这些主要是由于在功能恢复期间对损伤不重视治疗或进行了不恰当的治疗引起的。另外，从受伤到恢复前，如果带伤坚持训练，不仅损伤得不到彻底的根治，还必然引起复发。忍受疼痛这种不屈不挠的斗志值得夸奖，但认为这才是勇士的行为则是非常错误的观点，这样的想法不仅对运动员，甚至对教练员来说也是有害的。

受伤的运动员在重返运动场之前，要考虑多种因素，包括受伤的种类、从事的体育项目、潜在的危险性、年龄及运动员的性格等等。过早地返回运动场，伤病复发的危险性及引起身体其他部位发生损伤的危险性非常高。虽然有些运动员对疼痛的忍耐度较高，能忍痛参加训练或比赛，但疼痛会破坏已经建立的正确技术动作或（和）形成错误的技术定型，将对运动成绩的提高极为不利，同时埋下再次受伤或引起新的损伤的危险性。是否已经恢复，不能单纯凭主观意志来决定，而是要用客观的评价标准来判定。

二、不同运动项目运动创伤的特点

（一）田径运动创伤的特点

田径运动包括田赛和径赛，以跑、跨、跃、跳、投掷等主要动作为特点，极易造成相应部位的肌肉、肌腱和关节韧带损伤。

1. 跑　类

无论是以前足部着地的短距离赛跑，还是以足跟部着地的长距离赛跑，下肢负荷均最大。以270米/分的跑步速度计算，足底所承受的力大约是体重的2.7～2.8倍（Cavanagh），因而跑类运动最常见的损伤部位是下肢。

短跑运动是以最快速度在最短时间内跑完规定距离的典型周期性无氧代谢项目。其特点是工作时间短，强度大，要求运动员神经反应快、灵活性高，具有良好的速度、力量素质和爆发力。短跑运动员的绝大多数损伤发生在训练或比赛中。在短跑运动时，大、小腿后肌群屈曲用力后蹬，肌肉做主动猛烈收缩，易引起肌肉损伤，大腿后群肌肉损伤尤多。而跟腱拉伤、踝关节及膝关节扭伤等也很常见。短跑比赛中急停，可引起髂前上棘的撕裂。

中长跑和马拉松跑是周期性耐力性运动项目。运动员的损伤以慢性损伤为主。跑距越长，慢性损伤（尤其是踝部和腿部）的发生率越高。中长跑的损伤主要是会阴部和大腿根部擦伤、足趾伤、胫腓骨骨膜炎、胫腓骨疲劳性骨折、膝外侧疼痛综合征等。

跨栏跑最易发大腿后群肌肉位伤，其次是膝关节和腰部损伤。跨栏运动员准备活动不充分或技术动作不正确可引起髂腰肌及其周围滑囊的损伤。跨栏时摆动腿方向不正，摆动腿着地时脚尖偏左或偏右，身体失去平衡，可造成踝关节或膝关节损伤。跨栏时起跨点太近，容易踩栏使身体失控造成摔伤。腿部和踝关节力量差、下栏后支撑不稳易引起踝关节损伤。在栏上平拉腿没有放平，踝关节低，小腿内侧或踝关节碰击栏板可引起膝关节和踝关节损伤。跨栏运动员上栏时还可能损伤梨状肌。

2. 跳　类

跳类运动包括跳远、三级跳远、跳高、撑竿跳高，均是周期性的无氧代谢项目。跳跃动作与跑相比，着地瞬时冲击载荷较大。此外，在身体某些部位，尤其是下肢肌肉骨骼系统，由于突然减速、制动，需增加做功以吸收和缓冲冲击力，维持关节的稳定，结果导致关节部位应力集中。例如，在跳远着地时，股四头肌需要强烈地收缩，以缓冲冲击载荷，并维持膝关节的稳定性与一定的角度，故膝关节最易出现损伤。

跳远运动是一项综合性的全身运动，由助跑起跳、腾空、落地组成。跳远运动员必须具有很好的速度和力量素质，特别要求运动员有很强的伸膝和屈髋力量以及较强的爆发力。该项目具有高速度、高强度的运动特点，在上板起跳的瞬间腰部要承受很大的冲击力量，因而创伤时有发生。研究证明，在跳远起跳时，身体承受的最大垂直地面反作用力是运动员体重的 12～20 倍，当起跳时下肢各关节会受到一个短暂而突然的超大负荷。若脚着地时出现技术错误，则更易发生足部损伤。踝关节的软组织损伤是跳远运动最常见的损伤，尤以踝关节内侧韧带损伤常见。在跳远起跳过程中，膝和踝关节被动弯曲之后又猛然伸展，可使起跳腿因受到强大的张力作用而引起伸肌的损伤。不正确的身体姿势下进行起跳练习，会使脊椎受到强烈撞击，引起腰椎的张力性骨折。

三级跳远是以三步跳跃来实现用力蹬地和空中移动的。常见的损伤有大腿后部肌群肌肉软组织挫伤、髌骨腱周炎等。

跳高和撑竿跳高属于跳跃运动中的高度项目，要求运动员必须具有很好的垂直速度，同时具有很好的弹跳力和协调性。背越式跳高技术是由助跑、起跳、过杆和落地四个部分组成，其中起跳是整个跳高技术的关键环节。起跳技术由着地、缓冲和蹬伸三部分组成，在跳高的训练和比赛中，起跳阶段损伤最多，其中踝和膝的损伤最为多见。背越式跳高起跳脚着地方式不正确，易造成脚掌中部受伤。撑竿跳高最常见的损伤部位是肩关节。在跳高运动中，腰部背伸动作过频，可引起腰部肌肉疼痛、腰椎损伤、甚至椎弓崩裂和腰椎滑脱。

3. 投掷类

投掷项目包括标枪、铅球、链球和铁饼 4 种。投掷项目要求运动员在短时间内推动自身体重快速运动，同时对投掷器械施加爆发性力量，这对运动员的力量素质要求很高。常见的是肩部、肘部的肌肉和韧带损伤，严重的可引起肱骨骨折。在举手位投掷过程中，肘关节被强制性固定在外翻位，前臂轻度旋前，肘轻度屈曲时，内侧副韧带紧张，在投掷一瞬间，肘内侧软组织容易发生损伤（图 2－2）。

图 2－2　标枪运动员投掷过程

（引自陈中伟，1996，199 页）

在对标枪运动员损伤的调查中发现：标枪运动员重度损伤少，中度和轻度损伤多。肘部损伤率最高，其次是膝、腰、肩、踝等部位。投掷标枪在最后出手时，速度快，全身力量通过投掷臂、手腕和手指作用于标枪的纵轴上，如在掷出标枪时形成以肘带肩的错误动作，易造成肘部肌肉和韧带拉伤（标枪肘）。在标枪投掷过程中肩外投枪、撇枪和推枪等技术错误是导致肘部损伤的重要原因。标枪肘发生在投掷臂右侧肘部，损伤易发生于“满弓”与投掷阶段，其次为引枪和交叉步阶段，而发生于出手和助跑阶段的损伤少。而在铁饼运动员的损伤中，膝关节损伤占主要地位，以半月板、交叉韧带损伤及髌骨软骨病为常见。铁饼运动员的损伤绝大多数发生于训练开始和结束阶段，而只有极少数发生于比赛中。

投掷运动员长期进行被迫重复性旋前动作可发生旋前圆肌运动性肥大，对前臂近端正中神经造成压迫，引起旋前圆肌综合征。掷铅球和铁饼比标枪更易发生前臂屈肌群损伤。在专项训练时，投掷臂过低，肩部肌肉猛烈收缩，易造成肩部肌肉或韧带拉伤。投掷运动的许多技术动作都需腰部动作的配合，过多腰部动作的练习可引起腰扭伤。投掷用力后需两腿具有很强的支撑制动力，如膝踝关节力量不足，两腿着地支撑制动不稳固，易造成膝、踝关节内侧韧带扭伤。投掷运动腰过伸，可能引起椎板的疲劳骨折。

（二）游泳与跳水运动创伤的特点

1. 游　泳

Kennedy（1974 年）对 2496 名加拿大游泳运动员进行了流行病学调查，揭开了游泳运动创伤调查研究的序幕，以后各个国家均进行了大量的研究，结果发现：与其他竞技项目比较，游泳导致运动创伤的发生率相对较低，为 1.9% ~ 26.64%，但溺水和跳水时的脊髓损伤以致死亡的危险性还是存在的。

游泳的运动损伤与游泳技术特点密切相关。运动员在水中浮行时，重力的负荷消失，需要通过反复快速的上肢划水及下肢打水动作提供动力，在蝶泳中还需通过腰椎反复屈伸提供一部分动力。因此，游泳运动损伤多发生于腰、肩、下肢关节周围的肌肉、肌腱、韧带和小关节上，其创伤的好发部位由高到低依次为腰、肩、膝、踝、颈、腕等，以慢性损伤为主。即使存在一些慢性损伤，多数运动员仍能参加游泳训练和比赛。除蛙泳外，竞速游泳的推进力主要由上肢运动获得，因此上肢的肩关节损害比较多见。腰部损伤多发生于蝶泳运动员。膝部损伤多见于蛙泳运动员。

游泳肩是常见的肩部损伤，不同调查游泳肩的发生率差异很大，从 3% ~80%。游泳肩由 Kennedy 最先提出，他认为游泳肩是冈上肌和肱二头肌与喙肩韧带反复摩擦撞击所引起的撞击综合征。

腰部肌肉损伤是游泳运动员常见的运动损伤。在游泳过程中，腰部肌肉保持紧张状态，使身体尽量和水面水平，以减少阻力；蝶泳时以腰椎过伸、屈曲的反复动作作为推进力，腰部的爆发力更为重要。如游泳姿势不正确就会进一步加重腰部负荷，引起腰部肌肉损伤。国内外的研究表明，不适当的陆地训练也是造成游泳运动员腰部肌肉损伤的重要原因。如过多进行膝伸展位、踝关节制动的仰卧起坐练习。在蝶泳运动员中疲劳性的腰椎椎弓崩裂等腰部损伤也相对比较多见。

膝关节内侧副韧带损伤引起的膝关节不稳定称为蛙泳膝。在 Kennedy 的调查中，蛙泳膝在游泳运动员中的发生率为 2.9%。膝关节在伸直位或屈曲位时，任何引起腿突然外展的暴力作用均可引起蛙泳膝。游泳时的打水，转身蹬壁伸膝，牵拉髌腱及其附丽区所引起的髌腱末端病是我国游泳运动员最常见的膝损伤。自由泳和仰泳打水时，踝关节极度背伸，踝关节滑膜被动牵拉，伸肌腱与腱鞘反复摩擦所引起的踝关节滑膜和腱鞘的炎症称为游泳踝，游泳踝是游泳运动中常见的踝部损伤。

水球运动也具有竞技的因素，末节指伸肌腱撕脱骨折、软组织挫伤也较常见；花样游泳运动员除了一般游泳运动中常见的损伤外，还有手掌、前臂肌肉痛、腱鞘炎、膝关节痛伴小腿肌肉痉挛，以及由于水下屏气过久所致过度换气综合征。

2. 跳　水

跳水运动的损伤较为常见。跳水时如游泳池水深度不够，入水后可引起颈部和面部钝性损伤。头皮裂伤在跳水运动中相当常见。许多头和颈部的钝性创伤会伤及眼和耳。如鼓膜穿孔、外耳炎（游泳耳）、眼部钝性创伤。入水时水的压力可引起视网膜脱落。跳水入水时头过度前屈，头后接触水面受到强烈的冲击可发生寰椎前脱位。水波冲击胸部可引起肺出血。

跳水时上肢过度伸直，腕关节背伸入水易发生肩胛带及腕和肘部损伤。最常见的腕部损伤是腕不稳定，偶有腱鞘囊肿和尺侧腕屈肌腱炎。也可因撞击而发生尺侧副韧带或大拇指基底关节扭伤。脊柱损伤最常见的类型是脊柱的骨骼肌损伤。跳水折腰使棘突间发生反复的挤压、碰撞可引起创伤性骨膜炎（图 2 –3）。跳板跳水起跳瞬间跟腱承受的力量大，可出现跟腱断裂。跳水时最为严重的损伤是溺水和颈椎脊髓损伤。

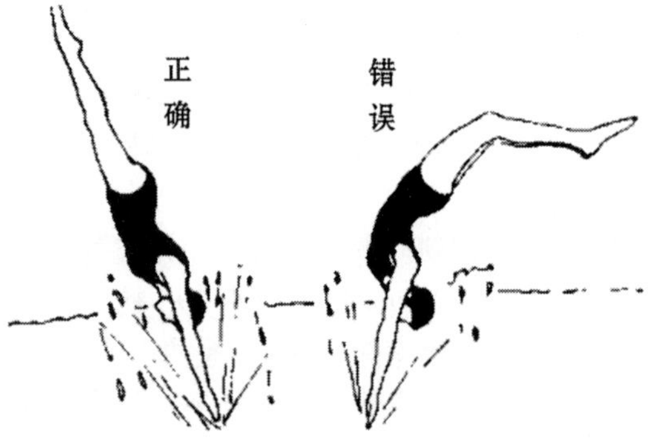

图2-3 入水对棘突的挤压
（引自 曲绵域，2004，648 页）

（三）体操运动创伤的特点

竞技体操属于非周期性运动，内容包括男子自由体操、鞍马、吊环、跳马、单杠、双杠；女子自由体操、艺术体操、高低杠、平衡木、跳马等。体操运动员绝大多数处于发育生长期，与其他运动项目的运动员相比显得更年轻。而竞技体操由于动作复杂、难度较大，运动损伤发生率较高，这是使运动医学医师们感到棘手的问题之一。在任玉衡的调查中，体操的损伤患病率为 79.34%。随着体操技术水平的提高，难新动作增多，成套动作数量和复杂性增加，关节常处于非生理位、高速连续动作，损伤的发生率有增加的趋势。女子体操运动员损伤的好发年龄是 9～15 岁。

Mcauley 等（1987 年）回顾了女子体操的有关文献，发现在女子体操中地面运动创伤率最高，下肢是最容易损伤的部位。NCAA（1997－1998 年）对女子体操的调查发现，在所有女子体操创伤中，训练中发生的创伤占 87%，而单位时间内比赛创伤发生率（12.1/1000 小时运动）高于训练的创伤发生率（7.2/1000 小时运动）。在所有运动创伤中扭伤（33%）、拉伤（23%）、挫伤（11%）是三种最常见的损伤。踝（21%）、膝（15%）、下腰部（8%）是最常见的损伤部位。国内的报道认为关节是体操运动损伤的好发部位。体操的损伤以轻中度为主，重度损伤较少见。自由体操、跳马重度损伤的病例较多。在体操训练中，经常引起损伤的动作有鞍马中的单环转体，单杠的中穿反吊，吊环中的大回环、十字压上、翻上成十字。体操训练时落地动作、翻滚动作、回环动作反复出现，使得运动员承受压力的部位主要集中于身体的腕关节、肘关节、踝关节、肩关节、膝关节及腰部，使得以上部位成为体操运动损伤的好发部位。

体操翻腾时头着地，突然屈曲可引起颈部寰椎前脱位。运动员后空翻动作失误，头后部着地迫使颈前屈，寰椎向前移位，由于韧带向后牵拉可将枢椎齿状突撕脱。椎体的严重移位可引起脊髓损伤。

体操运动手腕部易发生慢性腱鞘炎。运动员从高处落下，手伸撑地时可引起肱骨髁上骨折。摔倒时腕臂伸位撑地可引起舟状骨骨折。跳马和鞍马运动中腕关节通常处于极度背伸位状态下支持体重，易引起腕关节背侧中央和腕尺侧疼痛、腕部腱鞘炎、腕部滑囊炎。单杠转体、支撑旋转，长期腕背伸支撑下用力可引起三角软骨盘损伤。单杠做大回环动作时，保护用具不当，可发生前臂的卷缠损伤。

鞍马全旋，肘关节反复负重支撑扭转，使桡骨小头与肱骨小头、尺骨鹰嘴与鹰嘴窝间，不断发生挤压、摩擦、冲击，引起肘关节骨关节病。跳马、鞍马上的直臂支撑引起关节间的相互错动，部分嵌入的滑膜受挤压，引起肘关节创伤损性滑膜炎。在跳马、单杠、双杠运动时，由肘在支撑位支撑躯体运动，肘关节外侧受到压力和旋转力的影响，肘关节内侧受到伸展力的影响。肘外侧损伤较多且损伤较重，常遗留严重的后遗症，肘内侧损伤较少且损伤较轻。

单杠、高低杠、吊环的转肩动作，使肩袖肌肌腱与其毗邻的韧带、滑囊等软组织发生牵拉、挤压、摩擦、碰撞产生肩袖损伤。肩袖损伤在吊环运动中发生率最高。单杠、高低杠、吊环超长范围的转肩活动可使肱骨出现位移，迫使其腱不能在结节间沟中滑动，而是在结节间沟中横行或纵行折曲、扭转。反复的活动使其摩擦力加大，致使腱受到强烈的机械刺激，导致腱变性，引起肱二头长头肌腱腱鞘炎。此外，在体操运动中肩关节脱位、肩锁关节脱位、肩峰下滑囊炎等损害也较为常见。

体操过多、过猛练习“下腰”，躯干背伸过多，棘突间反复挤压、碰撞引起损伤性骨膜炎。椎弓崩裂在体操运动中也较为常见。

体操运动中的跳箱、跳马、空翻落地等要求膝关节微屈半蹲，以缓冲地面的反作用力，此时膝关节保护能力相对较弱，而易受损伤。常见的膝部损伤是髌骨软骨软化和伸膝腱膜炎。跳马空中滚翻加躯体自旋着地失败，常导致前交叉韧带损伤。自由操空翻动作易引起踝及跟腱损伤。

现代竞技体操的训练大都从儿童抓起，儿童正处于骨骺生长、发育期。体操专项训练可引起骨骺损伤。急性的骨骺损伤通常是由运动中产生的剪力或牵拉撕扯力所造成。慢性损伤常由长期的应力集中，引起的骨骺损伤较为常见。使骨骺发生不同程度的缺血性改变或骨骺的变形，称骨软骨炎。肱骨小头骨软骨炎、胫骨结节骨软骨炎、椎体骨骺炎（运动员椎体缘离断症）等在少年体操运动员中相当普遍。

（四）举重运动创伤的特点

举重是一项力量与技术相结合的运动，是运动创伤发生率较高的项目之一。在任玉衡的调查中举重运动员的患病率为78.49%。女运动员损伤的发生率明显高于男运动员。列入奥运会的举重项目为抓举（snatch）和挺举（jerk）。无论是抓举还是挺举，开始动作都要求腰背部肌肉和腹肌强烈收缩做功，从蹲位至站立位的举重动作变化过程中，要求各部位在最短时间内发挥最大力量，导致运动员的腰、膝、腕、肩、肘等部位均承受着巨大的负荷（图2-4）。举重运动无论是专项技术训练，还是辅助训练，都要求运动员在大负荷下反复、快速地完成提拉、下蹲和挺立动作，因而腰、膝、腕、肩、肘等部位易发生损伤。运动员经常对自己的极限进行挑战，所以即使在训练中也容易发生损伤。

抓举后的上举动作中，锁肩不够可造成肩部肌肉损伤。抓举时的突然背伸或摔倒时上肢支撑力过大可引起肩袖损伤。抓举时的大幅度转肩可引起肱二头肌腱腱鞘炎。举重时肘关节反复过伸可引起肘关节骨关节病。抓举时的锁肘可形成肘关节创伤性滑膜炎。在举重的翻腕动作中，运动员的腕关节经常快速地背伸支撑，杠铃的重量是通过第Ⅲ掌骨、头状骨、月骨、舟状骨传向桡骨关节面，使桡骨关节面受到月骨和舟状骨的反复碰撞和挤压。举重翻腕锁杆，暴力过大的突然腕背伸，造成第Ⅱ、Ⅲ掌骨与小多角骨、头状骨相互碰撞引起腕关节急性挤压伤。举重时提铃抗阻伸腕，桡侧伸腕长短肌在Ⅱ、Ⅲ掌骨基底背侧的止点处反复受到强力牵拉，可引起腕关节拉伤。举重提铃翻腕坐肘时，屈腕肌、旋前圆肌猛烈收缩可引起肘部损伤。

图2-4　举重动作分解

（引自陈中伟，1996，219页）

举起杠铃时用力不当，使杠铃和胸壁碰撞可致胸部挫伤。卧位推举时重量过大或劳累，杠铃突然下沉，造成肩关节过伸，可引起胸大肌断裂。杠铃片滑落可引起砸伤。

举重时，腰部是脊柱运动中负重大、活动多的部位。腰部运动主要靠骶棘肌、腰方肌、腰大肌收缩。举重运动员的腰部损伤以肌肉的筋膜损伤为多见。举重运动员弯腰提铃时膝关节下蹲角度大于90度，易发骶棘肌、棘上和棘间韧带扭伤。抓举时由于骶棘肌猛烈收缩易发生肌肉拉伤。举重抓举杠铃时，臂位太高，腰部过度前屈，骶棘肌处于松弛状态，使韧带失去了保护，造成棘上、棘间韧带过度牵拉而损伤。抓举后的上举动作中，如果腰部脊柱过度背伸，可使棘突相互挤压引起损伤，严重的可致椎板骨折。举重时前屈扭转或突然变换体位，形成的剪切力可引腰椎间盘突出。腰背部损伤包括腰痛伴下肢麻木；足拇伸肌、趾伸肌力量下降多为腰椎间盘突出症。单纯腰痛者多为早期椎弓崩裂患者。

膝关节损伤中，侧副韧带的损伤最为常见。当膝关节在负重上伸时，由于股四头肌力量不足，膝突然外翻使膝关节侧副韧带损伤。髌骨软骨病和半月板损伤，在膝部损伤中也较为常见。在抓举的突然下蹲和起立时，膝内收动作不当，可引起膝关节半月板损伤或髌骨劳损。膝关节及其周围组织损伤，最多的是伸膝装置的慢性劳损，其他如半月板损伤、关节滑膜水肿、积液等也较为多见。

（五）拳击运动创伤的特点

拳击是一项对抗激烈的运动，运动损伤在所难免。国内的调查发现，运动损伤的发生率为57.75%。由于专项运动的特点，拳击的损伤多见于上肢。美国的一项为期10年的研究发现，训练和比赛中上肢损伤占拳击运动损伤的32.9%。在上肢损伤中，手和腕部损伤占62%。

拳击手套允许大拇指外展，因而手部最常见的损伤是大拇指掌指尺侧副韧带撕裂。拳击运动员第二常见的运动创伤是在肩部，常见的损伤有肌腱扭伤、肩关节半脱位和脱位。

拳击运动是最激烈的接触性运动，参赛的双方力求以重拳击倒对方，打击部位集中于面部及腹部，颜面部的挫裂伤常见。拳击于颈部时可刺激颈动脉窦，反射性的血压骤降，可引起短暂性脑缺血。拳击于腹部时可刺激腹腔神经节，迷走神经兴奋，血压下降。眼眶部的挫伤及鼻出血也是常见的急性损伤。Palmer检查了55名职业拳击运动员，发现8%的运动员有视角衰退，有报道7%～9%的青光眼继发于外伤性视角衰退，视角衰退到发生青光眼大约需10年时间。在palmer的调查中，21%的运动员有白内障表现。Giovinazzo的调查，拳击运动员白内障的发生率为19%，70%为后囊下白内障。

死亡是拳击运动最严重的损伤，但拳击损伤导致的急性死亡，并不像人们想象的那么高。急性死亡的发生率，拳击运动是0.13‰、学校足球是0.3‰、摩托车比赛是0.7‰、潜水是1.1‰、登山是5.1‰、滑翔是12.3‰、赛马是12.8‰。1918～1983年全世界有报道的职业和业余拳击手的急性死亡人数为645人，1945～1983年为353人，1970～1987年为50人，1979～1983为28人，1987～1997年仅为42人，死亡率有下降趋势。拳击急性死亡的运动员中75%以上有硬膜下血肿，硬膜下血肿是由于联结大脑和硬脑膜上矢状窦的静脉桥撕裂所引起，大多数拳击运动员的死亡原因是硬膜下血肿伴弥漫性脑水肿。

拳击运动员的脑损伤常伴有意识障碍。神经外科对意识障碍的分类如下：轻度：无意识丧失；中度：有意识丧失但无逆行性遗忘；重度：意识丧失大于5分钟。Jordan根据拳击运动的特点，提出了拳击运动的意识障碍分级。

Ⅰ级：短暂的无意识丧失的神经损害，持续时间少于10秒。

Ⅱ级：短暂的无意识丧失的神经损害，持续时间大于10秒。

Ⅲ级：有意识丧失，但意识丧失在2分钟内完全恢复。

Ⅳ级：意识丧失的完全恢复大于2分钟。

（六）足球运动创伤的特点

足球是目前世界上开展得最为广泛，影响最大的体育运动项目。足球比赛场地大、时间长、运动量大、技术复杂、战术多样、对抗激烈、拼抢凶猛，需要经常变换体位，在高速下完成技术动作，是创伤发生率最高的运动项目之一。据统计，一支优秀的足球队在一场比赛中要完成各种技术动作916次，其中处于对抗条件下应用技术482次，所以是损伤发生率最高的运动。马国川等人1997年对中国女子足球队的调查发现，损伤发生率为235.4%，其中急性损伤41.8%，慢性损伤58.2%。

足球运动需踝关节、膝关节、腰部不断进行

屈伸、内收外展和旋转，造成关节及其周围的肌肉、肌腱处于超负荷工作状态而易损伤。足球运动员常见的损伤类型是扭伤、挫伤、擦伤和拉伤。

足球运动战术多样，难度较大，运动中大多数技术动作主要用脚来完成，因而下肢是足球运动员最容易损伤的部位。国际足联的运动医学专家曾对1300场比赛进行统计，共发生1400次损伤，下肢损伤占75%。

在头球争夺时，由于头的体积小于躯干，在跳起争顶的过程中，头顶球的同时躯干成为争夺空间的必备条件，身体在空中的冲撞不可避免，加上合理冲撞技术也是以身体的对抗来争夺控球空间，运动员可能的损伤部位由下而上扩大，使得足球的运动损伤具有广泛性。

膝部慢性运动创伤是足球运动员的好发部位。踢球踢空、二人对脚、带球急停变向跑等屈膝伴小腿旋转动作最容易导致膝关节半月板的损伤；长期的训练引起的髌骨软骨病和髌腱末端病，股四头肌急性裂伤或髌腱断裂，以及胫骨嵴挫伤后引起的骨膜炎，小腿后部遭受的撞击伤，轻者致肌肉挫伤，重者可引起严重的肌肉撕裂或断裂。小腿腓肠肌和腘绳肌痉挛（抽筋）是比赛中常见的。踝关节扭伤或多次反复损伤与足球踝的问题是困惑运动队医生的一道难题。其他的足球运动常见损伤包括腰椎椎弓崩裂、疲劳性骨折、胫骨结节骨骺病（Osgood - Schlatter disease）、髌骨高位（Sinding - Larsen disease）等等。

2000年苏格兰对运动导致眼损伤的调查发现，足球是出现眼睛创伤最多的单项运动。眼前房出血是临床最常见的损伤类型。

（七）篮球运动创伤的特点

篮球是一项对抗性很强的集体球类运动项目，具有对抗性强、技巧性高、运动量大的特点。在篮球运动中，进攻和防守瞬间交替，突然起动、加速和停止、跳跃和下蹲、体位改变，全场运动员不停地进行以上动作，因而损伤的产生也较多。任玉衡的调查显示中国优秀篮球运动员的患病率为68.92%。国外的研究发现2/3的篮球运动损伤发生于男性，损伤好发年龄为10～19岁。篮球运动中损伤的发生与受伤时的动作密切相关，常见的动作有：着地、方向转变、突然停球、跳跃、单腿旋转、冲撞等。篮球运动中损伤的好发部位是膝、踝、腰等。常见的损伤是膝关节前交叉韧带损伤、髌骨软骨病、膝关节侧副韧带损伤、膝关节半月板损伤、踝关节扭伤及急损腰扭伤。

国外的研究发现，在篮球运动中面部损伤的发生率为16%。最常见的损伤类型是擦伤、裂伤和挫伤。常见的损伤部位是眼眶和颧弓的骨突出部位，多见于篮球抢夺篮板球时被对方手指（36%）和肘（29%）碰撞引起。在美国每年大约有100 000例与运动有关的眼部损伤发生。一些地区眼部损伤最常见于篮球运动。角膜损伤和眶骨骨折也经常可见。移动的手指或肘撞击眼球可导致薄弱的眶内侧壁或眶底部骨折。

美国一个为期5年的研究表明，与篮球有关的损伤中牙损伤占6.7%。牙损伤通常发生于与另一运动员相接触时，一半的损伤发生于运动中，最常见的损伤是牙断裂和牙撕脱。

在篮球运动中，运动员头与头相撞击，最常见的后果是鼻骨骨折。

篮球运动手损伤的发生率为19%，接球时手的动作不正确或断球时手指过于紧张伸直均易造成手的损伤。近端指间关节和掌指间关节扭伤占篮球运动手损伤的90%。

篮球运动员在各种封堵、抢打、躲闪和蹲身突然跃起活动中都是以腰部为枢纽带动肢体完成的，因此腰部损伤在篮球运动中也经常发生。在姚鸿思对中国篮球运动员运动损伤的调查中，腰部损伤的发生率为8.72%，患病率位于篮球运动损伤的第三位。腰部损伤易发生的部位是：竖脊肌、腰背筋膜、腰骶和骶髂关节及韧带。

膝关节是篮球运动损伤最多的部位，这与篮球的专项技术特点有很大关系。诸多的篮球技术动作，如进攻、防守、制动、起跳、上篮等，均要求运动员保持在半蹲位姿势，预先拉长股四头肌，使膝关节的发力最大，关节活动最灵活。半蹲位时膝关节处于负荷最大、关节最不稳定的状态。在运动中易遭受各种致伤因子的侵害，导致膝关节损伤。雷芗生的调查显示，在篮球运动中膝关节损伤发生率可高达48.3%。而且膝关节的损伤与专项训练年限密切相关，运动训练时间越长，膝关节损伤的发生率越高。由于大多数的运动员起跳腿是左腿，在滑步、运球转身时也常将左腿伸向前方或将左腿做中枢腿。因而，左腿易受到直接的冲击或被动扭转。左膝关节损伤可占膝关节损伤的77.2%，明显高于右侧。有调查发现，女性膝关节损伤发生率高于男性。髌骨软骨病（篮球膝）是最常见的损伤类型（40.3%），其他常见的损伤还有侧副韧带损伤（15.8%）、髌骨下脂肪垫损伤（8.8%）等。髌骨软骨病是最影响篮球运动训练与技术发挥的损伤，其发生主要是由于滑步进攻与防守、急停与踏跳上篮等局部训练过多有关。少年篮球运动员，由于胫骨粗隆与胫骨上端之间由骺软骨相连，膝关节的反复屈伸对胫骨粗隆产生很大的牵扯，使局部供血不足，可形成胫骨粗隆骨软骨炎。

踝关节损伤是篮球运动的一种常见损伤。许多调查证实，在篮球运动中踝关节损伤的发生率仅次于膝关节。国外一个为期6年的研究发现，篮球运动踝部的损伤发生率为33%。踝扭伤是最常见的损伤类型。

跟腱损伤在篮球运动中时有发生。跟腱在跑步时承受8倍体重的张力，激烈运动时承受的张力更高。高大的篮球运动员的一次有力踏跳，跟腱承受的拉力可达800千克以上。一场比赛的跳跃次数平均在200次左右。长期过度负荷易产生跟腱腱周围炎甚至引起跟腱断裂。跟腱损伤易发生于距跟骨附着点4～6厘米处，此处跟腱的血供最差，腱横截面积最小。跟腱的血供随年龄增加而逐渐减少，跟腱损伤的发生随年龄增加而增多。

（八）排球运动创伤的特点

排球运动是一项时限性极其苛刻的高强度体育运动，比赛时间长、对抗性强，运动员很容易受伤。国内调查排球运动的损伤患病率为68.88%。从起跳扣球至落地的整个过程中，急慢性损伤可发生在多个部位（图2－5）。排球运动中最多见的是手指部的损伤，包括骨折、脱位和韧带腱板的损伤。

图2－5 排球的起跳扣球动作

（引自陈中伟，1996，208页）

在排球运动中，运动员击球位置没掌握好、缺乏准备活动、球过重或气过足均可引起手指挫伤。防守中拦网时，手指关节扭伤、骨折和脱位也较常见。排球拦网时由于肌力不足或技术错误可引起肘关节被动外翻而致伤。

肩部是排球运动员常见的损伤部位，以肩袖损伤肱二头肌腱腱鞘炎最为常见。肩袖损伤的主要原因是技术动作不正确和局部负担太大。扣球是排球比赛中主要的得分手段。在训练及比赛中，频繁挥臂扣球可使肩部软组织处于长期超负荷状态，引起肩部软组织的慢性劳损。当上臂外展90度屈肘扣球时，冈上肌肌腱在肩峰和肱骨间受到挤压和研磨，容易造成损伤。发球不正确可引起肱二头肌腱腱鞘炎。扣球姿势不正确或过劳可引起肩胛上神经麻痹。排球救球后的侧后翻可引起肩关节扭伤及脱位。运动员在完成勾手发球、扣球及转肩等动作时，肱骨头在肩峰下滑动可造成对滑囊的挤压和摩擦，长期的机械刺激，可形成肩峰下滑囊炎。发球动作不正确，容易造成肩部肌肉拉伤。击球时肩过高后伸可引起肩峰撞击综合征。

腰部损伤主要是腰肌拉伤和棘突骨膜炎，多由于扣球时起跳时间和击球位置未掌握好，躯干过度后伸，或扣球、救球倒地跌扑引起。扣球时躯干过度后伸还可引起椎板疲劳性骨折和椎间盘突出。

在排球运动中，膝关节损伤发病率最高。排球运动的技术动作，大部分是在起跳腾空、半蹲状态或移动中完成的，膝部的负荷重，易发生损伤，且以慢性损伤为主。在排球运动中运动员的左右滑步较多，因而易引起膝关节内侧副韧带损伤。运动员在前后移动和起跳扣球、传球及拦网的过程中，易引起膝关节半月板的损伤。排球的扣球和发球技术都要求运动员全力起跳，大力量的起跳和落地是由股四头肌的收缩来完成的，股四头肌强烈的收缩使得髌骨和股骨发生碰撞，反复的撞击极易损伤髌骨和股骨的软骨，造成髌骨一股骨关节病。

运动员跳起落地后，踝关节担负着全身的重量，由于排球比赛网前争夺激烈，扣球、拦网后落地时，相互踏踩碰撞可引起踝关节损伤或第五跖骨基底部骨折。在排球运动中踝关节的损伤以重度损伤为主。沙滩排球，由于裸足、地软，造成运动员转换方位比较困难，踝关节扭伤明显高于硬地赛场。

（九）棒、垒球运动创伤的特点

棒、垒球的比赛特点为指定性地攻守互换。棒、垒球运动员创伤的发生与专项训练，如投球、打击、跑垒、接和传球、封杀与触杀等技术动作密切相关，更多地表现为技术动作性损伤。慢性运动创伤损伤和急性转慢性运动创伤近80%，以慢性损伤为主，是运动损伤发生最高的运动之一。在任玉衡的报告中，中国优秀男子棒球运动员的患病率为79.65%（90/113），女子垒球运动员的患病率为72.73%（40/55）。参加2000年奥运会的中国女子垒球队16名队员中，创伤前4位的分别为膝部损伤13例（3例为双侧）、肩部损伤9例（持球侧肩袖损伤者6例）、腰部损伤8例、颈部损伤4例。多数损伤经治疗后能够继续训练或比赛。

棒、垒球两个项目的技术动作，最大的区别在于投手的投球技术要求。棒球为高手侧转身投球，垒球规定为低手正身投球。棒、垒球运动最常见的是肩部损伤。常见的肩慢性神经损伤是肩胛上神经麻痹，在各年龄组棒球运动员均可见。其他常见的肩部损伤有肩峰撞击综合征、肱二头肌长头腱鞘炎、肩峰锁骨关节病变、肩袖疾病、肩关节前方不稳定、肩关节后方不稳定、盂肱关节退行性变等。

肘关节损伤在棒、垒球运动也很常见。在投掷的旋转末期和加速期肘部承受了巨大的压力，压力最后集中于屈肌起点肱骨内侧髁的附着装置和内侧副韧带，可引起肱骨内侧髁炎及肘关节内侧不稳定。

棒、垒球冲击胸壁可引起运动员胸部钝性创伤。创伤可引起短暂的呼吸暂停、心脏损伤和心律失常。心律失常通常在创伤后很快发生，也可能在创伤1周后迟发。

（十）羽毛球运动创伤的特点

羽毛球飞行的最快速度为20米/秒，要求运动员起动快、弹跳快、击球快、回位快、位移快。羽毛球运动员的运动量和运动强度均较大，对技术的要求也较高，因而运动员的运动创伤发生率较高。在任玉衡的报告中，中国优秀羽毛球运动员的患病率为67.59%（98/145，1991～1993），男子75.71%（53/70），女子60.00%（45/75），男女无显著性差异。在调查的65种创伤中，腰背肌筋膜炎17.24%，肩袖损伤6.90%，髌腱末端病和外踝扭伤各为5.52%。

羽毛球运动所要求的是反应的敏捷性、关节的柔韧性和肌肉的爆发力度。相对网球的发力击球动作而言，羽毛球运动员挥拍击球动作更强调肘、腕的发力和灵活性，因此，羽毛球运动创伤的发生与专项特点和训练过多有明显的关系。羽毛球运动时，身体的负荷主要集中于上肢肩胛带、肘部和腰部，使这三处成为损伤的好发部位，并以慢性损伤为主。羽毛球运动员在击球瞬间常常有突然翻腕和前臂旋前动作，使球拍加速，以获得最高的球速。这时，前臂伸肌群在收缩状态下被强制牵伸，可发生前臂伸肌群在肘部止点的急性损伤。反复的屈腕动作和前臂过度旋转，微小损伤的积累即可造成肱骨外上髁炎。击球前的预摆动作形成的肘外翻倾向，对肘内侧的关节囊、内侧副韧带尤其是前斜束纤维等造成牵拉导致肱骨内上髁炎。

腕关节长期大范围的负重活动可导致桡腕关节及三角软骨盘的慢性劳损。

羽毛球运动中，运动员在常在膝处于半屈位的状态下反复跳跃、冲跑，腿部着地时应力集中于膝部，易产生膝部损伤。常见的膝部损伤为髌骨韧带上部及髌骨软骨过劳性损伤。专业羽毛球运动员的运动量和强度极大，比赛时运动员身体动作的应变性和突发性很大，因此，比赛中意外损伤的发生率也较高，如踝关节扭伤、腘绳肌拉伤、膝关节扭伤等。

曾昭濂（1996）分析了48例有腰痛症状的国家羽毛球集训队员的腰伤情况，发现63处伤，其中，骶裂者23.8%（15），腰椎骶化4.26%（3），峡部裂31.25%（20），椎体前份伤6.35%（4），腰部软组织伤22.2%（14）。

（十一）乒乓球运动创伤的特点

乒乓球运动是一项速度快，变化多，动作结构较复杂，竞争激烈的运动。乒乓球运动员的创伤发生与专项训练有密切的关系，尤其是专项技术动作训练的运动量、密度、强度较大，连续训练时间较长，造成运动员疲劳，局部负担过重。近年来，国内优秀选手的比赛和训练的密度安排日趋上升，使得损伤的发生概率增加。任玉衡（2000）报告，中国优秀乒乓球运动员的患病率为34.74%（107/308），其中，男子30.86%（50/162），女子39.04%（57/146），男女无显著性差异。常见病、多发病的患病率为：腰背部肌筋膜炎8.12%，肩袖损伤5.84%，髌腱末端病4.54%，腕三角软骨损伤2.27%。陈中伟（1996）引用的日本体协运动科学研究报告与此接近（147例乒乓球运动创伤中，腰部23.5%，膝关节13.4%，肩关节10.1%）。

乒乓球运动的基本动作包括击球动作、步法和全身协调动作。击球动作如扣杀、削球、提拉、推挡等，主要与肩、肘、腕关节的柔韧性和肌力有关。尤其取决于腕部的屈伸、桡倾尺倾动作，前臂旋内、旋外的速度和肌力。手指的精细动作和肌力，能有效控制球路的方向和球速。步法是髋、膝、踝关节柔韧性的表现。股四头肌、大腿部屈膝肌、小腿三头肌的肌力是步法灵活的保证。全身动作，主要是腰部动作，腹肌具有控制躯体左右摆动时的柔软性、力度、收缩速度以及全身的平衡感觉的能力。因而，乒乓球运动损伤的好发部位为腰部、肩部和膝部。

乒乓球运动员的损伤性腰痛除常见的腰背部肌筋膜炎外，还涉及腰肌劳损、腰椎间盘突出症、椎弓崩裂和滑脱等。这些都与腰部肌肉的过度使用和快速突然的回旋活动有关。

乒乓球运动员肩部损伤主要是由过度使用所造成，尤其是过度练习单一动作或技术不标准。运动员每日训练抽杀或提拉等动作数千次，可造成肩袖、肱二头肌长头肌腱的损伤，以及肩关节周围炎等。

膝关节痛多为髌腱末端病改变或半月板损伤。膝关节结构的损伤，导致步法移动的灵活性下降。

乒乓球的打法分为快攻型、弧圈型、削球型三大类，不同打法易损伤的部位有所不同。

快攻型打法的主要技术是正手攻球和反手推挡。扣杀是主要的得分手段。在扣杀中集中全身力量，通过臂、腕、手击球具有很大的爆发性，因而肩部、腕、手是运动损伤的好发部位。正手扣杀过多、过猛，易引起肩袖损伤和肱二头肌腱腱鞘炎。肩外展大板扣杀练习过多可引肩外展症候群。

削球型打法的运动损伤好发于下肢与躯干部。削球型打法下肢的活动较多，膝关节常处于半屈曲位，呈不稳定状态，易发生损伤。运动员还需要利用腰部动作来获得回击球的时间和空间，易引起腰部损伤。横拍运动员反拍削球练习过多可引起肱骨外上髁炎。

弧圈型打法运动损伤的好发部为腰部与肩部。运动员拉弧圈球的质量高低，很大程度上取决于腰部肌肉用力的大小。握拍手侧腰部肌肉的负荷很重而对侧肌肉处于相对松弛状态，易引起腰部损伤。接弧圈球时，手臂的动作是以肩为轴，大臂带小臂，肩关节负荷过重易引起肩损伤。

（十二）曲棍球运动创伤的特点

曲棍球创伤多发生于专项训练和比赛中。在任玉衡的报告中，中国优秀曲棍球运动员的患病率为57.85%。

曲棍球运动的球棍长70~80厘米，运动员只能用弯头一侧的平面触球（另一面为圆弧）。因此，曲棍球运动员都是从身体的右侧向左侧击传球。为了更稳地停球，运动员必须屈膝、弯腿、压低球棍至接近地面，以获得最大的球、棍接触面，或者反手击球、停球时也必须以同样的姿势才能完成技术动作。因此腰骶部的负荷很大，左右腰部肌肉的负荷很不均衡（图2-6），腰部慢性损伤发生率高，最常见的损伤是腰背肌筋膜炎。膝部损伤在曲棍球运动中也较为多见。双手的反复拨转球棍，可造成肘及前臂的腱末端病和腱鞘炎。

图2-6　曲棍球运动员的运动姿势

（十三）网球运动创伤的特点

网球是一项风靡世界的大众化运动，由于网球运动量较大，技术动作比较复杂，损伤也就不可避免。任玉衡（2000）报告中国优秀网球运动员的患病率为50.47%（54/107），其中，男子65.46%（36/55），女子34.62%（18/52），男女有非常显著性差异。脊柱损伤占28.38%，膝关节损伤20.27%，肘关节损伤17.57%。陈中伟（1996）引用的国外报告与此近似。绝大多数损伤为慢性损伤或急性转慢性损伤。

网球运动是一种挥拍运动，一场比赛挥拍的次数不少于千次，大力发球的速度达150~200千米/小时，因而上肢是运动中常见的损伤部位。其中肘关节损伤最常见。当网球运动员正反手击球挥拍或高压扣球发球时，由于过分伸展肘关节，使关节附近的肌腱嵌入肱骨上踝，引起肱骨外上髁炎即网球肘。网球肘在老运动员中普遍存在。

在一场高水平的网球比赛中，运动员所跑的路程超过5千米。参赛运动员身体动作的应变性和突发性也很大，而且移动距离更远，因此，比赛中意外损伤的发生率也较高，主要表现在肌肉及肌腱的牵拉伤和关节扭伤。陈中伟（1996）引用的日本体协1986年调查，最常见的是踝关节韧带损伤47.5%，其次为小腿肌肉撕裂伤19.8%，膝部扭伤8.6%，跟腱断裂4.5%。身体疲劳情况下参赛，增加意外创伤的危险性。训练和比赛场地的条件，尤其是草地和泥土地赛场，也是引起急性损伤的常见原因。

（十四）高尔夫球运动创伤的特点

高尔夫球是非接触性运动，运动强度较小，运动创伤的发生率较低。在高尔夫球运动中腰背部损伤较常见。高尔夫球运动时巨大的侧弯切应力、压力和扭力可引起腰背部损伤。在高尔夫球运动时产生的压力可大于体重的8倍。常见的腰背部损伤有：腰背部肌肉拉伤、腰椎间盘突出、腰背部小关节病、腰部脊柱狭窄。

高尔夫球运动肩损伤的发生率很低。高尔夫球运动员最突出的肘部运动创伤为肱骨内上髁炎，也称为高尔夫球肘（golfer's elbow）；有时也会出现肱骨外上髁炎，多因（右利）击球者击球瞬间左侧前臂伸肌群紧张，带动球杆，可造成左肘外上髁部伸肌起点损伤（图2-7）。

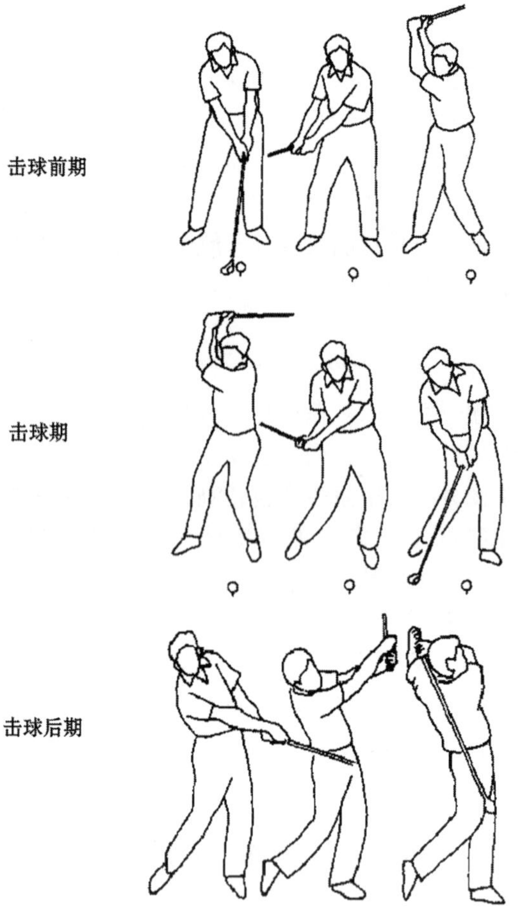

图2－7 高尔夫球的击球动作
（引自陈中伟，1996，217 页）

腕和手的损伤在高尔夫球运动员中较为常见。痛性腱鞘炎是一种高尔夫球运动导致的过度使用损伤；交叉点综合征（Intersection syndrome）是拇长展肌腱周或囊组织交点的局部炎症；反复握杆和腕部活动可引起屈肌腱鞘炎和腕管综合征；高尔夫球运动还可引起钩骨骨折，但腕和手的其他骨折在高尔夫球运动中少见。

常见的膝部损伤有：半月板撕裂、髌骨软化症等。

在运动中过度旋转踝关节可引起踝关节韧带损伤，以左侧踝关节韧带损伤更为常见。球直接击中头部可造成颅骨塌陷骨折、眼球破裂失明。

目前为止，尚未见国人的专项流行病学调研报告。McCarroll（1990）所做的一组 892 例损伤分析中，肩、肘、腰背、膝损伤占前四位。

（十五）摔跤运动创伤的特点

摔跤是集敏捷反应、爆发力、体能技巧和精神于一体的一种运动，是具有身体接触和攻击性的大强度对抗项目。急性损伤的发生频度依次为肩、膝、手、肘、踝、胸部和腰，慢性损伤的发生依次为膝、腰、肘、肩、踝。

膝部损伤最常见，约占摔跤运动创伤的一半。以韧带损伤为主，多为膝内侧副韧带损伤，其次是半月板损伤。这是因为摔跤动作常常将对手的体重集中到自己的膝关节侧方所致（图 2－8）。腰部损伤的发生也较为常见，青少年运动员多为椎弓崩裂、腰椎后关节突骨折，成年运动员多为腰突症。急性外伤以肩关节脱位最为常见。此外，肢体和肋骨的骨折与脱位、脑震荡及其他的小损伤也比较常见。典型的如“菜花耳”，是由于耳壳挫伤处理不当而继发耳壳畸形，常需手术矫正。

图2－8 对手体重对膝的影响
（引自陈中伟，1996，213 页）

（十六）击剑运动创伤的特点

击剑是一项很优雅的运动项目，包括重剑、佩剑和花剑，自 1896 年首届现代奥运会列为正式比赛项目以来，经过近百年的发展，目前已经日趋完善。

击剑技术性强，手上动作变化复杂，步法移动快而频繁，运动员要在快速、复杂、多变的激烈格斗中完成一系列攻防动作。

国外的研究发现，击剑运动最常见的损伤类型是扭伤，其次是拉伤。其他的损伤包括挫伤、骨折、肌腱断裂、心功能紊乱等。重剑的损伤较花剑和佩剑多见，这可能与重剑的目标范围较大、较重且不灵活有关。

手部握剑易造成拇指、指间关节和腕掌关节劳损。击剑运动的危险在于运动员一时疏忽，运剑过高、过低，或未穿防护衣、未戴面罩，而造成胸肺的刺伤，也可能出现眼耳的损伤。

击剑运动员损伤的原因除了防护用具不当、设施不完善、忽视规则外，运动的姿势也是出现损伤的原因之一。

（十七）射击运动创伤的特点

射击是一种静止性运动，与其他运动项目相比，运动创伤较少，损伤多为慢性。长时间托枪练习，可引起桡骨茎突部狭窄腱鞘炎。在卧射过程中，为了保持身体平衡，脊柱负担明显增加，易出现腰痛和肩颈痛。从事专项运动时间较长的易出现运动员姿势性的脊柱变形。

其他的损伤可能出现如尺管综合征、肘管综合征、膝痛等四肢的慢性轻微损伤，多数情况下不影响训练和比赛。

（十八）冰雪项目的运动创伤特点

冰雪运动由于速度快，损伤发生率也较高。滑冰运动的损伤多发生于下肢，足跟部、踝关节和膝关节是损伤的多发部位，而头部和躯干的损伤相对较少，最常见的损伤类型是擦伤，主要发生于踝关节和足跟后部。其次是挫伤，主要发生于踝关节和膝关节。滑雪运动和滑冰运动一样都在滑动过程中进行，常由于运动过程中的动作失控和滑雪装置的固定作用而致跌倒损伤。

1. 短道速滑运动

对短道速滑运动员损伤的调查发现：500 米比赛及速度练习中运动损伤发生率最高，在训练中受伤的比率明显高于比赛。比赛中发生率最高的损伤类型是切割伤、扭伤和挫伤。损伤的发生地点多在运动员相互超越的热点区弧顶和出弯道处。75% 的切割伤是运动员相互超越或争抢有利滑行位置时，受到干扰或碰撞摔出后冰刀刺入或划破身体局部组织所致。运动员摔倒后臀部或腰部直接撞击防护墙可引起腰部扭伤或挫伤。运动员摔倒瞬间手背直接接触冰面或用手推防护墙，可引起手指、手腕扭伤或挫伤。运动员受干扰后下刀位置不当可造成踝关节扭伤或挫伤。

2. 滑雪运动

滑雪运动以滑动为主，滑雪板与地面略呈斜面，身体很容易失去平衡滑倒。加上滑雪运动多在高低不平的山地上进行，又有速滑及跳板滑雪等难度较大的各种复杂动作，因而是发生创伤较多的运动项目。下肢是滑雪运动最常见的损伤部位，其次是躯干，再次是上肢。滑雪运动最常见的损伤依次为踝关节扭伤和踝部骨折、小腿骨折和膝关节韧带损伤。这些损伤都和滑雪时使用的器械如滑雪板、长筒靴、靴底固定装置有关，所以被称为滑雪器具使用相关联的下肢外伤（lower extremities equipment related injury，LEERI）。以慢性损伤为主，好发年龄是 16 岁 ~18 岁。

3. 冰球运动

冰球运动创伤由运动员之间、运动员与围栅之间高速度的碰撞而产生。急性损伤（外伤）占运动创伤的大多数，往往有关节的后遗症。急性外伤以齿的损伤为主，颜面部切割伤的发生率也较高，大约 53% 的冰球运动员在他们的运动生涯中有这类创伤。除了齿和颜面部损伤外，肩部、膝关节、踝关节、腰部、腕关节等关节损伤是冰球运动创伤的特征之一。

（十九）武术运动创伤的特点

武术是以踢、打、摔、拿、击刺与各种器械结合而成的一项技术动作复杂的体育项目，损伤的发生率也较高。损伤患病率为 67.59%，肌肉韧带损伤、关节扭伤、软骨组织损伤是常见的损伤类型。武术中常见损伤原因是使用过度，如各种桩法所致的髌骨劳损，腾空转体、旋子所造成的腰肌劳损。

在武术运动中常有肩关节较大幅度的运功，在运动时肩袖受到持续牵拉磨损，易造成慢性肩袖损伤。持器械运动较多的运动员，易引起内、外上髁的慢性炎症。腕关节软骨板损伤常见于腕关节活动频繁，幅度较大，并有负重或承重时。

武术运动十分强调腰部在全身动作中的“主宰”作用。许多动作都是以腰为主宰变换动作，如仰身涮腰抱枪、乌龙盘打等。武术运动对腰的柔韧性要求高，运动员每天都要完成各种腰部的柔韧性和力量性练习，如俯腰、甩腰、涮腰和下腰等。训练方法不当，腰部承受负担量大，疲劳堆积，易造成腰肌劳损，且最为常见的腰部损伤。训练的时间越长，越易发生劳损。腰部负荷过大，还易使腰部的棘间软组织相互挤压，棘突间相互撞击，引发棘间韧带损伤和棘突症。

武术运动对全身的柔韧性要求较高。如柔韧性差，在运动中就会经常发生肌肉、韧带损伤和关节扭伤。在做劈叉、正压腿、正踢腿等动作时，如运动员柔韧差，就会导致大腿后肌群、内收肌群、股二头肌和髋关节韧带等的拉伤。

运动员练习旋风脚盘脚，起跳时膝关节处于屈曲内旋状态，容易损伤半月板。落地时要求双腿交叉，臂部着地，身体前俯，这种姿势易造成梨状肌的拉伤，引发梨状肌综合征。武术运动的虚步、弓箭步、马步等动作，膝关节常处于半蹲位，如运动量过大，膝关节负荷过重易产生髌骨劳损。在学习旋风脚时，由于高度不够或上身后仰，就会导致落地不稳而造成踝关节扭伤。武术中有许多跳跃、跌扑、滚翻的技术，要求落地要稳，不允许各关节过分缓冲，因而局部负担过重，可引起半月板损伤和足脂肪垫压伤。

散手是武术对抗最激烈的运动之一。双方运动员运用拳打、脚踢和快摔的技术进行对抗，运动损伤的产生不可避免。散手运动员训练时以慢性损伤为主，比赛时以急性损伤为主。头面部的损伤最常见，主要的损伤类型是擦伤。

在散手运动中骨折的发生率非常高，梅海宁的报道为 28%，上肢骨折发生率高，占 67.26%。上肢易发生骨折的部位从高到低依次为：第一掌骨骨折、肱骨髁骨折、Smith 骨折、尺桡骨双骨折、Colles 骨折、尺骨鹰嘴骨折和肱骨干骨折，下肢骨折发生率为 27.87%，易骨折部位从高到低依次为内外踝、第一跖骨、胫腓骨、髌骨和股骨干骨折。

（二十）马术运动创伤的特点

无论是竞技性的马术，还是商业性的赛马，或是娱乐性骑马，都有受伤的可能性，据国外资料估计，骑摩托车平均每 7000 小时有一起严重事故，而骑马则是平均每 35 小时就有一起严重事故。骑马的危险性是骑摩托车的 20 倍。实际上，赛马、摩托车赛和赛车运动是三项最危险的运动。（图 2－9）

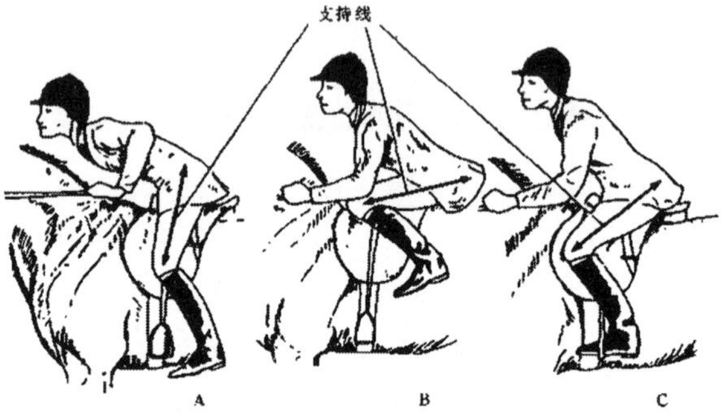

图 2－9　骑乘的姿势和支持线

（引自陈中伟，1996，223 页）

行进中马的颠簸引起的骑马捩伤（股内收肌拉伤）是马术运动员的常见肌肉拉伤。

落马损伤可能出现多部位的不同损伤，软组织挫伤与骨折。头部的损伤则与抛出时头部所处的位置、骑马时抓缰绳的情况、保护措施和落地情况有关，也可并发许多其他损伤。

马踢伤及马踏伤则可出现胸腹部的闭合性损伤，如肋骨骨折、腹部闭合性挫伤等。

（二十一）自行车运动创伤的特点

自行车运动的强度大，速度快，运动员在训练比赛中的重心高，车轮与地面的接触面积小，支撑面积少，处于不稳定状态，又是露天作业，外界环境千变万化，使运动员在运动中易发生损伤。国内的调查显示，自行车运动的损伤患病率为 43.28%。

自行车运动最易发生的损伤是软组织挫伤、

肌肉劳损、骨折、脑震荡及撕裂伤。最易发生损伤的部位是腰部和肩部，其次为头颅、膝部、大腿。

撞击或从自行车上掉下可引起运动员皮肤擦伤。擦伤分为 3 度：Ⅰ度擦伤指皮肤表面擦伤，Ⅱ度擦伤指损伤部分深层组织，Ⅲ度擦伤指擦伤区全层深层组织损伤。摔伤或自行车碰撞还可引起裂伤，常发生于手、前臂、脚、头和面部。在自行车运动中上肢骨折较为常见，最常见部位为手、腕、锁骨和鹰嘴。运动员摔倒时头部受撞击可引起脑震荡。运动员摔伤或撞击物体时可引起眼部损伤，如眶周血肿、视网膜脱落、眼前房出血、眼眶眶骨骨折等。

自行车运动是户外运动，脚、前臂、面部对阳光敏感易发生晒伤。在运动中，运动员常常要大量丢失水分，如不及时补水可能发生脱水。脱水和日晒可引起严重的并发症，如中暑、中暑性痉挛和中暑性虚脱。

在自行车运动中，躯干自由活动的范围狭窄，为了减少前进中的阻力，运动员需弓身骑行，以尽量减少正面投影面积来降低空气阻力，屈身弯腰动作可造成腰部肌肉、筋膜等软组织的紧张，引起腰肌劳损的发生。

在运动中，皮肤反复的摩擦刺激可引起臂部、大腿内侧溃疡形成。汗毛与衣服反复摩擦可引起毛囊炎。此外，长时间的手握自行车和刹车可能损伤尺神经和正中神经，穿不合适的鞋等可能引起足神经损伤。

在运动中，为了获得提拉车蹬的动力，运动员的脚须套牢在车蹬上，在意外情况发生而失去身体平衡时，运动员来不及用脚支撑地面，摔倒时肩部外侧着地或单臂支撑，可能引起锁骨骨折。

第三节　创伤与修复

当机体受到损伤时，损伤局部和一些相关组织可发生一系列的组织、细胞和分子生物水平的变化。伤后局部和全身的反应是机体稳定自身内环境的需要，但某些较重的创伤所致的急剧反应常可能损害机体自身，需在治疗时加以调整。

损伤发生后，组织中新的细胞和基质取代损害或丢失的细胞和基质的过程，及在此过程中所发生的一系列反应，称为修复（rehabilitation）。

一、创伤性炎症与修复

组织发生急性创伤后，炎症是机体在损伤浅层去除坏死组织的一个重要途径，在一定程度上是组织愈合所必需的过程。组织损伤后出血多在 24 小时 ~48 小时内停止，之后迅速发生局部炎症反应，通常持续 3 天 ~5 天，整个修复过程一般为 5 天 ~ 3 周。根据修复过程的主要反应特征，可分为以下 3 个阶段。

1. 炎症期

损伤发生时，受伤组织内有一定数量的细胞受损和组织断裂出血，激活血小板，血小板变形、黏附、聚集并释放出一些促进细胞增殖的多肽因子，如血小板源性生长因子（PDGF）、胰岛素样生长因子（IGF）、转化生长因子（TGF）、血小板因子 -4 等，这些因子和血小板释放的花生四烯酸（arochidonic acid，AA）、血小板激活的补体 C5a 片段等，均具有诱导吞噬细胞的趋化作用。其中的 AA 在局部代谢生成的白细胞三烯（LT）和前列腺素（PG）与直接受损的 K +、H +、组织胺、乙酰胆碱（Ach）、5 - 羟色胺（5 - HT）等直接刺激神经末梢产生疼痛。PG 有强烈的扩血管的作用，加强局部充血反应，同时，血小板释放一些物质调节血管舒缩和通透性，大量的中性粒细胞、单核细胞、淋巴细胞等透出血管，在 PDGF、补体 C5a、AA 等趋化因子作用下到达损伤局部。中性粒细胞先进入损伤组织，单核细胞在中型粒细胞分泌的 PDGF、血小板活化因子、转移生长因子 - β、神经生长因子（NGF）等趋化作用下移到损伤部位，进入组织转化为巨噬细胞，和中性粒细胞一起释放出纤溶酶源激活的蛋白酶与胶原酶进行消除损伤坏死组织、病原体或其他异物的过程。此过程中，淋巴细胞、肥大细胞等也参与了反应。其中，淋巴细胞分泌白介素 -2（IL -2）、

IL－3、IL－4及干扰素－γ（IFN－γ）等，肥大细胞分泌成纤维生长因子（FGF）和血管生长因子对炎症反应期的血管反应、免疫应答反应及增生期的组织再生修复能力有重要作用。此期由于充血，血管通透性增加，使血浆成分析出，组织液渗出，加之淋巴管的损伤性阻塞，渗出液和漏出液不能及时排出，聚集在组织间，使组织呈现水肿样状态，局部表现为红肿疼痛。

2. 增生期

此期与炎症期没有明显界限，但主要特征是成纤维细胞和内皮细胞的移动和增生。表浅损伤的修复在此期中表现为上皮细胞的增殖、迁移，较深组织损伤则是肉芽组织的形成。成纤维组织是软组织修复的主要修复细胞，它在化学趋化物、FGF、PDGF等趋化作用下到达伤处，损伤邻近组织中尚未成熟的间充质细胞也能分化形成成纤维细胞，在局部巨噬细胞等分泌的表皮生长因子（EGF）、FGF、PDGF、IL－1等刺激下增殖，合成并分泌胶原等细胞外疏松基质。FGF、TGF、TNF－α等因子刺激内皮细胞移动并增生，促进血管长入，生成。这样，内皮细胞、成纤维细胞可重新生成细胞外基质。

3. 成熟期

此期主要特征表现为肉芽组织转变为正常组织的过程。某些炎症细胞因子如IL－1、TNF－α及TGF－β等，有促使成纤维细胞转化合成基质的作用，以恢复细胞外基质的成分，如胶原蛋白、蛋白聚糖及纤维连接因子，成纤维细胞转变为纤维细胞，肉芽组织逐渐转变为结缔组织，形成瘢痕，达到组织愈合，再通过长时间胶原基质持续沉淀和分解，达到基质重建和细胞替代。主要的胶原蛋白类型从新生的Ⅲ型胶原逐渐为Ⅰ型胶原所替代。一些胶原成分，如Ⅻ型胶原，也被分泌，并与Ⅰ型胶原结合，并调节胶原与蛋白多糖间的关系，核心蛋白聚糖、弹性蛋白、纤维连接蛋白也参与到结缔组织当中。瘢痕组织完成相似于原来组织的塑形，恢复接近正常功能。

创伤修复的基本方式是由伤后增生的细胞和细胞间质，填充、连接或代替缺损的组织。在此过程中，局部创伤性炎症有利于创伤修复，但强烈或广泛的炎症反应不利于创伤愈合。炎症早期的渗出是人体的一种保护性生理反应，但长时间的渗出可使血流受阻、肿胀加重、组织受压、血管痉挛栓塞、局部缺血缺氧，导致组织生理功能下降，甚至变性；过度增生，造成软组织某些部位管道壁增厚，管径变窄，形成粘连。常见有狭窄性腱鞘炎、黄韧带肥厚引起椎管狭窄症、脊神经神经根管狭窄等。此外，修复后期发生在关节周围的瘢痕组织挛缩引起关节活动度受限。

各种组织创伤后的修复能力及方式都有不同。表皮、黏膜、血管内膜等的细胞增生能力强，而心肌、骨骼肌等的增生能力弱。而肌肉损伤的愈合有两种方式：一种是肌肉以完整的肌纤维和细胞作为原始肌细胞再生；另一种是缺损处由疤痕组织修复。关节软骨等由于缺乏血管和能迁移到损伤部位的细胞，加之这些部位的内源性细胞对缺损无修复意义，使无血管组织的修复反应比带血管组织差得多。

二、运动创伤的细胞生物学和分子生物学基础

随着细胞生物学和分子生物学研究方法在运动医学的应用，已经能较清楚地从机体、组织、细胞和分子水平多层次的描述创伤发生发展及愈合过程，为创伤的发生发展及愈合提供了现代概念。

（一）参与创伤修复的几种重要细胞及作用

参与愈合的细胞成分很多，有中性粒细胞、淋巴细胞、巨噬细胞、肥大细胞、成纤维细胞、血小板、血管内皮细胞等，以下叙述几种细胞的特殊和重要作用。

1. 中性粒细胞

作用主要为吞噬微生物，分解坏死、损伤组织，并分泌一些趋化因子和生长因子，如血小板活化因子等。

2. 巨噬细胞

单核巨噬细胞是创伤炎症阶段的主要分泌细胞，可分泌多种生长因子、免疫反应性纤维结合素及多种集落刺激因子，为炎症反应期之后的增

生期做了基础准备。同时，也可释放一些血管活性物质、化学趋化因子、蛋白酶等。此外，巨噬细胞可影响细胞和细胞间、细胞和生长因子之间的相互作用，如血小板衍生生长因子（Platelet derived growth factor 、PDGF）的作用发挥即需要巨噬细胞的存在。

3. 血小板

血小板参与凝血，其中的纤维蛋白对单核细胞有趋化作用，血小板分泌的 PDGF 参与创伤修复的全过程。血小板还释放一些调节血管舒缩和血管通透性的物质，在炎症期中起到重要作用。

4. 成纤维细胞

成纤维细胞的主要功能是参与合成胶原，再由高尔基体分泌出细胞，形成胶原纤维，在损伤修复中形成新的细胞基质。

（二）与创伤修复相关的几种细胞因子

细胞因子原指一些参与造血功能和机体免疫反应的小分子多肽类物质，后来也包括了一些刺激细胞活性和增殖的生长因子。它们在软组织损伤的炎症期和增生期有减轻炎性反应，减少瘢痕组织形成和促进组织功能恢复的作用。近年来，有许多报道认为细胞因子在促进韧带和肌腱损伤的愈合方面起着积极的作用。如成纤维细胞生长因子（fibroblast growth factor 、FGF），PDGF 有促进生长的作用；肿瘤生长因子 - β（Tumor growth factor 、TGF - β）和胰岛素样生长因子 - 2（Insulin - like growth factor - 2 、IGF - 2），有促进合成和分泌胶原蛋白的作用。PDGF 通过趋化作用使巨噬细胞和成纤维细胞聚集于损伤局部，刺激细胞增生和胶原成分沉着。骨形态蛋白（Bone morphogenetic protein、BMP）可促进腱组织弹性蛋白、Ⅰ型胶原的表达，有促进肌腱愈合的作用。

在现代运动医学领域，细胞生物学和分子生物学成了研究运动创伤及其修复过程的重要研究手段。许多研究表明，运动能诱发自由基生成的增加，由于机体清除能力不足，导致高浓度的自由基对生物组织代谢和结构的损害效应。从细胞学角度来看，关节软骨退行性变，是病灶处软骨细胞的凋亡和反分化。病灶周围少量软骨细胞发生反应性增生；从分子生物学水平来看，IL - 1 参与关节炎性反应，于 TNF 类似促进软骨基质的降解，以致关节软骨细胞合成具有透明软骨特性的Ⅱ型胶原和Ⅸ型胶原，最终导致关节软骨的进行性破坏。且又研究表明，IL - 1 和 TNF 的这种作用可能是通过自由基对关节软骨发生作用的。

三、创伤性疼痛

机体遭受伤害性刺激时，往往会产生疼痛（pain）。国际疼痛学会（IASP）将疼痛定义如下：疼痛是与真正或潜在组织损伤有关，或用损伤来描述的一种不愉快的感觉和情绪。从疼痛定义我们知道疼痛是一种主观的感受。不同的个体对疼痛的感受不同。疼痛阈是指人所能识别的最小疼痛感受。疼痛耐受水平是指人所能耐受的最高疼痛感受。大部分的运动创伤伴有疼痛的发生。

（一）疼痛的基础理论

1. 疼痛的感受器

感受疼痛的感受器是伤害性刺激信号的换能装置。目前的研究倾向于将 Aδ 纤维和 C 纤维的游离末梢视为疼痛的特定感受器。在不同的组织疼痛感受器的分布密度不同，角膜、牙髓密度最高；其次为皮肤，肌肉和内脏疼痛感受器的密度最低。根据感受器的分布部位不同，将感受器分为：表层疼痛感受器、深层疼痛感受器和内脏疼痛感受器。表层疼痛感受器分布于皮肤和体表黏膜。深层疼痛感受器分布于肌膜、关节囊、韧带、肌腱、肌肉、脉管壁等处。内脏疼痛的感受器分布于内脏器官的被膜、腔壁、组织间及进入内脏器官的脉管壁上。

2. 疼痛的传导

感受疼痛的感受器接受伤害性刺激信号后，通过疼痛感受的传导纤维 Aδ 纤维和 C 纤维将信号经后根神经节传入脊髓后角，在脊髓后角交换神经元，在脊髓内通过多条传导束（脊髓丘脑束、脊髓网状束、脊颈束、脊内侧束、脊髓固有束）将信号传递至皮质下中枢，最后传递至疼痛的高级中枢——大脑皮层。表层疼痛以 Aδ 纤维的传导为主，深层疼痛和内脏疼痛以 C 纤维的传导为主。

3. 疼痛物质

疼痛过程中，机体内有许多生化物质通过充当神经介质或直接致痛参与调节。

（1）5－HT

5－HT 是由色胺酸与 5－羟色胺酸在酶的作用下合成的物质。中枢神经系统与周围神经系统的 5－HT 是分隔存在的，在疼痛过程中所发挥的作用也不相同。在周围组织中，5－HT 是一种直接致痛物质。当组织破坏时，5－HT 从裂解的血小板中释放出来，低浓度即可致痛。中枢神经系统的 5－HT 通过充当神经介质的形式，阻断 P 物质递质的兴奋性传导，降低疼痛冲动，起到抑制疼痛的作用。

（2）缓激肽

缓激肽是 α－球蛋白在活化的激肽致活酶的作用下形成的血浆激肽。缓激肽是一种直接致痛物质。缓激肽的致痛作用强烈，极微量即可致痛。

（3）P 物质

P 物质在中枢神经系统的分布很广泛。P 物质对疼痛信号的传递具有双重作用。在传入的神经元中为兴奋性介质，在高级中枢神经及下行的调制中则降低疼痛的敏感性。P 物质的直接致痛作用比缓激肽的致痛作用更强烈。

（4）去甲肾上腺素

去甲肾上腺素在神经传导以外的组织具有致痛作用，在中枢神经元则有兴奋与抑制两种效应，以抑制作用为主。

（5）乙酰胆碱

乙酰胆碱是最可靠的神经介质，广泛分布于神经系统。传出的胆碱能神经元对脊髓有抑制作用。在组织中高浓度的乙酰胆碱有致痛作用。

（6）前列腺素

前列腺素分为前列腺素 E 和前列腺素 F 两大类。前列腺素在炎性过程中其合成与释放均增加。前列腺素能直接致痛，也能增强缓激肽的致痛作用。

（二）疼痛的分类

疼痛的分类很复杂，至今尚难统一标准，常用的分类方法如下。

1. 按疼痛的程度分类

按疼痛的程度疼痛可分为：轻微疼痛，即疼痛程度很轻或仅有隐痛；中等度疼痛，即疼痛较剧烈；剧烈疼痛，即疼痛剧烈，难以忍受。

2. 按疼痛的病程分类

按疼痛的病程疼痛可分为：急性疼痛，即疼痛发生急，与损伤短暂地相关，在正常的愈合期中消除；慢性疼痛，即疼痛持续 3 个月以上。

3. 按疼痛的部位深浅分类

按疼痛的部位深浅疼痛可分为：浅表痛，即疼痛位于体表皮肤或黏膜，性质多为锐痛，比较局限，定位明确；深部痛，即内脏、肌膜、关节囊、韧带、肌腱、肌肉等处的疼痛，性质一般为钝痛，不局限，定位不准确。内脏痛是深部痛的一种，可在远离脏器的体表出现牵涉痛。

4. 疼痛的解剖部位分类

按疼痛的解剖部位疼痛可分为：头痛、肩痛、腹痛、腰痛等。

（三）疼痛的评估

疼痛是一种主观感受，因而疼痛程度的判断比较困难，常用评分量表来衡量。

1. 语言评分量表（verbal rating scale VRS）

语言评分量表是最古老和运用最广泛的量表。让病人描述自身感受的疼痛状态，病人选择分值。语言评分量表分为四点口述评分法和五点口述评分法。四点口述评分法：该法将疼痛分为 4 级，即无痛（1 分）、轻微疼痛（2 分）、中度疼痛（3 分）、剧烈疼痛（4 分）；五点口述评分法：该法将疼痛分为 5 级，即轻微疼痛（1 分）、引起不适感的疼痛（2 分）、具有窘迫感的疼痛（3 分）、严重的疼痛（4 分）、剧烈的疼痛（5 分）。四点口述评分法简单，病人容易理解，但不够精确，不适用于科研。五点口述评分法较为详细，常用于临床研究。

2. 行为疼痛测定法（behavioral rating scale，BRS）

常用的行为疼痛测定法为六点行为评分法。该测定法将疼痛分为六级：无疼痛（0分）；有疼痛但可被轻易忽视（1分）；有疼痛，无法忽视，不干扰日常生活（2分）；有疼痛，无法忽视，干扰注意力（3分）；有疼痛，无法忽视，所有日常活动都受影响，但能完成基本生理需求如进食物、排便等（4分）；存在剧烈疼痛，无法忽视，需休息或卧床休息（5分）。该方法将行为标准列入评分范围，有一定的客观性。

3. 视觉模拟量表（Visual analogue scale，VAS）

用一条10厘米长的直线两端标明有0和10的字样，0端代表无痛，10端代表最剧烈的疼痛。让病人在直线上标出自己疼痛的相应位置，然后用直尺测出疼痛强度的位置。此方法简单易行，在临床上使用广泛。

四、祖国医学的认识

祖国医学对创伤的病理变化有自己的认识，总的认为是脉络受损、瘀血流注、阻滞经络、气血运行不畅，导致血瘀气滞、营卫不和等出现疼痛，如明·薛己在《正体类要（序）》中说“肢体损于外，则气血伤于内，营卫有所不贯，脏腑由之不和，……”，不但精辟地论述了创伤给机体造成的损害，而且提出了治疗上应内外兼治，即局部和整体并重。对创伤疼痛和肿胀的认识，如“不通则痛”“气伤痛，形伤肿”等。对创伤后局部血管、毛细血管破裂而致的出血、瘀血形成，描述为“邪遏经气，血脉凝泣，不通则痛”。对充血和水肿、脂肪凝集变性、组织代谢障碍、通透性改变的肿胀，有“水湿潴留，经络气滞，营卫之气滞涩不行”之论。

本章小结

（1）运动创伤尤其是慢性损伤，往往是由多种因素造成的。

（2）把运动创伤的机制和原因的研究与早期妥善处理放在同等的地位，是运动创伤学中最基本的观点。

（3）身体条件是发生运动创伤的基础，不恰当和不科学的运动训练是直接原因。

（4）不同运动项目有不同的创伤好发部位及专项多发病。了解运动创伤的项目发病规律，分析受伤动作与受伤机制对防治运动创伤有非常重要的意义。

（5）创伤性炎症是人体的一种保护性生理反应，有利于创伤修复。但强烈或广泛的炎症反应不利于创伤愈合。

（6）无血管组织的修复反应比带血管组织的差得多，结果多不理想。

讨论题

（1）科学训练在运动创伤防治中的作用有哪些？

（2）请从所熟悉的运动项目的训练计划中找出可能的潜在致伤危险。

（3）青少年运动员过早参加专业训练的危险性有哪些？

推荐阅读参考文献

任玉衡、田得祥（2002）：中国优秀运动员运动创伤流行病学研究。国家体育总局科教司。该书对国内49个运动项目的运动创伤进行了调查研究。

任玉衡、田得祥、史和福等（2000）：优秀运动员的运动创伤流行病学调查。中国运动医学杂志，19卷4期，377～386。共计对47支运动队的6810名运动员进行了运动创伤的流行病学调查。

曲绵域、于长隆，实用运动医学，第四版，北京大学出版社，2003：本书对各项运动的常见损伤均做了详细的流行调查统计，对临床有很好的指导作用。

第三章　运动创伤的检查与诊断

正确的诊断是合理预防、治疗运动创伤以及安排伤后康复训练的基础。要对运动创伤做出正确的诊断，必须仔细的询问训练史、受伤史、伤后症状及训练情况，必须系统地进行临床检查和综合影像学、实验室检查结果后才能做出。运动创伤工作者除了具备相关医学知识体系外，还必须熟悉受伤运动员所从事运动项目的技术特点和训练情况，掌握运动常见的、多发的创伤及其现场急救措施等。本章重点介绍运动创伤的临床体检方法和现代诊断技术，用大量图例对各部位体格检查方法作出了清晰的演示，以便于读者对各种检查手法有明确的认识。同时，对现代诊断技术作出了深入浅出的讲解，从而使现代科学技术中深奥的理论变得浅显易懂，易于接受。在临床体检中，应按照检查顺序，正确应用检查方法，重视阳性检查结果所代表的含义，排除假阳性或假阴性检查结果的干扰。同时应注意进行体格检查时尽量不要增加患者的痛苦。在现代诊断技术的应用中，应合理选择，有的放矢，提高诊断的正确率。在临床应用中，应以体格检查为主，同时辅以现代诊断手段，两者紧密结合，不能单纯依赖辅助检查。

第一节　临床体检

一、临床检查的内容

（一）采集病史及受伤史

病史采集是进行诊断的第一步，掌握详细的受伤过程包括受伤时、伤后的表现及处理情况等几方面，是正确诊断的前提。病史采集时需着重以下几个方面。

1. 专项训练史

必须了解伤者所从事的运动项目、专项运动训练年限及受伤主要原因及机制。因为运动专项常同损伤部位的类型和频率有较密切关系。长时间的专项训练可能积累了某部位的慢性劳损，因剧烈活动而加重，导致其急性发作或新的损伤。此外，病史还应记录运动员目前的训练情况，及外伤对运动技术的妨碍程度。

2. 受伤过程

急性损伤，多有明确的受伤史，损伤的机制分析对判断损伤很有意义。急性损伤尤其重视受伤的全过程回顾；重视外力性质是直接外力、间接外力还是复合暴力，外力的大小、方式及作用部位等。对关节部位的损伤尤其要仔细分析损伤时的躯体位置、重心位置以及损伤肢的位置。感觉到或听到的响声或撕裂声对某些结构的损伤有提示意义。

3. 伤后表现及处理情况

结合局部检查，详细询问并记录伤后疼痛、肿胀、功能受限等症状和体征及其出现时间、演变情况、经过何种治疗和处理及训练安排情况、关节损伤是否有不稳或在负重时变形的感觉、下肢损伤者能否行走或进行其他活动。

例如疼痛应了解：①疼痛发生的情况：是突然还是缓慢起病？②疼痛的部位：起初是何处？③疼痛的性质：是胀痛、酸痛、刺痛、烧灼痛、麻痛、放射痛还是跳痛？④ 疼痛发生的时间：是黑夜或白天？是运动后或休息时？是持续或间隙痛？疼痛持续的时间及发生的频率？⑤影响疼痛的因素：疼痛与季节、气候有无关系？活动后加重或减轻？在做什么动作或做多大的活动量时发生疼痛？休息后有无好转？⑥接受过那些治疗？疗效如何？

4. 过去史

有无其他重要疾患和陈旧性损伤。陈旧性损伤者，应重视既往治疗史；慢性劳损者，就重视工作性质、生活习惯和环境因素。

（二）一般体格检查

运功创伤一般都是局部疾病，往往容易忽视全身情况。但确有一些伤病与其他内脏器官有密切联系，例如腰痛可与胃肠道疾病、风湿病、月经不调、神经科疾患、铅中毒、肾脏病等有关；肩痛可与神经、心脏、肝脏疾患等有关；足病可与血管神经性病患有关。另外还有许多腰酸腿痛与姿势不良引起的劳损有关，例如扁平足就可以引起膝痛、腰背痛，甚至引起颈部痛，因而在检查时切不可仅限于局部，否则会延误诊断。

临床体格检查均应严格全面查体，按照生命征、一般状况、皮肤黏膜、头面五官、颈胸心肺腹、肛门外生殖器、脊柱四肢、神经血管及特殊专科检查的顺序逐一记录。

（三）局部检查

运动创伤的检查一般都包括以下几个部分。

1. 望　诊

应注意患者的姿势、步态、局部征象，有无肿胀、畸形并与对侧相比观察有无异常。

2. 触　诊

触诊是检查中很重要的方法。触诊时应了解患部有无压痛，关节面是否光滑，此外，还应注意的皮肤温度、肌肉的张力、软组织的韧度和局部形状的改变。骨折的摩擦音也常能用触诊方法发现。检查损伤发生后的局部肿块起始时间、部位、程度、范围及皮温。损伤初起，肿胀迅速，质软或有波动感，呈局限性肿胀。陈旧性伤，肿胀多不明显，易发现组织增生肥厚、粘连变性的痛性硬结、块或条索状物等改变。肌肉损伤后，因组织撕裂出血以及断裂肌纤维的挛缩可出现硬性包块。关节附近的肿胀，注意区别关节内外的不同，损伤后 2 小时内出现关节内肿胀提示关节积血，第 2 天发生的肿胀多为急性创伤性滑膜炎。

压痛是运动创伤检查中最常用的方法之一，主要是检查出病人的压痛点。压痛点是指病人在发生各种不同情况的急性损伤或慢性积累性损伤时，在病人主诉的疼痛处或在无痛的其他肢体区域，医生在检查时引出的不同程度的按压痛。常出现在深部肌肉和结缔组织，与受伤姿势、习惯体位及过度使用部位有密切联系。典型压痛点的特征是：① 持久性的痛过敏；② 牵涉痛；③ 可用局部封闭得到解除。

运动创伤常见的压痛点如下。

（1）肱二头肌长头压痛点 位于肩关节前面，相当于肱骨结节间沟内的肱二头肌腱长头的部位。在上肢用力提物或用力握拳屈肘时感到疼痛加重，当上肢外展外旋时，感到受限并出现疼痛。此痛出现，提示肱二头肌长头肌腱炎。

（2）肱骨外上髁压痛点 压痛点在肱骨外上髁、桡肱关节滑囊、伸腕肌腱附着点附近。多发生在经常从事前臂旋转伸屈肘关节活动患者，临床称作肱骨外上髁炎或“网球肘”。

（3）肱骨内上髁压痛点 此点多在屈腕肌群附着肱骨内上髁处及其周围。临床称作肱骨内上髁炎或“标枪肘”。除局部疼痛外，还可沿前臂内侧向手部放射并出现酸痛。

（4）腰椎棘上韧带压痛点 腰椎棘上韧带损伤是常见的腰痛症之一。多见于弯腰操作不当的患者，好发于腰椎 2、3、4、5 棘突，以腰 4、5 多见。压痛见于腰椎棘突中线，压痛点的韧带触摸时可感到增厚、高低不平或条索感。

（5）髌下脂肪垫压痛点 位于髌韧带之后，见于膝关节外伤或劳损后。此点压痛可沿胫骨前外侧向足背放射，也有向腘窝放射，沿小腿后部肌肉至跟部。膝关节活动无力，上下楼梯或跨高时症状加重。许多半月板损伤、髌韧带劳损及髌上滑囊炎等常伴有髌下脂肪垫劳损。

（6）膝关节内侧副韧带损伤压痛点 内侧副韧带损伤多因小腿突然外翻，或外力直接致膝外侧受伤，使内侧副韧带不同程度的撕裂而发病，严重者内侧副韧带可发现肿胀压痛，膝关节伸屈因疼痛而不利，行走困难。

（7）踝关节内侧副韧带压痛点 踝关节内侧副韧带也称三角韧带，常因跑、跳或从高处坠地而不慎扭伤，在内踝下缘可有明显的压痛点，严重者局部可出现肿胀瘀血，行走不利等。

3. 检查主动、被动运动和抗阻运动

用以发现关节本身、关节周围和关节邻近组织伤痛情况。神经系统的障碍，肌肉、肌腱和筋膜的病变，关节内的疾患（如软骨疾患）等，都需要详细检查有关部位的主动、被动运动和抗阻运动情况。

被动运动受限制的原因很多，关节内和关节周围的病理改变（如粘连和瘢痕挛缩，半月板撕裂等），肌肉痉挛和筋膜肌腱挛缩都能使被动运动受限；在检查时除应注意运动受限制的程度外，还应检查有无韧带断裂引起的不正常活动。同时还应注意关节内外有无响声和疼痛。

主动运动一般比被动运动的范围小。有被动运动障碍的病例，一定也有更大范围的主动运动限制；主动运动受限制的原因和被动运动受限制的原因除肌肉痉挛和肌肉麻痹的病例外，大都一样。

抗阻运动不仅对诊断肌肉、肌腱的损伤有帮助，而且对估计关节功能，神经支配，肌肉力量及其恢复情形也很重要，是运动外伤检查中最常用的方法。

4. 量　诊

测量和比较是不可缺少的检查方法，皮尺和量角器是骨科必备的检查器具。测量肢体的长短、围度，关节的活动角度，骨盆的倾斜度等，能准确了解肢体肌肉、骨骼生长的情形和伤病的状态。

比较的方法有二：一是同健侧比较，一是同已知的标准比较。尤以前者用途更广。

5. 听　诊

了解关节内外发出的各种不正常声音，对诊断也有帮助。能听见的声音，有的叫弹响，有的是摩擦音，也有的是吱喳音。这些不同的声音，都是从两个不光滑或不合适的接触面摩擦产生的。正常关节有时也有响声，如无其他临床病征或病理变化，一般没有临床意义。

6. 特殊手法检查

运动创伤学及骨科学中有很多特殊而实用的检查方法。在临床上，要想提高这些检查的准确率，就应该做到掌握原理、检查手法准确、双侧对比、综合分析。其中一部分是重复损伤动作，如检查膝关节半月板损伤的麦氏征与检查交叉韧带断裂的抽屉试验，而更多的则是根据解剖生理与病理特点发展出来的，如椎间盘突出症检查中的直腿抬高试验及颈静脉阻滞试验等。

二、各部位临床检查法

（一）脊柱特殊检查法

1. Adson 征（Adson sign）

检查者抚患者腕部桡动脉，然后令其吸气、挺胸、闭气、仰头，再将头向左或右转。如果桡动脉减弱或完全消失，特别是血压降低 15 毫米汞柱以上，即说明有颈前斜肌综合征或颈肋，如果有放射痛意义更大。有人认为前者是颈椎病的并发征（图 3－1）。

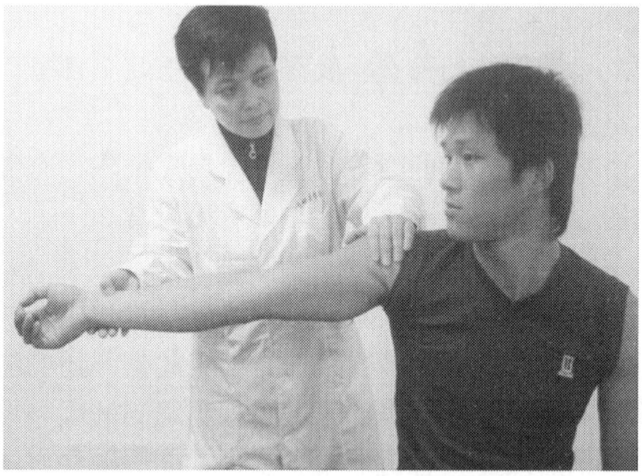

图 3－1　Adson 征

2. Eaton 征（Eaton sign）

臂伸直，腕背伸或掌屈，然后将臂外展并上举，如手有麻窜感即为阳性。这是根性颈椎病的重要体征，是臂丛牵拉试验的一种。（图 3－2）

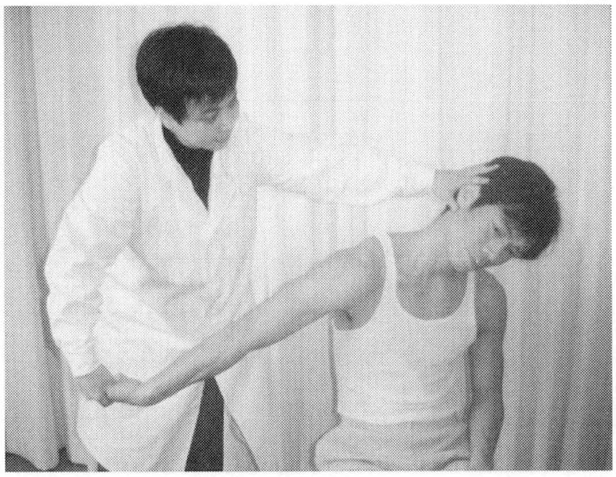

图 3－2　Eaton 征

3. 臂丛牵拉试验

病人坐位或立位。双臂下垂，肩胛稍内收，这时将臂向下牵拉，如果出现手麻即为阳性，说明有肋锁综合征。（图 3－3）

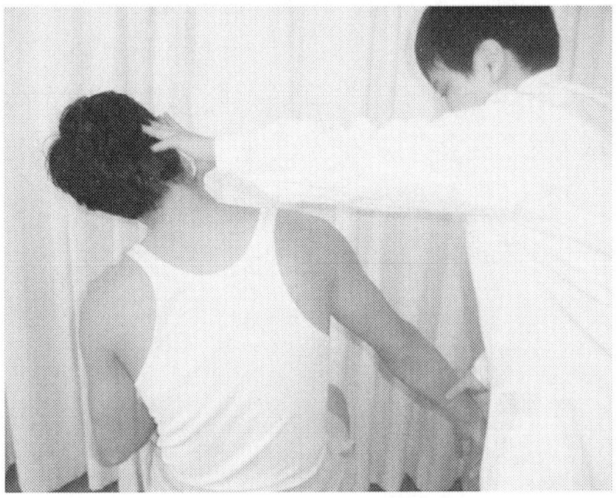

图 3－3　臂丛牵拉试验

4. 颈压轴试验（Spurling test）

又称压头或椎间孔压迫试验。检查者立于患者背后，用双手压头（分别于中立位或颈左右倾位下压），如有窜麻到肩、臂、指即为阳性（图 3－4），多说明有神经根受压的根型颈椎病。如果患者坐位双手垂于体侧时有手麻，检者双手分别置于颌枕部，并将头上提，麻窜痛消失也说明为根性颈椎病，而且牵引治疗有效。

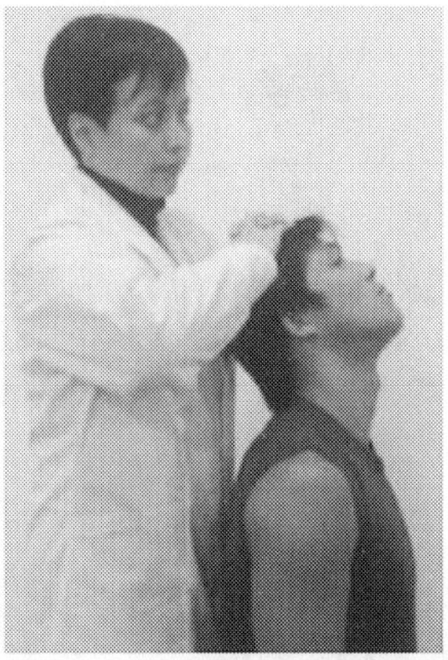

图 3－4　Spurling 颈压轴试验

5. 压头试验（Jackson test）

与前者同，只是头于后仰位下压。（图 3－5）

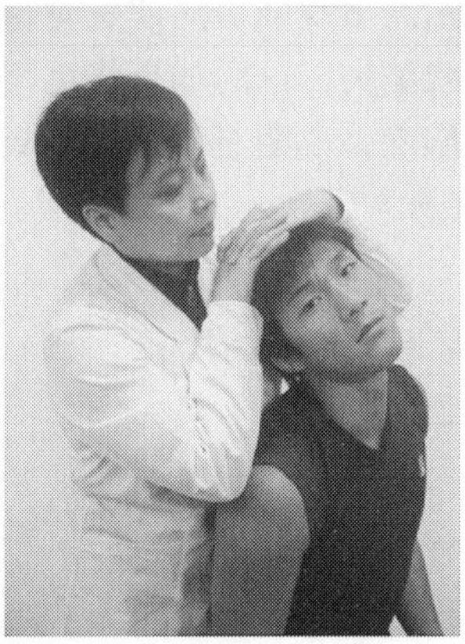

图 3－5　Jackson 压头试验

6. 直腿抬高试验（Laségue's test）

仰卧，检查者将患侧腿直抬起，有腿或足麻、痛者为阳性（图 3－6）。说明有坐骨神经痛、同时也是腰椎间盘突出症的重要体征，此外急性腰扭伤或严重腰部肌肉筋膜炎（臀上皮神经型）有时也出现阳性。检查者记录时应注明腿抬高的角度，运动员和一般人不同，一般人只能抬到 90 度，而体操、跳高运动员或杂技演员，柔韧性好，抬腿角度大，有窜麻感即属阳性。

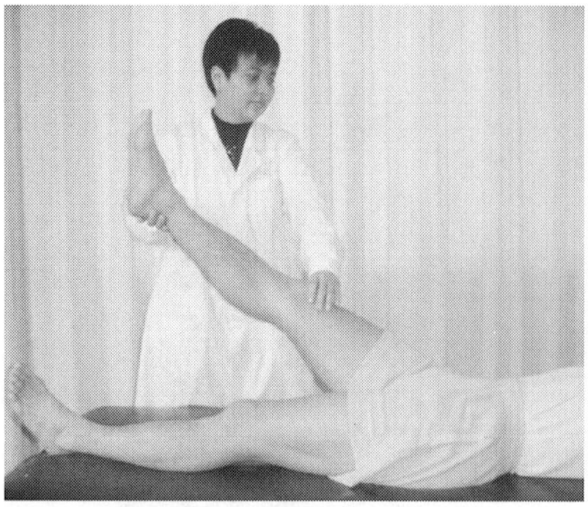

图3－6 直腿抬高试验（Laségue's test）

7. 直腿抬高加强试验（Braggard's test）

又称直抬腿勾脚试验，与直腿抬高试验相同。当直腿抬高出现腿足痛或麻时，将腿稍稍放低一点，症状消失，这时如果将足背伸，症状又复出现即属阳性，说明有坐骨神经痛或腰椎间盘突出症。（图3－7）

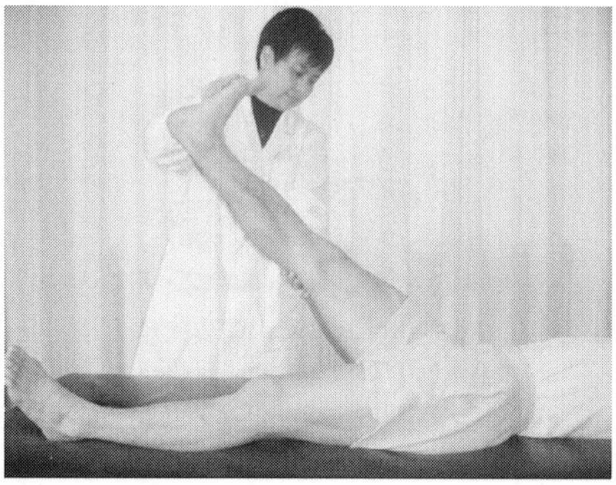

图3－7 直腿抬高加强试验（Braggard's test）

8. 屈颈试验（Soto－Hall's test）

用于检查腰椎间盘突出症，屈颈时患侧足麻、痛即属阳性（图3－8）。屈颈同时屈胸半坐时出现腿及足麻痛者为Brudzinski Linder征阳性。

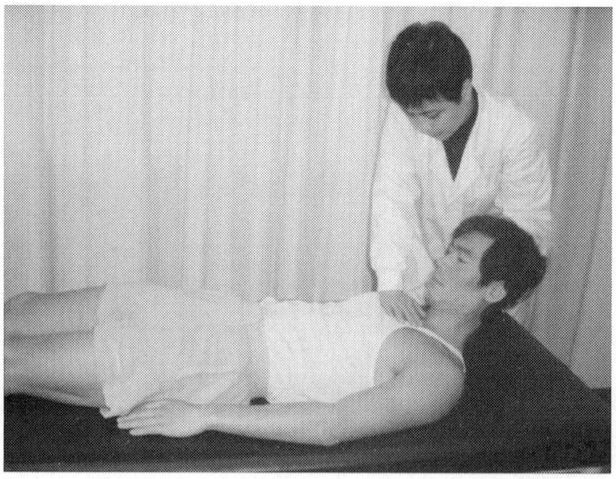

图3－8 屈颈试验（Soto－Hall's test）

9. "4"字试验（Patrick's test、Faber's test）

是髋关节的屈曲、外展、外旋及后伸的实验。患者健肢伸直，患肢屈膝，髋稍外展，足放在健肢外侧，检查者一手固定健侧骨盆，一手下压患肢膝部并展髋，膝向外转并能靠近床面者为正常（图3－9）。髋关节痛不能靠近床面者为髋关节伤病。在运动员中常见的如髋扭伤、创伤性关节炎等。骶髂部痛者为骶髂关节伤病，如扭伤或类风湿性强直性脊椎炎等。

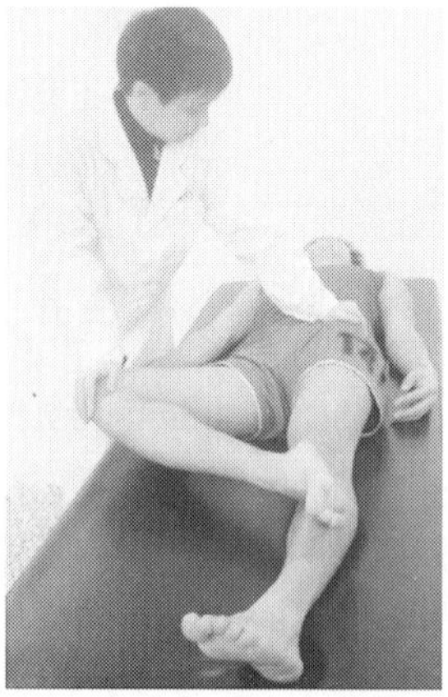

图3－9 "4"字试验（Patrick's test）

（二）膝关节的特殊检查法

1. 浮髌试验

让患者膝关节伸直放平，放松股四头肌，检查者一手掌放在髌骨上方（髌上囊处），施压将髌上囊液挤入关节腔髌股关节间，使髌骨浮起，再以另一手食指急叩按髌骨，如能感到髌骨与股骨髁有撞击感即为阳性。（图 3－10）

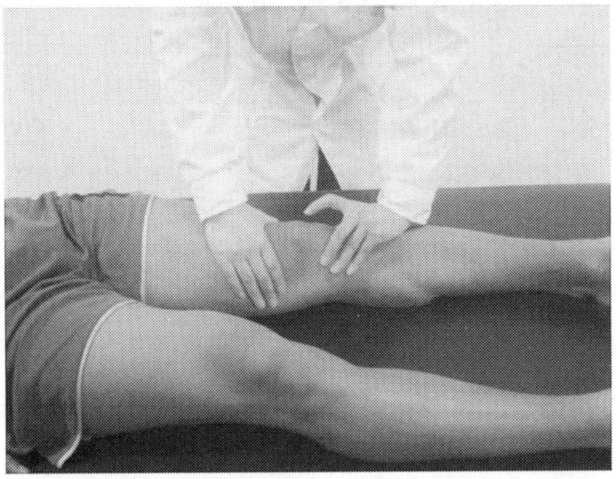

图 3－10　浮髌试验

2. 侧翻试验

（1）外翻试验（vagus stress）

让患者膝伸直，医生一手抵住膝关节外侧手向外搬小腿。如果内侧疼即为膝内侧副韧带损伤。如同时松动则为该韧带断裂。检查内侧副韧带时因内侧副韧带是扇形的，有纵束及斜束两部分，需伸直位（0 度）（纵束）及屈 30 度（斜束）两位置检查才能检出阳性。可疑时应行痛点封闭后再检查。直位（0 度）侧翻试验应平放床上做，30 度屈曲位应放在床边下面做，不要把下肢抬高姿势下做，这样因肌肉痉挛、紧张易出现假阴性。（图 3－11）

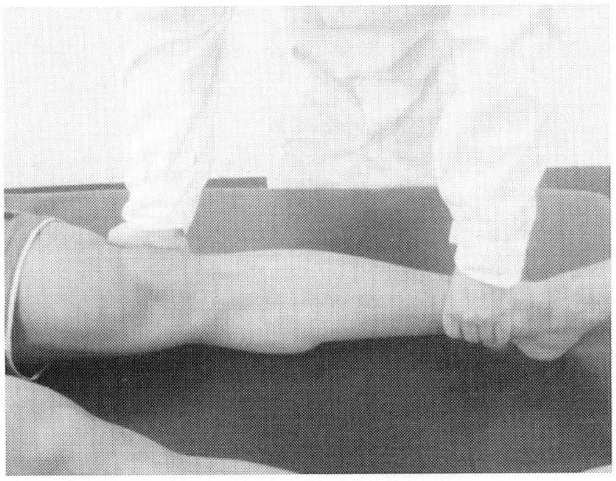

图 3－11　外翻试验

（2）内翻试验（varus stress）

与外翻试验相反，一手抵住膝关节内侧，一手向内搬小腿。外侧疼痛或松弛为阳性。（图 3－12）

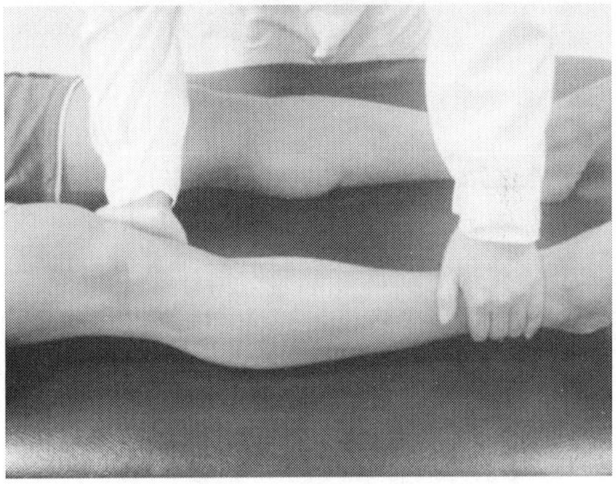

图 3－12　内翻试验

3. 抽屉试验

前（后）十字韧带松弛或断裂时呈阳性。患者仰卧屈膝约 90 度左右（此角度韧带最松弛），足平放在床上，下肢肌肉放松。检查者用臀部将病人的足固定以防足前后滑动，双手握住小腿上端做前拉或后推动作。如可向前拉出（松），即为前十字韧带断裂（图 3－13）；如胫骨可向后推出（松），即为后十字韧带断裂。应注意如为急性损伤，应先抽出关节积血并注射 1% 普鲁卡因 20 毫升后再检查，以防漏诊。做抽屉试验时，应注意是否有髌骨近端下塌征象。如有，则先将胫骨拉到正常位置再做抽屉试验，否则会出现假阳性（前抽屉试验）和假阴性（后抽屉试验）。

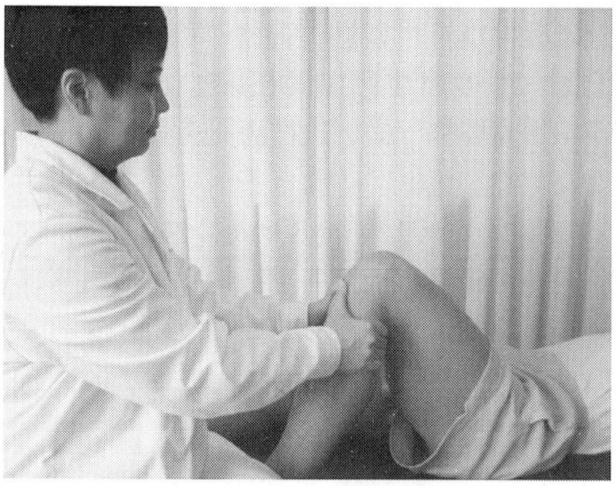

图 3-13 前抽屉试验

4. 拉赫曼试验（Lachman test）

患者仰卧，膝屈 30 度左右，检查者一手握股骨下端，一手握胫骨上端向前拉小腿。如松弛前移又无韧带拉紧的抵抗感即为阳性，表示膝前十字韧带断裂（图 3-14）。抽屉试验可理解为膝前（或后）十字韧带的前内束断裂；拉赫曼试验 30 度松弛时往往是前十字韧带后外束断裂。两位置皆松弛则完全断裂。

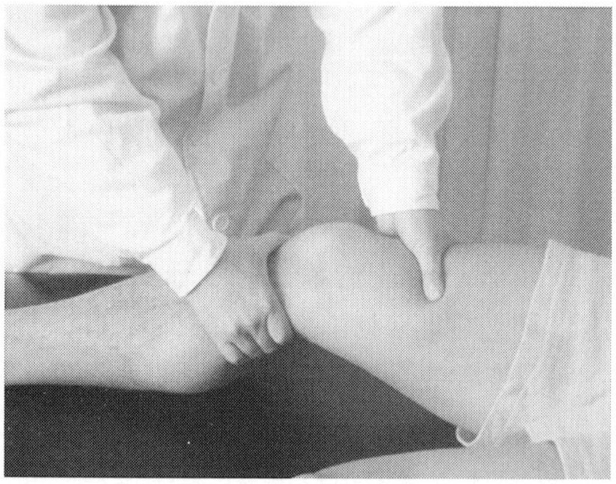

图 3-14 拉赫曼（Lachman）试验

5. 膝回旋挤压试验（McMurray's test）

患者仰卧，医生一手扶按膝侧方，另一手握足踝部，极度屈膝，然后将小腿外展外旋，或内收内旋，在保持此状态下逐渐伸直膝关节，如关节间隙处出现疼痛和（或）弹响声，即表示外侧或内侧（医生手扶按的一侧）半月板损伤（图 3-15）。

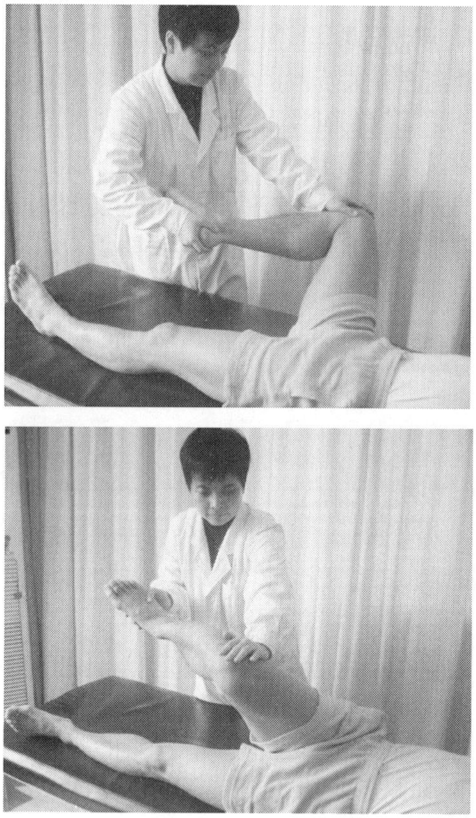

图 3-15 半月板旋转试验

6. 膝提拉研磨试验（Apley test）

患者俯卧，患肢屈膝 90 度，检查者双手将小腿下压并扭转，如发生疼痛，则病在疼痛侧的半月板及关节软骨（研磨）；检查者一膝跪压患肢大腿后侧，双手持小腿上提并扭转，如关节腔分开扭转时发生疼痛，则病在关节囊及韧带处。

（三）踝关节的特殊检查法

1. 捏小腿三头肌试验（Thompson's test）

患者俯卧，足垂床沿下，正常情况下，检查者捏小腿三头肌时足即跖屈，如果不动则为体征阳性，说明跟腱完全断裂。如果与健侧相比活动范围小，多为跟腱全断裂后腱在延长位愈合，此检查法还可用于手术中，检查断腱缝合的长短是否合适。（图 3-16）

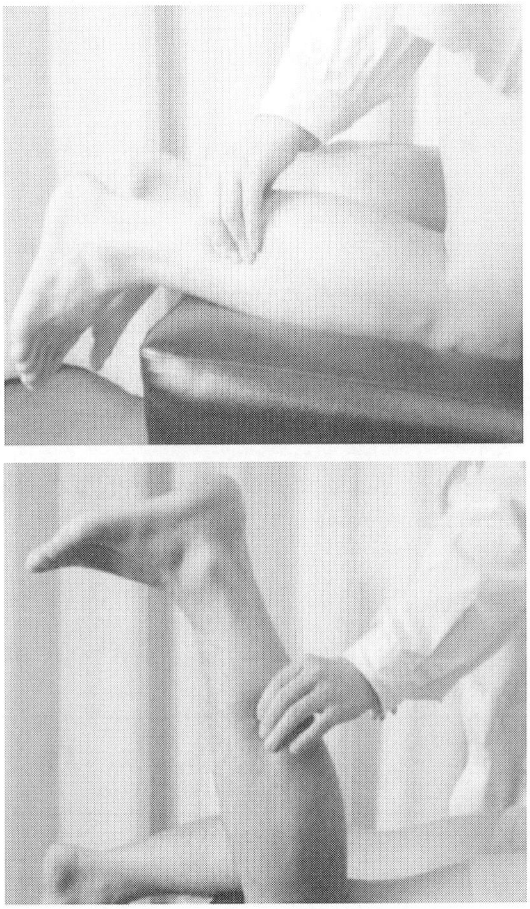

图 3－16　捏小腿三头肌试验
(Thompson's test)

2. 踝关节前后抽屉试验

踝外侧距腓前或与跟腓韧带同时断裂踝前抽屉试验阳性。如果同时又有距胫前韧带断裂则更为明显。也可在此位置投照 x 线侧位像，可见距骨向前移位。检查时，检查者一手固定小腿下部，另一手握足跟，双手同时作逆向前后错动，足向前的为前抽屉试验（测距腓前韧带）；足向后为后抽屉试验（测距腓后韧带）。双踝对比如果错动范围比健侧大即为阳性。(图 3－17)

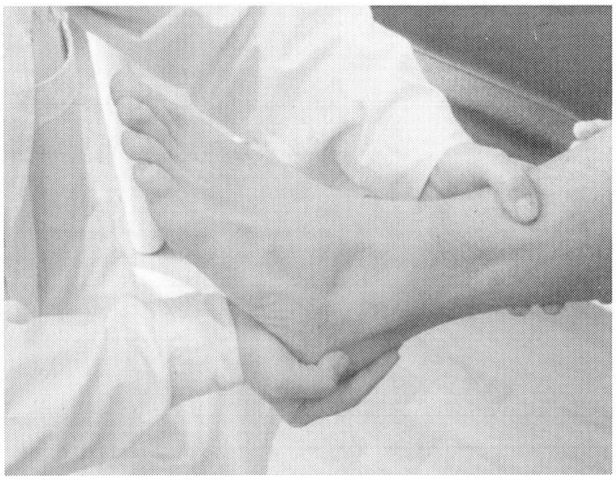

图 3－17　踝关节前抽屉试验

（四）神经反射检查

1. 病理反射

有髌骨上反射阳性、Babinski、Chaddock、Oppenheim、Gordon 征阳性、Ankel clonus 征阳性等时，必须想到包括颈髓在内的脊髓病变或椎管内的占位病变。

2. 深反射

常规应检查的为髌腱与跟腱反射。检查时肌肉必须放松。为此令病人双手手指相互交叉勾住，在叩击髌腱或跟腱的同时用力牵拉，出现伸膝或屈踝时为正常。活跃亢进者为异常，说明合并脊髓病变。消失者也为异常。膝腱（腰 2—4）反射消失者如有腰痛多为腰 3—4 椎间盘突出症；跟腱反射（腰 4—骶 2）消失，多说明腰 5 骶 1 的椎间盘突出症。当然腰 2 到骶 2 椎管内的其他占位病变椎管内的占位病变也会引起髌腱、跟腱反射消失，检查时不要忽略。(表 3－1)

表 3－1 深反射检查法

反射	刺激部位	表现	被检查者的姿态	中枢
肱二头肌反射	肱二头肌下端肌腱	前臂屈曲	肘被托屈 90 度	颈 5、6
肱三头肌反射	肱三头肌下端肌腱	前臂伸直	托上臂，前臂下垂或托前臂水平	颈 6—8
桡骨反射	桡骨茎突	前臂屈曲	肘半屈	颈 5—6
尺骨反射	尺骨茎突	手旋前内收	肘半屈	颈 7—胸 1
胸大肌反射	远端肌腱	臂内收内旋	仰卧，臂外展内收之间	颈 5—胸 1
膝反射	髌腱	股四头肌收缩	端坐悬垂小腿或托腘部	腰 2—4
跟腱反射	跟腱	小腿三头肌收缩	仰卧、下肢外展半屈	骶 1、2

3. 浅反射

上腹（胸 7—8）、中腹（胸 9—10）、下腹（胸 11—12）、提睾（腰 1—2）。颈椎病（髓型）时腹壁反射常常消失，必须常规检查。（表 3－2）

表 3－2 浅反射检查法

反射	刺激部位	表现	被检查者的姿态	中枢
腹壁反射	腹壁皮肤	腹肌收缩	仰卧、腹壁放松	分别为胸 7—8、9—10、11—12
提睾反射	股内侧皮肤	睾丸上提	仰卧、下肢外展伸直	腰 1—2
臀肌反射	臀部皮肤	臀肌收缩	仰卧	腰 4、5
肛门反射	肛周皮肤	肛门括约肌收缩	膝胸卧位	骶 5

第二节 现代诊断技术在运动创伤中的运用

目前用于运动创伤的辅助诊断技术主要有：X 线检查、X 线计算机体层摄影（CT）、磁共振成像（MRI）、超声成像（USI）、放射性核素骨成像、肌电图（EMG）、关节镜检查等。

一、骨关节 X 线检查

X 线检查是应用 X 线穿透人体，使人体内部结构投影在荧光屏或胶片上显出影像，观察影像进行诊断的一种临床检查方法。

（一）检查方法

骨科 X 线检查以 X 线照片（平片）为主。照片常规摄正侧位像，必要时辅以斜位、轴位或切线位像，如脊柱的左右斜位像，主要用于观察椎弓附件（上下关节突、椎弓峡部、椎板等等），跟骨的轴位像用于观察跟骨骨折变形的情况。

（二）X 线照片在运动创伤中的应用

运动系统的 X 线检查主要是了解骨、关节及其周围软组织的情况。骨骼含矿物质多，密度高，与周围的软组织有鲜明的对比，X 线照片可使骨关节清楚显影，对大多数骨折、脱位在平片上都可得出诊断（图 3－18、图 3－19），故运动创伤中的骨折、脱位应首先进行 X 线照片检查。然而，对有些细微的骨折与脱位，以及结构复杂、相互重叠部位的损伤，如头颅、脊柱、骨盆、四肢大关节等，平片显示不佳或无法显示时，应再用其他影像检查进行进一步的诊断。

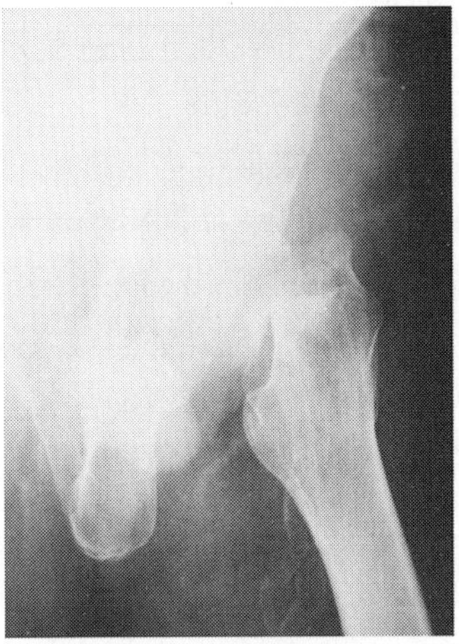

图 3－18　股骨颈骨折

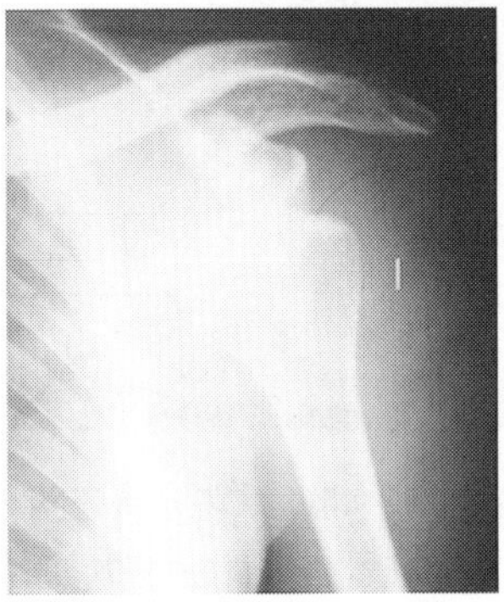

图 3－19　肩关节脱位

软组织包括肌肉、肌腱、韧带、血管、神经、关节囊、滑膜、软骨等，它们均呈中等密度，彼此之间密度相近而缺乏对比，平片上不能区分。当软组织损伤出现软组织出血、水肿时，平片可显示软组织肿胀影、层次不清，但缺乏特征性；对肌肉、肌腱、韧带的撕裂伤，以及软骨的损伤，平片显示也不佳；而对骨化性肌炎平片显示较清楚，为受累区软组织中有斑片状、团块状高密度影。对于软组织损伤的影像检查应从最基本的 X 线照片开始，根据需要再选择其他检查。

二、X 线计算机体层摄影（CT）

X 线计算机体层摄影（Computer Tomography，简称 CT）是利用 X 线束环绕人体某一选定层面进行扫描，用探测器接收透过该层面的 X 线，经计算机处理，获得该层的横断面图像，从而进行观察、诊断的一种检查方法。

（一）CT 图像特点

CT 成像技术实际上是在 X 线检查成像基础上的提高和补充。CT 图像的特点有：①CT 图像是横断面图像，解决了 X 线平片上组织结构之间相互重叠的问题，对结构复杂、重叠的部位显示清楚，并可根据多层横断面信息，重建三维立体图像。②CT 图像是数字化的图像，对人体组织的密度有一个相对定量指标，即 CT 值，密度分辨力大大优于 X 线平片，能够区别密度差异小的组织结构。根据 CT 值的不同，CT 可准确地判断病变组织内的气体、脂肪、液体、软组织和钙化等成分，有利于明确诊断或鉴别诊断。运用 CT 的调窗技术，调节 CT 值的范围，以显示不同的组织结构，如适合观察骨组织的 CT 图像称骨窗，适合观察软组织的 CT 图像称软组织窗。但 CT 图像的组织对比度不及 MRI。

（二）CT 在运动创伤中的应用

在运动创伤中，CT 主要用于骨关节结构复杂、重叠部位的检查，如头颅、脊柱、骨盆、四肢大关节等。（图 3－20）

CT 检查能发现 X 线照片难以显示的细微骨折，清楚地显示骨折碎片的数目和分布，显示血肿的部位、大小。

CT 检查对脊柱损伤者应列为常规检查，因为 CT 扫描能清楚地显示椎体及椎弓附件骨折、移位的情况；显示骨折碎片是否陷落于椎管及椎间孔内；显示椎管是否有变形、狭窄；显示硬膜囊、神经根等椎管内结构是否受压。对高位颈椎损伤的病人，CT 能准确地判断寰椎骨折及移位的情况，且在检查中不需要搬动病人，避免加重病情，减少了危险。

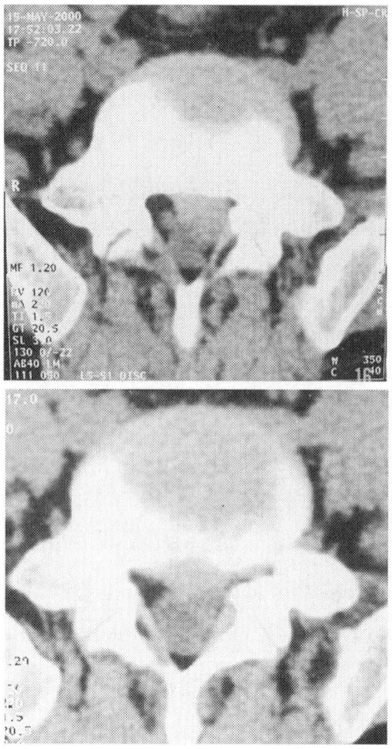

图 3－20 椎间盘的 CT 影像

腰 5 骶 1 椎间盘后突，硬膜囊前缘受压

CT 检查对解剖结构复杂的四肢大关节的损伤，如肩、髋、膝关节等，能显示 X 线平片未发现的关节内骨折及骨折碎片、血肿等，故对关节的重度创伤或 X 线平片难以确定诊断者，应辅以 CT 检查。(图 3－21)

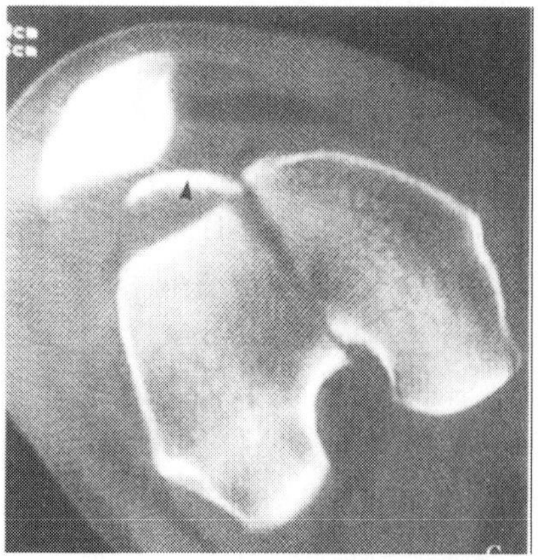

图 3－21 关节内骨折 CT 影像

股骨髁间骨折，另可见撕脱骨片（箭头）

CT 对诊断疲劳性骨折也有价值，疲劳骨折初期 X 线平片多无异常发现，而 CT 则易于发现骨折线。CT 对显示慢性关节疾患出现的骨刺，以及关节内游离体的定位，较 X 线平片好。

CT 检查对肌肉的钙化敏感，能早期发现骨化性肌炎，即在软组织肿块内见形态不一、高密度的钙化影，较 X 线平片更好地显示钙化影及其与周围组织之间的关系。

另外，CT 对脊椎骨结构、椎间盘和椎管内结构的显示优于 X 线平片，用于诊断椎间盘膨出和脱出，可直接显示膨出或突出的椎间盘及其对硬膜囊、神经根的压迫，还能观察到椎体、小关节突的增生骨化，以及韧带的骨化、钙化、肥厚，对椎管狭窄的诊断提供依据。(图 3－22)

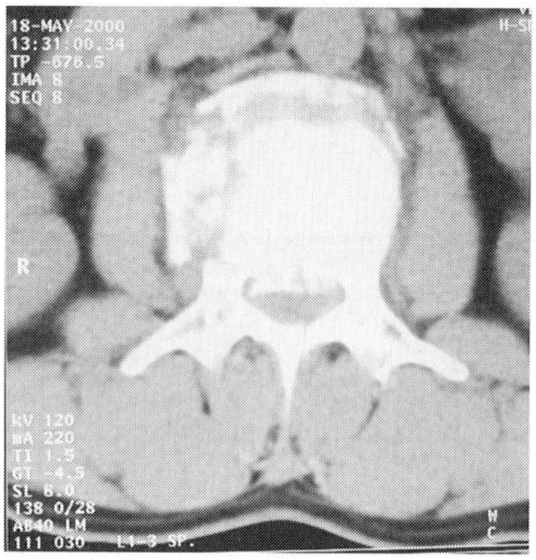

图 3－22 腰椎 CT 示椎管狭窄

椎体爆裂骨折，骨折片后移致椎管狭窄

三、磁共振成像（MRI）

磁共振成像（Magnetic Resonance Imaging，简称 MRI）是利用人体组织中的氢质子在外磁场的作用下产生共振，通过接收其发出的电磁信号，经重建获得人体多方向断面图像的一种成像方法。

（一）MRI 图像特点

MRI 图像的特点有：①MRI 可直接获得人体横断面、冠状面、矢状面及任何方向的断面图像，有利于病变的三维定位。②MRI 的组织分辨率明显高于 CT 和 X 线平片，有良好的软组织对比，能清晰地显示肌肉、肌腱、韧带、关节软骨、半月板等软组织结构，对骨髓信号的变化尤为敏感，但对钙化和空气显示不佳。③MRI 成像参数及扫描序列多，图像丰富。临床骨科 MRI 检查常用自旋回波序列，采集 T1 加权像（T1WI）和 T2 加权像（T2WI），T1WI 对解剖结构显示较好，T2WI 对病变组织显示较好。结合目前临床运用较多的抑制脂肪技术，在脂肪抑制后，更加突出病变的对比，使病变组织显示更好，对检查骨、关节及软组织轻微的损伤、炎症等有价值。④MRI 还可反映人体组织生理生化状态。⑤MRI 检查安全，无放射线损伤。

（二）MRI 在运动创伤中的应用

MRI 成像有其独特的优势，随着 MRI 检查技术的不断发展、完善，其在临床的应用会越来越广泛。

在运动创伤中，对关节内结构损伤的检查，目前 MRI 是最好的方法，以膝关节内结构为例，关节软骨、半月板、十字韧带、侧副韧带等损伤，在 MRI 图像上都能观察到信号的改变，对半月板撕裂、十字韧带和侧副韧带撕裂，MRI 诊断的准确率可超过 90%。

1. 关节积液

关节损伤后常有不同程度的关节积液，MRI 可直接观察到关节囊和关节腔内的液体，在 T1WI 为低信号（长 T1），在 T2WI 为高信号（长 T2），具有特征性。

2. 半月板损伤

在 MRI 矢状面、冠状面图像上，正常半月板切面呈锐角三角形，内缘锐利游离于关节腔，外缘与关节囊紧密相连，上下缘光滑，其信号在所有 MRI 序列中均呈均匀低信号。急性外伤性撕裂和慢性退变性撕裂均可引起半月板信号、形态和边缘光滑度的改变。在 MRI 图像上半月板损伤分为五度：0 度 - 为正常半月板，显示为均匀低信号，形态规则，表面光滑。Ⅰ度 - 为退变早期，显示半月板形态正常，表面光滑，内部出现点、球状高信号区，范围小于半月板断面的 1/2。Ⅱ度 - 为退变晚期，半月板形态及表面仍正常，内部见线、片状高信号区，范围大于半月板断面的 1/2，但未达半月板关节面缘。Ⅲ度 - 为半月板撕裂，其内部线状高信号达一个或两个关节面缘，半月板形态正常或变薄，表面不连续。Ⅳ度 - 为半月板严重损伤，半月板破碎成多块，并向关节腔内移位，结构部分或全部消失，局部呈弥漫性高信号，并伴有严重的增生性骨关节病和关节软骨损伤缺如（图 3 - 23）。

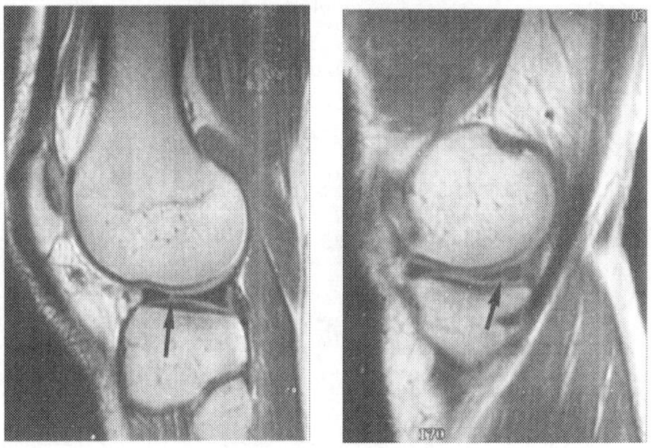

图 3 - 23　半月板损伤

外侧半月板前角（左图）和内侧半月板后角（右图）损伤

3. 交叉韧带损伤

在 MRI 矢状位图像上，正常前交叉韧带为起于胫骨髁间嵴前方，向上后外斜直走行的均匀条状低信号，止于股骨外侧髁内后面，其宽度约为 3.8 毫米，前缘光滑，后缘多模糊；正常后交叉韧带为起于胫骨髁间嵴后方，向上前内多后弯成弓状走行的带状低信号，止于股骨内侧髁外后面，其宽度约为 4.8 毫米，前后缘均光滑。交叉韧带损伤的 MRI 表现有：部分撕裂 - 显示韧带部分连续，断裂处增粗模糊或变细，信号不均；完全撕裂 - 显示韧带中断、移位、变形，局部肿胀，边缘模糊，在 T2WI 上信号明显增高；撕脱骨折 - 显示韧带附着处骨皮质中断，在 T2WI 上局部信号增高，韧带走行异常（图 3 - 24）。

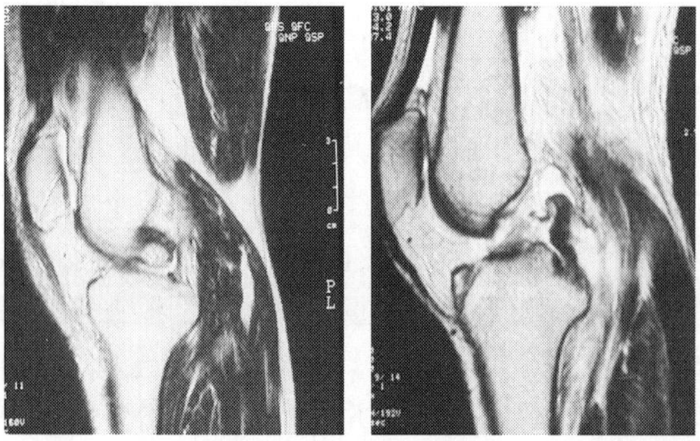

图3－24　交叉韧带损伤

后交叉韧带断裂（右图）

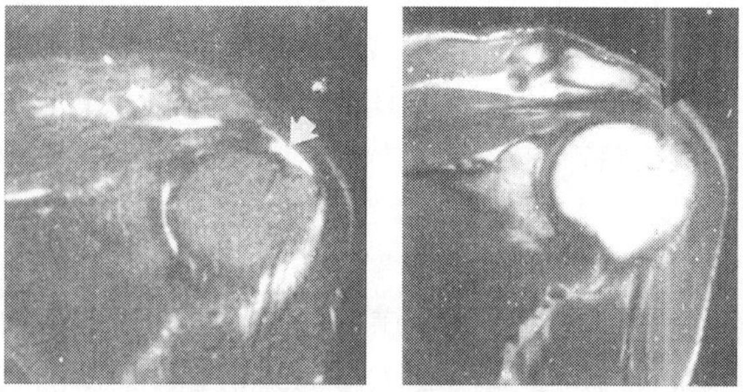

图3－25　冈上肌的MRI影像

左图T2W，右图T1W，示冈上肌撕裂，
并累及肱骨大结节附着点

4. 侧副韧带损伤

在MRI冠状位图像上，两侧副韧带均显示为条状低信号。当发生损伤后出现：部分撕裂－韧带撕裂处在T2WI上呈高信号；完全撕裂－显示韧带连续性中断，或韧带增粗，在T2WI上呈弥漫性高信号；撕脱骨折－可见韧带附着处骨皮质连续性中断，撕脱的韧带呈波浪状。关节损伤常为关节内结构多处损伤，观察时必须要仔细，以免漏诊。

MRI能很好地显示肌肉、肌腱的撕裂，目前是诊断肩袖撕裂、肱二头肌损伤、股四头肌和髌腱损伤、跟腱损伤等软组织损伤的主要方法。

①肩袖撕裂

正常肩袖呈均匀低信号。肩袖撕裂主要为冈上肌撕裂，并多累及其肱骨大结节附着处，损伤后在MRI上出现信号、形态等改变。部分撕裂－撕裂常位于肌腱内，表现为肌腱内线样高信号，但不到达其关节囊面或滑膜面，抑制脂肪后在T2WI图像上对小的部分撕裂更为敏感。完全撕裂－显示肌腱局部缺如，缺损处信号增高，盂肱关节与肩峰下滑膜囊相通，并有关节积液的长T1长T2信号（图3－25）。

②跟腱撕裂

部分撕裂－显示跟腱撕裂部连续性尚存，在T1WI上呈中等信号，在T2WI上呈高信号；完全撕裂－在矢状位上显示佳，肌腱断裂出现裂隙，近断端回缩，裂隙处在T2WI呈高信号。

MRI能诊断X线平片和CT不易发现的骨挫伤、关节软骨损伤、骺软骨板损伤。

①骨挫伤

为外伤所致的骨小梁微骨折，局部骨髓出血、水肿，但骨皮质完整。MRI可显示其改变：在T1WI上呈低信号，T2WI上显示为高信号，信号可不均匀，提示骨髓出血、水肿，看不到骨折线，骨形态也无改变；若在T1WI和T2WI上均显示为低信号区，提示骨小梁压缩骨折，周围伴有骨髓组织水肿、出血的异常信号。

②关节软骨损伤

正常时关节软骨在MRI图像上呈均匀的中等信号，表面光滑，厚薄均匀（厚约2～3毫米）。当关节软骨损伤后，MRI图像上表现为软骨表面不光整、凹凸不平，或软骨缺损，局部呈长T1长T2信号改变。

③骺软骨板损伤

儿童时期正常骺软骨板在MRI图像上呈低信号带。当骺软骨板损伤后，在MRI图像上表现为骺板中断，局部信号增高。

MRI不仅能显示脊椎骨折、脱位，还能显示椎间盘、韧带以及脊髓损伤。椎间盘损伤表现为其结构变形、信号异常等改变。脊椎骨折、脱位造成脊髓压迫、断裂，引起脊髓局部节段出血、水肿、变性、坏死，MRI上都能见到脊髓形态、信号的改变。在诊断椎间盘变性、膨出及脱出、椎管狭窄等，MRI也有很高的价值。

MRI对骨缺血性坏死的早期诊断，很有价

值。骨缺血性坏死早期，X线平片和CT检查多为阴性，而MRI就能观察到缺血区骨松质内骨髓组织信号的变化，并能直接多方位确定骨缺血性坏死的位置和范围。股骨头骨骺缺血性坏死早期主要有少量关节积液，MRI显示关节内线样长T1长T2信号，骨骺发育较小，骺软骨和骺软骨板增厚；随后，骨骺开始变扁，信号降低，或同时出现条状、结节状长T1长T2信号，即可作出诊断。（图3-26）

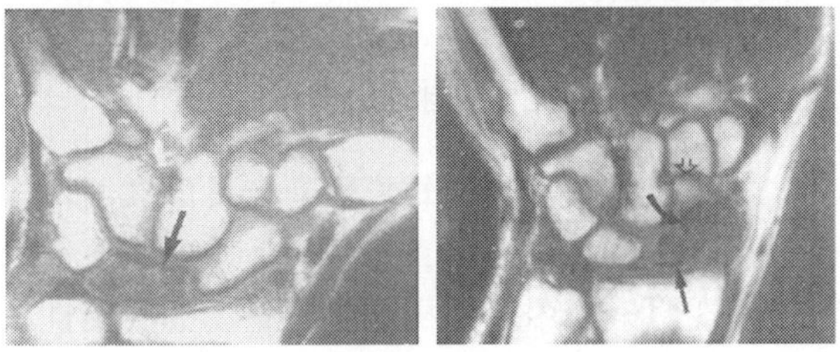

图3-26　月骨、舟骨缺血性坏死

月骨（左图）和舟骨（右图）缺血性坏死

另外利用磁共振频谱分析和频谱成像，进行磷（31P）的波谱分析，可以研究肌肉的能量代谢。

四、超声成像（USI）

超声成像（Ultrasonic Imaging，简称USI）是利用超声探头向人体组织发射超声波，超声波遇到人体各种不同的组织界面时，产生不同的反射、散射、折射和吸收衰减的信号，将这些信号加以接收、放大和信息处理，形成相应的层面图像显示于显像屏上，从而进行医学诊断。临床骨科运用的超声成像方法有二维超声成像和多普勒血流成像。

（一）超声成像特点

目前骨科常用二维超声成像，即B超。超声成像的特点有：①B超探头直接进行纵切面、横切面、冠状切面和斜切面多方位扫查，可获得器官任意断面的图像。②超声图像对软组织分辨力好，能清晰地显示骨关节周围的软组织，包括肌肉、肌腱、韧带、关节囊、滑囊、血管等。③B超可实时显示肌肉收缩、舒张的动态图像，以及动脉的搏动情况，尤其在诊断肌肉、肌腱、韧带的损伤时，通过患者肢体主动或被动运动，更好地显示肌肉、肌腱、韧带有无撕裂，以及判断撕裂的程度。四肢单侧病变还可进行双侧对比检查，以利于明确诊断。④超声检查与X线、CT、MRI等检查相比，其优势有成像快速，操作简便，无放射线辐射的损害，对人体几乎无损伤，价格低廉，容易推广使用。

（二）超声成像在运动创伤中的应用

在我国，超声诊断应用于骨科临床正逐步开展，随着超声诊断仪和诊断技术的迅速发展，超声诊断在骨科领域的应用将日益广泛。

目前在运动损伤中，超声诊断主要用于检查肌肉、肌腱和韧带的各种损伤（图3-27、图3-28）。①肌肉较严重的损伤（挫伤、拉伤），引起肌纤维部分撕裂、破坏，局部出血、水肿，在超声声像图上显示肌肉组织肿胀，局部回声减低且不均匀，肌肉纹理部分中断。②超声对显示肌肉、肌间隙内血肿，了解血肿的部位、形态及其变化，有其优越性。新鲜出血可见血肿液性暗区；出血数小时后形成血凝块在声像图上显示多为强回声区；数天后血凝块溶解强回声消失而形成无回声区；以后的血肿机化又形成内部回声。血肿的形态取决于出血的多少、所处的位置以及有无软组织破裂。肌肉内局灶性血肿多为椭圆形，而弥漫性出血可见受累肌肉厚度增加且回声不均匀。③超声对显示肌肉、肌腱、韧带的撕裂，并判断其撕裂的程度很有价值，可用于诊断运动创伤中常见的肩袖、髌韧带、跟腱的撕裂伤，以及膝关节、踝关节侧副韧带等损伤。部分撕裂，超声显示纤维连续性部分中断，其内出现局灶性无回声暗区。对肌腱、韧带的部分撕裂，临床诊断有困难，尤其是肌腱部分撕裂与局灶性肌腱炎难以区别，可应用超声动态扫查，即在肌肉收缩或被动伸展时，超声声像图显示裂口增大，有助于诊断。完全撕裂显示纤维连续性完全中断，裂口间出现无回声暗区（血肿），断端清晰可见。肌肉、肌腱陈旧性损伤往往伴有局部纤维化、瘢痕形成，超声显示纤维连续性存在，其内出现不规则低回声区。④骨化性肌炎是肌肉损伤后常见的并发症，超声能显示其变化过程。在外伤后4周左右，局部形成软组织肿块，声像图上显示为不均匀低回声肿块；8周后，肿块逐渐钙化、骨化，显示为强回声团块。⑤B超还用于肌腱炎、腱鞘炎、腱鞘囊肿的诊断。

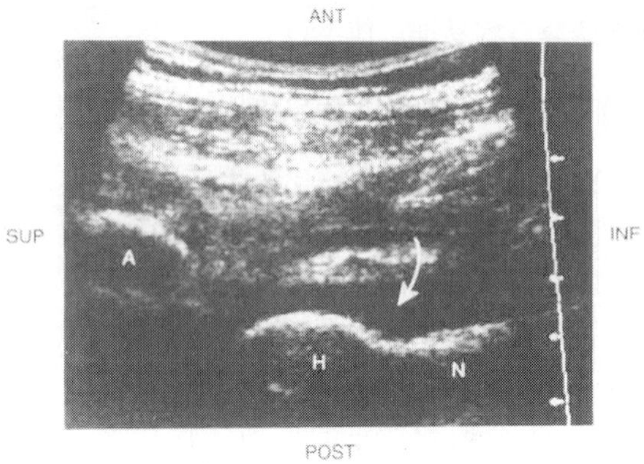

图3-27 髋关节B超像

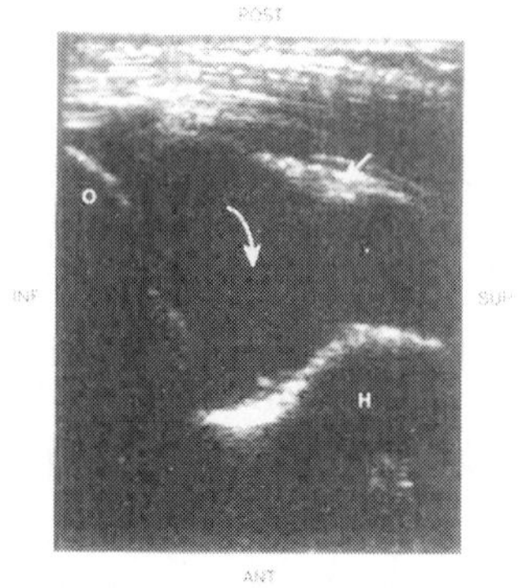

图3-28 肘关节B超像

B超对积液和囊性病变的诊断价值较高，可用于检查关节积液、囊肿、血肿等。例如膝关节积液在声像图上显示髌上囊扩张，内为液性暗区。

B超可用于评价膝关节骨性关节炎的软骨改变，正常时负重处关节软骨显示为边缘光整的低回声带，厚度约2毫米，当软骨蜕变后，显示为软骨变薄、毛糙，边缘模糊不清。

B超还能发现关节内游离体，并确定其数目、大小和位置，游离体在声像图上可显示为强回声斑（骨成分）、低回声斑（软骨成分）和有低回声晕包绕的强回声斑（骨软骨成分），后方伴声影，超声动态扫查或探头加压时可见游离体移动。

骨折的诊断以X线平片检查为主，但B超检查能了解骨折部位血肿的大小、软组织损伤的程度，了解骨折端是否有软组织嵌入。对复合性外伤的病人，B超可帮助确定有无内脏损伤、出血，有无血管损伤。在B超的监视下进行骨折复位，避免了X线的照射。B超还可观察骨折后骨痂的生长情况。

五、放射性核素骨成像

放射性核素骨成像是将带有亲骨的放射性核素的标记物，通过静脉直接引入体内，将放射性浓聚于骨骼，利用仪器探测进入骨内的放射性核素的浓淡对比，经全身或局部骨扫描显示出骨骼影像及放射性核素在骨骼中的分布的一种检查方法。

（一）核素骨成像特点

核素骨成像常采用的骨显像标记物是放射性核素99m锝（99mTC）标记的羟甲基二磷酸盐（99mTC－MDP）。其骨成像的特点是：99m TC－MDP进入体内后，随血流很快达到骨内有活性的成骨细胞处，大约有一半以上的标记物被骨基质中的羟基磷灰石晶体吸附而沉积其表面。标记物在骨内沉积的多少与骨局部的血供、成骨细胞的数目及活性等有关，它反映了全身各处骨关节的血流及骨代谢情况。当骨骼发生病损时，病变部位可出现血供增加或减少、成骨增强或减弱等改变，在放射性核素骨成像中显示病变处标记物沉积异常，沉积多的区域出现影像中放射性浓聚的“热区”，代表该处血供异常丰富、成骨异常旺盛；反之，沉积少的区域则表现为放射性减低的“冷区”，代表血供少、成骨活动低下，或溶骨破坏明显。放射性核素骨成像对观察骨病变敏感性高，而特异性较低，骨显像正常可基本排除骨病变的存在，骨显像异常则只能表示有病变存在，尚难明确病变的类型，故在检查时必须结合临床，仔细分析。

（二）核素骨成像在运动创伤中的应用

放射性核素骨成像在运动创伤中可用于某些骨创伤的诊断（图 3－29）。骨折后 24 小时内骨折部位即可见放射性浓聚，3 天后这一现象则更为明显。在无移位的发丝状骨皮质断裂后，X 线检查可为阴性，而进行核素骨成像可发现某些极细微的骨损伤。对较严重的复合性损伤，如车祸、塌方、高处坠落等全身多处受伤者，进行全身核素骨成像，有利于发现某些隐性骨折、骨挫伤，避免漏诊。

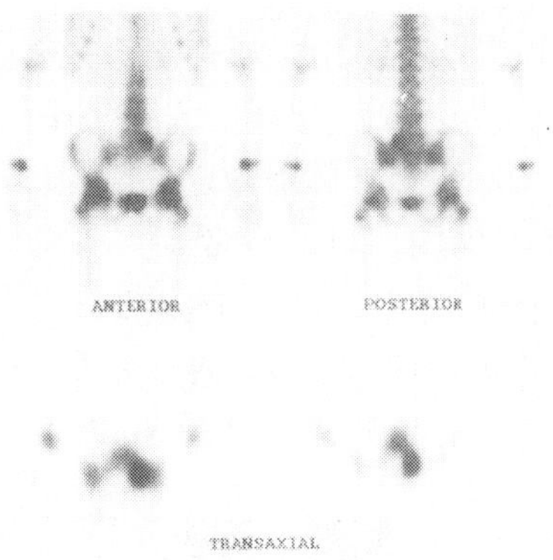

图 3－29　核素骨成像

核素骨成像对早期诊断疲劳性骨折以及骨膜炎也有帮助。疲劳性骨折早期，病变区因血供增加可出现局部放射性浓聚，其敏感性高，比 X 线片发现病变早。骨膜撕裂及骨膜下出血也可见局部放射性积聚，当 X 线检查未发现异常时，核素显像常可作出诊断。

核素骨成像对骨缺血性坏死的早期诊断有价值，以股骨头缺血性坏死为例，当股骨头血供障碍发生的早期，因缺血使股骨头坏死区放射性核素积聚减少，这种“冷区”的出现具有较高的特异性，此时 X 线片多无异常发现。大约二个月后，核素骨成像可见环绕坏死“冷区”的放射性浓聚带，并逐渐增宽，反映血供重建和骨修复，结合病史、体征，可作出早期诊断。

核素骨成像对不明原因的骨痛具有诊断价值，骨成像阳性虽很少能提供特异性的诊断资料，但可提示应做进一步的检查。

六、肌电图（EMG）

肌电图（Electromyography，简称 EMG）是根据骨骼肌的收缩，肌纤维产生动作电位，经放大后描记下的图形。

肌电图检查是一种临床研究肌肉活动的电生理学的诊断技术，通过记录不同肌肉的动作电位，可以确定神经根、神经丛、神经干损伤的位置、范围，判断神经再生情况及估计预后，观察运动中肌肉的用力程度、疲劳情况，了解各组肌肉在运动中的协同、拮抗作用，以诊断疾病和评定肌肉功能，协助估计预后、设立康复目标，选择康复疗法及判断康复疗效。在运动创伤中，肌电图主要用于周围神经损伤的诊断，以及颈椎病、椎间盘突出等神经根压迫性疾病的诊断。

七、关节镜诊治技术

关节镜诊治技术是将带有关节镜和手术器械的套管插入关节腔内，直接观察关节内部结构进行诊断，并运用手术器械进行治疗的一种方法。通过摄像系统可在电视监视器下直视操作，或清晰观看放大的关节内结构的二维图像。

（一）关节镜技术的特点

关节镜技术的优点是：①既可诊断又可治疗；②运用的诊治器械纤细小巧，手术操作精细，切口小，创伤小，后遗症少，术后康复快。

（二）关节镜技术的基本器械

关节镜：关节镜呈圆柱形，两端各装有一个放大透镜，靠近关节侧的透镜称物镜，靠近眼罩侧的透镜称目镜，物、目镜之间还安装有多个透镜，将图像从关节传入术者的眼睛。关节镜的周围有玻璃纤维环绕，把光从光源传递到关节内。关节镜的直径根据检查部位不同，大小也不相同，膝、肩关节常用 4 毫米直径，踝、肘关节常用 2.7 毫米，而腕骨间关节可用直径为 1.9 毫米的关节镜。关节镜的视角是指从物镜外缘到能看到的物体两边缘之间形成的夹角，多为 75 度～

90度，视角的大小决定观察视野的范围。关节镜的视向角是指视野中心线和关节镜轴线之间形成的夹角，常用0度、30度、70度，它使关节镜的观察范围扩大。

诊断用器械：包括几个大小不一的带有锐利或钝头套管针的套管；探针—关节镜医生手指的“延伸”，是关节镜检查中最重要的工具，用它来探查关节内各种结构，了解组织的质地、压缩性、活动性、张力及其空间关系；刀片；摄像系统等。

手术用器械：包括弯剪、咬取钳、咬骨钳、骨刀、定位钻头、导引针、缝合线、骨锉、动力刨削刀、灌洗装置等。

（三）关节镜技术在运动创伤中的应用

关节镜诊治技术主要用于关节伤病的诊断和治疗。最早应用于膝关节，随着关节镜技术的不断熟练和发展，现在已逐渐开展对肩、肘、腕、踝等关节的损伤进行关节镜诊治，并从最初简单的关节镜检查，发展到现在可在关节镜下进行许多关节内复杂的手术。

目前诊断性关节镜检查适用于当病史、体检与影像学检查不相符时，为了明确诊断，正确治疗，采用关节镜检查，以尽可能多地获取有诊断价值的信息资料，为下一步的治疗提供依据。

关节镜手术的适应范围是：关节软骨损伤的清理和移植术；关节内游离体的摘除术；半月板损伤的切除、成形、修补术；交叉韧带损伤的重建术；关节滑膜切除术；肩关节的关节盂唇损伤的修补术；关节内骨折复位、内固定术；骨性关节病的清理术等等。

关节镜手术的禁忌相对较少，主要有：关节局部皮肤有感染；急性关节损伤有关节囊破裂者；关节已骨性强直等。

关节镜手术是微创手术，其并发症较少，如关节内出血、关节软骨损伤、关节感染、周围血管神经损伤等等，应予以重视和注意。

（四）关节镜技术的基本操作

目前的关节镜检查多是诊断和治疗兼顾，要求医生在做关节镜诊治前必须详尽地了解病史、体检和影像检查资料，熟悉正常的关节镜解剖及变异，正确地认识和理解患病关节的病理变化，熟练地操作关节镜进行检查和手术。手术操作过程以膝关节为例，简述如下。

1. 首先开启关节镜各系统，进行调试、检查。确认患病关节。选择正确的手术入路，膝关节多采用前内、外侧入口。膝关节手术多施行硬膜外麻醉。患侧下肢驱血，上止血带。患肢处于伸膝位，皮肤消毒、铺巾，显露膝关节手术区。麻醉起效后，检查关节活动范围和韧带的稳定性。

2. 用15号注射针穿刺进入膝关节腔内，向关节腔内注入液体，充分扩张膝关节。屈膝40度左右，用小尖刀在膝前内、外侧入口作横形的4～5毫米的皮肤切口，将带有钝头套管针的水套管插入内侧切口，再向外侧切口内插入水套管，确定均进入关节腔后，冲洗片刻，将关节镜头插入套管内，开始检查（图3－30）。

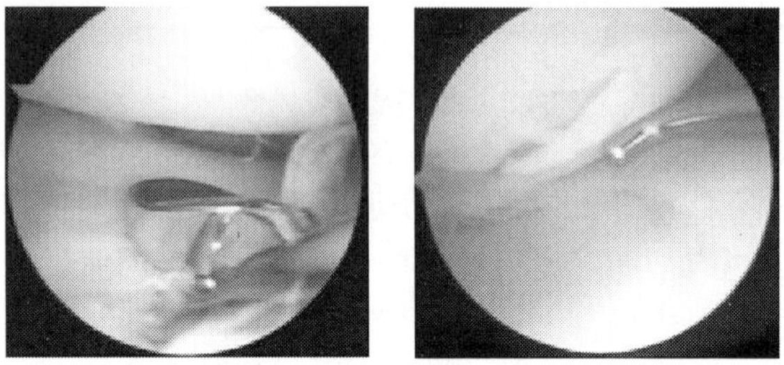

图3－30 关节镜探查镜下图

3. 全面、彻底地检查关节内结构：滑膜、关节软骨、半月板、前交叉韧带、后交叉韧带等，确定损伤部位、类型及程度。

4. 在关节镜下进行手术治疗。如半月板切除、缝合术，交叉韧带重建术等等。

5. 术毕，被动屈伸膝关节，了解膝关节的活动性和稳定性；冲洗关节腔，安置引流条，切口一针全层缝合；患肢加压包扎，伸膝位固定。2～3天后拔引流条，7天拆线。

6. 术后早期即可进行股四头肌收缩、直腿抬高练习，循序渐进。随后逐步开始练习屈膝，幅度由小逐渐加大。1～2周后扶拐下地部分负重，3 周后弃拐全负重。3 个月后逐渐恢复日常活动。运动员视损伤部位、程度及手术方式的不同，恢复运动训练和比赛大约需要 6 ~ 12 个月左右。

八、Cybex 对运动创伤的辅助诊断

由于此仪器拥有图表显示系统，能提供肌肉收缩过程中力矩变化的曲线，一些运动系统伤病，如前交叉韧带损伤、半月板损伤、膝关节骨关节炎、肩关节撞击综合征等均可表现出各自的异常曲线，通过分析这些异常力矩曲线可获得关于关节肌肉功能改变的客观信息，作为一些运动系统伤病的辅助诊断。如患者受伤处诊断不清楚时，图表都会显示特殊的波形，提示受伤的组织情况，得以很快的诊断及早治疗。

等动测力仪仪器先进，诊断准确。不同系列的检测方法可对膝关节骨关节病、髌骨软骨病及半月板损伤作出判断。根据对 55 例膝关节半月板损伤者进行测试，诊断为半月板损伤经手术证明多数无诊断错误，诊断率为 98 %，并同时测得股四头肌及腘绳肌萎缩后肌力的数值，对手术后康复的评价很有价值。

等动测力系统，诊断膝关节半月板损伤、髌骨软骨病等也称振动关节造影，原理是根据人体自发声音作诊断依据方法。用此监测膝关节信号，这样较客观地进行分析判断。不同的病理信号波形可作出不同的疾病诊断，对膝关节损伤诊断是很有前途的。在膝关节伸——屈——伸的活动中可记录到膝关节摩擦信号。关节内的损伤可影响振动幅度或在正常波形上有顿挫波。

运用等速技术可对多种运动系统伤病进行肌肉功能评价，通过肌力测试可获得较为准确的肌肉功能评价的定量指标，同时通过力矩曲线的分析，有判断肌肉关节病变的可能部位，对设计合理的、有针对性的康复训练方案有指导意义。

本章小结

（1）正确诊断，是开展运动创伤防治、康复的基础。而诊断的基础是来自细致的临床体格检查和先进的辅助检查手段。了解临床体检的基本顺序和方法。

（2）对受伤史或病史的详细询问和细致的查体是获得第一手资料的来源，是准确诊断的基础。疼痛和功能检查是检查运动创伤的重点内容。熟悉运动损伤常见的压痛点及其意义。

（3）运动伤病的检查应确定受伤部位、组织、性质、程度和范围等。诊断要包括这些要点。

（4）由于继续训练和比赛的因素，运动创伤的检查过程应是一个连续的过程，在多次的检查中不断修正，但不能据此轻视首诊的重要性。首次诊断一定要准确、全面，尽量不要误诊，否则后果严重。

（5）X 线、CT、MRI 是骨关节系统的运动创伤常用的重要辅助检查手段。但必须将其检查结果与临床检查结合，系统的分析，方能作出准确的诊断结果。

（6）脊柱、膝关节常用的检查方法及特殊体征。

讨论题

（1）如何对待体检结果与影像学检查结果的差异？

（2）当就诊运动员自述疼痛明显，而体检没有发现相应的表现时，如何确认是否发生了伤病？

（3）如何理解压痛点在运动创伤的检查中的重要性？

（4）等动测力系统对运动创伤诊断的意义是什么？

（5）关节镜技术对运动损伤的诊断学的意义是什么？

推荐阅读参考文献

曲绵域、田得祥，运动创伤检查法，北京医科大学出版社，1999：主要汇集了国内外运动创伤经典和特殊的检查方法，对应用解剖、常见运动创伤的表现及其系统的检查均做了详细介绍。

陈中伟，骨科医师手册，上海科技教育出版社，1995. 简要介绍了各部位创伤和骨病的特殊检查法，与临床结合紧密，是一本较好的操作手册。

曲绵域、于长隆，实用运动医学，第四版，2003：587 ~ 619. 主要介绍了现代运动创伤的诊断技术，包括 CT、MRI、核素、超声、关节造影及关节镜技术均做了详细描述。

吴文豹、徐光耀，人体软组织损伤学，广西科学技术出版社，2002：53 ~ 75. 该书第五章对软组织损伤的常用诊断技术做了精要的描述。

第四章 运动创伤的治疗与预防

运动创伤的治疗，包括急性损伤的处理和慢性累积性损伤的治疗。在治疗过程中，应以消除疼痛、肿胀，恢复肢体正常生理功能为主。

损伤的不同阶段其治疗原则与方法有所不同。急性损伤处理原则：早期，控制出血，减轻肿胀；晚期，促进血肿吸收，控制炎症，预防粘连，减少瘢痕形成，杜绝后遗症。慢性劳损治疗原则：解除疼痛，恢复功能，使患者尽早恢复训练与比赛。针对不同损伤的不同阶段选择最佳治疗方法，力争达到最好的治疗效果，是治疗运动创伤的根本原则。

本章的着重点在于运动创伤的治疗原则，严格掌握治疗的适应证，熟悉现场急救的知识并能熟练运用，对于挽救生命及进一步治疗均有很大的实用价值。同时，对于慢性运动创伤，选择适当的治疗措施，有利于加快损伤的修复，减轻患者的痛苦，增强患者信心，缩短运动员重返运动场所需的时间。因而，熟练掌握各种治疗技术与方法并能合理应用，是一个运动创伤医师所应具备的基本条件。此外，运动创伤与一般意义上的创伤相比，更应注重预防，医务工作者应当指导运动员应用合理的预防措施与保护支持设备，进行科学训练。因此，掌握本章的内容具有重要的现实意义。

第一节 急性运动创伤的治疗

运动员在运动过程中由于各种原因，发生各种急性损伤。运动创伤的急救对挽救生命、减轻症状及以后的进一步治疗有重要意义。处理不当，轻者加重伤员痛苦，妨碍功能，影响训练和比赛，重者可以致残，甚至危及生命。急救任务在于确保生命，在第一时间内控制伤情，防止伤情的进一步加重，尽可能地挽救功能，妥善及时地转运，为进一步治疗创造条件。

运动创伤的急救有其特殊要求。重度损伤，应首先解决危及生命的问题，如呼吸、心跳、血压等基本生命体征的维持等；对轻、中度损伤，在很多情况下，受伤运动员接受治疗后就要马上参加运动。因此，准确判断伤情，迅速作出正确的治疗决定是运动创伤治疗的第一步。

一、现场急救的一般程序

（一）初步诊断

首先要迅速了解伤情，确定损伤的性质、部位、范围等，以便进一步重点检查。注意有否休克、昏迷，呼吸道是否通畅，并要首先处理。重点检查以下几点：

1. 是否神志清醒，呼之能应，瞳孔等大等圆。
2. 有无呼吸困难，呼吸道阻塞、异常呼吸等。
3. 检查血压及脉搏，观察面色、四肢皮温，注意有无休克。
4. 检查有无伤口、外出血及内出血。
5. 有无胸腹部损伤。
6. 有无脊柱四肢损伤，有无神经损伤，肢体有无瘫痪。
7. 检查肢体有无肿胀、疼痛、畸形及功能障碍等。

（二）初步急救处理

根据初步诊断，准确判断伤情，迅速做出正确及时的处理，并尽快转运。对危重患者的抢救应按“胸→腹→脑→脊柱四肢”顺序，先救命再治伤。

1. 现场早期支持的“ABC”法

A（airway）：气道，保持呼吸道通畅，主要措施有取出患者口中异物如义齿、牙套、泥沙或呕吐物等，垫高颈部，使头后仰，将舌拉出以防后坠阻塞气管，用纱布清除鼻腔内异物，保持鼻腔通畅。

B（breathing）：呼吸，维持呼吸功能的正常，对有自主呼吸的患者，采用面罩给氧，呼吸停止者，进行人工呼吸。

C（circulation）：循环，维持重要脏器的血液供应，首先要快速控制创口出血，抬高下肢以利血液回流，必要时使用抗休克裤，对于失血较多者，要进行大量的静脉补液以维持血压，对于心跳停止者进行胸外心脏按压。

在采取上述抢救措施的同时，要迅速将患者转往医院进行进一步抢救及治疗。

2. 现场急救的 RICE 原则

R（Rest）：休息，即受伤后患部制动休息。

I（Icing）：冰疗，在局部采用冷镇痛气雾剂或冰块冷疗，以达到使血管收缩、止血、降低局部的新陈代谢，减少缺血、缺氧对局部组织的损害。

C（Compression）：加压包扎。

E（Elevation）：抬高患肢，促进血液回流而消肿。

加压包扎的方法在急性损伤中应用广泛，加压同冷敷和抬高一样都是最重要的急性损伤处置手段。加压包扎既可使患部内出血及瘀血现象减轻，还可防止浸出的体液渗入到组织内部，并能促进其吸收。加压包扎有很多方法，可以把浸水的弹力绷带放进冷冻室，在应用时起到冷敷和加压双重作用。还可使用毛巾或海绵橡胶做的垫子进行加压包扎。例如，踝关节扭伤时，可用“U”字形的海绵橡胶垫子套在踝关节上，然后用胶布或者弹力绷带固定。采用以上的方法可以防止和减轻踝关节周围的浮肿。冰敷是间断性的，而加压则在一天中都可以连续使用。

抬高是把患肢抬高到比心脏高的位置。同冷敷、加压一样，抬高对减轻内出血也是非常有作用的，它可以减少通向损伤部位的血液、促进静脉的回流，因此减轻患部的瘀血及肿胀。

压迫及冷敷 20～30 分钟后除去，重新包扎固定，可防止损伤肌肉或关节的异常活动及再损伤。抬高患肢，休息 12～24 小时。24 小时后解开外固定，重新评估伤情，做进一步处理。

二、常见急性创伤的急救处理

（一）急性软组织损伤

1. 皮肤擦伤

皮肤擦伤损伤轻微，不影响继续训练和比赛。在擦伤的局部用生理盐水清洗干净后，面积较小的擦伤部位可涂抹龙胆紫或外用创可贴，面积较大者，缚以凡士林油纱布包扎。

2. 撕裂伤、刺伤及切割伤

对于闭合性撕裂伤，如肌腱、韧带的不全撕裂，使用冷镇痛气雾剂或冰块冷敷，弹力绷带加压包扎，局部制动，暂停训练或比赛；对肌腱、韧带的完全撕裂，应尽早进行手术缝合。对开放性撕裂伤、刺伤与切割伤，因其皮肤都有裂口，应早期清创缝合，预防感染。

3. 挫　伤

挫伤时皮肤没有裂口，但皮下组织可有不同程度的疼痛、出血、肿胀，使用冷镇痛气雾剂或冰块冷敷，弹力绷带加压包扎，伤势轻者，可在采取保护措施下继续训练或比赛，重者暂停训练与比赛，抬高患肢，局部制动休息。

4. 肌肉痉挛

俗称“抽筋”，是由比赛或训练过程中气温过低、运动员大量失水失盐、过度疲劳、精神紧张等原因引起的。属于一过性症状，能自行缓解，痉挛消退后仍会有痉挛部位的酸痛不适。对肌肉痉挛的紧急处理，应针对不同运动员的体质采取不同的措施，对体质好者，施行“使痉挛肌肉处于被动拉紧体位，再牵拉”，亦即根据痉挛肌肉的解剖特点，确定患者的体位，沿痉挛肌肉的长轴做稳定平缓的牵拉并保持不动，直至痉挛解除；体质弱者，施行“使痉挛肌肉处于放松体位，再行手法使之充分放松”，亦即在痉挛肌肉放松的体位，实施轻柔缓和的揉、捏、推捋等手法，使痉挛解除。痉挛解除后，如要继续训练或比赛，可在局部应用支持带或护具。

5. 关节交锁

主要是由于关节内游离体卡阻于关节间引起的关节不能屈伸，伴有剧烈疼痛。应迅速施以手法解除，使关节周围肌肉放松，牵拉并缓慢活动关节，使游离体回复原位，可解除卡阻。解锁后关节适当休息。如必须继续参加训练或比赛，应在支持带或护具保护下进行。对引起交锁的原因应做进一步检查和治疗。

6. 扭 伤

这是指异常活动超出韧带所能承受的程度引起的损伤。扭伤分为轻、中、重度。轻度扭伤只是韧带内某些纤维损伤，韧带未断，无功能丧失，很少血肿，可继续训练或比赛，仅对症治疗即可，无须特殊治疗；中度扭伤是指韧带部分断裂，运动功能在一定程度上丧失，局部可有疼痛、肿胀，此时急救处理要冰敷、弹力绷带加压包扎，患部制动，暂停训练或比赛；重度扭伤是指韧带完全断裂，应立刻停止训练或比赛，尽早手术修复。

（二）出血的处理

这里主要指有伤口的外出血，可分为动脉性和静脉性出血，临床多见的是混合性出血。外伤出血的急救主要是止血，常用的止血方法如下。

1. 指压法

通常是将中等或较大的动脉压在骨的表面。如将颈总动脉压在第5颈椎横突、将肱动脉压在肱骨干上等。此法仅用于短时间控制动脉血流，应随即继用其他止血法。

2. 压迫包扎法

常用于一般的伤口出血。注意要无菌面贴向伤口，包扎要松紧适度。

3. 填塞法

用于肌肉、骨端等渗血。先用1～2层大的无菌纱布铺盖伤口，以纱布条、绷带等充填其中，外面加压包扎。此法的缺点是止血不够彻底，且增加了感染机会。

4. 止血带法

能有效地制止四肢出血。但用后可能引起或加重肢端坏死、急性肾功不全等并发症，因此只用于暂不能用其他方法控制的出血。使用止血带时应注意：连续阻断血流时间一般不超过1小时，如必须要连续阻断，应每隔1小时放松1～2分钟。

（三）骨折的急救

骨折急救的目的是用最为简单而有效的方法抢救生命、保护患肢、迅速转运，以便尽快得到妥善的处理。

1. 抢救休克

如病人处于休克状态，应注意平卧保暖、吸氧及针刺人中等，尽量减少搬动。有条件时应立即输液、输血，注射吗啡止痛。合并颅脑损伤出于昏迷者，禁用吗啡，应注意保持呼吸道通畅。

2. 包扎伤口

开放性骨折，伤口出血大都可用加压包扎止血。大血管出血可采用止血带止血。最好用气囊止血带，以便记录所用的压力和时间。伤口用无菌纱布或清洁布类予以包扎，以减少再污染。暴露在外的骨折端，未经处理，不应将其复位，以免污染伤口深处。应敷上清洁布料，包扎固定急送医院处理。

3. 妥善固定

固定是骨折急救的重要措施。固定的目的在于避免骨折端在运送过程中对周围组织，如血管、神经、内脏的损伤；减少骨折端的活动，减轻病人疼痛，便于运送。固定可用特制的夹板，或就地取材用木板、木棍、树枝等。在无任何材料时，上肢骨折可将患肢固定于胸部，下肢骨折可将患肢于对侧健肢捆绑固定。

4. 迅速转运

病人经初步处理，妥善固定后，应尽快地转运至医院进行治疗。

三、创伤性休克的急救处理

骨与软组织损伤，通常都伴有一定程度的出血。强烈的神经刺激也会引起中枢抑制，使血管扩张，血液分布范围扩大，使有效血液循环相对不足，引起休克。

（一）创伤性休克的诊断

1. 病　史

明确的运动创伤史，有骨与软组织损伤，失血、脱水、大量血浆渗出的病史。既往有过心肌梗死、心动过速病史等。

2. 症　状

早期表现兴奋不安，随后精神萎靡、表情淡漠，严重时言语不清、神志昏迷。

3. 体　征

早期脉搏稍快，体温和血压可正常。随后面色苍白、口干舌燥、气促胸闷、四肢发冷、脉速无力、血压下降、体温不升、出冷汗等。严重者意识模糊、厥冷无脉、肢端发绀等。

4. 临床分度

临床多根据血压、脉搏及末梢缺氧的情况来判定休克的程度。

（1）轻度：收缩压低于 90 ~ 100 毫米汞柱，脉率 100 ~ 120 次/分，末梢皮肤开始苍白，皮温稍凉。

（2）中度：收缩压在 70 ~ 90 毫米汞柱之间，面色苍白、四肢发冷。

（3）重度：收缩压低于 70 毫米汞柱，甚至测不到，脉率 120 ~ 140 次/分，脉细速，肢端青紫、厥冷，尿少或无尿。

（二）创伤性休克的现场急救

1. 一般处理

迅速将病人平卧、安静休息。神志清醒又无消化道损伤者，可适当淡盐水或其他补液饮料。在安静、温暖的室内休息，保持室温在 25℃ 左右，并注意四肢的保暖，防止组织加重损伤。早期予以鼻管或面罩吸氧，用 40% ~ 60% 的含氧空气较好。

2. 积极处理原发损伤

对开放性损伤的病人，要立即用无菌纱布或清洁布料将伤口敷盖包扎。对骨折的病人要进行必要的固定。对一切外出血都要及早止血，用加压包扎或止血带止血。对内出血，由于无法早期止血，应在积极输血输液抗休克的同时，转医院手术止血。

3. 保持呼吸道通畅，维持呼吸机能

首先要清除口腔、呼吸道的异物、血块及分泌物等。为防止舌根后坠影响呼吸，要用舌钳夹出舌尖前提，必要时可放置通气导管。对昏迷或呼吸抑制的病人，可用中枢兴奋剂，兴奋呼吸中枢，改善呼吸机能。

4. 对症治疗

对剧烈疼痛但休克不重的病人，可适当注射吗啡 5 毫克或哌替啶（杜冷丁）25 毫克止痛。但对有颅脑损伤、颈胸损伤或缺氧发绀的病人，都禁用此药。为了减轻周围神经传向中枢的强烈刺激，可用封闭疗法，即用利多卡因或普鲁卡因局部封闭，下肢的远端伤可用大腿环封，上肢远端伤可用上臂环封。此方法简单，在场地急救即可施行。

5. 针灸治疗

休克属于气血衰亡，阴阳离决，根据“陷之则灸之”的原理，可针刺人中、涌泉、足三里、内关、太冲等穴，灸百会、关元、气海等，能提高血压。

（三）创伤性休克的防治措施

休克的治疗原则，是尽早去除引起休克的原因，尽快恢复有效的血液循环，纠正微循环障碍，增进心脏功能和恢复人体的正常代谢。一般根据病情，进行相应的治疗。

1. 补充血容量

这是纠正休克引起的组织低灌注和缺氧的关键。应在动态监测血压、脉率、尿量和 CVP 的基础上，结合病人的皮温、末梢循环、脉搏幅度即毛细血管充盈时间等微循环情况，判断补充血容量的效果。通常先输晶体液，后输胶体液。注意在容量恢复过程中，有时出现红细胞比容

(Hct)、血浆渗透压降低，要及时补充压缩红细胞、全血、血浆、白蛋白等。

2. 纠正酸碱失调，维持水电解质平衡

休克病人由于组织灌流不足和细胞缺氧常有不同程度的酸中毒，而酸性环境对心肌、血管平滑肌和肾功能均有抑制作用。但在休克早期，又可因过度换气引起呼吸性碱中毒，故不主张早期使用碱性药物。一般机体在获得充足血容量和微循环改善后，轻度酸中毒可自行缓解而不需用碱性药。但严重休克合并酸中毒经扩容治疗不满意时，仍需用碱性药。且要在呼吸功能正常时用，以防 CO_2 潴留加重酸中毒。常用药物是碳酸氢钠，应按动脉血气分析结果调整剂量。

此外，应注意在容量恢复过程中，出现低钾、低钙的情况，以及输入过多库存血及酸中毒后的高钾血症。均应根据电解质的情况予以纠正，“见尿补钾、见惊补钙”。

3. 血管活性药物的应用

在血容量已基本补足但循环状态仍未好转，有发绀、皮肤湿冷时，则应选用血管活性药物。一般不用缩血管药物，多用扩血管药物以改善组织的微循环，从而改变组织的缺氧状态。常用的有酚妥拉明、酚苄明、硝普钠等。

4. 改善微循环

通过扩充血容量和应用血管扩张剂，一般微循环障碍可以得到改善。当出现 DIC 时，可用肝素抗凝，有时还用抗纤溶药如氨甲环酸、6－氨基已酸，抗血小板黏附和聚集的阿司匹林、潘生丁和低分子右旋糖酐等。

5. 类固醇皮质激素的应用

皮质类固醇有抗炎症、抗免疫和抗休克的功效，主要用于感染性休克和严重的休克。一般主张应用大剂量，一次静脉滴注，只用 1～2 次。

6. 维护重要脏器功能，营养支持治疗

保护重要脏器，恢复人体正常代谢是治疗的最终目的。所以，治疗过程中应注意各脏器功能的恢复，适当予以能量合剂、极化液、各种维生素等，必要时可补充人体白蛋白，脂肪乳剂以支持治疗。

四、开放性创伤的急救处理

（一）开放性损伤的处理时机

根据开放性损伤的处理时间分污染创伤（contaminated wound）和感染创伤（infected wound）两大类。

污染创伤一般指 6～8 小时内的开放性创伤。此时虽有细菌污染，但炎症尚未发展与蔓延，经过良好的清创缝合可以将开放创伤转变为闭合创伤。

感染创伤指创伤时间较长，超过 6～8 小时，又没有经过清创或预防性的抗生素治疗，细菌性的炎症已经发展蔓延的损伤。

（二）开放性损伤的处理原则

1. 清创术

治疗开放性损伤，彻底清创是关键。开放性损伤的治疗、愈后与受伤后接受治疗时间的长短有密切关系，通常在 6～8 小时以内伤口仅仅是细菌的污染。现在由于抗生素的应用，污染期可延长到 12 小时，伤口可作清创缝合术。通过清创将伤口内积血及异物如泥沙、碎石、布块等去除，逐层切除坏死组织（残留坏死组织、积血是细菌良好的培养基），无效腔应打开。超过 12 小时的伤口，一般认为进入伤口内的细菌已经大量繁殖，感染已经确立，应作为感染伤口来处理，此时可进行简单的清洗、扩创，及时引流渗出物，不宜缝合，术后应用有效的抗生素治疗。

2. 损伤组织的修复与重建

清创后，一般应在直视下将骨折复位固定。多用相对简单的固定，用外固定或骨外固定器固定，一般不宜采用复杂内固定。

对无缺损的血管、神经、肌腱等重要软组织的损伤，尽量在彻底清创后作一期缝合，可以获得良好的功能恢复。对血管、神经缺损应早期作移植修复。

3. 创口的闭合

清创过程中在彻底切除坏死组织的前提下，尽量保护和爱惜残余组织，争取一期缝合。皮肤伤口的延长缝合都要从整形美容的角度加以考虑。感染的创口清创后应使伤口敞开，不予立即缝合，采用生理盐水或 Eusol 溶液湿敷，外加凡士林纱布覆盖利于炎性渗出物引流，防止创口结痂。每日两次更换敷料，应用大量抗生素，待感染控制后，一般 2～3 周，再根据创面情况行早期缝合或皮肤移植以闭合创面。以后处理同上。

4. 防止感染

发生开放性损伤后尽早彻底清创、应用抗生素是有效预防感染的方法。在抗生素的选择上，预防非特异性感染可用广谱抗生素及对致病菌敏感性高的抗生素；预防特异性感染，如破伤风，气性坏疽等则有其特殊的处理方法。

破伤风是由破伤风杆菌产生的外毒素引起的急性特异性感染。多见于受伤部位深、皮肤伤口较小，不利于引流的损伤。理论上，一切开放性损伤都可能引起破伤风，因此，在处理开放性创伤时，应将预防破伤风杆菌感染作为常规治疗手段。一般性预防措施是在彻底清创后肌肉注射破伤风抗毒素 1500IU（注意要做皮内过敏试验）。对于部位较深或污染严重的创伤应注射破伤风免疫球蛋白。

气性坏疽是由梭状芽孢杆菌引起的一种严重的肌坏死，多见于肌组织广泛受伤的患者，特别是大腿及臀部损伤。预防气性坏疽一定要做到彻底清创。对有泥土污染、损伤严重者，应酌情在清创术前后使用抗生素，一般用青霉素及四环素族抗生素。对已怀疑有气性坏疽的伤口，若已缝合，则应拆去缝线、敞开创口，用 3% 过氧化氢溶液或 1∶1000 的高锰酸钾溶液冲洗、湿敷；对未缝合创口，用 3% 过氧化氢溶液冲洗、创口不予缝合，放置引流条引流。

第二节　慢性运动创伤的治疗

一、慢性运动创伤的病因与特点

慢性运动创伤是临床常见病损，它是由于机体长期、反复、持续的姿势或动作，在局部产生应力集中。早期是以组织的肥大、增生为代偿，当超过代偿能力时，即形成组织轻微损伤，累积、迁延而成慢性损伤，也有的是由急性损伤治疗不当转变而来的。

慢性损伤常损害骨、关节、肌、肌腱、韧带、筋膜、滑囊以及相关的血管、神经等。

其临床表现有以下共性：

① 躯干或肢体某部位长期疼痛，但无明显的外伤史；

② 特定部位有一痛点或包块，常伴有某种特殊的体征；

③ 局部炎症不明显；

④ 近期有与疼痛部位相关的过度活动史；

⑤ 与运动专项训练有明显联系。

二、慢性运动创伤的治疗原则

对慢性劳损的治疗措施主要围绕四个方面进行：消除病因，调整训练内容和（或）改变训练方法，加强各种恢复措施，对症治疗。

1. 本病是慢性损伤性炎症所致。故限制致伤动作，纠正不良姿势，增强肌力，维持关节的不负重活动和定时改变姿势，使应力重新分布，是治疗的关键。

2. 调整训练内容和（或）改变训练方法，包括适当减少运动量，控制训练的强度，减少力量性练习等，避免大强度、大力量训练；暂停专项练习，做一般小强度的身体训练。

3. 理疗可加强局部血循环，改善组织营养，促进慢性炎症消散吸收，有利关节功能恢复，常用理疗方法可选用传导热疗法、超声波疗法、音频电疗法、红外线疗法等。

4. 局部注射肾上腺皮质激素药物有助于抑制损伤性炎症，减少粘连，是临床上最常用的行之有效的方法。但如果局部药物注射的部位不当，将会加重病情。故使用时必须严格要求：

① 诊断准确，一定是慢性损伤性炎症，而非细菌性炎症或肿瘤；

② 严格无菌技术；

③ 注射的部位准确无误；

④ 按规定剂量和方法进行；

⑤ 注射后局部出现红肿者，应立即停止再次局部注射皮质激素药物。

5. 使用非甾体抗炎药。目前，此类药已广泛应用，但长期使用均有一定的副作用，故需注意以下几点：

① 必须短期用药；

② 病灶局限者可选用涂擦剂；

③ 不可将两种非甾体消炎药同时使用；

④ 注意肝、肾功的损害，避免使用吲哚美辛和阿司匹林；

⑤ 减少胃肠道损伤首选 COX2 抑制剂、前体药物及各种缓释剂、肠溶片及栓剂等。

6. 手术治疗。对一些经保守治疗久治不愈的病例，如狭窄性腱鞘炎、神经卡压综合征及腱鞘囊肿可以考虑手术治疗。手术治疗的原则为切除坏死组织、松解粘连带及减压等。

三、慢性运动创伤的中药治疗

慢性损伤，局部反复疼痛，酸软无力，劳累后疼痛加重，休息后疼痛减轻：此为“久伤多虚”，营卫不和，气血虚弱，血不养筋所致。治宜益气活血，调补肝肾，外用当归、黄芪、续断、骨碎补、鸡血藤、乳香、没药、川芎、合欢皮、檀香等。亦可外用活络膏。内服劳损丸、强筋丸等。

伤部疼痛、乏力，触之有条索或硬结感：此为“久伤多瘀”，气血凝结所致。治宜补气活血，散结止痛。外用黄芪、丹参、鸡血藤、川芎、五加皮、牙皂、穿山甲、木香等，或用三号熏洗药熏洗。内服五加皮丸、补益散结丸等。

伤部疼痛，肢冷发凉，遇寒加重，得热痛减：此为“久伤多寒”，寒入经络所致。治宜温经散寒，活络止痛。外用官桂、檀香、陈艾、川乌、草乌、威灵仙、甘松、月季花等，或贴熊油虎骨膏。内服活络丸、风湿酒等。

伤部疼痛，酸胀麻木，随天气变化而加重：此为风湿阻滞，经络不通所致。治宜祛风除湿，舒筋活络。外用秦艽、防风、羌活、独活、海桐皮、钻地风、土鳖虫、木瓜、续断、木香、威灵仙等。内服虎骨木瓜酒、五加皮丸、独活寄生汤等。

第三节　运动创伤的常用治疗方法

一、药物治疗

（一）西　药

1. 非甾体抗炎药（NSAIDs）

可缓解运动创伤急性期的炎性反应与疼痛。应用最广，是运动创伤治疗的首选药物。

（1）非甾体抗炎药的作用机制：主要是抑制环氧合酶（COX）活性。COX 可促进花生四烯酸生成前列腺素和血栓素等物质。前列腺素本身并不引起疼痛，但它可以加强其他炎症介质如五羟色胺、组织胺、缓激肽、P 物质等的致痛作用。非甾体抗炎药通过抑制 COX 活性，阻止前列腺素的合成，间接发挥止痛和抗炎作用。

（2）常用药物：有布洛芬（内服缓释剂，外用乳膏剂）、双氯芬酸（内服缓释剂，外用乳膏剂）、吲哚美辛（外用乳膏剂）等，常用于消炎止痛。内服缓释剂能维持较长的作用时间，同时减少胃肠道刺激。对乙酰氨基酚有止痛作用而无抗炎作用，因其副作用少，有人主张首先采用。其他的有萘普生、舒林酸、托美丁等。

（3）服用方法：一般先给一种药物，并注意观察其疗效、不良反应和耐受情况，全量服用 1～2 周后，如疗效不满意，再改用其他药物。避免同时使用一种以上的非甾体抗炎药。使用时从较小剂量开始，必要时增大，症状明显时可用较大剂量，2 周内取得最大抗炎疗效，然后停药。

（4）副作用：非甾体抗炎药的副作用较大，发生率较高，使用过这类药物的患者约 20% 有过中毒的经验。副作用的出现部分是由于患者长时间大剂量使用药物所致，主要发生在老年人群（>65 岁），最常见的副作用是胃肠道功能紊乱。这类药物主要作用机制是抑制前列腺素的合成，前列腺素可以抑制胃酸的分泌，增加胃黏膜血流，保护胃黏膜。前列腺素合成的抑制会导致胃酸分泌增加、胃黏膜缺血，胃黏膜的保护层被破坏，使胃黏膜暴露在胃酸的作用下。另一方面，这类药物可以减弱血栓素 A2 的功能，引起血小板黏附和血管收缩功能紊乱。在有胃肠道疾病的患者中，容易导致胃肠道出血性。

2. 类固醇皮质激素

（1）类固醇皮质激素的作用机制：皮质类固醇的局部应用，可以达到抗炎、抗免疫反应及减轻水肿的作用。它可使滑膜细胞发生表型改变，向成纤维细胞转化，最终停止分泌滑液。它是通过抑制白三烯、前列腺素和血栓素等物质的合成而发挥作用。皮质类固醇在运动创伤治疗中应用广泛。

（2）临床常用的药物：常用的有醋酸氢化可的松（Hydrocortisone Acetate）、泼尼松龙（Prednisolone Acetate）和曲安奈德（去炎松 A，Triamcinolone），一般采用与 1% ~2% 普鲁卡因的混合液局部注射（局部封闭疗法）。其他的有磷酸倍他米松、地塞米松等。

（3）局部使用方法：可以注射到关节周围、关节内、囊内和腱鞘内。由于控制了由炎症介导的疼痛可以使患者更早的活动，因而可以使愈合加快。用于腱鞘炎、滑囊炎、创伤性关节炎、肌肉和筋膜损伤后的纤维组织炎等可获良效。

（4）副作用：对软骨的慢性和陈旧性损伤则无益，而且可抑制肉芽组织向关节软骨组织的化生，致使软骨缺损周围的软骨退行性变。另外，在急性肌腱、韧带断裂时过多地使用，会影响组织的修复及修复后的组织韧度，应慎用。

3. 玻璃酸钠（sodium hyaluronate）

玻璃酸存在于关节滑膜、滑液、关节软骨基质中，是关节软骨基质的重要组成部分。

（1）玻璃酸钠的作用：当关节内注入外源性的玻璃酸钠后，有防止关节软骨破坏的作用，对损伤的关节软骨有促进愈合及修复的作用，同时有缓解疼痛的作用。

（2）局部使用方法：玻璃酸钠最多用于关节疾患，如滑膜炎、骨性关节炎、创伤性关节炎、髌骨软骨软化症、类风湿性关节炎、肩关节周围炎等。大关节的常用量是 2 毫升，小关节用量是 1 毫升。关节内注射每周一次，3 ~5 次为一个疗程。效果持续 6 个月左右。

（3）注意事项：在急性、慢性化脓性关节炎，关节结核和出血性疾患时，不宜使用玻璃酸钠制剂注射。

（二）中　药

中药治疗的主要作用是：①抑制中枢神经系统的功能，减轻疼痛；②改善受伤部位的血液循环；③刺激局部组织再生和修复；④减轻慢性炎症。常用的中药主要有活血化瘀、清热、行气、补虚、续筋接骨和祛风寒湿类等。运动创伤的中药治疗主要是根据中医三期辨证施治，针对创伤的不同时期，依据“动静结合，筋骨并重，内外兼治，医患合作”的原则进行治疗。

1. 运动创伤的早期用药

伤后早期局部肿胀、疼痛、活动受限，此期经脉受损，离经之血瘀滞于筋肉间，经脉不通，瘀肿作痛所致。治则宜活血散瘀、消肿止痛。内服桃红四物汤、七里散等。外用黄柏、血通、延胡索、赤芍、五灵脂、苏木、白芷、木香、川芎、防己等，或用一号新伤药，加三棱、莪术等。

2. 运动创伤的中期用药

损伤日久，局部肿胀基本消退，但仍疼痛，软弱无力，功能障碍。此为伤后局部气血耗损、经脉受阻所致。治宜续骨强筋、补益气血和肝肾等。内服正骨紫金丹、白芪丸、接骨丸等。外用续断、土鳖、儿茶、羌活、独活、血通、乳香、紫荆皮、自然铜、接骨木、川芎、鸡血藤等。

3. 运动创伤的后期用药

此期病人已基本临床愈合，但骨不健，筋不强，气血不充，加之久伤必有寒，风寒湿邪容易乘虚而入，因此，此期有骨弱筋萎的症状表现，一般病人可有肢软无力，肌肉萎缩，关节不利等，还可能兼有他症，故治宜强筋健骨，补肝肾，通利关节，兼以健脾益胃。内服可用正骨紫金丹、健步虎潜丸、六味地黄丸等，外用萆薢、防己、苍术、海桐皮、茯苓、羌活、独活、威灵仙、黄芪、泽泻、续断等，或用二号熏洗药熏洗。配合按摩和功能锻炼。

二、针　灸

针灸疗法是针刺疗法和艾灸疗法的总称。它是以针和艾为工具，刺激经络腧穴，激发经气，以调整经络功能，从而达到防治疾病的目的。现代针灸疗法，增添了光、电、磁和中西医药物等现代科技手段，以加强针灸治疗作用。

（一）针灸的功效与应用

针灸广泛应用于运动创伤、运动性疾病、运动疲劳等的治疗，其主要功能为调节和镇痛。针灸在处理那些需要迅速恢复的运动创伤患者时起着关键作用。

针灸的功用涉及神经体液调节机制和免疫系统的动员，对效应细胞、组织、器官以及内环境理化状态进行调节，具有整体性和双向性的规律。针灸对炎症的渗出、变性、增生都能产生明显的抑制作用，尤其对渗出的影响最为明显，另一方面，又能促进损伤组织的再生修复，加快痊愈。

针灸具有改善血管的通透性和扩大微血管网的功能，这对于软组织损伤所引起的炎症和血肿的消除具有重大影响。

针灸奏效不可缺少的特征感受称为“得气”，只有在刺针和捻针时方会有这种反应。通常，人工运针会唤起Ⅱ型和Ⅲ型纤维的反应。电刺激则主要使Ⅱ型纤维兴奋。

（二）针灸方法

治疗运动创伤常用的针灸方法是毫针刺法，即以不锈钢毫针取十四经穴和经外穴的体针法。其他方法有电针、水针、气针、光针、紫外线照射、离子导入微波针、声波针、埋针、埋线、结扎、贴药疗法等。灸法有艾炷灸、艾条灸、灯火灸、药物灸、温针灸等。

1. 毫针刺法

毫针刺法，手法多样，常用的有捻转和提插，患者可以出现针部酸、麻、胀或沉紧等针感。一般来说，大幅快速的捻转、提插针感强，反之则缓。留针时间及疗程因病、因人而异，一般来说，急性损伤不留针或留针1~5分钟，每日1~2次，治疗1周；慢性损伤则留针15~30分钟，每日或间日1次，6~12次1疗程，疗程间隔5~7天。

2. 综合针法

（1）电针疗法

通过治疗仪，在得气的一对针柄上，通以脉冲电流，针刺和电流两种作用同时并用，以加强刺激，提高疗效，是运动创伤的常用疗法。不同的频率和波形的脉冲电流治疗作用不同。治疗时间一般15~30分钟。

（2）水针疗法

水针又称针注或穴位注射法。用带注射器的针头，代替毫针。得气后将药物注入穴位，针和药物同时并用，防治疾病，是中西医结合疗法。其特点是用药量少，疗效好，副作用少。常用药物有单味中药注射液（当归、川芎、柴胡、黄芪、党参）、维生素类注射药及糖皮质激素类药物。每穴注射量为0.5~1毫升或常规肌注量的1/5，一次选1~5穴。每周2~3次，6~12次为1疗程，间隔5~7天。

（三）经络与腧穴

针灸以经络学说为理论核心。经络是传导刺激的途径，腧穴是接受治疗的部位。

经络是把身体的各个部位同穴位对应起来的一个整体概念，位于不同结构区域的穴位控制着各自的区域形成了经络。经络系统并非简单的体表路线，而是神经、体液、内分泌系统、肌肉、皮肤、淋巴等多种组织系统的综合机能的体现。经络是生命活动的基础，其作用为联络全身、协调整体，运行气血，抗外邪，护卫机体。

气血注于体表的部位，即为腧穴所在。腧穴分为3种：十四经穴、经外奇穴和阿是穴。十四经穴属十四经，有定位、定名和主治；经外奇穴不属十四经，有定位、定名和主治；阿是穴又称天应穴、不定穴或痛点穴，即以痛为腧、痛处。

腧穴并不是独立起作用的，某些穴位与经络之间具有结构功能上的联系。

腧穴是针灸治疗的主体，准确定位是决定疗效的关键。体表定位是根据标准的解剖结构标记，辅以操作者的手或手指的测量来确定的。根据腧穴的不同作用而运用的取穴方法有局部取穴、远部取穴和对症取穴等几种。在运动创伤的针灸治疗中，一般以局部取穴为主，急性损伤以阿是穴为主配合邻近腧穴 1 ~ 3 穴，慢性损伤则以伤部经脉腧穴为主。（表 4 – 1）

表 4 – 1　各部位常用经穴和经外奇穴

部位	穴　位	位　　置	主　　治
头颈部	百　会	后发际正中直上 7 寸	头痛眩晕，鼻塞，失眠，昏迷
	印　堂	两眉头连线的中点	头痛头重，失眠
	安　眠	翳风穴与风池穴连线的中点	失眠，头痛
	头　维	头维	头痛，头昏
	角　孙	耳尖顶端处的发际	目疾齿痛，头痛项强
	人　中	人中沟的上 1/3 与中 1/3 的交界处	昏迷，腰脊强痛
	太　阳	眉梢与目外眦之间向后约 1 寸的凹陷中	头痛，感冒，目疾
	风　池	后发际正中上 1 寸，胸锁乳突肌外缘凹陷处	头痛眩晕，颈痛，肩背痛，鼻塞，感冒
	风　府	后发际正中直上 1 寸	头项强痛，眩晕，头痛
	天　柱	入后发际 0. 5 寸，斜方肌外缘凹陷中	头痛，项强，肩背痛，热病，颈椎病
	大　椎	第七颈椎棘突下	热病，头项强痛，失枕，外感
	颈　臂	锁骨内 1/3 与外 2/3 交界处直上 1 寸	手臂麻木，上肢伤痛
肩部	肩　井	大椎穴与肩峰连线的中点	头项强痛，肩背痛，胸闷
	肩　髃	上臂外展平举时，肩外前呈现凹陷处	肩痛，肩关节活动受限
	肩　髎	上臂外展平举时，肩外后呈现凹陷处	肩痛，肩关节活动受限
	巨　骨	锁骨肩峰端与肩胛冈之间的凹陷中	肩臂痛
	秉　风	天宗穴直上，肩胛骨冈上窝中	肩胛痛，肩臂酸痛
	天　宗	肩胛骨冈下窝中央	肩胛疼痛，肩部肌肉萎缩，颈椎病
	肩中俞	第七颈椎棘突下，旁开 2 寸	肩背痛
	肩外俞	第一胸椎棘突下旁开 3 寸	肩背痛，项强
	肩　前	腋前皱襞上 1 寸	肩臂痛不能举
	肩　贞	手下垂，腋后皱襞上 1 寸	肩关节酸痛，活动不利
	臑　俞	腋后皱襞直上，肩胛冈下缘凹陷中	肩臂痛，颈项强痛
	臂　臑	三角肌下止点	肩臂痛，上肢瘫痪

续 表

部位	穴 位	位 置	主 治
肘及前臂	天 井	屈肘，尺骨鹰嘴上1寸凹陷中	颈项痛，肩臂痛
	曲 池	屈肘，肘横纹外侧与肱骨外上髁连线中点	手臂、肘部伤痛
	曲 泽	肘横纹中，肱二头肌腱尺侧缘凹陷	肘臂痛
	少 海	屈肘，肘横纹尺侧与肱骨内上髁连线中点	肘关节痛，手臂痛，腋肋痛
	尺 泽	肘横纹中，肱二头肌腱桡侧缘凹陷	上肢酸痛、颤抖
	手三里	阳溪和曲池连线上，曲池穴下2指处	肘臂酸痛，前臂伸腕肌痛，急性腰背痛
	列 缺	桡骨茎突后	头痛，颈项痛
	支 沟	腕背横纹上3寸，尺桡骨之间	胁痛，项强，肩背痛
	内 关	腕横纹上2寸，掌长肌腱与桡侧腕屈肌腱之间	胃痛，呕吐，心痛，心悸，胸闷，热病，上肢麻痹，中风失神，失眠，眩晕
	外 关	腕背横纹上2寸骨间	头痛、胁痛，手指麻木
	大 陵	腕背横纹上2寸，尺桡骨之间	上肢痹痛，风湿痛，手臂肌肉酸痛，肋肋痛，头痛项强，胁肋痛
	养 老	腕背向上，桡尺远侧关节缝中	落枕，肩臂痛，腰背痛
	阳 溪	腕背横纹桡侧端的鼻烟壶中	腕部损伤
	后 溪	握拳，掌横纹尺侧头，赤白肉际间	头项强痛，腰脊强痛，急性腰扭伤，肘腕指挛痛
	合 谷	手背第一、二掌骨间，约平第二掌骨中点处	头面痛，腹痛，便秘，泄泻，经闭，手指麻木，臂痛等
	中 渚	握拳，第4、5掌骨小头后缘间的凹陷中	掌指屈伸不利，肘臂痛，急性腰扭伤
	落 枕	手背第2、3掌骨间，指掌关节后约0.5寸处	落枕，手臂痛
	腰痛穴	腕横纹下1寸，手背指总伸肌腱的两侧	急性腰扭伤
	华 佗 夹 脊	胸1椎至腰5椎，各椎体棘突下旁开0.5寸	脊椎疼痛，腰背劳损
	风 门	第2胸椎棘突下，旁开1.5寸	伤风咳嗽，鼻塞，发热头痛，项强，胸背痛
	肺 俞	第3胸椎棘突下，旁开1.5寸	咳嗽，气喘，背肌劳损
	神 道	第5胸椎棘突下	腰脊强痛

续　表

部位	穴　位	位　　　置	主　　　治
腰背部	肝　俞	第9胸椎棘突下，旁开1.5寸	胁肋痛，脊背痛，失眠多梦，月经不调，贫血，赛前紧张，过度疲劳，高血压
	脾　俞	第11胸椎棘突下，旁开1.5寸	胃脘胀痛，消化不良，背痛，过度疲劳，四肢无力，月经不调，失眠，嗜睡
	京　门	第12肋端	腹胀，呕吐，腰胁痛
	章　门	第11肋端	腹胀，呕吐，胸胁痛，胸闷
	期　门	乳头直下，平第6肋间隙	胸胁痛，腹胀，呕吐
	命　门	第2腰椎棘突下	腰脊疼痛，过度疲劳，贫血
	肾　俞	第2腰椎棘突下，旁开1.5寸	肾虚腰痛，月经不调，耳鸣耳聋
	气海俞	第3腰椎棘突下，旁开1.5寸	腰痛，髋膝不利
	大肠俞	第4腰椎棘突下，旁开1.5寸	腰腿痛，便秘，腹胀
	腰阳关	第4腰椎棘突下	腰脊疼痛，月经不调，下肢痿痹
	腰　眼	第4腰椎棘突下，旁开3~4寸的凹陷中	虚劳腰痛
	十七椎	第5腰椎棘突下	腰腿痛，月经不调
	八　髎	1-4骶后孔中	腰腿痛
髋及大腿	环　跳	股骨大转子与骶管裂孔连线外1/3段的内侧点	风湿痹痛，坐骨神经痛，腰痛
	髀　关	髂前上棘与髌骨外缘的连线上，平臀沟处	腰痛膝寒
	承　扶	臀大肌下缘，臀横纹中央	腰骶臀部疼痛，坐骨神经痛，坐骨结节滑囊炎，大腿后群肌损伤
	殷　门	承扶穴下6寸，承扶穴与委中穴连线上	腰腿痛，坐骨神经痛，大腿后群肌损伤
	风　市	大腿外侧中间，膝上7寸处	腰腿酸痛，下肢萎缩，周身瘙痒，脚气
	伏　兔	髂前上棘与髌骨外缘连线上，髌骨外上缘上6寸	腰痛膝冷

续 表

部位	穴 位	位 置	主 治
膝及小腿	梁 丘	髂前上棘与髌骨外缘连线上，髌骨外上缘上2寸	膝肿冷痛
	血 海	髌骨内上缘上2寸	月经不调，膝痛
	鹤 顶	髌骨上缘正中凹陷处	膝痛
	犊 鼻	髌骨下缘，髌韧带外侧凹陷中	膝痛，屈伸不利
	曲 泉	屈膝，膝内侧横纹头上方凹陷中	膝痛
	委 中	腘横纹中央	腰背痛，下肢痿痹，半身不遂，腿痛
	阳陵泉	腓骨小头前下方凹陷中	膝关节伤痛
	足三里	犊鼻穴下3寸，胫骨粗隆向外一横指处	脾胃不足，下肢关节痛，肌肉冷痛，低血糖，高血压
	阴陵泉	胫骨内侧髁下缘凹陷中	腿膝痛，风湿痛，膝内侧软组织伤
	三阴交	内踝上3寸，胫骨内侧缘后	下肢痿痹，胫骨痛，疲劳乏力，肢软
	悬 钟	外踝尖上3寸，腓骨后缘	下肢痿痹，胸胁胀痛，脚气
	承 山	腓肠肌两肌腹之间凹陷的顶端	小腿疼痛，腿痛转筋
腰背部	复 溜	太溪穴上2寸	胫骨痛
	解 溪	足背踝关节横纹，拇长伸肌腱与趾长伸肌腱间	踝关节扭伤，足趾麻木，下肢痿痹，头痛，眩晕，腹胀，便秘
踝及足	太 溪	内踝与跟腱之间凹陷中	肾虚腰痛，腿软乏力，踝关节及跟腱痛
	昆 仑	外踝与跟腱之间的凹陷中	头痛，目眩，项背疼痛，腰腿痛，踝关节扭伤，跟痛症，跟腱损伤
	丘 墟	外踝前下方凹陷中	踝关节扭伤，下肢痿痹，胁肋痛
	照 海	内踝下缘凹陷中	失眠，内踝伤痛，肩膝冷痛
	太 冲	足背第一、二跖骨结合部前凹陷中	头顶痛，眩晕，高血压，目赤肿痛，胁痛，下肢痿痹
	行 间	足背第一、二趾间缝纹端	头顶痛，眩晕，目疾，胁痛

三、按 摩

按摩是中医治疗运动创伤的主要手段之一，是通过手或器械，以力的形式作用于人体，防治疾病的一种治疗方法。中医按摩又称为推拿，是祖国医学的宝贵遗产，经过几千年的医疗实践，显示出奇特的治疗效果。

（一）按摩的作用

按摩有疏通经络，滑利关节，调整脏腑气血功能，增强人体抗病能力等作用。具体如下：

1. 调整神经系统兴奋和抑制的相对平衡作用；

2. 改善血液循环；

3. 解痉止痛，促进损伤组织修复；

4. 松解软组织粘连，改善关节功能；

5. 消除疲劳，预防损伤；

6. 放松紧张的情绪，减轻或消除由疾病引起的心理影响。

（二）按摩的常用手法

中医按摩手法较多，主要有肌肉放松按摩手法、活动关节手法和指针腧穴手法三类。按操作特点分为摩擦类、摆动类、振动类、挤压类和运动关节类五类手法。

1. 摩擦类

（1）抚　摩

五指自然分开并伸指，手掌和指腹贴放于皮肤，做直线来回、圆形或螺旋形的轻缓抚摸运动（图4－1）。操作时手不离开皮肤，动作轻缓、柔和，用力均匀，使被抚摩者有舒适感。抚摩力量轻，只作用于皮肤。

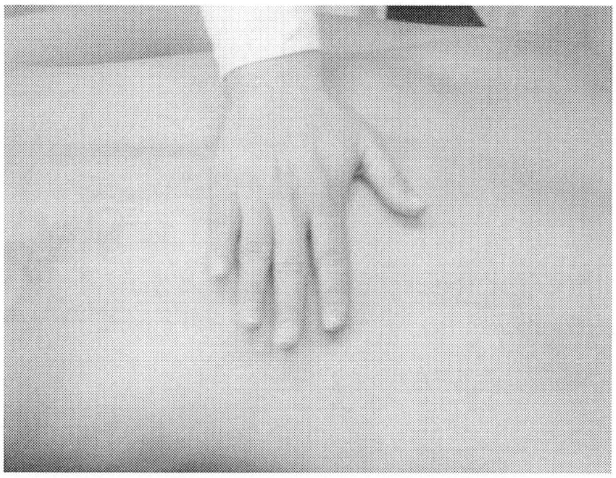

图4－1　抚　摩

抚摩能使皮肤表层的衰亡细胞脱落，改善皮脂腺及汗腺机能，恢复皮肤敏感性，缓解肌肉疼痛及其紧张状态，有助于局部消肿、止痛和消除麻木。对神经末梢的良好刺激有镇静、催眠等作用。

按摩开始和结束时都常用此手法，按摩开始时用抚摩作为过渡手法，结束时则作为整理性手法使用。适用于全身各个部位及多种伤痛。在较大部位，如四肢、躯干可用全掌或四指指腹操作，在小部位则可用拇指指腹。

（2）擦　法

手掌伸开，五指伸直并拢，手掌紧贴皮肤，做直线或回旋形的快速摩擦。摩擦力大而均匀，动作快而灵活，连续不断，使肌肉皮肤有舒热感（图4－2）。

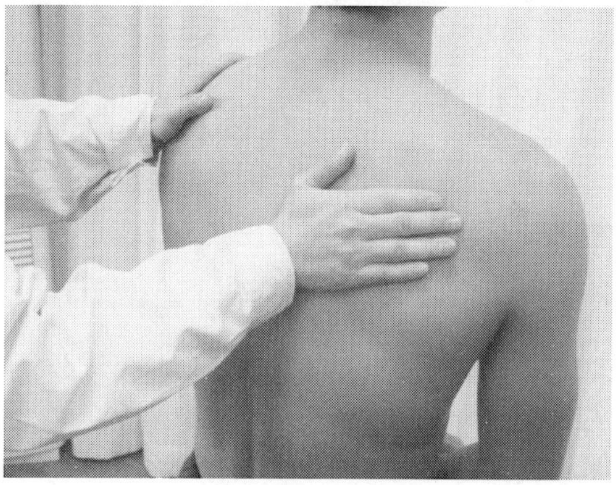

图4－2　摩　擦

擦法是一种强有力的良性刺激，能兴奋肌纤维和神经。摩擦后局部产生大量的热，能提高局部温度，加速血液、淋巴液的循环，调整血液重新分配和改善组织营养等。多用于腰背、胸腹、上臂和腿部。对于肌肉麻痹、萎缩以及慢性劳损所产生的酸痛和风湿痛等症，用此手法效果明显。经常摩擦胸腹和腰背，可治疗多种慢性伤病如慢性胃肠炎、肾虚膝痛和神经衰弱等。

（3）搓　法

两手自然伸直，手指并拢，夹住肢体对称部位，快速来回搓动肌肉或（和）肢体。动作轻快、协调，双手力量均匀、连贯，始终保持一定的对向压力。双手对向移动距离短，频率快（图4－3）。

搓法可以使皮肤、肌肉放松，血液流畅，促进组织代谢，消除肌肉酸胀、疲劳，提高皮温和肌肉的工作能力。

四肢、胸部和腰背部的肌肉，以及肩、膝关

节等处多用搓法，常在按摩后阶段运用。应视伤情的不同，确定手法力量的轻重。一次操作常须持续1~2分钟。

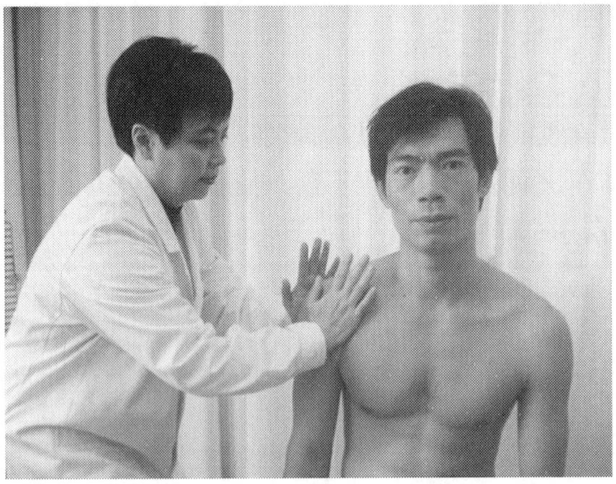

图4-3 搓 法

(4) 推 法

手掌或拇指紧贴皮肤做直线向前的单向推压动作。操作时有节奏地做间断性的一推一压，或连续缓慢向前推动，动作沉稳有力，不宜过快过猛。推法也常沿经络循行方向进行（图4-4）。

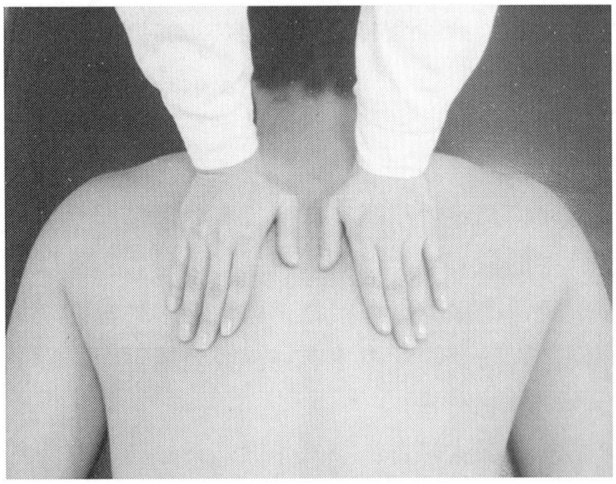

图4-4 推 法

推法可理气散积，祛瘀解痉，舒筋活血，消肿镇痛。

常用于四肢、腰背和胸腹。对局部损伤瘀肿，常配合揉法从肿胀部向四周推揉。促进肢体血液循环，则常从肢端做向心性推压。在脊柱上多为由上而下地推压。

2. 摆动类

(1) 㨰 法

用手背近小指侧或小指、无名指、中指的掌指关节突起部和小鱼际，贴于治疗部位上，掌指关节略屈曲，通过腕关节屈伸及前臂旋转的协同动作，产生轻重交替、持续不断的力作用于治疗部位。手法操作时，压力须均匀，动作协调而有节律（图4-5）。

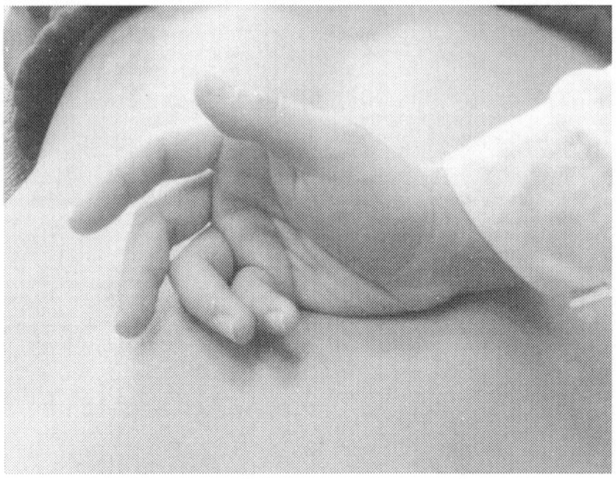

图4-5 㨰 法

㨰法具有疏通经络，活血化瘀，松解粘连，缓解肌肉、韧带痉挛，滑利关节，兴奋神经，促进血液运行，消除肌肉疲劳等作用。

适用于颈、肩、腰背、臀部及四肢肌肉较丰厚部位。在比赛前对运动员的主要运动部位施以本法，可增强肌肉、韧带的运动功能和预防运动创伤。在比赛后对大肌肉群施以本法，可帮助消除肌肉疲劳，有利于恢复运动能力。

(2) 揉 法

以手掌或手指紧贴于皮肤或穴位，做直线来回或圆形回旋的揉动，分为掌揉法和指揉法。用力较大时，作用力可直达深部肌肉。用力应均匀，动作协调，速度不宜过快。操作后皮肤不应发红（图4-6）。

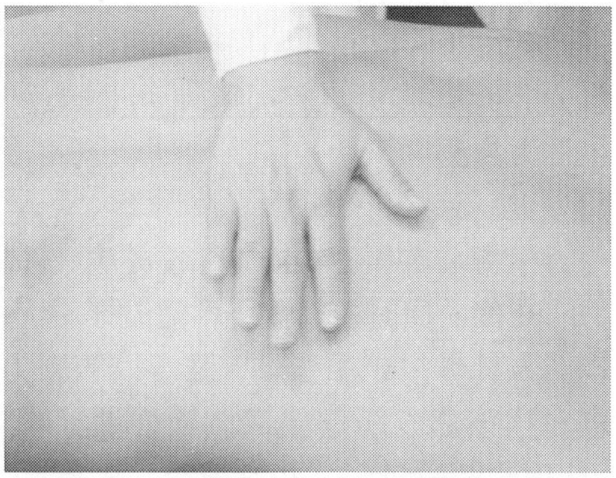

图4－6　揉　法

揉法可加快血液循环，促进组织新陈代谢，使局部肿胀消散，并可缓解深部肌肉、韧带的紧张或挛缩状态。有松解粘连和疤痕组织、减轻疼痛的作用。

此法适用于全身各部位。掌揉法多用于较大部位如腰背、大腿和臀部，指揉法多用于小的部位如关节附近、手及足。在肌肉丰厚部位可用掌根、全掌或双手重叠操作以使力量达到深层组织。揉法可单独使用，也可贯穿运用于各个手法中，其目的主要是使按摩效果能达深部组织。

3. 振动类

（1）叩　击

用手掌、手指指腹、指尖或握空拳，双手交替或单手击打身体。（图4－7）。

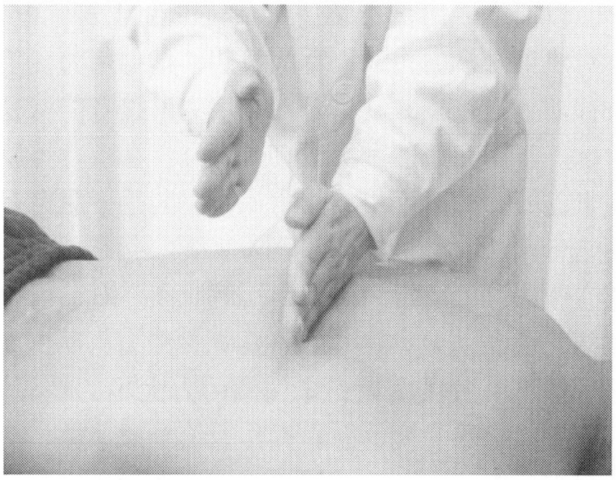

图4－7　掌侧击

叩击手法动作轻快协调，力量均匀，快慢适中。

叩击使肌肉受到较大振动，兴奋肌纤维和神经，消除因损伤而引起的瘀血凝滞，促进血液循环畅通，消除疲劳、酸胀和神经麻木。

根据手形的不同，可分为空拳盖击、空拳竖击、指尖叩击、掌侧击和拍打5种。空拳盖击、竖击和掌侧击，多以双手交替进行，动作快而迅速。指尖叩击和拍击则常用单手操作，动作稳准，速度适中。拍打可用单手或双手交替操作在肩、腰、臀、腿等肌肉丰满处，用空拳盖击、竖击、掌侧击或拍打；胸背部用拍击；头顶部用指尖叩击。

（2）抖　动

用手握住患者肢体远端，在向远端拉伸的基础上，将肢体用力做连续的小幅度的上下或左右的颤动。（图4－8）。

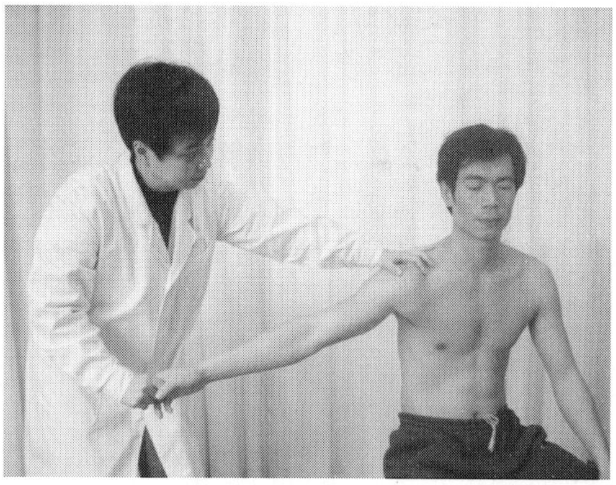

图4－8　抖　动

抖动能松解粘连，缓解痉挛，滑利关节，增大关节活动范围。缓解伤后所引起的关节功能障碍。在腰部施行抖动，可以松弛肌肉骨节，加宽椎间隙，有利于纠正腰椎后关节紊乱。

多用于四肢关节及腰部，常与摇晃手法配合应用，以取得协同作用。

4. 挤压类

（1）按　压

单手或双手重叠向下按压，或用拇指按压穴位。可在按的基础上施加其他手法，如拨、揉等，以增强按摩效果。用力由轻而重，逐渐增加，需要时可借助操作者的体重施压于患部，慢速间断按压或快速连续按压。此外，还可用双手重叠紧紧贴按腰部，做较大幅度的来回压晃（图4－9）。

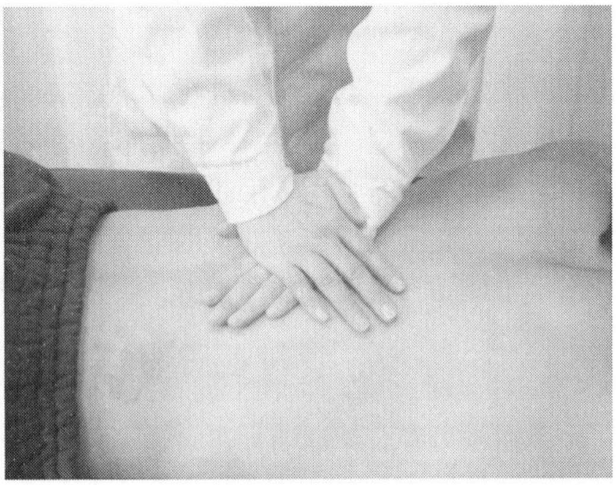

图4－9 按 压

运用于背及腰骶部损伤，能消散局部瘀肿，整复腰椎小关节轻微移位和腰骶关节错缝。

（2）捏 法

对合用力挤按肢体肌肉或其他组织，间断或不间断用力。可循肢体纵轴方向运动或固定在一处操作。肌腱、韧带用指尖捏，肌肉用指腹捏（图4－10）。

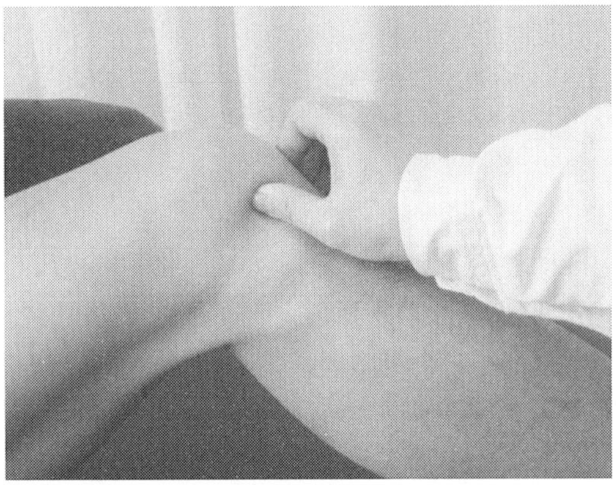

图4－10 捏 法

捏能促进萎缩肌肉张力的恢复，同时也可消除气血凝滞、组织肿胀和肌肉酸胀的疲劳感，缓解肌肉痉挛及肌腱挛缩等。

在四肢应用时，常由肢体远端向近端捏，移动至一定距离后手不离开皮肤迅速返回，如此反复进行。运用于穴位时，则用指端部钳住对称的两个腧穴，对合用力。有类似针灸中的透穴作用，也称为拿法。

（3）掐 法

用拇指指端或指尖在损伤部位或腧穴部向深部用力。在掐的同时根据需要可辅以推、拨、揉的动作。力量贯注于手指端，强度以酸胀为宜。掐后应轻揉该部以缓解掐的刺激强度（图4－11）。此手法刺激较强，在有神经、血管走行的浅表部位施行掐法时应注意，以免损伤神经、血管。

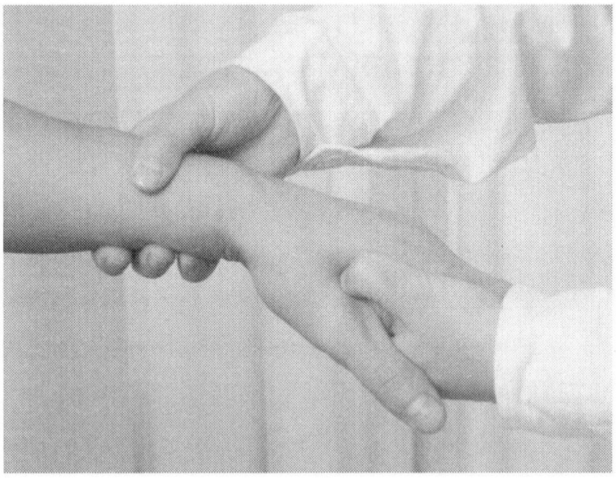

图4－11 掐 法

（4）拨 法

以拇指或四指指端按于一定部位或穴位上，再对肌束做横向拨动，称为拨法。指端用力，手法移动范围较小，动作轻巧，用力以患者能忍受为度。常用在肌腹和关节韧带部位。在腰背等肌肉丰满处，可双手重叠用力操作。若手下肌肉有筋结感可加大力量操作（图4－12）。

拨法可松解组织粘连，缓解肌肉痉挛，消肿散结，止痛。

拨法刺激强度大，应注意用力大小的掌握，以患者能忍受为度，并在操作后给予揉、搓、抚摩等手法缓和强刺激，同时也可增强拨法的治疗效果。

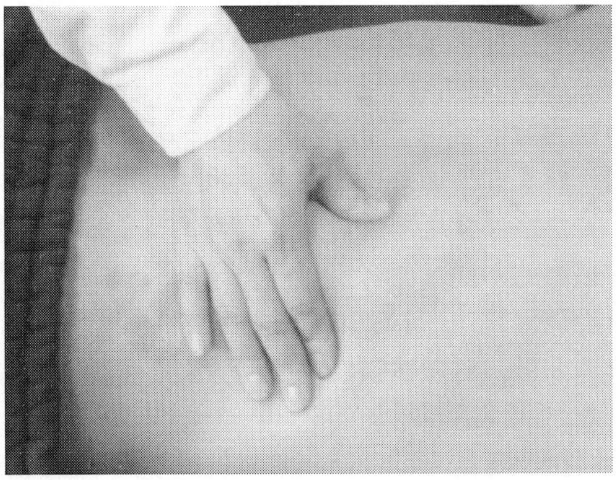

图4－12　拨　法

5. 运动关节类

（1）扳　法

用双手做相反方向或同一方向扳动肢体的方法，是关节被动运动的一种手法。两手或两人配合进行，即一手（或一人）固定关节近端，另一手（或另一人）扳动关节远端肢体，做适当幅度的单一屈曲、伸展、旋转、内收或外展等活动，在关节活动到一定程度后，施加一个短促的快速力量。

扳法操作时，最后短促扳动必须快速果断，稳准协调，扳动幅度不能超过各关节的正常生理活动范围。有舒筋通络，滑利关节，纠正解剖位置的失常，松解粘连，拉伸挛缩，恢复关节功能的显著效果。

扳法常与其他手法配合使用，多用于脊柱及四肢关节，关节错位或关节功能障碍等症常用本法治疗。扳法必须在其他手法使肌肉痉挛缓解后进行（图4－13）。

（2）牵　拉

固定肢体或关节的近端，牵拉肢体远端，又称拔伸。操作时用力均匀而持久，动作缓和，力量应逐渐加大，不可用猛力牵拉。

牵拉对扭伤的肌腱、移位的关节有整复作用，对痉挛肌肉有解痉作用。

拉法常用于关节错位、筋腱移位、肌肉痉挛、关节僵硬等症，还可纠正骨折的重叠移位和成角畸形。

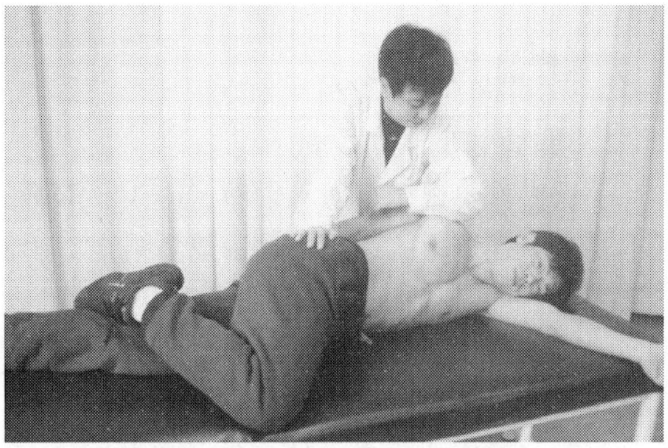

图4－13　扳　法

（3）摇　晃

操作者一手握患者关节近端肢体，另一手握远端肢体做旋转、外展内收或（和）屈伸运动。摇晃是关节被动运动的一种手法，其操作方法随部位而异（图4－14）。

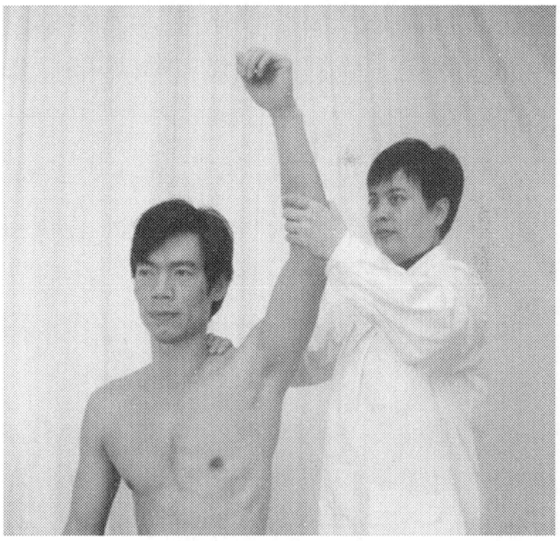

图4－14　摇　晃

操作时动作柔和，缓慢而有节奏，活动幅度由小至大。

摇晃能松解关节滑膜、韧带、关节囊的粘连和皱缩，促进滑液的分泌，增加关节灵活性。尤其在关节功能障碍、僵硬等情况下，用此手法有益于关节功能的恢复。

摇晃多用于四肢关节及颈部。应根据关节活动范围，做不同幅度的摇晃，但不可用力过猛。一般的关节酸痛、陈旧性损伤和功能障碍等都可应用。严重损伤或新伤后不能使用，尤其是撕裂伤、关节附近骨折和关节脱位等更不能使用。

（三）按摩的手法要领

1. 操作技巧

手法操作要遵循有力、柔和、持久、深透的基本要求。强调力的运用与手法技巧结合。手法的选择应根据损伤病变的轻重程度、部位、性质、阶段，以及患者的健康状况、伤后局部反应进行取舍。

按摩时操作者与患者体位的选择比较重要，对按摩效果有直接影响。操作者采取的体位应便于施力又不宜过早疲劳。采取站位时，可在患者的体侧、后面或相对站立。在患者卧于地上时，操作者可采取深蹲或跪地的姿势进行按摩。患者体位的选择应以感觉舒适、肌肉放松为原则，常用体位主要有以下几种。

（1）仰卧位：患者仰卧，头下垫薄枕，下肢平伸，上肢自然置于身体两侧，全身放松，呼吸自然。在颜面、胸腹及四肢前侧等部位施行手法时，常采用此体位。

（2）俯卧位：患者身体前侧在下，后侧在上，俯卧于治疗床上，头转向一侧，上肢自然置于躯干两侧，全身放松，呼吸自然。在肩背、腰臀及下肢后侧等部位施行手法时，常采用此体位。

（3）侧卧位：侧卧位时可根据治疗需要，两下肢均屈曲或一腿屈曲，另一腿伸指。在臀部及下肢侧施行手法时，常采用此法。

（4）端坐位：端正而坐，呼吸自然。患者所坐凳子的高度最好于膝至足底的距离相等。在摇晃肩关节及扳摇颈部时，常采用此体位。

（5）俯坐位：坐时，上身前俯，屈肘，前臂支撑于膝上或桌上，呼吸自然。在背部运用擦法、拍法、肘压法或用热敷时，常采用此体位。

2. 治疗时间、次数和强度

按摩强度的大小、时间的长短和次数的多少，直接影响到按摩的治疗效果。应用不当，不但不会起到治疗作用，反而会加重损伤。因而，按摩者应根据运动员的体质、损伤的情况合理运用按摩。

按摩的强度，是指施用手法的轻重，即按摩的力量，与按摩的时间和次数有着一定的关系。重手法的力量，以运动员能够耐受、不引起组织损伤为宜。在一个治疗过程中，开始时手法较轻，然后逐渐加重，结束时，手法应逐渐减轻。

每次按摩所需的时间，因病情轻重缓急和体质强弱的不同，而有明显的差异。一般来说，骨折后期和软组织损伤中后期，局部按摩 10 ~ 15 分钟即可。对慢性损伤和肌肉劳损等症，则按摩治疗时间应适当增加。

按摩虽是一种良性刺激，但过多的重复进行也会对机体造成不良反应。掌握施治时机，通常每天按摩一次或隔天一次。

（四）按摩的适应证与禁忌证

临床实践证明，按摩对运动创伤具有良好的治疗作用。合理运用按摩会促进创伤的愈合、使疲劳恢复加快，有利于运动员更好的发挥运动水平。但应用不当，也会产生很多不良反应。因此，严格掌握按摩的适应证与禁忌证是施行按摩治疗的首要环节。

1. 适应证

按摩的适应证很多，慢性劳损、损伤后遗症和一些常见病都可进行按摩治疗。运动创伤中常见的疾病如肌肉痉挛、挫伤、腱鞘炎及腱鞘囊肿、落枕、脑震荡、面神经麻痹、颈椎病、肩周炎、前臂缺血性肌挛缩、胸胁震伤、椎间盘突出症、急慢性腰扭伤、梨状肌综合征、骨伤后遗关节功能障碍、关节脱位整复后遗功能障碍、风湿性关节炎、风湿性腰腿痛、小儿麻痹后遗症、神经衰弱、脾胃虚弱、消化不良等都是按摩的适应证。

2. 禁忌证

按摩的禁忌证主要有：骨折脱位的急性期；开放性损伤；急性软组织损伤初期和风湿性关节炎的急性期；急性炎症及脓肿；各种溃疡性或传染性皮肤病；各种传染疾病；妇女月经期腰骶部、腹部和下肢；妊娠期或产后未恢复健康者；过饥过饱过劳或酒醉者；严重内脏疾病患者；恶性或良性肿瘤；精神病患者等。

四、物理疗法

物理疗法简称理疗，是利用人工方法或自然因子作用于机体，来预防和治疗伤病的方法，是运动创伤康复的重要辅助手段之一。自然因子包括日光、空气、矿泉水、热沙及淤泥等。人工方法有电、光、声、磁、热等。

物理疗法的治疗作用包括消炎、镇痛、改善血循环（以温热疗法最为明显）、兴奋神经及肌肉组织、增强肌肉收缩功能、防治肌萎缩、促进组织再生和疤痕软化吸收、调节中枢神经系统及自主神经系统功能。因此，理疗在各种创伤治疗和康复中具有重要的地位，是急性或慢性颈、肩、腰、腿痛及软组织损伤的重要疗法。

（一）电疗法

1. 直流电疗法

这是用低电压（50~80V）直流电治疗疾病的方法，称为直流电疗法。常用的直流电流有平稳直流电、不规则直流电、脉冲直流电和断续直流电等。

此法能改善局部组织血循环、营养、代谢和含水量，具有消炎、刺激组织再生、促进溃疡愈合、软化疤痕等作用，能提高组织兴奋性。直流电阳极有消炎消肿、降低组织兴奋性、镇静镇痛的作用；断续直流电能引起肌肉收缩，具有增强肌肉收缩功能，防止肌萎缩的作用。

直流电疗法可用于骨折、骨折延迟愈合、周围神经损伤、神经痛、神经炎、术后疤痕粘连等。有急性湿疹、急性化脓性炎症、恶病质、高热、心力衰竭及出血倾向者，对直流电不能耐受者，禁用直流电疗法。

2. 直流电离子导入疗法

指在直流电场作用下，使药物离子从皮肤黏膜进入体内治疗疾病的方法，称为直流电离子导入疗法，或离子导入法。

常用的离子导入药物有醋酸氢化可的松（25毫克/次，消炎、抗过敏、抑制免疫反应等，适用于多种软组织损伤），陈醋（改变组织反应性，能消炎、止痛，适用于颈椎病、骨质增生性疾病等），中药制剂等（关节红肿疼痛用10%雷公藤，肿而不红者用20%竹节参，以痛为主者用20%乌头，治痛风用山慈菇10克、生南星10克加75%酒精浸泡作痛区离子导入）。

运用直流电离子导入疗法，对周围神经炎、神经痛、骨折、术后疤痕粘连、周围神经损伤有良好效果。禁忌证同直流电疗法。此外不能用过敏性药物作离子导入。

3. 低频脉冲电疗法

这是应用频率<1000Hz的脉冲电流治疗疾病的方法，称为低频脉冲电疗法。分为调制型和非调制型两类，频率可调。对感觉神经和运动神经都有强烈的刺激作用。

低频脉冲电流主要的生理作用与治疗作用有兴奋神经和肌肉组织；促进局部组织的血液循环和淋巴循环，改善组织营养和代谢；降低感觉神经末梢的兴奋性，有较好的镇痛、镇静作用；对非特异性炎症具有消炎作用等。电刺激方法有经皮神经电刺激疗法、超刺激电疗法、间动电疗法、低周波脉冲调制电疗法等。

4. 中频电疗法

这是应用频率为1000~100000Hz的正弦交流电治疗疾病，称为中频电疗法。与低频电相比，组织总电阻明显下降，因而电流能透入深部组织。

常用的中频电疗法有间频电（等幅中频正弦电流）、干扰电流（差频）和调制中频电疗法等。对大部分软组织扭挫伤有较好的改善血液循环，消炎止痛的功效。调制中频脉冲电疗法具有电流按摩作用，能产生间断地挤压揉捏肌肉作用及按摩叩击作用，增强了解痉镇痛效果。

5. 高频电疗法

这是应用频率高于100kHz的振荡电流及其所形成的电磁场治疗疾病，称为高频电疗法。根据波长不同，高频电可分为长波、中波、短波、超短波、微波等。常用的高频电疗法有短波、超短波、微波电疗法。（表4－2）

高频电疗法对人体的作用主要有两个方面：一是带电离子的运动与周围媒质发生摩擦产生热效应，可使深部组织充血，改善血液和淋巴循环，增强新陈代谢，减低中枢和周围神经系统的兴奋性，增强白细胞吞噬功能和酶的活性；二是部分改变组织的理化特征而影响机体的非热效应，有明显增强白细胞吞噬功能，控制急性炎症过程的作用。

表 4-2 常用高频电疗法

方 法	波 长	生理及治疗作用	疗效途径	注 意
短波电（感应透热）	100～10m	解痉，镇痛，消炎（亚急性、慢性炎症）改善血循环	热效应 非热效应	伤后 24～48 小时开始，以免增加出血倾向
超短波（超高频电）	10～1m	消炎（各种不同阶段的炎症） 刺激胃液、胆汁的分泌，解除胃肠痉挛，利尿		
微波（定向性电磁波辐射）	1m～1mm	止痛，解痉，消炎，加速创口修复。对成长中的骨组织和骨骺有一定危险性		

（二）磁疗法

这是利用磁场作用于人体患部或经络穴位来治疗疾病的一种方法，称为磁疗法。主要治疗作用有镇痛、镇静，消炎、消肿，改善局部血循环，提高机体非特异性免疫力，增强吞噬细胞的吞噬能力，降低血压、血脂，对皮肤浅表毛细血管瘤及乳腺小叶增生也有治疗作用。

常用的磁疗法有贴敷疗法、旋磁治疗、震动磁疗法、磁针治疗和磁贴片疗法等。常用于软组织损伤、血肿、肋软骨炎、神经痛、肌纤维组织炎、腱鞘囊肿、创伤及术后痛、肩周炎、网球肘等的治疗。

（三）冷疗法

这是利用寒冷刺激人体皮肤黏膜，引起局部组织温度的改变治疗疾病，称为冷疗法（cryotherapy）。冷敷在应急处置中是效果最为明显的手段。冷疗法具有镇痛作用，有缓解痉挛的作用，以及止血及防止水肿的作用。另外，冷疗以后产生的局部温度明显上升，血流量增加，也有促进炎症消散的作用。

在运动创伤的治疗中，常用的方法有冰袋法、冰块按摩法、全身浸浴法、局部浸浴法、喷射法等。冷媒有固体、液体或气体 3 种形式。在治疗中，常用冰块敷于疼痛处以缓解疼痛，亦可将疼痛肢体浸于冰水中减轻疼痛。

制冷剂如氯乙烷或氟利昂制剂喷雾，常用于临场治疗。使用时须防止冻伤，应距离皮肤 30 厘米左右喷射，至皮肤稍变白即止，可间断喷射数次。在后续治疗时常用冰敷或冰按摩（即用布袋盛碎冰在体表移动按摩）。一般每次 20 分钟，必要时可间隔 1 小时后再次冰敷。

（四）热疗法（thermotherapy）

热疗可使胶原纤维延伸，增加血流量和代谢率，缓解炎症反应，改善关节僵硬、肌肉痉挛；热疗对肌梭也有影响，局部组织的升温可直接降低肌梭的兴奋性，而皮肤表浅性升温可间接降低肌梭的兴奋性。这与冷疗降低肌梭兴奋性相似。热疗还能直接或间接地提高痛阈而发挥镇痛作用。

浅表热疗法有湿热敷、石蜡疗法、蒸汽、坎

离砂、可见光、红外线等。深部热疗则可应用电疗（如超短波、微波）等。

1. 红外线疗法

应用光谱中波长为760nm～400μm的辐射线照射人体，治疗疾病，称为红外线疗法。红外线有强烈的热效应。波长为760nm～1.5μm的短波红外线，穿透力较强，可透入组织3厘米以上。

红外线的治疗作用主要有：①促进血液循环；②消炎作用；③解痉镇痛；④促进组织再生；⑤促进粘连吸收，增进关节活动的功能；⑥红外线照射后还能使排汗增多，体温升高，呼吸加快，氧化代谢加强，肾血管反射性扩张。

红外线疗法适用于扭伤、挟伤、肌肉劳损、周围神经损伤、骨折、腱鞘炎、滑囊炎及手术后粘连等亚急性或慢性运动创伤。

2. 蜡　疗

是利用加热溶化的石蜡作为介质接触体表，将热能传至机体治疗疾病的方法，称为石蜡疗法。蜡疗概括来说对机体有温热作用和机械压迫两方面的作用。

蜡疗适用于扭挫伤、肌肉劳损、关节功能障碍、疤痕粘连及挛缩、局部循环障碍等多种运动创伤。

3. 坎离砂疗法

利用氧化铁加醋酸产生的热来治疗疾病的方法称为坎离砂疗法，在我国流传应用已经很久，其本质上也是一种传导热。它既具有热作用，又具有药物作用，具有良好的治疗效果。主要应用于陈旧性损伤和慢性劳损。

（五）超声波疗法

是应用频率>20kHz的机械振动波作用于人体治疗疾病，称为超声波疗法。频率在500～2500kHz的超声波具有一定的治疗作用。国内临床常用的超声波频率为800kHz。超声波具有机械作用、温热作用和化学作用。

超声波能升高组织温度，改善局部血循环和营养，促进水肿吸收和炎症消散；增强组织代谢，提高组织再生能力及pH值；软化疤痕、硬结，松解粘连；降低周围神经兴奋性，减低神经传导速度，具有镇痛及调节自主神经的作用；超声又能将药物透入体内，发挥药物及超声波的双重作用。

适应于多种软组织损伤及纤维组织粘连挛缩如腕管综合征、疤痕、急性腰扭伤、肩周炎、网球肘、腰椎间盘突出症、颈椎病、断肢再植后、扭挫伤、周围神经痛、神经炎等。

五、心理疗法

心理治疗（psychotherapy）又称精神治疗，是应用心理学的原则和方法，通过治疗者与被治疗者的相互作用，医治患者的心理、情绪、认知行为等问题。心理变化会影响治疗进程及结果，影响伤后训练的恢复和运动成绩的提高。因此运动创伤的治疗不能仅限于恢复患者的躯体功能，还应重视心理及行为方面的康复。

心理治疗作用是通过语言、表情动作、行为影响患者心理，解决患者心理上的矛盾达到治疗疾病的目的。因此从广义的角度看，心理治疗就是通过使用各种方法、语言的和非语言的交流方式，通过解释、说明、支持、同情及相互之间的理解来改变患者的认知、信念、情感、态度、行为等，达到排忧解难、降低痛苦的目的。

六、基因治疗

基因治疗（Gene Therapy）是指将外源目的基因导入靶细胞，以纠正、补偿或抑制基因的功能从而达到治疗疾病的目的。基因治疗是现代医学与分子生学相结合的产物。作为一种新的疾病治疗方法，基因治疗产生于20世纪的70年代。1989年人们进行了基因标记物在人体内的试验。1990年人类进行了第一例人体基因治疗。人们应用腺苷脱氨酶基因（ADA），经反转录病毒导人患者T淋巴细胞，经扩增后回输体内，获得了成功。基因治疗5年后，患者体内10%的造血细胞呈ADA基因阳性，这一成功标志着基因治疗时代的开始。由于分子遗传学、体细胞遗传学、细胞生物学、分子病毒学等学科的重大发现和技术进步，使基因治疗这种崭新的疾病疗法成为发展最快的领域之一。

基因治疗的基本策略有以下几种：基因置换、基因修正、基因修饰、基因抑制、基因封闭。基因导入系统是基因治疗的核心技术。目前，应用于基因治疗的载体主要有病毒载体和非病毒载体两种。

基因转移的途径有两类：一类是在体（in vivo），即活体直接转移，将带有遗传物质的基因转移载体直接注射到实验个体内；另一类是离体（ex vivo），是将实验对象的细胞取出，在体外培养并导入重组基因后将这些细胞重新输回试验个体体内。

基因转移的方法分为物理方法、化学方法和生物学方法。基因治疗的靶细胞可分为体细胞和生殖细胞两大类。生殖细胞的基因治疗涉及一系列复杂的伦理与技术问题，因此，目前的基因治疗只局限于体细胞。肌肉、心肌、血管、肝、脑、皮肤、呼吸道、肿瘤等组织均可作为基因治疗的靶组织。目前最常用的靶组织是骨骼肌组织。

近年研究表明，基因治疗可能成为解决运动创伤难题的有效手段之一。基因治疗的原理是将目的基因分子导入细胞乃至体内，使其在体内表达，分泌某种原来不能分泌或分泌很少的物质，从而改变疾病进程，达到治疗疾病的目的。

目前，集中在两个方面的研究：一是应用基因治疗的方法，将一些小分子活性物质、细胞因子引入细胞内，以加速、改善韧带或肌腱等组织的愈合；二是将白细胞介素-1的受体拮抗蛋白（IL-1ra）的基因引入骨关节病的关节内，以产生IL-1ra拮抗IL-1的作用，减轻关节的炎症反应，保护关节软骨。

现有的基因治疗研究多数还停留在单一因子的作用上，进行单个基因的转导，观察单个基因的治疗作用，这对于阐明某个基因的作用是必须的，但对于治疗肌腱、软骨组织损伤却还不够。多基因联合转导以及根据不同目的而调控基因的相应的表达时间和量是将来基因治疗的发展方向，这要求对损伤机制和细胞因子蛋白表达的相互调控机制在基因水平上有更明确的了解，以及能够携带多个基因且可调控的载体的构建等。随着人类基因组计划和疾病基因组计划的实施，组织损伤和修复的病理机制将最终得到阐明，而载体制作技术的发展，可调控的多基因表达载体已经不断出现，载体的安全性和转染效率也在不断提高。因此，基因治疗有望成为最终解决运动创伤修复难题的有效方法之一。

七、关节镜治疗

关节镜不仅适用于各种急慢性损伤及关节疾患的诊断，在运动创伤的治疗领域也广泛应用，而且已成为创伤骨科与运动医学科开展微创手术的典范，也是今后发展的主要方向之一。

关节镜治疗的优点是：①手术切口小，创伤小；②诊断完善，治疗精确合理；③对关节内的干扰小、炎症反应轻、出血少、并发症少。

关节镜手术适用于：①关节的各种炎症性疾病，如化脓性关节炎的冲洗、骨性关节炎的关节清理术、类风湿性关节炎及色素沉着性滑膜炎的滑膜切除术等；②半月板的切除、缝合及修整；③前后交叉韧带的重建术；④滑膜手术，如滑膜切除、粘连松解及肿瘤活检等；⑤关节内游离体的摘除，软骨的切除及修整，骨折的复位及固定等。

关节镜手术相对比较安全，禁忌证很少。除了局部有感染，关节骨性强直，以及全身情况不好等特殊情况外，一般都可随时进行。

目前，关节镜技术已不仅仅局限在关节内，突破了传统的关节界限，运用在许多关节外手术中。例如，全关节镜下取钢板手术；弹响髋、腕管综合征、跟腱断裂镜下手术；关节镜配合下进行股骨下段骨折逆行交锁髓内钉固定术等。椎间盘镜则是管道原理的另一类发展。随着新技术和新方法的推广和应用，以关节镜技术为核心的微创手术将会更大发展。

八、小针刀疗法

小针刀疗法是近年研制开发的一种新疗法，它结合中西医理论和技术，以慢性软组织损伤的动态平衡失调学说为理论基础，在解剖学和经络学的基础上发展起来，将针刺疗法的针和手术疗法的刀融为一体，制成了尖端部有锋利刀刃的针刺工具——小针刀。

小针刀通过对患处进行剥离、疏通、刮除疤痕、松解肌肉、通畅气血，而使机体功能得以迅速恢复。它对治疗慢性软组织损伤、骨关节疾病、骨质增生等疗效显著。小针刀治疗过程短，切口小（0.8毫米）、对人体创伤小、不需缝合、无副作用，是一种创伤很小而选择性很高的微创手术。术后无须休息，疗程短，是大多数运动性损伤的常用治疗方法。

小针刀疗法的适应证比较广泛，几乎涉及各类软组织损伤性病变或疾病，如骨刺、血管神经卡压、滑囊炎、腱鞘炎、关节炎、肌肉韧带损伤、挛缩肥厚等。但对体质虚弱，局部感染，严重骨病，有出血倾向者慎用。

近年来，小针刀临床运用进展较快。在发展解剖学、经络学和其他科学深入交叉、结合的同时，不断探索了小针刀治疗机理与方法，进一步拓展了小针刀的治疗范围。并提出了与现代科学技术结合，如将磁疗、电疗、声疗等通过一些科学方法，量化后以小针刀为治疗切入点对病灶进行放射、烧灼、振荡等形式的治疗；或根据局部解剖结构和病变结构，改进小针刀传统治疗模式，甚至可与微型内窥镜结合起来，通过内窥镜使小针刀准确进入病变部位，准确把握小针刀进针层次、深度及进针后直视下施术的疗法；或将小针刀治疗与药物注射、按摩理疗等有机结合起来的方法，都有望成为小针刀治疗的发展方向。

第四节　运动创伤的预防

在运动创伤的预防工作中，掌握运动创伤的一般规律和损伤机理是十分重要的。无论是医务工作者、教练，还是运动员应该明了运动性损伤。在运动创伤中，以运动系统的慢性损伤最为常见，而大多数的运动创伤是可以防患于未然的，即便是早期出现损伤的临床表现，也可因及时而正确的处理，并且科学合理地调整安排训练，减少或防止创伤的进一步发生。其主要的措施如下。

一、加强训练工作，严格遵守训练原则

加强训练工作，包括身体训练（力量、速度、耐力和灵活性）、专项技术训练及战术训练。

1. 根据运动员的性别、年龄、身体发育状况、训练水平和训练状态等具体情况，制订合理的、切合实际的训练计划。在训练工作中，要加强全面身体素质的训练和基本技术的训练，提高身体素质水平，正确掌握基本技术。加强训练，不断提高运动员的全面身体素质（运动能力）和专项素质，对预防运动创伤的发生有重要意义。对预防慢性小创伤，特别是微细创伤来说，加强力量训练尤其重要。

2. 严格遵守科学训练要求的全面性、渐进性、个别性、反复性、意识性五大原则。正确认识与处理重复性运动训练量与提高比赛成绩以及减少过劳性损伤三者间的关系，在预防运动创伤上有重要的作用。

二、重视易伤部位的强化训练和安全训练

通过了解运动创伤的发病规律、生理解剖及专项技术的特点，加强对易伤部位的强化和安全训练是非常重要的。

1. 专项辅助训练，以加强易伤部位的准备活动和强化训练。

2. 恰当安排运动量，避免过多的易伤动作的练习。

3. 在意外创伤多发的运动项目或技术动作训练时，加强保护与自我保护。

4. 鼓励采用多种活动与力量训练来促进整个身体的发育，在普通训练课程中加入的体能训练、跳跃、平衡练习，可以帮助运动员减少过度运动带来的受伤机会。

三、运动医务监督与科学训练的监控

1. 运动员入集训队时须进行详细体格检查，此外，还要定期进行普查，教练员和队医必须对运动员的伤病了如指掌。普查时应根据运动专项的发病特点及部位仔细检查，以早期发现各种损伤，早期治疗，更好地组织与安排训练。对专项多发的伤病必须有 X 线照片检查。如羽毛球运动员必须照腰椎斜位片以鉴定是否有椎板骨折；体操运动员也要照下胸及腰部脊椎的侧位片，以排除椎体缘离断症。

2. 运动员必须学会专项创伤的自我监督方法。不仅包括一般内脏器官机能检查法，还有根据不同项目特点及创伤发病规律，而制订的特殊自我监督方法。如铁饼运动员训练课后必须做单腱蹲起等（髌骨软骨病）。一旦阳性反应，应立即就医，并重新安排训练内容。

3. 密切观察运动员在训练中和训练后出现的异常情况，以便早期发现，早期控制劳损的发生和发展，重视全身及局部疲劳的消除。例如，针对髌骨劳损，可以经常性地进行半蹲测试，如发现半蹲痛，经医生检查，尚未达到治疗需要时应重视运动调整（改变训练安排和内容等）。

4. 教练员肩负着制订训练计划、带队、管理的重要责任，同时还在运动创伤的防治过程中起着关键的作用。他们应清楚地了解其运动项目常见致伤的机理，尤其在平时的训练中，当医务工作者不在场时，应该懂得如何对损伤进行适当的急救处置。

5. 建立运动创伤的岗位责任制、运动员的个人伤病档案、良好的医体结合体系。加强运动员、教练员、队医之间的协商和配合，重视三结合的重要性和实际意义。

6. 保健员必须学会一些常见的运动创伤的保健知识。要负责急救、协助检查运动量，以及反映伤病运动员的训练情况和训练时伤部的反应等。

7. 竞技体育运动员的正确选材不仅是发掘和培养高水平运动员条件之一，也是减少和控制预防运动创伤发生的重要一环，因此，在选材时要考虑与运动创伤发生的有关因素。

本章小结

（1）运动创伤的治疗务求迅速而完全的恢复健康。采用最佳治疗方法，尽快采取措施和力争达到最好的治疗效果，使运动员能继续参加运动。

（2）早期的妥善处理是治疗急性运动创伤的关键。

（3）按摩、针灸、中医药是简便有效的常用治疗运动创伤方法。

（4）在运动创伤的治疗期间，合理安排局部制动与康复训练是尽快恢复运动能力的关键之一。

（5）在运动创伤的治疗中，应用最多的是非甾体类抗炎镇痛药和糖皮质激素，前者具有抗炎和镇痛的作用，后者只有抗炎作用而无镇痛效应。

（6）理疗在种种创伤治疗和康复中具有重要的地位，是急性或慢性颈、肩、腰、腿痛及软组织损伤的重要疗法。

（7）温热疗法主要用于慢性劳损及陈旧性损伤，冷疗可应用于急慢性损伤的各阶段。

讨论题

（1）运动创伤的现场急救程序以及检查时重点注意点是什么？

（2）怎样处理急性软组织损伤？

（3）创伤性休克的诊断、现场急救处理及后续防治原则是什么？

（4）运动创伤的治疗药物常用有哪些？它们的作用如何？各自有何禁忌证？

（5）运动创伤的物理疗法有哪些？它们各自的功效如何？

（6）运动创伤预防的原则是什么？

推荐阅读参考文献

曲绵域、于长隆，实用运动医学，第四版，2003：534～535. 对运动创伤的基本治疗和预防原则做了简要介绍；564～570. 对运动创伤的现场急救处理和创伤性休克做了较详细的描述；572～575. 对急慢性创伤的一般处理和运动创伤中的药物治疗做了介绍，尤其加入了目前的一些研究进展。

范振华、胡勇善，骨科康复医学，上海医科大学出版社，1999：90～110. 对各种物理疗法的原理、治疗方法和一般疗效均做了详细的介绍。

吴文豹、徐光耀，人体软组织损伤学，广西科学技术出版社，2002：81～210. 该书的第七章对软组织损伤的常用治疗方法做了详细的讲述。

李百川、周明，关节镜技术的历史与新进展，华夏医学，2003年第4期：597～599. 本文对关节镜的发展及应用做了详细的介绍，尤其对各部位关节镜的应用情况也有讲述。

刘建仁、范光顺，小针刀疗法的临床研究进展，新中医，2002年第8期：69～71. 本文对小针刀的发展及应用做了详细的介绍，尤其近年在临床的快速进展。

第五章　运动创伤的康复训练

治疗运动创伤一个很重要的任务，是使伤者早日恢复训练，按时参加比赛。因此，伤后训练安排及康复治疗较一般人更具有特殊意义。运动创伤的康复治疗可认为是运动医学与康复医学两门学科的结合与相辅相成，涉及预防、诊断、评估、训练和处理等多方面。从康复手段而言，包括了前述的按摩、理疗等中西医结合治疗方法。本章主要从伤后针对性训练和恢复专项训练的方面进行论述。

根据创伤的病理、病程及功能情况合理安排创伤后的运动训练，是运动创伤治疗中特别重要的一环。要保持一定的运动训练以防止肌肉萎缩，防止运动运动技术定型消退，以及心、肺、代谢功能的运动适应水平下降，又不致重复出现致伤动作，使伤情加重或拖延成慢性损伤。为此，运动员、教练员与医生的密切合作往往是创伤治疗成功的关键。

第一节　运动创伤康复训练的目的和原则

一、运动创伤康复训练的目的

（一）康复训练的目标

总的目标是恢复到受伤前的状态，早日恢复训练，按时参加比赛。运动员的伤后康复训练较一般人更具有特殊的意义和要求，因此，应消除和尽早尽量减轻创伤的功能障碍，弥补和重建功能缺失，设法改善和提高运动人体的诸方面功能。康复训练的目的如下。

1. 保持运动员已经获得的良好训练状态，使伤愈能立即投入正规训练。

2. 防止因伤停止训练而引起的“停训综合征”。

3. 维护运动系统功能，防止肌肉萎缩及挛缩。

4. 消除重复受伤的动作，预防再损伤。

5. 改善组织代谢，促进关节软骨和肌腱的修复和再生。

6. 尽快恢复肢体功能，达到从临床康复到功能康复。

（二）康复训练的作用

通过康复训练不仅可以帮助创伤部位渗出液的吸收，而且可以保护机体神经及肌肉的紧张度，以及在训练当中已经建立起来的条件反射，及各个器官与系统的反射性联系。训练活动能使深筋膜腔中的血流及淋巴液的回流加速，还能保持肌肉紧张力与力量。康复训练能加强关节稳定性，改善伤部组织的代谢与营养，促进功能及形态结构的统一。另外，某些体重限制类项目，如体操、舞蹈人员应利用体育锻炼防止体重增加，以减少影响恢复训练的时间。

二、运动创伤康复训练的基本原则

（一）特殊适应原则

运动功能的恢复要快，尽量缩短中断训练的时间，以减轻体力及技术水平的减退，而且要达到高水平的恢复。在一般功能恢复的基础上要按照专项运动的特殊需要，对某些运动素质、某些肌肉功能及肢体柔韧性进行重点训练，为恢复专项训练作好准备，这就是康复训练的特殊适应原则（specific adaptation to imposed demands,

SAID）。

（二）不能停止训练的原则

尽量不停止全身和局部的活动，伤部肌肉的训练越早开始越好的康复基本原则，对保障运动员早日恢复训练非常重要。当身体的某一部分受伤后，其他部分只要与伤处无关，就不应当停止活动。运动员因伤被迫卧床时，利用强力的与阻力的练习是非常必要的，并且应尽早开始。例如，上肢受伤，下肢仍应保持训练状态，以保持过去所获得的肌肉及心脏血管系统等的条件反射、动力定型及训练程度。

（三）尽早恢复肌肉功能，适宜大运动量原则

运动的康复首先取决于肌肉的功能恢复，它包括力量、耐力及柔韧性。适宜大运动量训练，即使肌肉做最大强度的收缩训练，是必要的。肌肉训练一方面可以促进自身损伤的加速修复，同时通过关节的肌肉力量增加，可以保护关节的稳定性，并恢复本体感觉。

（四）由简至繁的训练安排，循序渐进原则

如膝关节内侧副韧带撕裂伤的足球运动员，可先做无球训练，逐渐由直线慢跑，通过直线快跑、变速跑逐渐过渡至弯道跑、变向跑、急停转向等。开始有球训练时，可先开始颠球练习，逐渐过渡到正脚背踢球、外脚背踢球、内脚背踢球等。

（五）协调性的训练内容安排，全面训练原则

有的运动员往往只注重上肢而不注重下肢的运动，忽略了上下肢协调性的训练。实际上，上肢的活动是连带着下肢一起活动的，所以重要的是要恢复上下肢的协调性。

（六）科学锻炼，安全性原则

为了弥补医生、教练员知识的不足，最好采用“三结合方法”安排运动员的伤后训练计划。即医生根据伤情，提出某一外伤的受伤机制及该部的解剖弱点，指出应避免或减少哪些动作的练习及加强哪些肌肉的练习；之后，教练员提出全面及伤部训练计划，交运动员试用；运动员试用时，应在训练日记中详细记录运动时伤部的反应。如做某些动作时痛，做另一些动作时不痛，病情加重或减轻，等等。然后再经医生、教练员、运动员共同研究并修改训练计划，作为最后的训练方案。在执行计划的过程中，医生还应定期检查伤部变化，并亲临运动场观察运动员在训练中伤部的机能表现，必要时再将计划进一步修改。只有这样，才能真正达到正确安排训练的要求。此法已被国际上多数体育强国所采用。不仅有利于伤病的恢复，成绩提高，而且大大促进了运动创伤学科的发展。

第二节　运动创伤的康复评定

一、康复评定的目的

对运动员的康复评定主要目的在于评估损伤或治疗后的运动能力，包括两方面内容：一是对创伤所引起的功能障碍评估；二是对康复训练的效果评定。在伤后不同阶段进行康复评定有不同的目的。

初期评定：在康复治疗开始时进行。目的在于了解运动功能损害的范围及程度，作为制订康复方案，选择康复疗法的依据。

中期评定：在康复治疗过程中定期进行。目的在于评价治疗效果，判断康复进程，作为必要时修改康复方案的依据。

期末评定：在康复疗程结束时进行，作为判定疗效、安排日常训练及确定是否可以恢复正规训练或参加比赛的依据，又称参与前评定（pre－participation evaluation）。对防止再次损伤有很大意义。

二、康复评定项目内容

1. 症　状

特别是疼痛，除了询问静息状态及一般日常

活动中疼痛情况外，要了解运动诱发疼痛的情况。各种关节稳定性试验、髌股关节损伤时的单腿半蹲试验都是模拟运动诱发疼痛的试验。运动时疼痛是运动影响创伤痊愈的信号。运动时疼痛可破坏运动协调性和连贯性，导致新的创伤。各种负荷试验下无痛，才可恢复正规训练及比赛。

2. 关节活动度（range of motion，简称ROM）及肢体柔韧性

伤区关节的ROM可用量角器测定。有些较常用的衡量柔韧性的方法，如在伸膝站立时弯腰，测量手指尖与足趾的距离以衡量躯干的柔韧性；用两手分别从肩上及腰背部在身后互相接近，测量两手手指间最小距离来衡量上肢的柔韧性；用跟臀试验衡量下肢的柔韧性。ROM及肢体柔韧性不佳也是引起重复损伤的重要因素，ROM及肢体柔韧性的充分恢复也是恢复正规训练及竞赛的必要条件。

3. 肌肉功能测试

由于肌力恢复对运动成绩和防止再次损伤者有密切关系，需要对肌力进行较精密的测试。等速肌力测试可提供最大肌力矩、爆发力、作功能力，肌肉耐力、拮抗肌力比等多种数据，可更好地反映运动素质，有特殊意义。

4. 有氧能力测定

耐力项目运动员因创伤停训后，宜作有氧能力测试，包括最大摄氧量及无氧阈测定，了解有氧能力减退及恢复情况，供制订训练计划参考。

5. 其他检查

如运动的灵敏性、协调性等。通常由教练员根据专项运动特殊要求来设计测试方法及评价标准，在运动场地上进行。

三、运动创伤康复评定的注意事项

评定损伤部位的运动功能，包括肌力、关节活动范围、肌张力及其他某些可供评定的运动功能检查，对正确使用康复手段和评价是必须的。同时，不应忽视心肺功能等全身情况。如有无髌骨软骨病的半月板手术后膝的康复训练不同。膝的韧带损伤与关节不稳，必须在术前检查单足直线跳和曲线跳完成的情况，可以完成者大多能参加较大运动量的训练，不能完成者，不能参加大运动量训练和比赛等。此种检查也是伤后术后对比的重要指标。

另一方面，运动员的运动创伤的功能评定，还必须根据伤种和运动项目的关系、运动员的个人特点进行判断。属运动技术伤，专项训练时间应较晚，如髌腱腱围炎，是跳高的专项病，伤未愈即训练较难提高成绩。对伤后恢复运动能力的时间估计要考虑运动员伤后恢复的快慢及治疗的反应差异较大，可用同一人的其他伤情的恢复时间来参考估量。当运动员完成动作时无顾虑或忘了伤，多说明伤已经完全治愈，可恢复正常的训练或比赛。

在训练中进行定期的体力测试及肌肉力量、形态的测试，能够很好地把握受伤前的各种身体状态。如果肌肉恢复到原来的程度，就可能100%地恢复到受伤前的训练状态。如果肌肉的粗细及力量只恢复到原来的70%～80%，虽然可以参加比赛，但是在进行大运动量训练或比赛时复发的可能性非常大。

能够进行运动，即重返运动场是由运动员自身、教练员、功能恢复指导者、医生以及通过肌肉力量、爆发力、柔韧性、耐力的测试等客观的标准来决定的。运动员重新参加训练后，为了防止伤病复发，须随时进行监控。

功能恢复的5个基本条件为：①可动区域完全没有疼痛；②肌肉已经具有正常的力量及爆发力；③从过度紧张的精神状态下解放出来；④身体机能的稳定性；⑤从疼痛中解放出来。

四、等速肌力测试和训练技术在运动创伤功能康复评价中的应用

等速肌力测试和训练技术是一项用于肌肉功能评定和肌肉功能训练的新的和有价值的技术。研究表明，通过等速肌力测试可对肌肉功能进行定量和客观的评价。等速肌力训练不仅能有效提高运动员的肌肉力量，而且可用于运动员运动创伤的康复治疗。等速肌力训练所特有的顺应性阻力可减少康复训练中损伤和再损伤的发生。因此，等速肌力训练在运动创伤后康复治疗中既有

效又安全。

运用等速技术可对多种运动系统伤病进行肌肉功能评价，通过肌力测试可获得较为准确的肌肉功能评价的定量指标，同时通过力矩曲线的分析，可判断肌肉关节病变的可能部位，对设计合理的、有针对性的康复训练方案有指导意义。

（一）膝关节损伤后的肌肉功能评价

对于运动员各种膝关节运动性损伤，如髌骨软骨病、韧带损伤、半月板损伤及骨关节炎等均可进行等速肌力测试，以了解肌肉关节功能情况，帮助制定康复训练方案。前交叉韧带（anterior cruciate ligament，简称 ACL）是维持膝关节稳定的重要结构。ACL 损伤可引起膝关节的稳定性下降，影响膝关节运动功能。对 ACL 受伤运动员进行等速肌力测试发现，患膝屈、伸肌力在各种运动速度下（60 度/秒、120 度/秒、180 度/秒）峰力矩（peak torque，简称 PT）值均明显下降。屈肌与伸肌峰力矩比（H/Q）略有偏高，表明膝伸肌肌力的下降更为明显。临床上常通过加强膝关节周围肌肉力量来增强关节稳定性。虽然 ACL 损伤后更容易导致膝伸肌的萎缩，肌力下降，但在制订康复训练方案时还应强调屈肌力量的训练，尽量使 H/Q 比值增大，这对改善 ACL 损伤后膝关节的稳定性有重要作用。因此，临床上可把 H/Q 比值作为 ACL 损伤后康复治疗中一个评价和监测指标。

（二）踝关节扭伤后的肌肉功能评价

踝关节扭伤是一种运动员的常见病症，常因未引起充分重视而导致重复扭伤以致产生后遗症，影响运动能力的发挥。对有踝关节扭伤史的运动员进行踝跖屈和背伸、内翻和外翻的等速肌力测试发现，运动员患侧踝跖屈和背伸、内翻和外翻的峰力矩值在 60 度/秒和 180 度/秒时均较健侧明显下降。由于踝关节背伸肌群和外翻肌群可提供踝外侧副韧带的有力保护，因此，这些肌肉的肌力减弱被认为是继发性踝内翻扭伤的主要原因。目前认为，加强患侧踝关节肌肉功能训练是避免疼痛，减少失用性肌萎缩，防止踝关节扭伤的重要措施。

（三）下腰痛患者躯干肌肉功能的评价

躯干肌力的大小与平衡对维持脊柱的稳定性和正常生理功能有着十分重要的意义。躯干肌肉功能与下腰痛之间存在一定的相关性，因此有人认为这可能是诱发下腰痛，导致疼痛反复发作的原因之一。有报道运用等速测试仪器在 30 度/秒和 90 度/秒运动速度下对下腰痛患者的躯干肌群进行等速向心和离心肌力测试，并与正常人进行对比研究发现，下腰痛患者腰部屈肌与伸肌的向心收缩和离心收缩肌力与正常人相比均明显降低，且伸肌降低更甚，屈肌/伸肌峰力矩比值（F/E）增大，表明下腰痛患者存在肌力的减弱和不平衡。并且肌力改变不能随腰痛的缓解而自动恢复，提示下腰痛的治疗除对症治疗外，还应注重躯干肌力的训练，尤其是躯干腰背肌的训练。

第三节　运动创伤康复训练的方法和基本程序

一、医疗康复训练的常用方法

（一）运动疗法（exercise therapy）

这是利用运动锻炼，通过促进功能恢复或功能代偿的途径来促进机体创伤康复的方法。运动疗法中的肢体运动，可按肌肉的作用程度分为主动运动，被动运动与助力运动。

1. 主动运动（active movement）

由肌肉主动收缩完成，是运动疗法的主要方式。克服外加阻力进行的主动运动又称抗阻运动（resistive movement）。主动运动的种类分为静力练习和动力练习。

（1）静力练习（static exercise）

即等长练习（isometric exercise），是利用肌肉的等长收缩进行肌力练习方法，不会引起关节活动。其优点是练习操作简便，可在肢体被固定，关节活动度明显受限制或存在关节损伤时进行，以预防肌肉萎缩和促进肌力恢复，在早期创伤康复中广泛应用。其缺点是主要增强静态肌力，有显著的角度特异性，角度不同参与用力的肌力也不同。故要注意调节关节屈曲度，并根据力学原则增减使用负荷的大小。

（2）动力练习（kinetic exercise）

① 等张练习（isotonic exercise）：又称动力性练习（dynamic exercise）利用肌肉的等张收缩进行的抗阻练习。典型的方法是直接或通过滑轮举起重物的练习，如举哑铃、沙袋或拉力器练习。其特点是其所用重物产生的运动负荷不变，肌肉产生的最大张力度不变。其中，大负荷少重复练习，有利于发展力量；中等负荷多次重复的练习，有利于发展肌肉的耐力。

② 渐进抗阻运动（progressive resistance exercise，简称 PRE）：是 Delorme 在 1945 年首先提出，其方法是先测定肌肉做 10 次最大负荷的运动，即 10RM 值（10 - repetion maximum），然后用 1/2RM，3/4RM 及 RM 全量各做 10 次为一组，共做 3 组，组间休息 1 分钟，每天一次。训练一周后，再测 RM 并修改运动量。

③ 向心练习与离心练习：向心练习（concentric exercise）指等张收缩时，肌肉主动缩短使肌肉的两端相互靠近的练习。离心练习（eccentric exercise）指由于阻力大于肌力，肌肉在收缩中被被动拉长，使两端相互分离的练习。离心运动与向心运动同为日常活动所必需。

④ 短促最大收缩练习（brief maximal exercise，简称 BME）：是 Rose 在 1957 年提出的一种等长收缩与等张收缩相互配合应用的肌力练习方法，用于股四头肌肌力的练习。方法是在等张抗阻伸膝后维持等长伸膝 5 秒，重复 5 次，其阻力逐步增加。此法在临床上已广泛应用。（图 5 -1）

⑤ 等速练习（isokinetic exercise）：20 世纪 60 年代后期 James Perrine 提出的，是指应用专门的设备，以恒定的速度进行锻炼，这样可以使训练肌肉保持最高张力状态，从而使肌肉力量获得最大的锻炼，但由于最大主动收缩可能对伤口产生影响，最好在手术后功能恢复的末期应用。此方法具有等长收缩与等张收缩的某些特点和优点，是一种特殊的肌肉收缩形式。其特点是：（a）肌肉可大幅度的收缩，产生大幅度的运动；（b）关节运动的角速度恒定，称等速；（c）由仪器提供的阻力为可变性顺应性阻力，最常用仪器是 Cybex；（d）主动肌与拮抗肌同时训练。目前，常用的等速仪器有 Cybex、Biodex、Kin - Com 等。等速技术主要用于肌肉功能评估、功能康复训练、肌肉关节损伤的辅助诊断及科研工作。

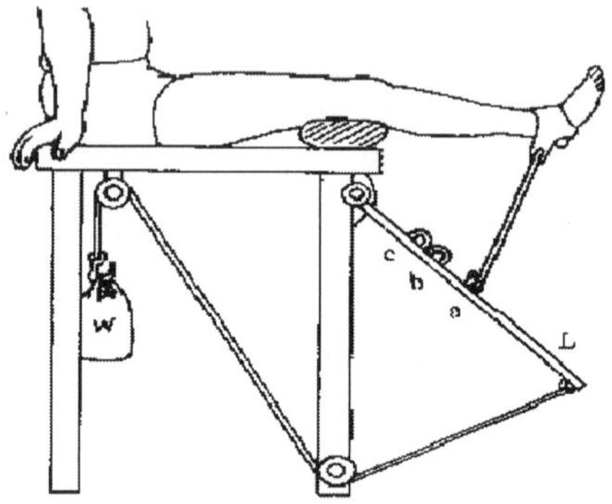

图 5 -1　股四头肌 BME 练习器

（引自 范振华 1999，65 页）

2. 被动运动（passive movement）

指运动由外力进行，肌肉不做主动收缩。常用以牵引挛缩的肌肉、肌腱及韧带组织，保持或恢复关节活动度或放松痉挛肌肉。用专用器械在一定范围内作持续的被动运动以改善关节及周围组织的血液淋巴循环，改善组织营养的方法称连续被动运动（continuous passive motion，简称 CPM）。连续被动运动是一项较新的关节功能康复技术。20 世纪 70 年代初由 Salter 等人提出，80 年代初用于膝关节人工关节术后，以后应用逐渐推广。它利用专用器械使关节进行持续较长时间的缓慢的被动运动。主要用于防治制动引起的关节挛缩，促进关节软骨、韧带和肌腱的修复，改善局部血液淋巴循环，促进肿胀、疼痛等症状的消除，最终目的是配合肌肉功能锻炼等其他康复治疗，促进肢体功能的恢复。

3. 助力运动（assistive movement）

这是在肌肉主动收缩的基础上施加被动助力，适用于肌力在三级以下时或病体虚弱时完成肢体运动，以保持或改善肌力及关节活动度。

4. 传递神经冲动（transverence of nervous impulse）

用于瘫痪病人和周围神经损伤的早期。

此外，还有器械运动、平衡运动、协调运动、矫正运动等。

（二）物理疗法（physical therapy）

这是利用自然界或人工制造的各种物理因素的作用，达到治疗和预防疾病的一门科学，是康复医学的重要手段之一。在运动创伤的康复中应用很广，常用的有以下疗法。

1. 冷疗（cryotherapy）

局部降温可即刻使血管收缩，毛细血管通透性降低，降低局部代谢，制止组织内部出血、水肿及炎症，并麻醉止痛。故发生轻度软组织损伤时．常临场使用，借以继续完成比赛。

2. 温热疗法（thermotherapy）

温热疗法使局部温度升高、代谢活跃、血液循环增加、促进炎症消除及组织愈合，并能提高感觉神经兴奋阈、解痉止痛。广泛用于多种运动创伤。急性创伤需在 24 ~ 48 小时后使用，以免增加出血加剧创伤反应。常用方法有红外线或白炽灯照射、热敷、蜡疗等。纤维组织挛缩粘连引起关节活动度受限时，在牵引治疗的同时进行热疗，可增强纤维组织的可塑性，显著地提高牵伸效果。

3. 低频脉冲及中频电疗

低频脉冲电疗中的感应电疗法、断续直流电疗法；中频电疗中的干扰电疗法能引起骨筋肌兴奋，常用于防治失用性肌萎缩及周围神经损伤引起的肌萎缩。肌肉随意收缩能力越弱，电刺激的治疗价值越大。经皮神经刺激疗法（TENS）用低频脉冲电流兴奋周围神经中的粗纤维，可阻断痛觉的传入，对缓解各种疼痛有较好作用。

4. 高频电疗

运动创伤的治疗中常用短波疗法及超短波电疗的热效应及非热效应来消炎止痛，促进组织愈合。急性损伤时宜在伤后 24 ~ 48 小时开始，以免增加出血倾向。

5. 超声波疗法

可利用超声的机械、温热及化学作用．以助消肿、消炎及促进愈合，并可使疤痕软化，加强其吸收及松解，故广泛用于软组织损伤及纤维组织粘连挛缩时。

6. 肌电图（EMG）生物反馈技术

EMG 生物反馈技术是把肌肉产生的多种电信号转换成视觉和/或听觉信号。治疗师设定一个最适目标让患者努力达到。一旦患者产生超过目标水平的很强的肌肉收缩，视觉和/或听觉信号即产生。然后，就可以通过提高设定目标来引发更强的肌肉收缩。当肌肉收缩已经达到预先设定的目标时，它给患者以视觉和/或听觉的反馈。当达到肌肉收缩的目标时，要及时地对患者进行鼓励，让患者积极主动地参与。患者配合练习越积极，参与收缩的肌肉越多，其治疗效果越好。

7. 神经肌肉电刺激（EMS）

目前认为大强度的电刺激配合积极的肌力训练可以较好地促进股四头肌力量恢复，改善功能活动。神经肌肉电刺激训练的优点有：①训练部位准确，针对性较强，能有效地强化特定部位的训练；②肌肉收缩的强度和时间可人为控制，一日可进行多次练习；③可避免大运动量训练与疲劳所产生的不良反应，如升压反应及闭气所造成的心血管额外负荷等。

（三）中医疗法

运用中医学理论，根据创伤三期辨证论治，依据“动静结合，筋骨并重，内外兼治，医患合作”的原则，采用中药、针灸、按摩、火罐等方法，广泛应用于运动创伤康复训练中。

1. 中　药

自古以来中药就是防治疾病的主要手段。内服药如云南白药、跌打丸、七厘散、三七片等，都有活血散瘀、消肿止痛的作用，用于损伤的早期和中期病症。除内服药外，还利用木香、独活、五加皮、土鳖、红花、延胡索等具有理气、祛风湿、活血、止痛等作用的中药制成外敷药、外用药酒或熏洗药，对一些急性损伤的中后期、慢性劳损等的康复治疗，有很好的疗效。

2. 针　灸

针灸是以经络学说为理论依据，经络腧穴为施治单位，以针灸刺激为治疗手段的一种方法。配合断续直流电针及韩氏针灸仪作腧穴刺激，适用于失用性肌肉萎缩、肌无力和神经损伤后等的康复治疗。

3. 拔罐疗法

以罐为工具，利用燃烧排除罐内空气产生负压的原理，使罐吸附在拔罐的部位而产生刺激，局部皮肤充血、瘀血，从而达到防治疾病的目的。它简便易行，对陈旧性损伤、慢性劳损和风湿痹痛都有较好的康复疗效。

4. 按　摩

按摩又称“推拿”，是运用各种不同的手法作用于机体，以提高身体机能，消除疲劳和治疗疾病的一种手法。在运动损伤中，对肌肉、肌腱、韧带的部分断裂运用理筋手法，可使损伤的纤维保持接触及愈合。运用适当手法，可以分离肌腱与腱鞘，肌肉与筋膜的粘连，消除疼痛。伤后或手术后关节粘连僵硬，可进行适当的被动活动，逐渐松解粘连，有助于关节功能恢复。对伤后局部组织变性者通过按摩，改善局部营养，促进新陈代谢，使变性的组织得以恢复。

总之，中医治疗在运动创伤康复中广泛运用，易于采用，疗效确切。

二、运动创伤康复训练的基本程序

运动损伤发生后，局部会引起疼痛、肿胀等炎症反应的症状，为防止这些症状的加重而采取应急措施，这种应急措施称为“RICE 原则”即（rest，icing，compression，elevation）局部休息、冰敷、加压包扎及抬高患肢的急救处理。一般损伤的康复训练应从“RICE”常规开始，而严重损伤、骨折、脱位等损伤应在骨科处理的中后期开始康复训练。

创伤后急性期或手术后愈合期，积极控制炎症和疼痛，在必要的局部休息或制动的同时，尽量保持全身性保健运动，进行伤肢受累关节大幅度运动及肌肉的动力或静力性收缩练习。

创伤期愈合后，依次进行恢复关节活动及肢体柔韧性、增强肌力及肌肉耐力的练习。这些练习常重叠进行，在不同阶段有不同的侧重。进行恢复心血管和代谢功能的耐力性练习。

按 SAID 原则进行专项运动需要的运动素质训练，进行运动协调性训练，以及专项技术训练，逐步过渡到正规训练。经过康复评价合格，才能正式恢复训练及比赛。功能恢复按着柔韧性、肌肉力量、速度、协调能力、全身耐力的顺序逐步进行，在最短的时间内完成功能恢复。

开始功能恢复训练的同时，如果关节的可动区域和肌肉力量能得到恢复，就必须逐渐进入到针对性的肌肉力量及活动能力的训练中去。恢复了基本的关节可动区域及肌肉力量就可以适当地参加一些练习，还可以适当地参加一些队里的训练及比赛。但是，还应当持续进行一段时间的恢复性训练。

三、运动功能康复训练的方法

运动功能恢复把疼痛作为重要的指标，按照柔韧性、肌肉力量、速度、协调能力、全身耐力的顺序逐步进行，在最短的时间内完成功能恢复。第一步为紧急处置，第二步是恢复关节的活动范围，第三步是力量的恢复。

（一）改善关节活动度及肢体柔韧性

恢复关节活动度的方法主要是进行关节活动练习（ROM），结合热疗与按摩进行。

恢复关节的可动区域有各种各样的方法，主要以伸展体操和本体感觉神经肌肉促通技术（Propriceptive Neuromscular Facilitation，简称PNF）为中心，PNF 于 20 世纪 40 年代 Herman-Kabat 创立，即给肌腱一定的刺激以提高肌肉及关节的可动区域的技术方法，同伸展体操一起来使用。目前已广泛地应用于脊髓损伤、偏瘫、关节炎及骨科术后的治疗等。恢复了原来正常的活动能力，下一步则是恢复肌肉力量，功能恢复训练中最难的就是肌肉力量的恢复。

除恢复各关节活动度外，还要求恢复各肌肉包括多关节肌肉的伸展度，以恢复整个肢体的柔韧性。为此需做相邻关节的联合运动，以牵伸多关节肌肉，这种练习通常在运动场上作为准备活动的一部分，在教练员指导下进行，也可在治疗室内进行。

根据创伤的病理、病程及功能情况合理安排创伤后的运动训练是运动创伤治疗中特别重要的一环。要保持一定的运动训练以防止肌肉萎缩，防止运动技术定型消退，以及心、肺、代谢功能的运动适应水平下降，又不致重复出现致伤动作，使伤情加重或拖延成慢性损伤。为此运动员、教练员与医生的密切合作往往是创伤治疗成功的关键。

从方法学看，能使挛缩粘连组织受到反复的或持久的中等强度的牵伸的主动锻炼或被动牵伸的方法，是矫治关节功能障碍的有效手段。

（二）肌肉功能的恢复性训练

肌肉功能恢复不全，不仅影响运动能力，且损害关节稳定，是引起关节重复损伤及发生创伤性关节炎，使运动员最终停止运动的重要因素，因此防止肌肉萎缩及消除疲劳十分重要。

预防肌肉萎缩的主要措施是在不影响创伤愈合的前提下尽可能不停止肌肉活动。在进行关节的可动区域恢复的后期，就应开始肌力的训练。不同于一般医院的功能恢复训练，运动创伤的肌力恢复尤其重视肌肉绝对力量和爆发力的恢复。肌肉耐力的恢复是把最大肌肉力量作为目标，如果最大肌肉力量能够得到恢复，肌肉耐力的恢复也就非常容易了。最大肌肉力量的恢复表现为力量的加大及肌肉的增粗，故宜首先重视高收缩强度的练习。应注意在实施过程中根据原来肌力水平选择运动方式。在训练中既要注意观察四肢的力量（重量、负荷），又要测定患部周围的直径，以此来判断其恢复程度。

肌力练习不应引起明显疼痛，疼痛应视为伤区受到不良刺激，使愈合受妨碍的信号。经验证明，引起疼痛的肌力练习极难收效。应该选择不引起疼痛的肌肉练习方式，如等长练习、多点等长练习、短弧等速练习等。另一方面，应积极进行相应的治疗以求尽快消炎止痛。

在进行主动活动时，抗阻练习可以增加肌力、关节的活动范围及柔韧性，也可以增进关节感，这些都对再训练时预防创伤有益。各种方法中，渐进抗阻运动增进肌力和耐久力的效果肯定。

（三）恢复运动协调与专项运动技术的针对性训练

伤后中止训练使运动技术定型消退，熟练的动作变得生疏。疼痛及肌力软弱使运动技术定型改变，动作变样，也是引起再次损伤的重要原因。在恢复正规训练及比赛前，须做恢复运动协调及正确运动技术定型的训练。这种训练实际上是一个运动技术的再学习过程，有时可需时数月。在教练员指导下在运动场上进行。开始功能恢复训练的同时，如果关节的可动区域和肌肉力量能得到恢复，就必须逐渐进入到针对性的肌肉力量及活动能力的训练中去。恢复了基本的关节可动区域及肌肉力量，就可以适当地参加一些练习，还可以适当地参加一些队里的训练及比赛。上、下肢的损伤这样训练都能得到恢复。

（四）耐力的恢复

耐力的恢复包括肌肉耐力和全身耐力两方面。有氧训练为最主要的方式，应根据项目特点，尽量选择受伤运动员所从事的专项内容安排为主。

（五）康复训练中的辅助手段

为使伤后或手术后运动员早日恢复训练，在康复训练中需要采取的其他手段是多方面的，如理疗、按摩、牵引、医疗体育，以及利用粘膏支持带、矫正架和矫正垫等，都可采用，以促进伤病的康复进程，同时，对因进行康复训练而出现的疼痛、肿胀等反应起到防治作用。其中，粘膏支持带的使用非常重要，它是防止再伤、保证运动员早期活动的重要方法；训练前后的冷、热疗法也是经常采用的；也可以采用直流电刺激肌肉，使肌肉在制动期间内定时收缩。

损伤的发展与疼痛的加重是成正比关系的。感觉疼痛时就要立即进行冷敷。疼痛感会有一个高峰期到来，高峰期过后疼痛会逐渐减轻，此时正是恢复（治疗）过程的开始。

一般的伤病最长经过 3 ~ 4 天以后疼痛都会减轻，此时不应再进行冷敷。在恢复过程中保持血液流畅是最为关键的，因此，疼痛减轻之后应该转入热敷，即开始进入功能恢复期。

（六）运动功能康复训练的要点

以上所介绍的功能恢复步骤也是整个功能恢复过程的一个环节．为此．首先必须对患部进行热敷后，才能开始功能恢复训练，最后为了防止过热还要进行冷敷使患部温度降下来。在整个功能恢复过程中，必须坚持按照热敷——功能恢复训练——冷敷这一操作模式来进行。

功能恢复训练的要点主要归纳为以下几点：① 不要忘记紧急处置；② 全力恢复 ROM 和肌肉力量；③ 稍有疼痛就立即停止；④ 无疼痛及时恢复；⑤ 开始时要热敷，结束时要冷敷。

第四节 一般性损伤后的康复训练

从康复角度看，新鲜急性创伤后的急性期的治疗重点在于制动休息为主，兼以中西医手段的对症治疗。恢复期的治疗重点则是尽早恢复损伤肢体的运动功能。急性期康复目的在于促进损伤修复，在不增加损伤的前提下，增强与保持肌力。功能恢复期的康复训练安排重点在于尽快恢复损伤肢体的功能，目的在于尽快地投入训练或比赛。

一、不同组织损伤后的医疗康复要点

（一）肌肉损伤

肌肉可因直接暴力打击或过大应力撕拉致伤，前者致肌肉挫伤，可有肌纤维断裂、肌肉内血肿，以后纤维化。后者常因肌肉爆发性用力收缩时遭受强大阻力引起，较常见于股四头肌、小腿三头肌及肱二头肌。轻度或Ⅰ度拉伤时有少数肌纤维断裂，局部压痛、轻度肿胀。中度或Ⅱ度拉伤时部分肌纤维断裂，局部症状及体征较著、肌肉功能障碍。严重或Ⅲ度拉伤时肌腹完全断裂，局部先有凹陷，以后可被血肿掩盖，肌肉功能丧失。肌肉愈合力强，在断端接触良好或经手术缝合，可获得肌肉愈合；断端分离或有血肿间隔时则形成较多疤痕组织，影响肌肉功能。同时因肌肉组织与疤痕组织力学特性不同，运动时可因受力不匀而重复受伤。

肌肉挫伤从轻、中度拉伤早期按 RICE 常规治疗。较大的血肿特别是筋膜腔内血肿要及时穿刺抽吸或引流减压，必要时手术止血，避免形成过多疤痕组织，防止因局部高压造成肌肉缺血性坏死或肌间隔综合征。症状消退时早期开始肌肉练习。可先做等长练习，再做等张练习，在无痛范围内逐步加大负荷。要特别注意逐步牵伸受伤肌肉，防止其缩短，充分恢复肢体的柔韧性以免重复拉伤。断裂范围较大时宜在肌肉伸长位作早期固定，以防挛缩。酌情做按摩、热疗或其他理疗。运动员发生完全性肌肉断裂时需立即手术修复，术后固定 3 ~ 4 周，再行牵伸肌肉的练习及肌力练习。内容应以增加力量拉长瘢痕的训练为主。以腘绳肌部分断裂为例，取坐位伸直伤膝，健腿屈膝足坐于臀下，然后向前弯腰逐渐拉长伤肌（Hurdler 法）。也可坐位行该肌的对抗练习。一般 1 月后可正规训练。（图 5－2）

运动员在恢复正常训练前，应进行肌肉强度训练测试。常见的错误是当疼痛消失即回队行正常运动。因为伤后数天的愈合期，肌肉有一定程度的萎缩，肌力差。所以最好采用测试时的同型运动器对该肌肉分别进行强力训练。虽然肌肉的再度损伤较常见，但只要在有控制的康复治疗后则极少出现。最常见的再损伤是尚未康复时过早地回队运动训练与参加比赛。

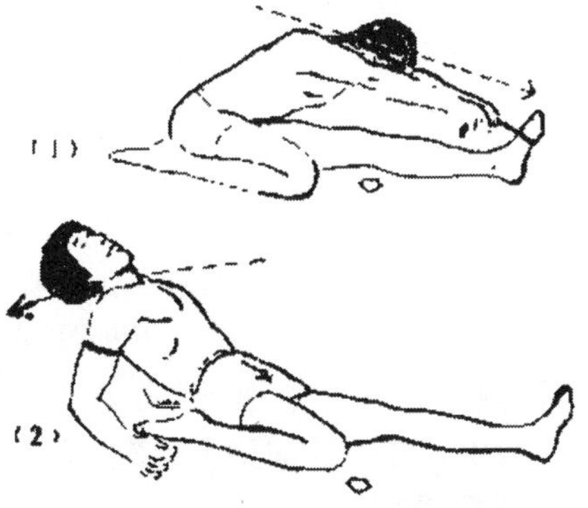

图 5－2　Hurdler 大腿前后肌群拉长练习法

（引自曲绵域，2003，946 页）

（二）韧带损伤

康复的目标是早期开始医疗性及竞技性运动训练，根据伤情及愈合进程选择适当的运动方式，在运动期间即应开始肌肉的等长练习，去除固定后要进行关节周围及各组肌肉训练，尽快恢复正常水平，以重建关节的稳定性。恢复运动时，必要时用贴胶或支架保护关节和韧带。

疼痛缓解后，即应开始主、被动限幅运动。通过早期的活动，可使所伴随韧带损伤出现的关节积液尽快消除，同时，有利于减缓肌萎缩的发生和速度，以利尽早地恢复正常训练。

去除固定后要认真进行关节周围各组肌肉训练，使其尽快恢复甚至超过正常水平，以重建关节的稳定性。恢复运动时，必要时用粘膏支持带或支架保护关节和韧带。考虑到韧带损伤或失用性改变后可能需数月才能恢复正常强度，较长期使用保护装置是必要的，但会干扰韧带的应力修复机制。

韧带的捩伤及部分撕裂伤，在伤后 1～2 天即可在粘膏支持带保护下开始主动练习，如肌肉的静力收缩练习和限幅主动、被动活动。韧带断裂手术缝合，出院后的康复训练归入功能恢复期的训练。

手指等小关节的韧带损伤，重在康复预防，即防止发生因损伤炎症以及制动引起的慢性疼痛和韧带松弛，因此，固定时应将考虑手部制动的安全位置。

1. 膝部韧带损伤的康复特点

膝关节各主要韧带中内侧副韧带最易受损，次为前交叉韧带，再次为后交叉韧带，而外侧副韧带最少受损。实验显示在一定角度范围内进行关节活动，包括负重反抗阻练习，不干扰韧带的愈合。故各种韧带损伤时，都可用限幅运动支架限定膝屈伸幅度在 20 度～60 度范围，同时防止侧向及旋转运动，早期进行膝部运动。韧带修复或重建后用夹板将膝关节固定于屈曲 20 度位，开始股四头肌等长收缩练习；术后 2～3 天小心屈膝至 60 度，此时也可开始在屈曲 20 度～60 度范围内用器械做膝关节连续被动运动（CPM）。术后 10 天装上限幅运动石膏（LMC），或者动态膝关节固定夹板，在 20 度～60 度范围内运动，可做抗阻练习及站立步行（图 5－3）。5 周后去除 LMC，做进一步的 ROM 及肌力练习。前叉韧带损伤后早期不宜做充分伸膝的练习，因其可使髌骨前移增加新愈合的韧带的张力。宜使腘绳肌的恢复领先于股四头肌。后叉韧带损伤及内侧副韧带损伤后重点进行股四头肌的练习。

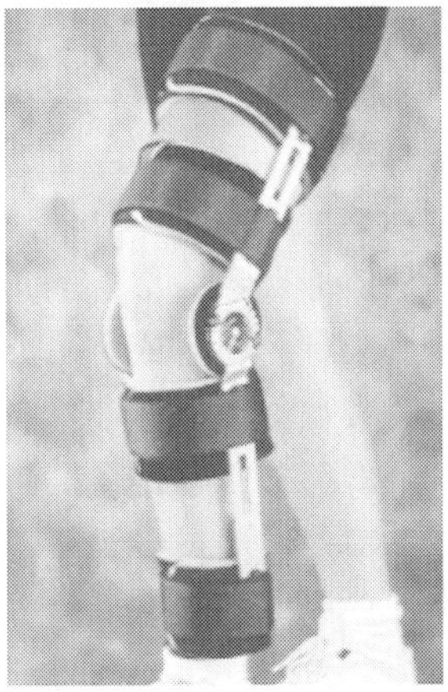

图 5－3　膝十字韧带术后
动态膝关节固定夹板

2. 踝部韧带损伤后的康复

踝关节韧带损伤在韧带损伤中发病率最高，多为距腓前韧带损伤。

Ⅰ度损伤多为距腓前韧带单独损伤，有局限性肿胀、压痛，无关节不稳。在贴胶及弹性绷带保护下可继续运动，但须避免引起疼痛的动作。局部症状消除缓慢时可作可的松类激素局部注射或理疗。继以 ROM 练习及肌力练习，应特别注重腓骨肌练习。

Ⅱ度损伤早期按 RICE 常规进行治疗。关节轻度不稳时可在粘胶保护下早期运动，有明显关节不稳的Ⅱ、Ⅲ度韧带损伤宜用带跟的石膏靴固定踝关节 2～3 周，同时作等长肌肉练习及步行活动。去除石膏后再用粘胶保护 3 周，继续进行肌力练习。外侧副韧带损伤时着重腓骨肌练习，内侧副韧带损伤时着重胫前肌、胫后肌练习。停用粘胶保护带后作 ROM 练习。

（三）软骨损伤

关节软骨损伤十分多见。有急性损伤从慢性过度使用损伤，前者如膝半月板损伤，后者如髌骨软骨病。急性非持重关节（区）软骨损伤后手术后，应在伤口痊愈后，即可开始持重，练习关节屈伸和肌肉力量，一个月后，可参加训练。持重区的软骨损害的固定期以局部周围肌力练习为主和不负重的关节屈伸练习。拆除外固定后按各关节特点进行练习。创伤轻、范围小的，注意带伤训练的医务监督，严重者晚负重。

1. 膝半月板损伤

常见于篮球、排球、足球、体操及田径运动员。可在半月板体部、边缘部、前角或后角发生撕裂．裂隙可呈横行、斜行或水平方向。损伤时突发疼痛，有关节积液，慢性期常有弹响伴疼痛及突然膝软，可有关节交锁现象。急性期治疗以处理关节积血及损伤性滑膜炎为主。可抽出关节积液后加压包扎，局部休息 2～3 周。2～3 天后开始超声波治疗。半月板边缘区损伤经此治疗可能自行愈合。慢性期如无症状，可在密切观察下继续运动。有症状者，特别是体操、篮排足三大球项目运动员，宜及时手术以免半月板碎片卡压损伤关节软骨。关节镜下手术可减少手术损伤，加速康复。可酌情进行碎片摘除，半月板修整、半月板部分切除或全切除。

急性期初步治疗后或手术后次日立即开始股四头肌等长收缩练习，并逐渐增加负荷。传统的直腿抬高练习阻力负荷不够大，只可供初期应用。肿胀疼痛消失后做渐进抗阻练习。如运动至某一关节角度有疼痛时，可避开此角度做短弧等张或等速练习或多点等长练习。术后 2 周可扶拐行走，3 周后正常行走，3 个月后如下蹲起立无痛无响声可开始准备性训练。经循序渐进的跑步、变速跑、8 字形跑、突停、跳跃等训练，不引起疼痛或肿胀，关节活动度充分恢复，肌力恢复至 90% 以上，才能参加正规训练。

2. 髌骨软骨病

髌骨软骨病（Chondromalacia Patella，简称 CP）指主要因过度使用引起的髌骨软骨退行性改变。可累及对应的股骨髁表面软骨，又称髌股关节退行性改变。表现为髌骨后方疼痛，特别是半蹲时疼痛，伴膝软无力，股四头肌萎缩，髌骨周围压痛，推动髌骨时有摩擦音。也可有关节积液。X 线片上有时可见髌骨软骨下骨质增生，或髌骨上下极骨赘增生。随着病情进展，巨体观察可见软骨表面失泽、粗糙、龟裂、软化、起泡或脱落。临床上可按症状轻重分 3 型：轻型指运动中有膝软、但不痛，髌骨边缘可有压痛；中型指上下楼、半蹲或做某些动作时有疼痛，做准备活动后疼痛减轻或消失，训练后又加重，有明显压痛，可有轻度关节积液；病变发展至重型时，各种症状体征加重，步行时也有疼痛，丧失体育运动能力。

常用理疗，皮质激素关节外痛点注射，用活血化瘀中药制剂外敷等。轻型病例可获良效，重型病例常需手术治疗。术后 2 周开始做连续被动运动（CPM），以多次反复的摩擦应力刺激促进修复区的软骨化生。4～5 周可以负重。轻症病例可继续运动训练，尽量避免引起疼痛的动作。重症病例则应停止一般体育运动。对中、重度病例宜采用避开痛点的短弧等张或等速练习，或多点等长练习。常用的站桩法也是一种多点等长练习，选数个无痛角度依次练习。肌力练习负荷不宜太大，负荷的增加宜缓，练习时应无痛、无摩擦感，同时密切观察症状及体征改变。

(四) 肌腱损伤

肌腱损伤好发于跟腱、冈上肌腱、肱二头肌腱、股四头肌腱及髌腱。特别是在肌腱血供不佳部位，如跟腱上方 2 ~5 厘米处，冈上肌止点以上 1 ~2 厘米处。完全性肌腱断裂常在过度使用引起的肌腱退行性改变的基础上发生。

肌腱损伤同样分轻度、中度及重度（Ⅰ度、Ⅱ度、Ⅲ度）。轻、中度损伤酌情按 RICE 常规治疗，继以冷疗、热疗、按摩或肾上腺皮质激素肌腱周围注射等治疗。撕裂较严重也可固定 2 ~3 周，以后进行只 ROM 练习及肌力练习。须保护受伤肌腱避免过早承受大力牵拉，例如在跟腱部分损伤时宜先扶拐行走，并将鞋跟垫高 1 ~2 厘米，5 ~6 周后逐渐放平。进而进行牵伸跟腱的练习，即垫高前足掌的放松站立练习。作增强腓肠肌及下肢各组肌肉练习。

完全性肌腿断裂一般都须行手术修复，术后固定 4 ~6 周，例如跟腱断裂修复后先用长腿石膏固定于膝微屈及踝轻度跖屈位，3 周后改用短腿石膏托，4 周后每日去石膏托练习不负重的踝屈伸运动，6 周后垫高鞋跟扶拐行走，以后逐渐放低鞋跟，做踝 ROM 练习，牵伸腓肠肌练习及肌力练习。术后 3 个月开始练跑，6 个月开始跳跃练习。

(五) 应力性骨膜炎及应力性骨折

应力性骨膜炎（stress periostitis）及应力性骨折（stress fracture），又称疲劳性骨膜炎及疲劳性骨折。多见于跑项运动员，次为跳项、体操及篮球运动员。好发于胫骨、腓骨、跖骨，也见于桡骨及尺骨，应力性骨折也见于椎弓峡部。其发病机制未全阐明，一般认为应力性骨膜炎主要因骨膜上肌肉、筋膜附着处受过于频繁的应力牵扯，引起骨膜微小损伤所致；应力性骨折则为过度应力引起微小骨折，超过重塑形修复的能力而逐渐积累所致。一般表现为渐发或突发的局部疼痛、压痛和肿胀。局部有骨膜增厚。X 线片上有骨膜反应或骨皮质增厚。早期的应力性骨折 X 线片上骨折线常不明显，应密切随访。同位素扫描有助于早期诊断。治疗上要局部休息，辅以抗炎治疗。可用热疗或热疗与冷疗交替进行，中药外敷，肾上腺皮质激素骨膜外注射等。

(六) 周围神经微小损伤

运动训练中可发生一些周围神经微小损伤，不及时发现及处理，可累积成严重的功能损害。此类损伤多见于肩部经常做大幅度用力动作的运动员，例如乒乓运动员大力挥臂扣球、游泳运动员大力挥臂划水，可使臂丛血管神经束在喙突下被反复挤压摩擦，导致神经损伤。多表现为不同程度的正中神经或尺神经麻痹。排球运动员反复举臂扣球，体操运动员的吊环回环及转肩动作，可损伤肩胛上神经，引起冈下肌萎缩。体操、网球、举重、游泳等运动员可发生胸长神经损伤引起前锯肌瘫痪，发生翼状肩。此外，自行车运动员可因车把压迫豌豆骨及小鱼际部尺神经手掌支引起爪形手及手部尺神经支配区感觉丧失。射击运动员也可因腕部长时间受枪支压迫或肘部在支持物上长时为受压而致尺神经损伤。

此类周围神经损伤的处理首先在于去除致伤因素，包括改进运动技术，控制运动量及训练频度。改进运动器械（如改造自行车把手），同时做适当的肌力练习或肌肉电刺激，辅以按摩、理疗及神经营养药物如维生素 B 族、地巴唑，神经营养因子等，一般可恢复良好。长期不恢复者宜做手术探查，酌情做神经松解、修复，必要时做肘部尺神经前移等手术。

二、急性损伤的功能康复训练

(一) 关节可动范围及柔软性的改善练习

恢复性训练的第一步是开始一系列的关节可动范围及柔软性的改善练习。其中最为简单的一种非常有效的方法是静止状态的伸展练习，关节和肌肉在一定的时间内慢慢地做伸展运动。

(二) 制订患部肌肉群的肌肉力量恢复训练计划

作为恢复性训练的重要组成部分，要制订如何使患部及肌肉群的肌肉力量恢复的训练计划。

肌肉力量被分为静力和动力两种。强化肌肉力量的方法主要有3种：①静力训练法；②动力训练法；③动静力综合训练法。

静力训练法的练习是关节和四肢不动的前提下，通过肌肉的收缩活动使肌肉力量得到强化。简单地说就是肌肉发挥的力量比所受的抵抗要小或者相等。在恢复性训练的早期阶段使用静力训练法会有非常明显的效果；动力训练法的练习针对一定的抵抗和负荷使肌肉的长度缩短、在关节可活动范围内关节的活动使肌肉力量得到加强。

动静力综合训练法从方法上来说就是动力学，是动力训练法同可变性抵抗训练法的组合。同其他的动力学的练习方法不一样的是抵抗能够得到最大限度的调整，这种训练是通过控制其实施速度来完成的。同动力训练法和可变性训练法相比较，动静力综合训练法的优点是练习的速度。徒手抵抗法在恢复阶段对肌肉力量的强化有着非常显著的效果。这种方法的实施不需要任何的器械，而且对于特定肌肉的力量强化也被认为是最有效果的。其训练法同动力训练法相类似。（表5－1）

表5－1 机能性功能恢复的程序（引自 鲁住广信，2000，43页）

紧急处置	柔韧性	肌肉力量	肌肉耐力	速度	身体调整	心肺耐力
制动 冷敷 加压 抬高 固定	ROM 伸展体操 水中体操 PNF灵活性	静力 动力肌肉收缩 针对性可变抵抗综合训练 徒手抵抗	动力训练 水中训练 （多次反复）	综合训练 器材训练 肌肉训练	加速训练 技术训练	跑步 固定自行车 游泳

（三）肌肉耐力训练

肌肉在受损伤前后是否大致都相同，肌肉的粗细如果没有差异，就可进入到肌肉耐力的训练中。

肌肉耐力的强化方法是减轻负荷量，增加反复次数；而动力训练法则是加大负荷，尽量减少反复次数来提高肌肉力量。

速度是指肌肉的收缩速度。受伤、变弱、变细的肌肉都不可能很快地进行收缩，如果要获得同受伤前一样的肌肉力量，必须进行提高速度的练习，待患部周围的肌肉力量、肌肉耐力、肌肉速度恢复的时候，各个项目竞技所必须的动作练习也应随之而展开，即技术训练的开始。

（四）技术训练

在由素质训练过渡到专项技术训练时，应由简至繁，逐渐适应。此过程应在前述训练内容的后阶段，逐渐开始。

1. 由简单到复杂的恢复。如膝关节内侧副韧带撕裂伤的足球运动员，可先做无球训练，逐渐由直线慢跑，通过直线快跑、变速跑逐渐过渡至弯道跑、变向跑、急停转向等。开始有球训练时，可先开始颠球练习，逐渐过渡到正脚背踢球、外脚背踢球、内脚背踢球等。

2. 单一技术动作到复合技术动作。如肩袖损伤的举重运动员，恢复技术训练时，开始时以卧推、单独的提铃上胸等分解的专项力量训练和分解的技术动作为主，逐渐过渡至完整的抓举和挺举训练。

第五节　骨与关节损伤后的康复训练

一、肩部损伤后的康复训练

肩关节是人体活动度最大的关节。肩带由盂肱关节、肩锁关节、胸锁关节、肩胛胸壁间关节及肩峰肱骨间关节 5 个关节组成。肩带的肌肉很丰富，肩带的各方向运动（上抬、下降、外旋、内旋、外展和内收）和肩关节的运动（前屈、后伸、外展、内收、外旋和内旋）均由主要肌群和辅助肌群协调完成。因此，肩部运动是诸关节和有关肌群的复杂协调运动，肩部的任何一个关节和任何一块较大的肌肉损伤，均将程度不同地影响肩部运动。

运动锻炼时，肩可以完成一系列复杂的大范围的动作。肩部活动在体操、游泳、投掷、排球、篮球、垒球等运动中占有重要的地位。肩部的运动损伤中以骨折（锁骨骨折等）、脱位（肩关节前脱位、肩习惯性脱位、肩锁关节脱位等）、肌腱炎和腱鞘炎（肩袖损伤、肱二头肌长头肌腱鞘炎等）、肩周炎和神经损伤（如肩胛上神经、胸长神经）等最为多见。肩部康复训练的练习如下：（1）等长练习；（2）ROM 练习；（3）codman 练习法（①钟摆运动，②水平位运动，③牵伸运动）；（4）Kerlan 练习法（①Codman 钟摆运动，②肩部前推、后伸和耸肩运动）；（5）橡皮管练习；（6）墙上拉力器练习；（7）哑铃练习；（8）等张练习。

肩部的功能恢复以可动区域和肌肉力量的恢复为目的。可动区域的恢复主要采用活性化治疗的方法。使用静力训练方法可以缓解其疼痛。如果已具有相当的力量时，则可以使用皮筋进行活性化肌肉力量强化的训练。尤其对肩部后侧的肌肉力量应有意识地进行强化训练。

二、膝关节损伤的康复训练

膝关节在运动中易造成损伤，如髌骨软骨病、膝半月板损伤、髌韧带和伸膝筋膜炎、膝交叉韧带损伤等。膝关节运动损伤可发生在各个项目的运动员身上，尤其以体操、田径、球类、举重和摔跤运动员为多见。

（一）膝部损伤的分期康复特点

1. 第 1 期

在下肢固定期的练习：①股四头肌最大等长收缩；②腘绳肌练习；③股四头肌和腘绳肌的联合收缩练习；④直腿上抬练习；⑤髋关节练习；⑥足踝部练习；⑦腰背部康复训练。

2. 第 2 期

从去除石膏，准许屈膝开始。①继续进行第一期各动作的康复训练外，增加屈膝及屈髋的各项练习，同时可用热水袋热敷或中药热敷；②腘绳肌的等张练习；③促进神经肌肉功能恢复的本体促进法练习；④治疗师用徒手作抗阻，协助患者进行练习；⑤骑自行车练习。

3. 第 3 期

膝活动范围 90 度以上，关节不痛后开始：①股四头肌和腘肌的等长收缩；②等速练习；③等张练习；④鹅足练习。

（二）膝关节的运动功能康复

1. 挫伤、半月板损伤

功能恢复的重点为恢复膝关节的可动区域及强化股四头肌，特别是对膝的上方内侧的被称为股内侧肌进行强化，因为这些肌肉会加强膝关节稳定性，牢固地把膝关节锁住。但是膝关节受到撞击时，它们就会萎缩变得软弱无力。与此同时，强化拮抗肌的腘肌腱、小腿部肌肉也是非常必要的。功能恢复的目标为，大腿的直径和最大肌力同另一条健康的腿相比具有同等或同等以上的水平。

2. 髌韧带的炎症、髌骨软骨软化症、滑膜囊损伤

功能恢复以恢复股四头肌的柔韧性为主要内

容。由于Q角度被破坏及膝关节经常发生扭伤，因此获取大腿肌肉的平衡、恢复正常的膝关节屈伸是非常必要的。为此在获得踝关节正常活动的同时，强化髋关节的肌肉也很重要。如果是天生的X型和O型腿则不易恢复，但大多数是由于不均衡地使用肌肉所造成，所以为获取均衡的肌肉力量所进行的强化练习使其恢复变为可能。

3. 鹅足炎、髂胫韧带炎

两者都是由于过度训练使肌肉变得僵硬而引起的，所以功能恢复主要以获取肌肉的紧张为中心。因为对连接在鹅足腱及髂胫韧带周围腱的治疗效果不是很明显，所以在恢复以臀大肌、臀中肌为首的髋关节周围肌肉的柔韧性的同时，恢复腘肌、股四头肌、胫前肌、小腿肌及下肢肌肉的紧张是最佳的治疗方法。只要踝关节、膝关节、髋关节的可动区域恢复到了正常状态，其他问题也就迎刃而解了。

三、小腿损伤后的康复训练

常见的小腿运动损伤有趾长肌腱断裂和跟腱断裂。趾长肌腱断裂时，保守治疗的原则是防止粘连。预防这种粘连的最好方法是受伤后要平卧床上、足下垫枕，将踝关节置于背屈90度的位置上。一般2周后可恢复运动训练。跟健全断裂的保守疗法是采用长腿石膏将踝固定于自然跖屈位8周，再垫高后跟，练习走路4周，然后进行系统的康复训练。

（一）康复训练分三期进行

1. 固定期

术后开始1周~术后5周，此期以全身锻炼、股四头肌等长练习和足趾活动开始康复训练。术后第3周剪去膝上石膏，练习膝关节伸屈和在床上练习踝伸屈运动。下床活动时，以短腿石膏托保护。第4周后，可用热水泡足、蹬固定自行车和滚动医疗球等练习踝伸屈运动。但下地时仍宜戴上石膏托。第5周开始垫2.5厘米高的鞋后跟，先持拐练习走路，以后逐渐弃拐，后跟逐渐降低。

2. 功能锻炼期

术后6~12周，练习踝关节伸屈运动，防止术后粘连和功能障碍，加强小腿肌力练习。开始练习提足跟和小范围起蹲，逐渐恢复膝、踝关节的全关节范围的运动能力，为恢复运动训练作好准备。术后2个半月~3个月开始慢跑。

3. 运动能力恢复期

术后14~16周开始训练。术后3个半月~4个月开始部分专项训练，如垫上运动、原地小翻、小速跑等。据统计，约60%的患者在术后6~7个月可恢复正常的运动训练。

（二）小腿运动功能的康复训练

1. 跟腱的损伤

功能恢复的主要目的是增加踝关节的柔韧性、强化小腿部的肌力、纠正跟骨的倾斜度及恢复标准的三点支撑。如果踝关节的三点支撑面得不到恢复，疼痛就不会消失。跟腱疼痛消失后，一定要更换用鞋，长时间穿同一双鞋，鞋变偏时致使三点支撑着地困难，这也是踝关节挫伤及跟腱炎恢复缓慢的原因。

2. 小腿前部的疼痛

其功能恢复的主要目的是获得小腿肌肉的均衡和恢复踝关节的活动范围。即恢复小腿肌肉的弹性及进一步提高其柔韧性，具有弹性的肌肉可以缓冲对小腿的冲撞力，当然这一切必须是在足部获得了三点支撑的基础上进行。减轻对小腿部的外力还必须收紧大腿及臀部的肌肉。为减轻炎症，在练习前后要进行冷敷按摩。

四、踝和足部损伤后的康复训练

（一）踝和足部运动损伤后的康复训练大致可分以下5期

1. 急性期可进行冰敷或冷敷、弹性绷带加压包扎、抬高患肢。

2. 伤后5~10天，康复训练的内容为：①在冷浴水中进行踝关节运动、做跟腱牵伸运动；②冷（或冰）热敷交替进行，开始和结束时均为冷敷；③踝背屈、跖屈、外翻的练习；④全身运动；⑤当疼痛、肿胀明显时，康复训练结束前做30分钟局部冰敷和肢体抬高。

3. 伤后2～3周，康复训练的内容为：①同第2期康复训练；②练习行走和足前部站立（双足或单足）；③腓骨长短肌肌力练习；④腓骨长短肌、足底肌和跟腱的牵拉练习；⑤等速练习；⑧臀中肌肌力训练。

4. 伤后4～6周，康复训练的内容为：①在等张练习器上做增强踝部肌肉的训练（即增加负荷）；②在斜板上进行平衡练习；③原地跑、直线慢跑等练习；④跳绳练习。

5. 伤后8～12周，康复训练的内容为：①短跑练习；②向后跑练习；③侧跳、跳跃过木凳等练习；④滑步跑、交叉跑、8字跑等练习；⑤专项运动练习。

（二）踝和足部运动功能的康复训练

1. 足部功能恢复

主要目的是增加足趾和踝关节的灵活性，扩大可动区域。功能恢复训练以足内部肌肉的屈伸、收缩、小腿肌肉的收缩及小腿的伸屈为主，要进行足趾的屈伸及充分的胫骨前肌的收缩练习。在这个基础上，还必须学习用全脚掌着地然后过渡到前脚掌扒地的跑步方法。

2. 踝关节的功能恢复

主要是恢复踝关节正常的可动区域、三点支撑的作用。正确的着地方法及对疼痛的处理都是不可缺少的。开始跑步就感觉有疼痛时，对其疼痛的处理是最为关键的。疼痛加重时应降低速度或者停止训练。训练前应进行热敷，训练结束后则应进行冷敷。

五、四肢损伤后的康复训练

下肢的功能恢复重在恢复支撑负重和跑跳能力。运动功能的恢复从停止制动后即可开始。跑跳能力的恢复步骤为站立、步行、上下台阶、慢跑、直线跑、变向跑、全力跑。康复训练的关键在于循序渐进，没有疼痛地进入下一阶段。（表5－2）

表5－2　循序渐进的跑步程序举例（引自 鲁住广信，2000，49页）

方法	渐进性的标准
自行车	30～40分钟
步行	30分钟内步行3200米
慢跑	以50米/分钟慢跑、50米/分钟竞走相交替完成400～1600米。而后延长慢跑距离、缩短竞走距离。最后以慢跑完成1600米
跑	将慢跑的距离延至3000～6000米，以受伤前的速度来完成
短距离速度跑	以1/2的速度跑10～15米，其后以1/2的速度跑40米，最后10～20米时减慢速度
加速跑	速度标准为1/2－2/3－3/4－全力
变向跑	从20～30米的8字跑开始，行进间把距离缩短为2～3米为单位，最后以10～20米的8字跑结束
基本练习	跳绳，跳跃项目，台阶，倒走，侧跨步，急停与起动，切线跑
运动练习	专业技术练习

在最初阶段是站立训练。为不增加下肢负担，可以在坐位或卧位进行训练。站立无疼痛感时，则进入步行阶段。行走时如有疼痛，那么行走甚至于扶拐行走都应被禁止。步行的下一个阶

段为上下台阶练习。能否进入慢跑阶段主要取决于上下台阶时身体的感觉，上下台阶如有疼痛感，则不能进入慢跑阶段。

六、腰背部损伤后的康复训练

早期恢复无痛范围的活动是继续康复训练的关键，要重视早期的对症处理，尤其是疼痛控制。

腰背肌和腹肌的力量减弱，影响了腰椎的稳定性，是腰痛迁延难愈的原因之一。因此，应重视腰背肌和腹肌的锻炼，只有腹肌与腰背肌保持适当平衡，才能维持良好姿势及保持腰椎的稳定。

运动员的腰背部损伤多见于腰背部肌筋膜炎、腰椎间盘突出症、腰椎椎板骨折、椎体骨骺炎、急性腰扭伤等。通常当受伤运动员症状初步缓解后，当急性期过去后为了达到加速治疗和预防再损伤的目的，宜尽早开始卧床时的腰背肌和腹肌的锻炼。腰背部康复训练要点如下：

1. 腰背肌练习：取俯卧位，做过度背伸动作（拱桥练习），助手扶住双小腿，两手抱头做背伸练习（燕式平衡）。

2. 腹肌练习：如仰卧起坐练习、半坐位腹肌练习、仰卧位三点或五点支撑练习。

3. 骨盆肌练习：屈膝做下肢内收抗阻练习，抬高臀部练习。

4. 腰滚动练习：坐位屈膝，两手抱膝向后滚动。

5. 背部柔韧性练习：取仰卧位，两上肢伸直，两下肢及臀部抬起，以背部支撑维持 20 ~ 30 秒；以肩部支撑，两下肢伸直，维持 20 ~ 30 秒。

6. 腰大肌牵伸练习：仰卧床边，一侧屈膝，另一侧落下做牵伸。

以上姿势维持 4 ~ 10 秒，重复 4 ~ 10 次。当恢复下地活动时，开始负重训练。在疼痛得到控制后，要加强脊柱的柔韧性训练，以腰前屈训练为主。上述练习对患有腰腿痛、腰背部肌筋膜炎和单纯性腰椎压缩性骨折恢复期的患者康复训练时适用。

第六节　慢性劳损的康复训练

慢性劳损的主要目标是早期恢复运动成绩，防止再次损伤或加重，因此除一般内容外，还应根据需要重点安排。运动量及方式可根据症状轻重、损伤病理、个人恢复特点及项目技术要求进行以下几方面练习：纠正错误动作的练习、发展代偿的练习、加强关节稳定性的肌力练习、消除粘连改进血运的训练、发展肌力协调性的训练、矫正畸形的训练。

一、训练内容

1. 纠正错误动作的练习

如“标枪肘”是一种骨关节病，是由于错误的投掷动作所引起。伤后应强调纠正“出枪动作”，改为前臂旋前、屈腕、屈肘出枪，以防肘的过伸及外展。背跃式跳高运动员的制动支撑脚的外侧挤压综合征，应改变踏跳时脚尖的方向不可过于向外。改变动作后可使伤痛减轻、渐愈，并提高成绩。

2. 改变技术动作发展代偿功能的练习

如投掷肘已经不能伸直者，应改变训练内容，重点发展前臂、肩、腰、腹及膝的爆发力，这样常常能够继续提高成绩而减轻伤痛，腰椎峡部不连或椎体缘离断症的运动员，应减少腰部后伸角度，发展肩、上胸椎及髋的柔韧代偿训练，既可较好地完成“下腰”等后伸动作，也可以减轻伤痛。

3. 加强伤部肌力的练习

训练目的是稳定关节并发展功能代偿的作用。肌肉力量增强可强化关节在运动中的稳定性，并减少再次损伤的机会。如慢性肩袖损伤常见于体操、投掷等运动，伤后肩不能用力，加强三角肌的力量练习常可消除症状继续训练。方法是屈肘肩侧平举，置杠铃片于肘部做大重量的负重静力练习。三角肌有力即可保护肩袖诸肌免于再伤，多可渐愈。膝的髌骨软骨病或各种张腱末端病，重要的训练内容是 60 度屈膝或非痛位屈膝静蹲，时间由 3 分钟渐增至 20 分钟，先徒手、再负重。

4. 消除粘连，改善局部血运的练习

如跟腱腱围炎的晚期，腱围与腱粘连较紧，较好的康复方法是全脚掌着地的慢跑，距离由 1000 米逐日渐增至 2000 米，疼痛多可消失。

5. 肌力协调的练习

拮抗肌力量比例失调常引起肌肉损伤，较明显的是大腿后部腘绳肌拉伤，常是由于训练时只注意股四头肌力量的训练，忽略了同时加强腘绳肌的练习，致使比例失调（正常约为 10 ∶ 6），同样腰腹肌力也有一个恰当的比例（7 ∶ 3）。因此，伤后应注意有计划按比例地进行康复，使肌力比例协调，以免再伤。

6. 矫正畸形的训练

射击、射箭运动员，久之易发生脊椎姿势性侧弯，继发腰痛，影响训练成绩。发生后应根据项目的不同练习矫正体操。

二、训练量

训练量可根据症状轻重、损伤病理、个人特点及项目的技术要求进行安排。例如肩袖损伤，仅做某一特定动作时才痛，而准备活动后不痛者，可正常训练。平时痛、准备活动时不痛者，应减量训练。准备活动之后也痛的应局部停训。

三、恢复训练的标准

是否可恢复正规训练及参加比赛的判定，是康复效果评定的重要内容，也是一个较复杂的问题。从医学角度一般根据以下因素考虑：

1. 伤肢期功能恢复情况

一般认为关节活动度和肢体柔韧性须完全恢复，在运动中无僵硬、紧张或疼痛感觉。肌力须达正常的 95% 以上，且在负荷下活动时无疼痛。有时还需要经受较高难度的测试，例如膝部韧带损伤后能用单足作曲线跳跃而无疼痛。

2. 创伤病理

如肌肉、韧带完全性断裂后运动训练的恢复应迟于部分性损伤。

3. 专项运动特殊要求

一些专项运动中肢体的某些特定部位负荷特大，这些部位的损伤要求愈合完全。例如跳高运动员的髌腱损伤时，专项训练的恢复宜较迟。

4. 运动员的心理状态及其他个体特点

5. 运动员对伤病的个人顾虑

第七节　保护支持带与支具的应用

一、粘膏支持带

使用粘膏支持带（Taping）是运动创伤防治中最常用的方法。约在 40 年前此法就在队医中广泛使用。运动员的肌肉、肌腱及韧带经常受伤，治愈需要一定的时间。在此期间，运动员不能停止训练，这时就需要粘膏支持带来帮助。常用物品有粘膏、弹力绷带、弹力粘膏绷带、膏药及一般绷带等。

（一）粘膏支持带的使用范围

1. 急性损伤

使用粘膏支持带应特别小心，使用不当，太紧常常影响血运引起肿胀及出血，因此必须有经验的医生操作。使用前必须仔细检查关节的稳定性，如果韧带已完全断裂，则不应使用。错误地使用常使伤情加重。

2. 以防伤为目的的粘膏支持带

研究已经证明踝关节使用粘膏支持带对足、篮、手、排球运动员可预防其扭伤及韧带断裂。有人认为踝固定易伤膝，但多数人还是赞成使用踝粘膏支持带。踝关节周围的韧带在运动中被反复牵扯或微细损伤而变弱，这时使用粘膏支持带对保持关节的稳定具有非常重要的作用。

3. 创伤的康复中使用粘膏支持带

在伤部保守治疗或手术后组织愈合过程中，粘膏支持带在康复中应用非常广泛。在运动员伤后恢复训练时几乎都使用粘膏带保护。

（二）粘膏支持带的作用

1. 保护关节稳定，限制关节的活动范围。

2. 防止受伤韧带或组织松弛。

3. 限制肌肉、肌腱超常范围的活动以免再伤，并使已伤组织适当休息。

（三）禁忌证

1. 急性伤有可能影响血液循环者禁用。

2. 有皮肤病或炎症者不用。

二、支 具

支具是现代运动创伤外科临床研究的一项重要成果。作为运动创伤的治疗以及配合关节、肌腱、肌肉韧带等术后康复的手段，支具已经在很多国家普及应用。

（一）支具的基本概念

1. 支具（Brace）的定义

支具又叫矫形器（Orthotics），是一种以减轻四肢、脊柱、骨骼肌系统的功能障碍为目的的体外支撑装置。康复支具是指医学治疗结束或者肢体创伤基本稳定后，为提高肢体的功能而使用的体外支撑装置。支具的应用，使肢体康复成为可能，从而进一步扩展了其应用范围。在支具的关节部位安装了可调节装置后，支具可用于治疗四肢、脊柱的病损，辅助治疗或者减轻四肢、脊柱的病损及其导致的功能障碍，以及外科治疗后，促进病损组织的愈合，改善局部循环、代谢，提高肢体功能，防止并发症等。

2. 支具的分类

根据人体使用部位，支具可分为上肢支具、下肢支具、脊柱支具；按照医疗目的不同可分为医疗用支具（医疗阶段完成之前使用，或纯粹作为医疗手段之一）、医疗用临时支具、康复支具（医疗阶段完成后，为达到更好的治疗效果而使用）；根据使用目的又可分为固定性支具、保持性支具、矫正性支具、免负荷性支具、步行性支具、牵引性支具等；根据制作过程中材料的弹性将支具分为软性支具和硬性支具。

3. 支具的功能

（1）稳定与支持。通过限制异常的活动度来保持关节的稳定性，以恢复肢体的负荷能力。

（2）固定功能。通过对已病损的肢体或关节的固定，促进患部愈合。

（3）保护功能。通过对病损肢体的保护，保持肢体正常的对线关系，保证肢体正常功能的发挥。

（4）助动功能。通过安装某种装置，调整、协调正常肌肉的动力作用，来代偿失去的肌肉功能，使麻痹的肢体活动。

（5）预防、矫正畸形。

（6）承重功能。可减少病损肢体、躯干的负荷，利于损伤组织的愈合。

（二）运动创伤康复治疗中常用的支具

1. 下肢支具

下肢支具的主要作用是辅助或部分替代下肢承重，固定、制动病损肢体以及预防和矫正畸形。随着近年来新技术的发展，下肢支具增加了许多品种。现代临床常用的支具包括：数字卡盘调节式支具、ACL/PCL 重建专用支具、足踝真空固定支具等。

2. 上肢支具

上肢支具可根据其作用力的情况分为动态支具和静态支具两类：动态支具主要用于防止关节畸形（如掌指关节），控制关节非生理方向的运动；静态支具主要将关节固定于功能位，避免骨折、韧带肌腱损伤、关节损伤以及炎症恢复期肢体过度运动，影响组织愈合。按照使用部位，上肢常用支具又可分为：肩外展支具、肘关节支具、腕关节支具及掌、指关节支具。

3. 脊柱支具

脊柱支具的主要作用是限制脊柱的异常运动，稳定病变的椎体，减轻疼痛，减免椎体负荷，支持麻痹肌肉，矫正畸形。常用的脊柱支具有：颈椎支具、固定性脊柱支具、脊柱侧凸矫形支具等。

由于支具在治疗中的介入，使运动创伤术后康复成为可能，不仅可以增强肌力，保持关节活动度，还可以促进关节滑液循环，软骨代谢，缩短治疗、康复时间，防止并发症。

由此可见，粘膏支持带及保护支具在运动创伤的预防、治疗及康复中应用广泛，其应用对于运动创伤的治疗与术后康复具有极其重大的意义。粘膏支持带及保护支具的发展及商品的多样化是必然的趋势。

本章小结

（1）运动创伤康复训练的目的和基本原则。

（2）运动创伤康复训练的基本方法和康复训练程序。

（3）急性创伤后恢复训练的时机，是避免创伤加重和再次损伤的关键之一。

（4）慢性劳损的康复治疗更多地在运动训练过程中完成。

（5）运动创伤的医疗康复和训练康复。

（6）康复训练中常见粘膏支持带及支具的使用。

讨论题

（1）请指出下列踝关节康复训练方法的正确顺序：①强化踝关节周围的肌肉；②向后、向前弯曲；③大步走；④小步走；⑤站立位的左右脚重心转换练习；⑥画圈及8字形走；⑦直线的慢跑；⑧小范围内的Z字形及8字形的慢跑；⑨快速起跑、快停（5～10米的短距离跑）；⑩慢起跑、慢停（5～10米的短距离跑）；⑪专项技术跑；⑫有效的ROM练习；⑬大范围内的S形及8字形的慢跑；⑭归队参加正式的训练。

（2）请举例说明不同项目运动员膝关节劳损的康复方法。

（3）运动创伤康复的基本训练程序。

（4）踝关节创伤的功能康复方法和程序。

推荐阅读参考文献

曲绵域、于长隆，实用运动医学，第四版，北京大学出版社，2003：939～950. 该章主要对运动创伤的目的、原则、基本方法与手段及各种运动损伤的康复训练要点做了讲述。

范振华、胡勇善，骨科康复医学，上海医科大学出版社，1999：190～195. 主要介绍了骨与关节损伤和运动性损伤后的医疗康复问题。

周士枋、范振华，实用康复医学，东南大学出版社，1998：648～657. 对基本康复技术和各部位康复程序做了详细的讲述。

张安桢，中医骨伤学，上海科学技术出版社，1998：33～42. 介绍了中医方面关于骨折和软组织损伤的基本原理和治疗方法，尤其是创伤后三期辨证论治，在治疗和康复上很有特色。

韩晓实，中医在运动损伤康复中的作用，河北医学，2002.8（10）：953～954. 本文对运动创伤中医药疗法做了较详细的综述。

黄晋，四肢骨折损伤的运动康复训练，中国康复理论与实践，2002.8（4）：222～223. 本文对四肢骨折后的康复训练方法做了介绍。

李敏杰、王予彬，现代康复支具在运动创伤治疗中的应用，中国运动医学杂志，2003.22（2）：200～202. 本文对运动创伤康复治疗中支具的运用做了详细的综述。

江海燕、于法景，膝关节常见运动创伤术后康复方案—总论（上），中国运动医学杂志，2002.21（4）：442～449

江海燕、于法景，膝关节常见运动创伤术后康复方案—总论（下），中国运动医学杂志，2002，21（5）：527～533. 上两文对膝关节创伤术后的康复方法做了系统描述，尤其是前后交叉韧带重建术后的康复训练方案值的推广。

鲁住广信、郑宏伟，运动损伤和功能恢复，人民体育出版社，2000：主要从运动创伤后运动训练功能恢复的角度进行了详尽的描述，尤其训练恢复的程序上比较实用。

第六章　骨骼肌肉系统运动创伤概述

骨骼肌肉系统，作为完成运动的主体，在各种运动项目中发挥着十分重要的作用。因此，在运动创伤中，发生运动性伤害最多的亦是骨关节肌肉系统。从组织学分类统计观察，肌肉损伤占所有损伤总数的 51.23%（包括末端病、腱损伤，腱鞘炎），韧带损伤占 10.97%，关节损伤占 9.63%。众所周知，运动创伤的种类繁多，诊断和治疗复杂，如何以最小的干扰，最短的时间，达到最佳的治疗效果，并最大限度地恢复伤员的运动能力，是运动医学界孜孜探索的目标。我们认为，只有在充分了解各组织生物学知识及受伤机制的基础上，才能做到举一反三，事半功倍。因此，本章从基础和概况入手，希望能使读者对骨骼肌肉系统的运动性损伤有一个比较全面、系统的了解。

本章主要从骨骼肌肉系统损伤的生物学（包括了解剖、生理、生物力学以及分子生物学）、病因与病理、检查与诊断、防治原则等几个方面，做了重点介绍。目的是使初学者通过对本篇内容的学习，基本掌握骨折损伤愈合的生物学基础、骨折的诊断和治疗方法；关节脱位和关节不稳的发生机理，及其诊断、防治原则；关节软骨损伤、修复与再生的生物学机制和诊疗手段，以及软骨骨折、骨软骨骨折和创伤性关节炎的病理特征及诊断、治疗原则；骨骼肌和肌筋膜损伤的生物学变化及损伤机制，以及常见损伤的诊断和防治措施；肌腱、韧带损伤的生物学和生物力学特征、创伤和修复机制以及诊断治疗原则；脊髓和周围神经损伤的生物学基础，诊疗要点。从总体上对该系统各组织基本情况有个基本的了解，对于学好运动创伤学具有重要意义。

第一节　骨折与脱位

运动创伤中的骨折与脱位，与普通骨科临床所见没有什么特殊区别，只是治疗中更强调以最小的干扰，最短的时间，达到最好的效果，最大限度地恢复其运动能力。这就要求早期明确的诊断，准确轻巧的复位，有效的固定，正确的功能锻炼，使骨折尽早愈合，机体功能尽早得以恢复。

一、骨组织解剖生理特点与骨折愈合

运动系统是由骨、骨连结和骨骼肌组成：全身骨通过骨连结构成骨骼。骨骼构成了人体的支架，是人体重要的组织器官，起着保护、支持和运动的作用。

骨质的化学成分主要有有机质和无机质两部分组成。有机质主要为骨胶原纤维束和粘多糖蛋白等，赋予骨以柔韧性和弹性；无机质主要是以碱性磷酸钙为主的盐类，其主要成分是磷酸钙、柠檬酸钙及磷酸二氢钙等，赋予骨以强度和刚度。骨胶原纤维和骨钙盐的比例随年龄的增长而变化。儿童时期大约各占一半；成年人有机骨基质约占 1/3，无机骨基质占 2/3；老年人有机骨基质更加减少，无机骨基质相对增加（总量也相对减少），结果使骨的脆性增加，强度减低。

骨损伤后的骨再生依靠骨外膜及骨内膜中的成骨细胞增生。骨折后，两断端的成骨细胞增生，继之软骨基质和骨基质形成，并有钙盐沉积，形成骨痂。骨痂经过改建过程，骨小梁按力学结构重新排列，从而使骨折愈合。

(一) 骨折自然愈合的基本过程

通常骨折的自然愈合过程是以二期愈合的模式从 X 线片上和组织形态学变化进行描述的，这是当骨折复位不完全或固定不充分的情况下所见的骨折愈合方式。可通过膜内化骨和软骨内化骨和哈弗式系统模造 3 种模式，可分为肉芽修复期、原始骨痂期、成熟骨板期和塑形期四个阶段。

1. 肉芽修复期

骨折后，骨折断端及周围软组织血管破裂，出血，形成血肿，同时由于骨细胞、骨膜及周围软组织细胞坏死，坏死物刺激导致局部创伤性炎症反应，局部血管扩张、充血，还有炎性细胞浸润。一般 6 ~ 8 小时以后，血肿开始凝结成含有网状纤维蛋白的血凝块。随后，新生血管逐渐长入血肿内，带来大量的间充质细胞，逐渐分化为成纤维细胞和吞噬细胞，随着血肿内血细胞的破坏，纤维蛋白渗出，血肿被清除机化并演变为肉芽组织，继而形成纤维骨痂，此时两端断已初步粘连在一起。这一过程约在 2 ~ 3 周时完成。

2. 原始骨痂期

骨折后 24 小时，断端外骨膜及附近血肿中的成骨细胞、成软骨细胞和成纤维细胞不断增殖，形成新生骨，称为外骨痂，而来自髓腔内层的来自骨内膜的膜内化骨及血肿中的软骨内骨化形成内骨痂。内外骨痂不断钙化沉积，不断骨化，以网织骨形式形成骨。由于此时骨折端复位不完全，固定不充分，有一定活动，因此只能以纤维组织和软骨组织修复，以适应断端活动需要。只有当外骨痂会合，形成较牢固时，骨折部位微小的活动消失，纤维组织经软骨组织而骨化，形成内外骨痂相连的桥梁骨痂，这时意味着原始骨痂完全形成，一般在伤后 6 ~ 10 周左右完成。

3. 成熟骨板期

原始骨痂进一步改造，骨小梁逐渐增加，排列趋于规则，新骨替代完成，原始骨痂被改造成为成熟的板状骨，达到牢固的骨性连接，髓腔被骨痂封闭。这个阶段于伤后 8 ~ 12 周完成。此时已达临床愈合的标准。

4. 塑性期

根据人体需要，骨结构按照力学原则重新塑造，多余的骨痂被吸收，不足的部位得以强化补充，骨折痕迹消失，髓腔重新开放。这一时期约需 2 ~ 4 年。

从这一系列的变化来看，骨折愈合是一个连续不断的过程，一面被破坏清除，一面新生修复，四个阶段紧密联系，相互交错。

(二) 骨折愈合的方式

上述骨折愈合方式是二期愈合，1997 年 Danis 提出一期愈合方式得到了认同，随后又有学者提出了第三种骨折愈合方式。

1. 一期愈合

学者们提出如果骨折部位能得到解剖复位，固定坚强，骨折可以以一期愈合的方式修复。它是以哈弗系统骨内模造的方式直接修复骨折的，即以破骨细胞开路，血管长入，在吸收坏死骨组织的同时，有增殖活跃的成骨细胞随血管进入坏死的骨组织，达到骨折端皮质对皮质骨的接触愈合，故又称直接愈合或接触愈合。由于骨折端不可能全部接触，断端间存在间隙，在内固定坚强的情况下，同样也是板层骨直接修复的，但新骨形成方向不是与骨折片的皮质骨走向平行，而是与其垂直。到后期随着骨的模造重新排列，使之与皮质骨平行，此为间隙愈合的特点。当骨折以一期愈合的方式修复时，由于骨坏死区的吸收及时被新骨修复，见不到骨吸收的间隙，也见不到内外骨痂，髓腔始终是畅通的。

2. 第三种愈合方式

骨折在获得良好的复位、合理的固定和积极的功能练习中出现的一种优化骨愈合方式，即骨折断端是以哈弗式系统骨内模造的方式直接修复，同时通过膜内化骨的方式形成少量外骨痂。在骨折愈合过程中，X 线片显示没有可见骨吸收征象，并有连续外骨痂形成。CT 扫描表明骨折部的骨密度接近正常，皮质骨厚度超过正常骨，髓腔内没有骨痂或仅有很少量内骨痂。动物试验模型骨折愈合后的组织学检查表明，骨折端皮质骨间以板层骨直接修复，皮质骨内外有少量网质骨。经生物力学测试，骨折部的强度和刚度接近甚至超过正常骨。

(三) 骨折愈合的影响因素

骨组织的再生能力很强，一般的单纯性骨折，数周内就有肉芽组织的连接，2~3个月就有原始骨痂连接，4~5个月后骨连接已足够坚强，但有许多因素会影响骨组织的修复。影响骨折修复及愈合的因素有全身性因素和局部因素、医源性因素和药物因素。

全身性因素主要包括年龄、健康状况、内分泌等。年龄越小，再生能力越强，修复越快，老年人则愈合较慢。人体的健康状况，如营养不良、营养缺乏、慢性消耗型疾病往往会使修复迟缓。老年人或绝经期妇女因激素水平较低，常有骨质疏松容易导致骨折，且愈合缓慢。

局部因素包括局部血供、骨折的类型、固定技术、力学环境等。①骨折处的血液供应是决定骨折愈合速度最重要的因素之一，成骨组织的生长主要取决于骨外膜、骨内膜髓腔以及周围组织的血液供给，若周围软组织破坏严重，骨膜完整性遭到破坏，影响局部血液供应，都会影响骨折的愈合，使骨折迟缓愈合或不愈合。②骨折的类型也是骨折愈合速度快慢的影响因素之一，一般来说，长斜形骨折和螺旋形骨折损伤断端有较大的接触面，髓腔及局部血管的血供较为丰富，所以愈合速度较横形骨折速度更快。③粉碎性骨折损伤局部接触面积较大，但由于损伤严重，其愈合往往较慢。松质骨血运丰富，可迅速愈合，但由于缺乏骨痂，不够坚固，所以应该较晚负重。④创造一个良好的固定和生物力学环境可使骨折得到较好的愈合。夹板和石膏固定处理闭合性骨折是传统有效的固定方法，尤其多用于生长发育期的青少年，无须施加外科手术，只是固定时间相对较长，后期康复较慢，对错位骨折的固定有技术上的困难。手术固定法，如用钢针、钢板或髓内钉等能有效固定断裂性骨折，术后短时间内即可使患肢负重，不仅防止肌肉的失用性萎缩，并且给予生物力学的合理刺激，加速骨折愈合。固定或肌肉的废用能在短期内加速骨质丢失，减缓术后的愈合，延长康复时间。

(四) 骨折愈合的调节

加速骨折愈合，使运动员早日恢复运动训练，是运动创伤的重要研究课题之一。除改良骨折固定方法和配合相应的理疗措施以外，目前已经有大量生物学方法的实验研究。

骨折的愈合涉及一系列特殊的细胞反应过程，首先为炎症反应，随之是纤维组织长入，然后向软骨分化，最后通过软骨内骨化而成骨。这一过程不但受骨折部位未分化细胞的影响，而且也可能受释放到骨折部位起信号传递作用的生长因子的调节，这种调节在骨折修复过程中非常重要，称为骨诱导。在骨诱导过程中，未分化间充质细胞开始有丝分裂，并分化成为有成骨能力的骨祖细胞。具有骨诱导作用的生长因子可是骨骼外部位有骨形成。尽管已对许多生长因子在骨修复过程中所起的作用进行了研究，但到目前为止，对其确切作用机理还了解不多。就目前已知的情况来看，这些因子可分为两类：第一类为促进信号传递的肽类物质，包括转化生长因子β（TGF－β）、骨形成蛋白（BMPs）、成纤维细胞生长因子（FGF）以及血小板源性生长因子（PDGF）；第二类为免疫调节细胞因子，包括白细胞介素1和6。

TGF－β是一种多功能生长因子，在机体对损伤和炎症的一系列反应中以及在组织修复过程中均有作用。其主要存在于细胞外骨基质中，由软骨细胞和成骨细胞合成。在软骨内骨化期间，TGF－β不断的积聚在合成的胞外基质内。在骨折修复的早期和晚期，骨痂内有TGF－β的基因表达。这表明TGF－β可能在骨折修复中起到指导组织分化的作用。

BMPs是一类重要的骨诱导成分。这一蛋白质家族是在对脱钙骨基质促进骨愈合的研究中发现的。单克隆抗体研究显示在骨折修复早期BMP－2、BMP－4合成活跃，并引起软骨内骨化。当骨形成后其合成减少。FGFs（酸性和碱性）可促进成骨细胞和软骨细胞的增殖，其中

FGF－2 可刺激血管形成。

尽管对这些因子在骨折正常修复中的作用了解得不多，但仍有许多试验尝试通过外部给药得方法来加强骨折的修复，已有研究证实 BMP－2 可促进鼠股骨缺损的修复，也有一些试验显示人骨生成蛋白－2 在非人类灵长类动物骨节段性缺损的愈合中起到了一定的作用，但其他一些研究却没有能够证实 FGF－1 和 FGF－2 在鼠正常骨折愈合中的能力。虽然在这方面的先期工作很鼓舞人心，但是这些生长因子增强愈合的作用，以及能否作为治疗骨愈合不良时传统骨移植的替代物，还需要更进一步的研究。目前，这一领域还处于试验阶段。

二、骨折的损伤机制

骨折是指骨皮质和骨小梁的连续性部分或完全破坏。运动中最常见的骨折通常是一次性暴力损伤所致，而疲劳性骨膜炎和疲劳性骨折则是慢性损伤累积的结果。疲劳性骨膜炎发展成病理性骨折，即为疲劳性骨折（Fatigue fracture）或称应力骨折（Stress fracture）。

（一）暴力性骨折损伤机制

暴力可分为间接暴力、直接暴力和肌肉牵引力：直接暴力是指在暴力直接作用部位产生的骨折，如撞击伤等，常会合并严重的软组织挫伤，骨折线多呈横形或粉碎性；间接暴力是指远离骨折部位的暴力，通过弯曲、扭转等作用，致使应力集中部位骨折。例如，运动员不慎摔倒，手掌撑地，体重与地面反作用而使前臂产生弯曲，造成桡骨远端骨折。投掷动作时，因动作不正确或失去把握致使肱骨干螺旋形骨折。颈椎骨折最常见的原因是颈椎极度压缩，发生于潜水、打橄榄球、蹦床表演损伤。大部分非致命性颈椎骨折是压缩暴力引起的。旋转性暴力可引起脊柱的后关节紊乱；肌肉牵拉作用常常导致肌肉起止点的撕脱性骨折，好发于胫骨粗隆、肱骨大结节、坐骨结节等处。

骨骼尚未成熟的儿童，其骨骺抗张能力常比肌肉、肌腱差，所以在成人引起肌肉拉伤的机制，在儿童则表现为骨骺撕裂性骨折，这种撕脱可以出现在继发性骨骺出现之前。常见的部位是骨盆与股骨近侧段、肱骨内上髁等，典型的如缝匠肌、股直肌、臀肌、髂腰肌、内收长肌与腘绳肌的起止部的撕脱性骨折。

（二）疲劳性骨折损伤机制

疲劳性骨折在运动创伤中非常常见，而且一旦发生，常常由于疼痛影响训练与成绩提高。疲劳性骨膜炎和疲劳性骨折都是在慢性应力反复作用下形成的，两者的组织结构变化在发病过程中很难找到明确分界线。该疾病可发生于任何年龄的运动员，但以 15～16 岁年轻人多见，这一方面与他们所进行的反复跳跃、长时间跑步等高强度运动有关，另一方面是由于青少年体力和受训练经验不足。从材料力学等文献来看，任何构件在交变应力作用下，均可发生组织疲劳。骨作为人体的负荷支架，同样具有这种性能。骨疲劳是在骨应力－应变曲线的弹性范围内反复对骨标本施加周期性载荷，导致骨的力学特性（如弹性模量、骨强度）随时间降低的现象。一般将骨的疲劳寿命分为 3 期：1 期是裂纹形成和蓄积期，此期骨强度迅速降低；2 期为裂纹生长期，在此期由于裂纹分枝，缓解应力集中现象，使骨硬度处于稳定状态；3 期为裂纹汇合期，此期骨的硬度再次迅速降低。

当运动员进行长期的系统训练过程中反复剧烈的运动负荷使骨组织力学性能降低，往往在长骨皮质内部出现大量的微细损伤，若这种高强度的训练负荷持续增加，骨单位正常的平衡被打破，没有足够的时间进行修复，那么微细损伤将进一步融合，形成更大的显微裂纹，最终引发皮质内的骨折出现。但这时，如果将训练负荷减少或停止训练，骨单位改建就可修复微小损伤，避免骨折的出现。

另外，从总体上来看，负荷过重及肌肉的疲劳使骨骼受到很大的压力和应力作用，使骨质发生细微损伤并逐渐积累而形成自发性骨折。骨骼的发育，使其在负重线上有非常强大的受力能力，但在其他方向上，受力性能明显减低。而附着于骨骼的肌肉，特别是大块肌肉的收缩，不仅对骨产生纵向压力，同时也有使长骨弯曲的分力。这种力随肌肉收缩产生，随肌肉放松而消失，使长骨发生轻度弯曲和回弹变形。发育中的骨骼，在负荷适宜时，上述两种作用皆能使骨膜的血循环和代谢得到改善，而使骨膜和骨质增厚和加固，对力和应力的负荷能力提高。但过量的运动负荷，即所谓的超强度训练对骨的生长会产生负面的影响。

比如，运动员的疲劳性骨折最常见的发生于胫骨骨干的后内侧，由于过多跑、跳和下蹬活动，使小腿后方胫后肌和屈趾屈拇肌多次反复的收缩，刺激和牵扯了上述肌肉的附着部位，阈值下长时间相同节奏的活动会使肌肉收缩，超过骨骼承受能力的牵拉，致使此处骨膜松弛或分离，骨膜充血、肿胀及骨膜下出血，局部骨质初期可呈脱钙或骨小梁骨折。身体在跑、跳活动，因身体的重力和支撑面（地面）相互之间的作用力，作用于小腿骨面，反复的相同节奏的连续压力集中在一点时，导致冲击集中的形成而发生骨折。

跖骨骨膜炎的发生机制也类似于胫骨骨膜炎。外界的暴力反复作用，跖底屈肌的收缩和长期的肌肉韧带牵拉骨膜而引发跖骨疲劳性骨膜炎，多发生于第二、三跖骨，其他跖骨比较少见。

田径中，尤其是跑、跳项运动员容易发生胫骨、腓骨或跖骨疲劳性骨膜炎，发生在胫腓骨上的骨膜炎也称行军腿，发生在跖骨上的也叫行军足。脊柱的椎弓峡部疲劳性骨折则多见于体操、艺术体操、举重和技巧等运动员，因频繁的过度伸腰引起。

三、关节脱位与关节不稳

构成关节骨端关节面的正常对应关系发生异常变化，并造成关节的基本结构及辅助装置的损害和关节功能失常者称为关节脱位，俗称脱臼。

关节脱位多发生于活动范围大，活动频繁的关节，以肘关节最多，其次是肩关节，运动损伤中手指的指间关节挫伤脱位也很常见。运动创伤中关节脱位最常见的病因为直接或间接暴力，以间接暴力最为常见。如篮球运动员过度伸指接球，触球过猛，掌指关节极度背伸，掌骨头穿破掌侧关节囊向掌侧脱出。

运动损伤或外科手术后所遗留的关节不稳，是当前运动医学、矫形外科治疗和康复的难点。在运动损伤中最常见不稳的关节有：肩关节、腕关节、膝关节和踝关节。表现在运动中同一关节的反复损伤、关节疼痛、打软现象，对运动体位改变的保护性慢半拍，急跑、急停、转向跑等能力的减退。

（一）关节脱位的生物学基础

关节的稳定性由骨骼、关节囊、韧带和肌肉共同维护的，脱位的发生，必然有上述结构的异常。

1. 相应骨端相互关系的变化

脱位的发生是由于方向相反的相对运动所造成的。在关节两骨端正常解剖位置改变的同时，不可忽略在相互冲击的任何一方均可能会有关节面软骨的碰撞，甚至严重的可能造成骨折。因此，脱位时，应考虑有无关节撕脱性骨折或合并邻近部位的骨折。

2. 关节囊的撕裂

脱位时，骨的一端最容易自关节囊的薄弱点突出。有时，较小的撕裂孔将脱出的骨端套住，形如纽扣。如拇指掌指关节脱位时，由于关节囊裂口较小，掌骨头往往如纽扣交锁其中，复位异常困难。

3. 韧带损伤

脱位的骨端多附着着限制其脱位的韧带。脱位时，总有韧带的撕裂，或者可能保全了韧带，却导致骨片的撕脱性骨折。须引起大家注意的是，韧带一旦撕裂，产生脱位的条件已经形成，无论是否已有脱位的事实，总存在着脱位的趋势。如踝关节内（外）侧副韧带断裂时 X 线片上关节关系是正常的，只有在作应力外（内）翻位投照时，才可能显示出其脱位的潜在危险性。

4. 肌肉肌腱损伤

肌肉肌腱的钝性挫伤在脱位时固然普遍存

在，但真正的断裂则是偶见的。脱位后，肌肉所遭致的影响主要在于部分的丧失了其运动功能。如肩关节脱位后，旋前、旋后肌部分的丧失了肩关节旋前旋后的功能。

5. 骨膜下骨化

骨膜下血肿的形成几乎没有例外，如果及时复位，血肿吸收，可以不遗留痕迹。但由于损伤严重，或是延迟复位，或是被动强力牵拉，则可能会演变为骨膜下骨化；其一种方式是脱位时一侧骨膜被掀起，形成的血肿骨化，如肘后脱位时肱三头肌下的骨膜被掀起而形成的肱骨后方的骨膜下骨化。另一种方式是附着于骨上的肌腱、韧带或关节囊撕脱，同时将骨膜撕脱，形成骨膜下血肿骨化。如肘关节脱位时，肱前肌自尺骨冠状突上的肌止点撕脱，并将骨膜撕脱引起的肘前方骨化。

（二）关节不稳的发生机制

关节不稳通常是运动劳损或者急性受伤后所导致。另外，也可能是由于家族性因素和内在胶原不正常引起的，这种胶原不正常会造成关节囊和韧带的松弛以及伴随的肌肉活力的改变。由于关节的动力和/或静力约束受到损伤，或由于肌肉的不平衡，挛缩，或者是创伤性、非创伤性的韧带松弛，以及有时伴随的骨性和关节周围软组织的缺损，均可能导致关节不稳的发生。

如肩关节由主动和被动的约束组成，这些约束机制在维持关节稳定的同时提供关节的最大活动范围（ROM）。肩关节固有的第一层稳定就是肩盂和盂唇的几何形状。盂唇增加了肱骨头和肩盂关节面的接触面积，还使肩盂的关节面深度增加了一倍。存在于盂肱关节内的负压也对稳定起到了明显的加强作用。关节囊韧带结构所组成的复合静力结构，以及由肩袖，肩胛骨旋转肌和二头肌腱组成的动力结构共同构成了肩关节的约束。当反复肩部劳损或者用力不当，比如，参加或从事水上运动、网球、羽毛球等健步大范围运动的体育项目，以及某些职业因素等，导致肩关节创伤、劳损等都可以引起盂唇撕脱，关节囊撕裂、撕脱，甚至盂缘骨折，损伤了任何一个肩关节的约束机制，均导致关节不稳定。另外还发现大约有4%的肩关节不稳定使由于肩关节囊广泛松弛所致，并无明确的外伤史，肌电图显示冈上肌活动水平增加，肱骨头后倾减小、肩盂发育过小等骨骼因素，肩外展、外旋时，易向关节盂前侧脱出。

四、临床表现与诊断

（一）骨折与脱位的诊断

骨折与脱位的发生，多有明确的受伤史。

骨折发生时有时会听到骨折的断裂声，局部有疼痛、肿胀、畸形。疼痛一般在骨折数分钟后逐渐加重。骨折即刻由于突然的暴力引起末梢神经暂时性抑制而麻木，疼痛可以很轻甚至不感觉有疼痛。内出血有一个过程，肿胀也是逐渐加剧的。畸形包括肢体成角、旋转、缩短、分离和移位等。

临床检查：骨折时，主要体征是压痛，为固定而局限性的压痛。压痛是各种骨折共有的体征，局限性是指压痛局限在一个小范围，一点或一条线上。例如，腕舟骨骨折，有时没有肿胀畸形，甚至腕关节活动也不受限，但在“鼻烟窝”部（拇长伸肌、拇短伸肌腱之间）有压痛点。有些管状横形骨折，围绕骨一周均有压痛。骨折的另两个体征是纵向叩击痛和挤压痛。长管状骨可沿其轴线纵向挤压或纵向叩击，常可引发痛点处疼痛明显。如诊断小腿中上部受直接暴力是否存在胫腓骨骨折时，若直接按压受伤处，即使没有骨折，病人亦感疼痛，但如纵向挤压小腿下1/3处，若病人感到中上1/3部疼痛，则为纵向挤压痛阳性，说明胫腓骨上中部存在骨折。如果局部存在假关节或有骨摩擦感，则骨折的诊断更能确诊无误。胸壁挫伤是否合并有肋骨骨折，主要进行胸廓的挤压试验，即在肋骨无软组织挫伤的部位纵向或横向按压，挫伤部位的肋骨出现疼痛，即挤压痛呈阳性，说明存在肋骨骨折。如果直接按压挫伤处，肋骨骨折和单纯的软组织挫伤，均可导致疼痛，两者不易鉴别。

半脱位或全脱位，表现为疼痛、肿胀，关节

运动受限，畸形和弹性固定等。

根据局部受伤史、症状与体征，结合普通X线检查结果，能明确诊断。X线检查作为辅助检查的手段，应该结合临床体征，切忌因为X片投照范围不足或其他原因导致误诊和漏诊。

（二）关节不稳的诊断

关节不稳的诊断，包括病史或运动史、体征、应力X线片、关节造影、CT、MRI及关节镜检查等。

有部分病人有关节损伤史。肩关节不稳可由于较大暴力引起关节脱位或半脱位引起。膝关节任何韧带的损伤，均可引起关节不稳。Karlsson指出，踝关节扭伤后有10%～20%的患者，可遗留踝关节不稳，且有临床症状。对于运动损伤而言，要了解运动患者所从事的体育项目，所参加项目的水平，训练的频率和强度以及所采用的风格和技术，均应进行完全的调查了解。应该询问运动员在活动时疼痛是否增强，休息时是否存在疼痛以及疼痛对日常生活和睡觉是否有影响。而且，不稳定是一种动态现象，因此只有观察运动员的活动才能理解所描述的症状。

关节不稳的患者可能会有恐惧不安、疼痛、无力、活动受限等症状。恐惧不安是关节不稳的典型症状，患者可有关节不稳，失效，或伴有神经性质的打软。如踝关节首次扭伤后，反复发生踝关节内翻扭伤，即使在平坦的路上行走，也会发生。因此，总会有一种对患足的“不安全感”。疼痛是常见的临床症状，如肩关节前方不稳定表现为前惧痛症，“体操腕”常常有腕部疼痛。

临床检查应从正常一侧开始过渡到患侧，直接对肿胀和疼痛部位进行触诊。Harringtong在观察了一组症状10年以上的病人后指出，长期的不稳定，反复的损伤，可能有滑膜的增生，关节内渗液，有时可扪及捻发音。

对于肌肉的不对称或肌力的减退必须检查出某个特殊肌群，而且须弄清有无神经的损伤。客观的肌力测试有助于在康复期进行选择性的肌肉力量训练。

对不稳定的方向应进行检测。如肩关节前方不稳定，可由前惧痛征，前抽屉试验来检查，肩关节后方不稳定可用后抽屉试验，下方不稳定可用sulcus征，肩关节多向不稳定可由上述几种试验引出阳性体征。膝关节不稳可用前后抽屉试验、内外侧扳试验、Lachman试验等，踝关节不稳可用前抽屉试验、外侧不稳定试验等，均可检测出关节不稳的方向或对改方向存有恐惧感。对于运动员，即使撞击和恐惧试验的结果相对比较肯定，但其不稳定的体征通常很轻微。有些作者提出物理检查可在全身麻醉下进行，以避免运动员较好的肌力影响检查结果阳性体征的出现。

通常，X线平片应作为首选的检查方法。包括标准位检查和应力位检查。计算机断层（CT）照相很容易显示出不稳定状态下的关节囊等的异常变化以及骨组织的溶解。磁共振影像（MRI）比起CT的优点主要包括其很好的软组织对照，能够产生多平面的影像，没有电离放射以及没有骨组织的影响。对于不稳定的方向及程度的最终动态评估是依靠准确的病史，物理检查和肩关节镜。

五、治 疗

（一）骨折的治疗

骨折的治疗可采取中西医结合的治疗方式。中医一般主张手法复位，夹板和托板固定，功能锻炼，辨证用药，以及辅助中医按摩、针灸治疗。西医以前主张石膏固定，近期则主张手术内外固定，早期功能锻炼。中医的手法复位、夹板固定对于肌力强壮的部位，往往复位不一定能成功，夹板固定不一定有效。所以最好早期急诊手术，进行有效的切开复位内固定治疗，这有利于术后立刻开始康复治疗。这样，不仅可以避免因固定制动造成邻近关节僵硬，而且对于运动员保持良好的体力状态，也是极其重要的。同时可以配合中医的中药、针灸、按摩以及其他理疗措施，有助于功能的尽早恢复。

（二）脱位的治疗

关节脱位的治疗，在全身条件允许的情况下，可采用手法整复，越早越好。不仅可以减少病人的痛苦，而且容易复位成功。若时间较久，关节周围肌肉挛缩，局部血肿机化成瘢痕组织，软组织粘连，则手法复位困难。对于复位困难或有合并骨折等较为复杂的脱位，则可行手术切开治疗。脱位整复成功后，应将患肢固定在合适的位置，时间须足够，一般 2～3 周，若有软组织的撕裂，则应有足够时间的固定保护。忽视伤肢必要的保护与制动，是导致关节脱位疗效差和造成习惯性脱位的主要原因之一。复位后固定的关节可行静力收缩等练习。解除固定后，应逐步进行主动功能锻炼。要循序渐进，切忌粗暴扳拉。其目的是促进局部血液循环，促使功能尽快恢复。可辅助中药、针灸、按摩、理疗等治疗。

（三）关节不稳的治疗

对于关节不稳的患者有几个可供的治疗选择。

对于非手术治疗，患者必须接受生活中的不稳定状况，提倡进行力量训练，但这是否能带来益处尚缺乏科学性研究。借助支具的保护是预防关节不稳带来严重后果的措施之一，但可能较为笨拙，且使活动受到限制，还可能带来其他损伤。

对于运动员来说，主张早期进行重建手术。外科手术进行解剖结构的重建，是形态学的基础。通过修复受损的含有本体感受器的组织结构，恢复关节力学感受器的适宜刺激条件和神经肌肉的反馈途径，进一步达到关节功能重建的目的。

无论是手术或非手术的患者，后期的康复功能锻炼都具有重要意义。临床最具挑战性的观点之一，是领会关节损伤后和康复重建过程中本体感觉传递及神经－肌肉控制的作用，明确关节本体感觉缺失的重建是功能性关节不稳的康复要点之一。因此，为了阻止运动损伤的再次发生，提出了运动员恢复功能水平、最大限度的恢复本体感觉和神经肌肉控制的渐进性训练内容：①关节位置觉和运动觉；②动力性关节稳定；③反射性神经肌肉控制；④功能性特殊活动等。对于康复的方法和效果仍在不断的探索之中。

第二节　软骨损伤

关节软骨损伤是运动创伤中的常见病。关节软骨一旦损伤，则遗留永久性病变，不能完全修复，治疗困难，常常影响体育训练及成绩提高，并导致受伤运动员的运动寿命缩短。因此，预防关节软骨损伤以及关节软骨损伤的正确治疗是运动医学及创伤骨科界的重点研究课题之一。

一、关节软骨损伤的生物学基础

（一）关节软骨的结构与功能

1. 关节软骨的基本结构

软骨是一种高度特殊化、半硬形式的结缔组织。正常关节软骨组织由软骨细胞和软骨基质组成。软骨细胞含量很少，仅占总量的 2%，水占软骨重量的 70%～80%，其中约 90% 在细胞外的基质内，由软骨细胞合成的胶原纤维和蛋白多糖（proteoglycans）约各占基质的 10%～15%。拱桥形的胶原纤维利于承重。糖蛋白，或称蛋白多糖，是一种高度水化胶状物质，是软骨基质中的重要成分，对软骨组织的物质渗透有重要作用。糖蛋白与胶原纤维构成了基质的主要成分。基质又由水、蛋白多糖和纤维构成。软骨基质的成分决定着软骨的力学特性，包括弹性、强度等。由于基质内纤维的成分和含量不同，构成了 3 种类型的软骨，即关节软骨或称透明软骨（如关节的表层、生长板或生长盘）、纤维软骨（如半月板、韧带与肌腱止点结构）和弹性软骨（如耳软骨）：纤维软骨含大量的胶原纤维，其结构及特性介于骨与韧带组织之间；弹性软骨则含大量弹性纤维，因而有较强弹性；关节软骨的主要功能是扩大关节接触面以分散接触应力，吸收机械震荡，缓冲关节应力，减少关节面摩擦等。这些功能由其基本结构及力学特性保证。

关节软骨覆盖在关节骨端表面，正常软骨表面光滑，半透明，富有弹性。包括表层、中间层、柱状层、潮线、钙化软骨层及骨质六个部分。潮线是指关节软骨的柱状层和钙化软骨层之间的特殊染色层，HE 染色呈一条淡蓝色的波状条纹，其厚度约 2 ~ 5μm。功能与软骨的钙化过程的调节有关。过度的关节负荷可促使潮线向软骨柱状层推进，也可形成不平坦状态，使软骨各部受力不均，促进软骨的退行性改变。

分子水平的关节软骨病研究提示软骨损伤后，出现软骨退性变，软骨细胞的基因表型发生改变，软骨细胞出现分化及反分化（dedifferentiation）现象，胶原纤维变形，影响软骨功能，因此，可把它们看作有特定功能的功能性分子。

2. 关节软骨的生长

软骨细胞有合成胶原和蛋白多糖的功能。软骨细胞在幼年动物有明显的分裂增殖现象，动物成熟后不再分裂。损伤后虽有分裂现象，但不能细胞增殖及软骨修复。随着年龄的增长，软骨细胞数目减少，且其合成的基质大分子的易变性加大，软骨细胞对促合成代谢的生长因子的反应也减弱，以至降低了软骨组织自身修复的能力。因此，很可能小儿的骨软骨损伤和软骨损伤的愈合潜能要强于相同损伤的骨骼成熟或年长个体。

基质的水可通过软骨表层由纤维交织成的过滤层与关节液交通，从而输入营养物质及氧，同时输出代谢产物。关节软骨未成熟时，部分营养来自软骨下骨层，软骨成熟，钙化层及潮线形成后，与软骨下骨层的交通断绝，全部营养来自关节滑液。

关节软骨内无血管神经，成人关节软骨营养的唯一途径通过弥散机制与关节滑液交换完成。关节囊的滑膜层细胞有活跃的分泌滑液和吸收功能，以及滑膜细胞分泌透明质酸的功能。滑液含有的葡萄糖、盐类及低分子蛋白等是通过弥散机制进入关节腔的。关节活动是弥散机制的关键，它既能使关节液中的营养物质进入软骨，又能使软骨的代谢产物受运动挤压而排出进入滑液，因此，关节活动对软骨的代谢起到了泵的作用。骺板尚未封合的青少年则有部分来自软骨下骨。运动对软骨的形成和维持正常的营养有重要意义，长时间的关节固定以及过度运动都可引起病理改变。

与成年人相比，青少年生长发育中的关节软骨较厚，并且部分参与骨生长。关节软骨的反复性创伤较多发生于肱骨远端、股骨远端和桡骨肱骨小头关节的关节面。分离性骨软骨炎好发于青少年时期，可发生在各关节，但最多见于膝关节。关节损伤后，关节软骨从关节面脱离可导致一系列关节病变。

3. 关节软骨的功能

关节软骨的表层除具有耐磨、抗压和营养物质的通透功能外，还具有免疫屏障作用。关节软骨在关节活动、承重及生长（青少年）中发挥着重要作用，在运动中有减震、分散和缓冲冲击力以及减小摩擦力以利关节活动的功能。这些功能的完成与关节软骨的生物力学性能有密切关系。

（二）关节软骨的生物力学特性

1. 关节软骨的双相性

关节软骨是多孔介质，是具有固体有机基质和水的二相结构，水分可以由于压力梯度或基质的挤压在多孔 - 渗透性的固体基质中流动。因此，可把关节软骨看作是一种由液相与固相组成的材料，即关节软骨的双相性。

2. 渗透性

研究表明，当软骨组织受压且存在压力差时，水分可以在多孔 - 渗透性的固体基质中流动。在这种情况下，压力使固体基质压缩，组织间隙压力升高，促使水分流出组织。但随着压力的增加，而组织水分减少，关节软骨的渗透性也下降，能够防止组织间隙中液体的快速丢失，保持组织间隙的液压来支撑负荷。同时也能够调整软骨在循环负重时分散应力的能力。已经证明，渗透性与组织水分成正比，与蛋白多糖的含量成负相关。

3. 流体依赖性黏弹性

当受到恒定的载荷而变形时，关节软骨表现

出一种时间依赖性行为（黏弹性）。如果压应力（载荷/面积）保持不变，软骨变形程度随时间而增加，即软骨发生蠕变达到一个平衡点。当软骨发生变形并维持恒定的应变率时，所需的应力将很快达到峰值，随后所需的应力将逐步减小，直至达到平衡。当组织间液流经致密基质时，液体和基质间将会产生摩擦力，从而使能量得以吸收、消耗。

例如，这种黏弹性表现为在受压初因表层水分流失而有快速的压缩变形，以后因表层组织变致密，水分流失减慢以及蛋白多糖分子的抗力出现，变形减慢而成蠕变。去除压力后蛋白多糖分子迅速扩张使水分自滑液吸入软骨，软骨厚度的恢复也自快而慢形成突变和蠕变两个阶段。这种流体依赖性的双相粘弹特性为关节软骨基质避免损害提供了保护，可防止软骨损伤。当软骨表层损害时通透度增加，受压时变形量也增大。持续受压使基质液过度丧失，可导致软骨坏死。

4. 非流体依赖性黏弹性剪切特性

由于关节软骨中层随机分布胶原纤维的牵张与相嵌其间的蛋白多糖分子剪切力使得软骨具有剪切应力－应变反应。假设对一软骨条块加压，其不仅在承受压力方向上受挤压，而且会横向扩展，这就是 Poisson 比值效应。如果让软骨条块的一个面紧贴一刚性表面，那么在这一界面上软骨不能自由伸展，关节软骨与硬的界面上就会产生一剪切应力。

实际上，当压力作用于骨骼上的关节软骨时，最大的剪切应力发生于潮线。而且，当承受较大的压力时如遭受钝性冲击力时会导致软骨从骨上剥脱；当受到压缩时，任何 Poisson 比值大于 0 的材料将横向伸展，产生张应力与应变。在软骨中这种张应力与应变足够大时会导致关节表面胶原纤维与网状结构的损害。

5. 拉伸特性

关节软骨的单向拉伸试验表明：平行于分裂线切取的标本比垂直于分裂线切取的标本拉伸强度和刚度均较大，而且随距关节面深度的增加而降低，说明了软骨的浅表层起一种类似保护性皮肤的作用。这是由于关节软骨表层的胶原纤维含量较高，排列较一致，比中间层和深层的硬度更大。在关节软骨的应力－应变曲线中比例恒定的线性部分称为拉伸弹性模量，反映了在拉伸过程中胶原网状结构的刚性。拉伸弹性模量取决于标本的位置、深度与方向，还与裂线的方向、表面的原纤维形成或构成的改变相关。

二、关节软骨损伤的损伤机制

（一）关节软骨损伤的类型

关节软骨的机械损伤可分为 3 类：①软骨细胞和基质显微损伤，没有明显的软骨表面破裂；②软骨明显破裂（软骨骨折）；③软骨和软骨下骨的断裂（骨软骨骨折）。

显微损伤可由一次简单的或反复多次的负荷造成。这种损伤常造成软骨细胞的伤害，影响了细胞合成胶原和蛋白多糖，使软骨发生不可逆转的退化。

单独的部分或全层关节软骨损伤，由于有限的血供而使其修复比较困难。较小的损伤（小于 1 厘米）对于整个关节的内环境稳定没有明显的影响。当受损范围扩大（大于 1 厘米），整个关节的叠和性受到影响，使周围的软骨和软骨下骨所受的负荷增加，长此以往，可累及周围正常的关节软骨，进一步加重关节的不叠和性与损害。

随着伤害力的增加，损伤深度可超过关节软骨，而使软骨下骨遭到伤害。通过潮线的损伤可导致出血和凝血块的形成，从而激活了一系列炎症反应。这类损伤与单纯的软骨损伤不同，纤维蛋白凝血块可释放血管活性介质和生长因子，这些物质可刺激血管的侵入以及未分化细胞的迁移，而未分化的间充质细胞可以形成以Ⅰ、Ⅱ型胶原为主的修复软骨。

（二）关节软骨损伤的病理机制

关节软骨损伤后胶原纤维破坏，则损伤部软骨正常弹性降低，且胶原纤维形成的“网状拱形结构”和“薄壳结构”破坏。所受压力不再能传递分散，则局部受到超常压力进而损伤软骨下骨质。软骨进一步损伤，细胞坏死。软骨正常弹性的改变也影响了软骨的营养作用，加重了软骨的退行性变。胶原纤维的损伤及软骨细胞死亡，失去分泌基质的能力，则基质退行性变加重。这都引起软骨一系列的病理变化。（图6－1）

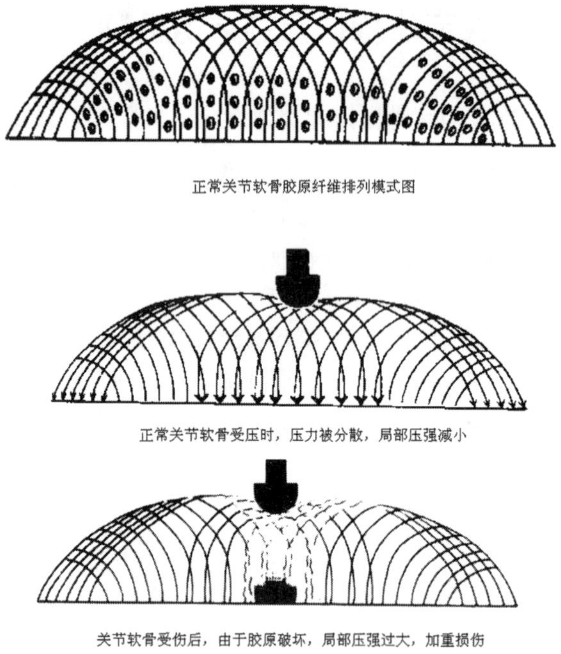

图6－1　关节软骨的损伤病理
（引自 曲绵域，2003，460页）

关节软骨损伤后病变的范围和程度都不一致。由失去光泽、变黄、不透明到软骨软化、龟裂、软骨剥脱、缺损溃疡、软骨纤维变等。光镜下表现为病变处软骨细胞乱排、细胞减少，核缩坏死等。基质退行性变，出现裂隙空泡，软骨纤维化，软骨内出现钙化岛、骨岛，软骨层变薄，潮线有涨潮现象出现。

软骨下骨表现为骨髓纤维化可长入软骨层或腱组织，髓腔内形成黏液囊肿。镜下可见成骨细胞增多，骨增生出现大量新生骨。骨小梁增粗，髓腔变窄，骨内出现软骨岛，增生骨突入软骨层和肌腱组织内就出现骨边缘的骨赘。

滑膜脂肪垫可见正常的滑膜隐窝消失了，滑膜粘连，充血增厚，绒毛增生等。镜下同样滑膜肥厚，绒毛增生，血管增生，管壁肥厚，管腔狭窄。滑膜增生充填了软骨边缘隐窝或覆盖软骨。

关节软骨损伤的病理改变是关节软骨、软骨下骨、周围滑膜组织、腱止装置等的一系列综合病变。在病理生理的过程中，这些不同组织的病变相互作用，彼此影响，使病变进一步加重。临床上不同病例各组织的病变程度并非一致，症状也并非单因软骨病变引起。各组织的病变皆能引起症状，由于关节软骨是无血管神经的组织，单纯软骨病变早期往往没有明显疼痛症状。其症状主要因继发其他组织病变引起。在不同病例中各病变组织起不同作用，这就可以解释为什么临床症状与关节软骨损伤的程度不相一致。

三、关节软骨损伤的修复与再生

由于关节软骨是无血管、淋巴管和神经的组织，自身修复能力有限，损伤后常导致关节功能恢复不全。其主要生物学因素是：①软骨无血管；②损伤的组织缺少未分化的软骨细胞；③软骨细胞封闭于致密、坚固的胶原糖蛋白分子固体基质中，损伤的关节软骨不能得到骨组织中未分化的间充质细胞进入损伤部位。

当软骨损伤或疾病延伸到软骨下区域的血管时，修复组织缺损的细胞到达损伤部位，这些细胞不能够总把损伤组织修复成为具有独特组成、结构和材料特性的正常关节软骨基质。多数损伤修复时，细胞不能产生足量的软骨大分子以建立一个完整而坚强的细胞外基质，它们不能够使细胞组成像正常关节软骨一样的形成分层和各向异性的结构。因为关节软骨的独特性质，浅表撕裂、钝性创伤、软骨下骨及关节软骨的创伤破坏，其修复反应是迥然不同的。

一般认为，小病灶损伤有可能完全恢复正常，较大范围的病灶常只有修复性反应而不能完全修复，多以软骨样组织代替，而且需要有生理性压力的机械刺激才能完成化生。

（一）关节软骨浅表撕裂的修复反应

关节软骨的浅表撕裂可由运动创伤和关节软骨退行性变引起，最初表现为浅表层的磨损或出现垂直的缺口和裂缝，随着时间的推移，损伤不断深入，出现垂直的缺口和裂缝，并进行性加重，最终，更多的组织丢失，软骨下骨暴露，并导致骨质象牙化。软骨细胞没有能力修复损伤组织和防止损伤进一步加重，只能让关节表面的剥脱不断发展，最终只剩下一个坚硬、致密的象牙化骨。关节软骨的浅表撕裂伤，如果不越过潮线，通常不能愈合，可能一直会或许终生存在于关节表面。软骨局限损伤的研究实难明确地证明软骨细胞没有能力修复软骨缺损。但是，它也证实对于正常滑膜关节而言，正常关节表面的局限性实验性损伤通常不会发展为全层的软骨丢失。因此，单独的浅表软骨撕裂伤不会导致正常关节发生 OA（骨关节炎），浅表性骨关节炎性损害的发展可能来自骨关节炎软骨的异常，或者是其他与该疾病相关的因素。

（二）关节软骨钝性撞击的修复反应

关节软骨能够承受单次或多次的中等程度的，或偶尔高强度的撞击负荷。然而，许多研究发现，一次过强的冲击力可以导致软骨损伤而表面不产生裂痕，或者低于创伤阈的负荷反复作用而导致软骨损伤的积累。很明显，任何一种负荷过程都会导致软骨损伤，而且所致的损伤可能是有实际意义的，可能发生软骨细胞死亡、基质破坏、表现撕裂、潮线区变厚等。在一定的撞击负荷阈值下，软骨可能会从软骨下骨上剥脱下来或使软骨 - 骨界面发生剪切骨折（也就是在潮线），而反复多次的损伤，可导致潮线增厚或扩展，非钙化软骨的厚度减少，这些变化还可以使得软骨 - 骨联结区硬化。这些改变（非钙化软骨变薄和软骨下骨硬化）导致了变薄的关节软骨在正常活动时应力和张力的改变，进而出现骨关节炎的变化。因此，关节软骨的钙化层和软骨下组织的这些变化对 OA 关节软骨破坏的持续进展是至关重要的。

（三）关节软骨和软骨下骨损伤的修复

穿过软骨下骨的软骨缺损（也就是骨软骨缺损）的修复在某种程度上可能取决于组织损伤程度，而这种程度要用受损的组织体积或表面积来衡量，还取决于损伤在关节中的位置（也就是高或低负重区）。实验研究表明，大的骨软骨缺损的修复通常比小的缺损难以预料，修复也相对不完全。

在许多情况下，软骨修复组织的成分和结构是介于透明软骨和纤维软骨之间的，修复组织与周围的软骨性组织不连接，软骨下骨并不形成一个不可渗透的屏障。因此，修复组织不能完全修复关节表面，恢复关节的正常结构、组织或力学特性。

多数创伤后的软骨修复组织在一年内显示原纤维形成征象，临床上，大块骨软骨缺损（导致力学上关节功能丧失或滑膜炎）的修复组织常常会出现进行性退化。只是在少数情况下，修复组织在一段长时间内也会像正常关节面一样具有满意的功能，甚至可以重塑成非常类似于正常的关节软骨，原因尚不清楚。因为在一些病例中修复组织有提供功能关节表面的潜能，所以许多骨外科医生仍然继续采用钻磨关节表面到出血骨质的方法来试图修复关节表面。

（四）关节软骨损伤修复的研究进展

目前人工修复关节软骨的方法较多，在短期内（3 ~ 5 年）的疗效尚佳，少有长期追踪报道。主要方法有：①关节软骨的移植；②软骨细胞和间充质干细胞移植；③骨膜和软骨膜移植；④软骨下骨的钻孔或磨造；⑤负重和关节活动；⑥凝胶或纤维合成介质的植入；⑦生长因子的应用。虽然都具有刺激新的软骨面形成的潜能，以及软骨细胞的移植有促进人类损伤关节面恢复的作用，但是，上述方法仍没能够如所预期那样恢复骨关节炎的耐磨损表面，也没有一种能够始终成功地恢复关节面。

临床和实验资料显示，未来提高关节软骨修复的方法应从详细分析受累关节的结构和功能异常以及分析患者对将来关节使用的希望开始。在这个分析的基础上，医生可以制订一个治疗计划，包括纠正力学异常（包括排列紊乱、不稳定、关节内力学功能障碍的原因），清除退变关节软骨，可能有限地穿刺软骨下骨，应用生长因子或移植包含干细胞或生长因子的合成基质等一系列措施的治疗计划。

四、软骨与骨软骨骨折

软骨与骨软骨骨折在关节损伤中并不少见，虽然以往在诊治时易被忽视，然而随着关节镜的应用，软骨和骨软骨骨折（Chondral and osteochondral fractures）近年来引起人们的广泛重视。多见于膝、踝、肩、肘等关节，尤与膝、踝关节的关系最为密切。由于损伤的早期症状不明显，诊断存在一定困难。

在临床上可以把这种损伤并为两大类，即急性软骨（或骨软骨）骨折和慢性软骨骨折。前者必须与急性韧带损伤、半月板破裂、滑膜损伤以及膝关节周围组织等病变予以鉴别，后者则应与膝关节内在慢性退行性变相区别，实际上前后者有一定因果联系，后者纯粹是前者的后遗症。急性损伤是否转变为慢性情况则视早期原发情况、治疗是否得当而定。未经治疗者多演变为慢性，一旦慢性情况出现，则完全属于后一类，例如急性髌骨软骨骨折会转变成髌骨软化症；后交叉韧带股骨附着处的撕脱性骨折变成剥脱性软骨炎；移位的软骨或骨软骨变成关节内游离体。特别是青少年运动员，多数诊断为关节鼠、髌骨软化症与剥脱性软骨炎，实际上可能都是由于软骨骨折所致。

（一）损伤机制

1. 急性软骨骨折

急性软骨骨折由 3 种主要外伤暴力引起，即嵌压、剪力与撕脱。

（1）嵌压骨折：由直接暴力垂直作用于关节面，如外力直接打击于髌骨上，导致髌骨软骨直接挤压于股骨软骨，由于股骨软骨面是凹陷的，所以容易承受损伤，而髌骨下的软骨则易受压迫或嵌压。

（2）剪力软骨骨折：多由侧向打击所致，受力的方向与关节呈切线关系或与关节面平行，例如当髌骨受到侧向暴力而从股骨髁向外侧脱位时，可以引起髌骨软骨剪式骨折（平行于软骨面切削力所致削脱伤或旋捻伤），或是引起股骨外髁软骨甚至连同软骨下的外髁骨质一起被击下。

（3）软骨的撕脱性骨折：常带一薄片骨皮质，多数引起该处韧带的功能丧失，最易诊断的实例是由牵拉前交叉韧带而引起的胫骨棘骨折。同样，由于股四头肌或内侧关节囊的牵拉也可引起髌骨软骨骨折。

2. 慢性软骨骨折

若软骨骨折在急性期未被诊断，则可能导致骨软骨性关节游离体与剥脱性骨软骨炎。如不慎失跌时髌骨着地，引起髌骨星状骨折并可能伴有软骨骨折，早期手术时诊断非常清楚，晚期观察则为髌骨软化症。

由后交叉韧带所引起的骨软骨撕脱性骨折的病人，如果早期延误诊治，后期手术则常诊断为剥脱性软骨炎。由髌骨脱位所致的股骨外髁剪切骨折，如带有一片 X 片可见的软骨下骨片则诊断可明确。反之，如在髌股关节面有一些软骨剪切骨折，则可能形成所谓髌骨软化症。如在早期手术时，可见髌骨关节软骨脱下，有一新鲜的出血床，像椰子肉从其壳上剥脱。然而多数未能在早期手术与诊断。晚期只有关节软骨游离体。在股骨髁部位的软骨损伤，如果早期没有明确诊断及时治疗，在后期则可能出现剥脱性软骨炎。在其他部位不同程度的损伤中亦可能见到同样类型的病理改变，如肘关节损伤。一般早期损伤后常被延误，而在晚期被诊断为骨软化症、剥脱性骨软骨炎、骨软骨性关节内游离体。

（二）临床表现与诊断

1. 病 史：凡是切线骨软骨骨折都有受切线应力动作的受伤史。如膝关节内外翻伤或髌骨半脱位，脱位病史或踝关节内外翻扭伤史。

2. 症状与体征：伤后关节肿胀，如为骨软骨骨折，则关节内积血。仔细检查关节内抽出的血液，平静数分钟后往往可见油滴漂浮于表面（来自骨髓）。

除有一般关节疼痛肿胀外，若骨软骨片脱离骨床，可有关节游离体症状，如关节交锁，触及游离骨块等。如损伤在髌股关节面，则会出现髌股关节软骨病的症状与体征。踝关节出现骨性关节炎的症状与体征。

3. 影像学检查：从X线片上可看到骨缺损或骨片。投照角度、位置很重要，往往需从几个角度拍照，切线位最易显示。单纯软骨切线骨折X线检查常为阴性，晚期可见骨的囊性变、局部脱钙或骨增生，MRI有助于诊断。

（三）防治措施

早期经关节镜或切开做手术修补。术后的康复训练非常重要。

软骨与骨软骨损伤的临床确诊和治愈较难，软骨损伤后无法自行复原，移植替代在临床尚未全面展开，进入手术又只能是修补，但效果对操作技术的依赖性很高。非手术治疗又只能控制症状程度。因此，对具体的患者，应考虑其运动项目及运动代偿能力对患肢功能的要求和影响。

三、创伤性关节炎

创伤性关节炎（traumatic arthritis）是一种继发性的可以预防的骨关节病，是由于连续的物理性或机械性损伤导致的可运动关节的软骨变性、破坏，以及在此基础上的关节软骨、软骨下骨、滑膜、关节囊及周围的肌肉和韧带的一系列改变，出现关节疼痛、功能障碍者，称为创伤性关节炎。它的发生与运动系统慢性损伤、关节内骨折、关节暴力伤及关节内异物存留等有关。

创伤性关节炎的病理过程和临床表现与退行性骨关节病相同，但创伤性关节炎的发病年龄、发病部位和发病机制均与退行性骨关节病不同。创伤性关节炎好发于青壮年的任何关节，但以髋、膝、踝、肩、肘等大关节多见，而退行性骨关节病常见于中老年病人，病变部位又以脊柱和指间关节多见。

（一）常见病因

1. 运动系统慢性损伤

包括关节软骨、骨组织及关节周围软组织的损伤。多由长期、反复、持续的运动动作或姿势，使可动关节局部应力增加，通常是由组织的肥大、增生来代偿，当超过代偿时就形成微细损伤，累积、迁延而成慢性损伤。

2. 关节暴力损伤

多见于关节挫伤、扭伤及关节脱位复位后，虽然无骨折，但损伤了关节周围的肌肉、韧带和滑膜，同样引起关节内创伤性滑膜炎，关节肿胀、渗血，影响了关节软骨及周围滑膜和关节囊的营养。

3. 关节内骨折

常直接造成关节软骨和软骨下骨的损伤，特别是软骨下骨的滋养血管受损，造成关节软骨的营养不足，导致创伤性关节炎的发生。

4. 关节创伤后异物存留

可引起异物反应，继而发生关节退行性变。

（二）病变过程及病理表现

创伤性关节炎最早期的病理改变发生在关节软骨，先是关节软骨失去正常的弹性，然后暴露软骨胶原纤维，脱落的软骨碎屑经纤维素包裹钙质沉着，形成小的关节内游离体，磨损和积累性微小损伤，反复刺激关节软骨下骨，使松质骨外露、增殖、肥厚和硬化，这种病理过程不断演化，形成恶性循环，严重影响关节正常活动，导致软骨退变。

在创伤性关节炎的早期，病理改变表现为软骨表面变淡黄，失去光泽，继而表面粗糙，局部软化，失去弹性，胶原纤维变性。在关节活动时发生磨损，软骨可碎裂、剥脱，软骨下骨外露。在关节软骨磨损最大的中央区域，软骨下骨的骨质密度增加，骨小梁增粗，呈象牙质样变。而承受应力较小的外周部分，软骨下骨的骨质发生疏松，出现囊性变。由于骨小梁破坏吸收，使囊腔变大，周围成骨反应形成硬化壁。在软骨的边缘或肌腱附着处，因血管的增生，通过软骨内化骨，形成骨赘，如骨赘破裂或软骨剥离，就形成关节内游离体。

滑膜早期由于剥脱的软骨和骨质增生的刺激，呈急性炎症改变，滑膜水肿，大量增殖，肉眼呈“串珠样”改变，关节液增多。转入慢性期后，关节液减少，滑膜被条索状的纤维组织替代。关节囊产生纤维变性和增厚，限制关节活动，周围肌肉也因疼痛而产生保护性痉挛，关节活动进一步受限，最终导致关节畸形。

(三) 临床表现和诊断

创伤性关节炎晚期具有比较明显的临床症状，即：关节疼痛，活动后加剧，休息后缓解。关节肿胀，活动受限等。早期由于症状较轻，体征不明显，诊断往往较困难。

目前，随着现代诊断技术的发展，关节镜技术和 MRI 技术在此领域已崭露头角。关节镜技术在直视下检查关节腔，不仅可以取组织作病检，而且还能关节清理，切除骨赘和粘连的滑膜等。关节镜技术是诊断关节炎特异性和灵敏性最强的技术。MRI 是一种无创技术，它能较为准确地显示关节软骨、软骨下骨、韧带及关节周围软组织的改变，能显示早期较小的骨赘，诊断率明显高于 X 片、CT 等。

(四) 合理选用治疗方法

创伤性关节炎患者应注意休息，保护关节，避免过度活动或损伤。严重时要卧床休息，支具固定，防止畸形。早期采用物理治疗，能延缓或阻止病程发展，常用的有超短波、微波，温热疗法，中药外敷，针灸，推拿按摩等。

药物治疗的目的是缓解疼痛，恢复功能。常用的药物有非甾体抗炎药和软骨保护药。非甾体抗炎药常用扶他林、芬必得等。软骨保护药有玻璃酸钠等。局部关节内注射玻璃酸钠，可以减轻症状、促进软骨缺损的修复和愈合。

手术的方法有软组织移植（骨膜和软骨膜移植片修补缺损）、软骨细胞移植、嵌合体移植（自体移植）、人造基质、新鲜的骨软骨移植等。目前，临床应用较成熟的技术是关节镜探查清理术，在关节镜直视下，清除关节内的游离体、粘连变性的滑膜、剥离的软骨以及突出的骨赘等。

第三节　骨骼肌及肌筋膜损伤

骨骼肌损伤是运动创伤中最常见的损伤之一，可因受到打击、撞击、碾压等直接暴力而导致肌肉挫伤和捻挫伤，轻者可致部分肌纤维损伤，肌肉内出血或有小血肿形成，严重者可致肌纤维断裂，组织广泛出血或有较大血肿形成，治疗不当可致肌纤维的纤维钙化甚至形成骨化性肌炎。也可因扭转、牵拉或肌肉急骤而不协调的收缩而产生的间接暴力引起肌肉筋膜的撕裂或断裂，这些损伤若未得到及时正确的诊治，会严重影响运动员的训练甚至正常生活。

一、骨骼肌损伤的生物学基础

骨骼肌的结构和机能的发展变化与肌肉的营养和所承受的力学负荷等因素有关。正常人从幼年至壮年，肌肉的结构和机能在不断地加强提高，到年老体衰时，机能下降，肌肉活动减少，结构会发生失用性萎缩。适量的体育锻炼、生产劳动会提供适宜的力学刺激，促进局部代谢，增强骨骼肌的结构并提高功能；而急性外伤或过度负荷则会导致骨骼肌的结构损伤，功能障碍。

由于骨骼肌的反应取决于其所受负荷的数量和强度，也取决于个体的年龄、训练水平和机能状态，因此，教练员应根据个体的具体条件安排适当的负荷，并根据情况的变化加以调整才能获得良好的效果。

(一) 骨骼肌的结构与功能

骨骼肌由大量成束的细长、圆柱形、横纹状的肌纤维组成，每条肌纤维就是一个肌细胞。细胞直径约为 10～150 微米，长短不一，短者如手内在肌仅长数毫米，长者如大腿部肌肉长达 20～30 厘米。骨骼肌细胞由细胞膜、细胞核、肌浆、线粒体，以及特有的肌原纤维和肌管系统等构成。肌原纤维由粗细不同的肌丝组成，纵向交错有序排列，是保证骨骼肌正常收缩与舒张的结构基础。肌管系统则是神经冲动得以传递和实现肌细胞兴奋的重要结构。

肌纤维集合成束，被肌束膜包裹；肌束进一步集合被肌外膜包绕直接与骨相接或通过肌腱跨关节附着于骨。纤维束的排列常不与肌肉的长轴平等，而是在肌肉的起点与止点间斜向走行。骨骼肌的紧张、收缩、舒张和伸展，使人得以维持姿势和完成不同的活动。骨骼肌的生长以肌纤维的增粗肥大为主，而不是肌纤维数量的增加，其生长的质量与遗传、营养和活动有关。

肌肉可以跨越一两个或多个关节，双关节肌的张力比单关节肌弱。双关节肌的位置较浅表，可以加强各方向活动能力，例如缝匠肌和腓肠肌。维持姿态性的肌肉较宽且扁平，常位置较深，有利于发挥其功能，如比目鱼肌。

根据结构、生理与新陈代谢的不同，肌纤维可分为两种类型：Ⅰ型又称慢肌纤维，对运动神经的刺激反应较慢而对抗疲劳的能力较好。Ⅱ型又称快肌纤维，较Ⅰ型纤维能更快地产生肌张力高峰，但容易疲劳。Ⅱ型纤维又可分为Ⅱa、Ⅱb、两个亚型。人体肌肉都是混合肌纤维组织，一般根据其功能由相应类型的纤维组成。如高张力或姿态肌则有较多的Ⅰ型慢肌纤维。相反，多相收缩肌则含较多的Ⅱ型快肌纤维。所以含Ⅱ型纤维较多的肌肉有较大的肌肉拉伤危险。

各型肌纤维的组成因人而异，并有较大的个体差异。一般认为，Ⅰ型慢肌纤维多的人较擅长于耐力性运动，而含Ⅱ型快肌纤维比例高的人可能更擅长速度型的运动。经实验室试验或在室外计划训练研究，适当训练可使Ⅰ型或Ⅱ型纤维互相转换，Ⅱa与Ⅱb型纤维之间的转换则在通常的训练计划中出现得更多。Ⅰ型纤维的百分比自婴儿到儿童不断增加，这可能是基于小儿的肌耐力随年龄而增长。

人体肌肉能达到的最低和最高温度分别为25摄氏度和40摄氏度。低温下肌肉的平均硬度（断裂负荷/整体形变）要高一些，这表明升温后的肌肉受到了保护。肌肉的瞬时收缩特性随温度增加，达到张力峰值的时间和舒缓的时间均减少。此外，随温度增加，最大功率和维持收缩最大功率的时间也有所增加。

另一方面，从生物力学和代谢的角度来看，肌肉温度增加会导致肌肉内部pH值的降低，并增加无氧代谢速率和有氧代谢。对骨骼肌疲劳的研究结果表明，肌肉处于25摄氏度到30摄氏度时，抵抗疲劳的效果最好。

（二）骨骼肌运动创伤与修复

急性损伤可表现为完全断裂、部分断裂和肌肉挫伤。

一般急性损伤后，多有炎性反应，水肿多于出血，严重的肌肉撕裂则有出血，有时还有皮下溢血。炎症反应在第2天加重，并可持续7～10天。以后肌肉出现纤维化再生与肌管（myotube）形成。挫伤可继发骨化性肌炎。慢性损伤可出现肌肉筋膜炎与肌肉劳损。缺血性损伤可出现前臂缺血性肌挛缩和各种间隔综合征等。

主动肌肉收缩（向心与离心）或被动肌肉牵拉都可造成肌肉劳损的模型，其主要的病理改变为肌肉变性、修复与肌细胞再生等。骨骼肌的再生必须具备两个条件，一是坏死区恢复血运，二是肌膜的完整及附着在上面的骨核的存活。这是肌纤维再生的基础，如果缺乏上述条件，肌纤维再生不能或不完整，结缔组织修复即占主导地位，局部出现过多的瘢痕。牵拉造成的劳损的病变较重，预后较差的原因也在于此。

损伤后可出现肌肉失用性萎缩（disuse atrophy），在肢体制动时及持续卧床时表现最明显。肌力及耐力减弱，肌纤维面积缩小，氧化酶活性降低。一般是可逆的，可经训练而复原。但是这种萎缩的发生很快，恢复较慢。存在关节内损伤、炎症或明显的活动痛时，可加速肌肉萎缩。

使受伤的肌肉恢复伤前或接近伤前的肌力对避免肌肉受伤非常重要。另外，在伤后的恢复期中，肌肉被动拉伸活动也有益于康复。恰当地拉伸肌肉可降低肌肉由神经反射机制引起的僵硬。拉长肌肉会使肌肉上产生的应力有所减少，预防肌肉拉伤。在伤后治疗中，肌肉拉伸可以预防再损伤。

（三）骨骼肌对负荷和制动的反应

如果坚持锻炼并有足够的负荷，锻炼能够有效刺激骨骼肌。如果锻炼计划合理，可明显增加肌肉的功能性反应能力。例如，低张力、高重复性的较长时间的锻炼可增加肌肉的耐受能力，特别适合于长跑运动员。毛细血管密度和线粒体含量的增加，可增强有氧代谢的能力（主要影响Ⅰ型慢颤动氧化纤维，增加其抗疲劳能力）。保暖和拉伸肌肉可增强肌肉的弹性和柔顺性，寒冷则可造成相反的结果。总之，加热和伸展有益于肌肉的柔顺性，可减少肌肉扭伤的风险。

高张力、低重复性锻炼可明显增加肌肉的力量和强度。如果负荷逐级增加，Ⅱ型纤维肥大，肌肉体积随之增大，这种训练方式有益于那些需要在短时间内爆发出速度的短跑运动员。耐力训练需要频繁的进行，而力量训练则需要有一段时间的肌肉休息和恢复，并不能每天进行。如果按照这样的规则进行训练，就能达到最大程度的无氧代谢，避免组织损伤。

一旦肌纤维的刺激消失，骨骼肌将回到原来的状态。如果废用和制动持续存在，他们对骨骼肌的不良影响将进一步加重。受累肌群的耐久性和强度下降。肌肉萎缩后，其大体和微结构均发生改变，纤维变细和数量减少，肌节的长度－张力关系同样也发生改变。细胞和生物化方面的改变将影响能量产生的有氧和无氧代谢通路。

制动对处于伸展位的肌肉的有害影响较小，这主要是由于处于伸展位的肌肉纤维受到比短缩位肌肉纤维相对大的张力，相应的其对负荷的生理反应也较大。另外，制动不仅对肌肉有影响，而且对骨骼和运动终板也有影响。恢复活动一段时间（与制动时间相近）后，那些有害改变，如横截面积、运动终板内的受体可发生逆转，但骨密度却无法恢复。在制动后又恢复的动物模型中，生长因子（主要测量胰岛素样生长因子水平）可刺激肌肉，使其体积和强度有较大恢复。

二、常见肌肉损伤

（一）肌肉拉伤

肌肉拉伤（Muscle Strain）在几乎所有的运动项目中都较多见，尤其是高速和对抗性强的项目。由于受伤暴力的差异，肌肉拉伤的程度也大相径庭，轻者可很快康复，重者则迁延日久，对训练和比赛影响较大。

肌肉拉伤，可表现为部分撕裂伤或完全断裂伤，多因强力收缩或被动过度牵拉致伤，好发于跨越两个关节的长肌。急性损伤后即刻的病理反应是炎性反应，水肿多于出血，临床症状主要是疼痛和功能障碍。部分撕裂伤应在伤后立即按R. I. C. E原则处理，损伤数日内可用快针针刺痛点，配合中药外敷、非甾体类消炎镇痛药内服，重视康复训练和带伤训练问题，重视治疗期间的动静结合；肌肉断裂者最好急性手术缝合，术后进行科学系统地康复训练。

1. 损伤机制

肌肉拉伤是因肌肉强力收缩或被动过度牵拉所致的损伤，属于肌肉的间接暴力损伤，在运动员中相当常见，根据损伤程度可分为肌肉撕裂和肌肉断裂。

与单关节肌相比而言，双关节肌要承受更多的拉伸负荷，因此损伤的发生率更高。例如髋关节屈曲时，腘绳肌被牵拉，此时限制膝的伸直。若膝关节再做伸直运动，即对腘绳肌产生一个很高的牵拉张力，若此时强力收缩或过度牵拉，势必会导致腘绳肌的拉伤。

易拉伤肌肉的另一个特点就是肌肉中Ⅱ型纤维占较大比例，这意味着身体需要这些肌肉进行快速收缩，因此快速收缩可能是肌肉拉伤的原因之一。临床上，肌肉拉伤最常见于短跑和需要高速度或迅速加速的运动项目，在足球、篮球和橄榄球等运动项目中最为常见。组织学研究表明，肌肉拉伤发生的部位在接近肌腱连接部的肌纤维处，撕裂的肌纤维不是恰好在连接处，而是发生在距连接处很近的位置。

2. 常见损伤原因

肌肉拉伤多数是单因素造成的，通常造成部分性的拉伤较多见，完全断裂较少。造成肌肉拉伤的一些重要的因素如下。

（1）肌群训练不足，伸展性差、力量弱是其内在原因，如果在训练中出现疲劳或肌僵就很容易使矛盾激化而受伤。

（2）准备活动不够充分，或不当地使用暴力牵拉肌肉造成损伤。

（3）疲劳因素。长时间的训练或连续比赛导致疲劳积累，往往出现“拉伤先兆”，即肌僵、酸痛、大面积的肌肉摩擦感等。

（4）气候因素。天冷肌肉准备活动不充分，或因天热准备活动容易出汗而误认为肌肉活动已充分，在这些情况下都易发生拉伤。

3. 肌肉拉伤后对运动能力的影响和预后

肌肉拉伤是骨骼肌最常见的运动创伤。相对骨关节结构损伤而言，治疗容易，好转迅速，但有时运动员、教练员或医务人员会因此而忽视及时和适当地治疗遗留瘢疤，导致肌肉伸展性下降（生物力学性质改变），影响肌肉功能。同时因肌肉组织与疤痕组织力学特性不同，运动时可因受力不均而重复受伤，严重影响运动能力。另外，处在生长发育期的青少年运动员的肌肉疼痛问题，有时较难界定其是延迟性肌肉酸痛或肌肉拉伤或是牵涉性疼痛。因此，对青少年运动员而言，运动后肌肉疼痛要引起重视。

肌肉拉伤者经急性处理或治疗，症状会很快减轻，如未完全治愈即参加训练和比赛，有再度损伤的危险，甚至会因伤后肌力减退而致完全断裂。

4. 临床表现与诊断

（1）主要症状与体征

有急性损伤史，大部分患者在受伤前有肌肉过度疲劳、局部僵硬、酸痛，不能放松的前驱症状。运动时，可突感疼痛，严重断裂者可自觉有“中断感”，并伴有明显的断裂响声。

疼痛是肌肉拉伤的主要症状。陈旧性损伤者多在重复损伤动作时痛，被动牵拉时疼痛明显。急性损伤，疼痛因伤情轻重而不同。轻者休息位不痛，只在重复损伤动作时才痛；重者走路痛，并有“跛行”，步行艰难。陈旧损伤大多无症状，部分病例由于瘢疤挛缩及囊肿形成而在大强度跑、跳时出现痛，症状虽轻却影响训练及成绩提高。

肿胀因血管损伤程度而异。重者出血较多，形成大血肿，如大腿部位的拉伤，可迅速肿胀，形成血肿。

查体，肌张力增高。早期病例伤部压痛局限，肿胀后则压痛广泛。晚期或慢性劳损病例，压痛点必须在损伤肌肉抗阻收缩时予以对应检查。陈旧性损伤病人常可以触到较硬的条索或囊肿，有症状的常同时有压痛。如为肌腹中间全断裂则出现“双驼峰”畸形。一端断裂则用力时肌肉收缩成球状。部分断裂则只见凹陷。

（2）损伤分度

首先要对如何发现肌肉拉伤以及到底发生了什么样的拉伤有一定的了解，这是非常必要的。为了准确掌握损伤的部位及程度则要进行各项肌力检查。

扭伤（Ⅰ度）：仅有少数肌肉纤维挤压或撕裂，而其周围的筋膜保持完整，纤维的断裂只在显微镜下能见到，该肌肉在抗力下测试有疼痛与局部压痛，在开始 24 小时内可能发生轻度肿胀与皮下溢血。

部分断裂（Ⅱ度）：有较多数量的肌纤维断裂，筋膜可能亦有撕裂，肌与肌腱连接处有部分断裂，运动员可能感到“啪”一下拉断的感觉，常可摸到肌与肌腱连接处略有缺失与下陷。

完全断裂（Ⅲ度）：肌肉完全断裂，受伤时有剧痛，并摸到明显的缺失，拉伤的肌肉功能丧失。

（3）诊断要点

受伤史，断裂音、疼痛、肿胀、压痛、抗阻痛以及收缩畸形等症状，为诊断的依据。必要时摄片检查以排除撕脱骨折。

5. 防治措施

肌肉拉伤极为多见，在损伤的早期应做到准确诊断与分度，针对不同程度的损伤采取正确的治疗方法。最初的治疗目的是为减少炎症反应，随着疼痛和肿胀的减轻，治疗的重点转向功能康复。恢复运动后，应重视运动前的准备活动。

(1) 急性期处理

拉伤后最初的数小时，应常规采用冰敷与弹力绷带压迫包扎以控制水肿与出血。急性期可对局部进行制动，多固定在肌肉拉长的位置。防止肌纤维因斑痕挛缩而变短，运动时正常肌肉部分不能用力，常使应力集中在受伤部位。最好应尽早开始适度的被动活动，然后进行有控制的主动伸缩活动。

伤后可外敷新伤药加大黄、蒲黄、黄芩、三棱、莪术、血通、五灵脂、泽兰、牛膝等，内服桃红四物汤加减等。非甾体化合物抗炎药物的应用，对于伤后数天内缓解炎性反应与疼痛有一定帮助，但短期应用后对青少年所产生的副作用尚待进一步研究，所以不宜作为首选药物应用。

针灸：针刺阿是穴，再循经取穴 1～3 个，强刺激得气后留针 10～20 分钟，也可针刺得气后再施以疏密波（间动电）刺激以加强得气感，刺激强度以患者能耐受为度，每日或隔日 1 次。

扭伤（Ⅰ度）应在伤后立即冰敷、加压包扎。可口服非甾体类抗炎药物。第二天可开始做控制范围内的主动活动，以不感到疼痛为度。以后逐渐增加活动度，直至疼痛消失。在恢复正常训练前应进行肌肉强度训练测试。

部分断裂（Ⅱ度）伤后应冰敷、加压包扎，时间至少 1 小时。第二天开始在无痛范围内主动活动。同样，在恢复正常训练前需要进行强度训练测试。

完全断裂（Ⅲ度）在诊断清楚的情况下早期行手术修复。不同部位的肌肉断裂，采取相应的恢复措施。

(2) 恢复期治疗

可用旧伤药外敷，或用软坚药水加红外线照射，并辅以磁疗、超短波、超声波等。也可继续使用非甾体抗炎药，可连续使用 5～7 天。

轻度损伤 24 小时后，可做轻按摩。较重的应在肿胀消退后，做手法按摩治疗。可采用抚摸、大面积揉、揉捏、推压、搓、抖动、叩击等。指针或针刺阿是穴，有较好的效果。随着疼痛与肿胀的减轻，在无痛情况下做缓和的主动活动。以后每天增加一定活动量，直至肌肉收缩时不再疼痛。并逐渐改善关节的活动范围和拉伤肌肉的力量，当活动范围与肌肉力量达到标准后，就可以进行全身活动。在恢复运动的早期，应避免过度疲劳产生再损伤。此外，在活动前要做好热身活动（准备活动），有条件的话可以使用外部加热的方法来帮助热身。

较重的全断裂或部分断裂，或合并出血血肿者，应考虑早期手术缝合。

(3) 伤后训练安排

伤后应暂时停止训练或比赛，不要勉强坚持。经治疗，症状减轻时，可开始慢跑活动，以后逐渐增加运动量及强度。轻者 7－10 日可投入正式训练。重者有时反复停训延续一年以上。运动员在回复正常训练前，应进行肌肉强度训练测试。

热身可以降低受伤率。热身可增加关节活动范围而起保护作用，或通过使肌肉温度增加而降低肌肉的僵硬程度，降低肌肉温度会损害肌肉收缩能力，增加受伤率。因此，在进行剧烈运动前以及肌肉损伤康复训练中，应做些低强度运动，这样可使身体和肌肉的温度得以升高，以减少损伤机会。

肌肉主动收缩时，其潜在的能量吸收力可极大地提高。肌肉工作能力减弱，表现为肌肉全力收缩能力减弱，这时，肌肉吸收能量的能力会减弱，进而导致肌肉更易被拉伤。因此伤后急性期肿胀和疼痛缓解后，进行增加肌肉力量和柔韧性的物理治疗和康复训练是重要的，尤其是对预防再损伤十分重要。

(4) 预防措施

肌肉拉伤的预防主要是进行科学的准备活动与伸展。运动员应有 15 分钟常规热身活动，主要是根据不同运动项目采取缓慢有控制的练习，如慢跑、传球等。运动前应牵伸各组大肌肉，采用静态牵伸方法，这是现在最常用的，并被认为是安全的方法。另外的有效方法是本体感受的神经肌肉促进技术，是 1950 年以后才发展起来的方法，采用主动肌和对抗肌群交替收缩与放松训练。

肌肉柔韧性的个体差异很大。反复锻炼可以增加某组肌肉的柔韧性，但可能同时减少另一组肌肉的柔韧性。运动员预感肌肉将拉伤时，不要勉强大强度训练或比赛，应予肌肉放松按摩。轻度损伤后需要继续比赛时或伤后恢复训练的早期阶段，应以弹性绷带或（和）粘膏支持带包扎保护。对已经出现的肌肉部分撕裂，重在预防再度损伤与因伤后肌力减退而致的完全断裂。

（二）肌肉挫伤

1. 损伤机制

运动员与足球、球靴、体操器械的撞击，以及运动员的互撞等，都易发生挫伤（Contusion）。最常见的挫伤部位，是大腿前部的股四头肌与小腿前部的胫前肌。

挫伤是直接打击使肌肉组织的连续性受到损害，但从解剖上来看，并未完全中断。损伤引起皮肤或皮下瘀斑，是由于毛细血管破裂和继发于水肿及炎症反应的血液浸润，引起局部或深或浅的肿胀。肌肉挫伤后的出血，程度不同，深浅不同，重者可因出血压力推开组织而形成一个局限性空间，形成血肿（Hematoma），尤其股四头肌的挫伤，血肿较大。

肌肉挫伤可继发骨化性肌炎，严重的挫伤有时妨碍肢体末端的血液循环，引起局部肌肉的缺血性挛缩。

2. 临床表现与诊断

肌肉挫伤有明确的遭受钝性暴力打击的受伤史。一般都有初轻后重、持续约 24 小时的疼痛、肿胀及出血等。疼痛程度因人而异，与淋巴、血液渗出的多少、局部神经损害的情况及部位有密切关系。多数挫伤出血逐渐消散吸收。由于保护性肌痉挛以及血肿的影响，可导致不同程度的肌肉及关节功能障碍。

波动感是血肿的早期临床表现。浅表的血肿容易诊断，位于肌肉组织间的深在血肿有时难以判断，空针抽吸是必要的检查方法之一。

3. 防治措施

（1）基本治疗

由于急性肌肉挫伤会发生血肿与炎性反应，所以治疗重点在控制出血与减少随后的反应。24 小时内应用冰敷和抗炎药物。局部按摩可能加重创伤，属于禁忌证。

出血控制之后，应鼓励患者早期在无痛范围内活动，因为肌肉挫伤后蛋白质合成加快，尤以进行早期活动更为显著，可加快恢复。运动员在恢复训练前应达到关节活动度与肌力的完全康复。

（2）血肿处理的重要性

治疗血肿的原则是减少或控制出血，排出积血，促进出血的吸收，保护局部，促进愈合。应积极采取 RICE 原则，即制动、局部冰敷、绷带加压包扎和抬高患肢，并尽早抽出积血。出血停止前，避免剧烈活动，禁止按摩，以免加重出血，使瘢痕广泛，形成钙化或骨化；出血停止后，可做热疗及按摩，恢复一些不加重症状而又能改善血运、促进吸收的活动。

（3）预　防

肌肉挫伤的危险性可从两方面着手：①防护设备的正确应用；②遵守公平竞赛原则，提高自控能力，减少犯规动作。

（三）延迟性肌肉损伤

延迟性肌肉损伤是指机体在进行大运动量或不习惯性运动后一段时间内，参与运动的肌肉所表现出的一种延迟性的结构改变，并伴随出现延迟性肌肉酸痛（Delayed - onset musucle soreness，简称 DOMS），肌肉僵硬，运动能力下降。延迟性肌肉酸痛与软组织急慢性损伤或感染而引起的疼痛不同，具有以下显著特点：①发生于大运动量训练（特别是离心运动或离心工作为主的运动）后；②没有运动中受伤的病史；③酸痛症状出现于运动后 24 ~ 48 小时以后，历时 1 周左右可自行缓解；④除伴有肌肉肿胀、变硬、肌力下降外，还可伴有肌肉以外其他系统的功能变化，如最大心率、个体无氧阈、最大乳酸耐受能力的均值提高等；⑤连续离心运动后骨骼肌超微结构的破坏并无积累现象；⑥离心运动所致的延迟性肌肉酸痛只能特异地通过含有离心收缩的运动训练来减轻。对这个问题的解释上，田佳等（1998）的研究发现，在对大鼠进行一次性大强度下坡跑后，随时间的延长，骨骼肌超微结构改变逐渐加重，但快慢骨骼肌的极限强度、极限应变和能量吸收均逐渐显著增强。也就是说，骨骼肌力学性质在运动后48小时内出现超量恢复，推测其可能的原因为：离心运动负荷产生的强大张力刺激，作用于骨骼肌肌纤维膜、肌束膜、肌外膜等结缔组织，从而使肌肉在被动状态下的材料力学性质增强，且在运动后随着时间的延长呈逐渐显著增强的趋势，从而有效地降低了高张力对骨骼肌结构的损害。

尽管DOMS的发病率很高，但对其发生机制、治疗措施的研究结果至今不能令人满意。对DOMS的发生机制提出的假说达到了6个，分别为：乳酸假说、肌肉痉挛假说、结缔组织损害假说、肌肉损伤假说、炎症假说和酶溢出假说。然而，单一的假说很难解释清楚DOMS的所有症状，似乎要两种或两种以上的假说结合起来才能解释肌肉酸痛。在治疗上，尽管学者们提出了很多种治疗DOMS的方法，以期减轻DOMS的症状，尽快恢复肌肉的最佳功能，但鲜有几种方法有科学理论的支持。抗炎药和抗氧化剂似乎对DOMS的治疗有潜在的疗效，研究证明非甾体抗炎药的作用效果有剂量依赖，或许受服药时机的影响。同样，按摩治疗的效果也不尽相同，或许是受按摩治疗的时机和按摩师手法技巧的影响。已经证明，冷疗法、伸展疗法、顺势疗法、超声疗法及电疗法对减轻肌肉酸痛症状或DOMS的其他症状均无效。运动是减轻DOMS疼痛最有效的方法，但止痛效果也是暂时的。全天训练的运动员在进行了可以导致剧烈的DOMS的运动后1~2天内，应减少运动强度和持续时间。另外，也可以改变运动方式，使身体各部分所受影响减小，以使受伤的肌群尽快恢复。在赛季之初或赛季过程中进行离心训练或新的训练方式时，应在1~2周以上的时间内逐渐应用，以减轻身体损害和（或）训练破坏的程度。对DOMS还有许多有待回答的问题，未来研究的前景也非常广阔。

三、肌筋膜损伤

（一）慢性运动性骨筋膜室综合征

骨筋膜室综合征是指闭合腔室内压力增高，造成腔室内容物不可逆损害的一类疾病。骨折或钝性损伤后的出血，或由动脉损伤或动脉损伤后血流恢复造成的缺血后肿胀均可增加腔室的容积。

慢性运动性骨筋膜室综合征是指在运动期间发生的密闭骨筋膜室内间歇性的压力升高，停止运动后压力便逐渐降至正常。可发生于胫前、胫外侧、胫后深、胫后浅4个间隙，但胫前和胫外侧间隙较多见。本综合征发生于运动员、体育爱好者和重体力劳动者，士兵中也常见。

胫骨疲劳性骨膜炎和慢性骨筋膜室综合征常同时存在，或先后发生。

1. 损伤机制

最常见于胫前筋膜室的肌肉，由于小腿筋膜间隙的容量与肌肉体积的容量不相称所致。

当小腿肌肉剧烈运动或过度活动后，引起代谢增加，血氧浓度降低和代谢产物的增多，使肌肉充血、水肿、肥大而受坚韧的筋膜壁阻挡，使筋膜间隙内压力升高而导致本征。另外，毛细血管和组织间液的交换发生紊乱，也是导致本征的重要原因之一。

慢性骨筋膜室综合征患者，即使肌肉压力升高，血循环可受影响，但不会全部受阻。这不同于急性骨筋膜室综合征患者，后者是因创伤产生间隙内压力进行性升高，并伴血管严重受累而最终致肌肉缺血性坏死和神经病变。慢性骨筋膜室综合征，如果病情未被纠正，供应受累腔室的动脉血流严重受损，也会发生腔室内肌肉和神经组织的坏死。

2. 临床表现与诊断

通常发生于运动初期，亦可为训练不当的结果，如在坚硬的路面上跑步、训练强度增加过快、踝背屈肌（胫前筋膜室）无力、运动鞋不合脚或跑步技术不当等。

疼痛是主要的症状。疼痛一般发生在过度训练时。受累的筋膜间隙出现中等至严重疼痛，性质为“针刺样”“紧缩样”“钳夹样”或“烧灼样”，休息数分钟后可消失，偶尔可持续数小时至数日。小腿疼痛时主动背伸足活动困难，有些病例胫前间隙痛，僵硬和水肿伴压痛。有时压痛在小腿内侧缘或小腿后方，偶尔也可在外侧有压痛。发作时受累的间隙内的肌肉有被动的牵拉痛。

症状反复出现和消失可达数月或数年。因休息时肌内压力降低使肌肉重新获得足够的血液，休息或停止运动后症状会消失，但当肌肉剧烈运动后，症状又会出现，这也是慢性骨筋膜室综合征患者的临床特点。患者可有多次疼痛发作，但一般不发生急性骨筋膜室综合征。

神经体征一般明显，偶尔可出现轻度感觉异常。无足下垂体征。发作期足背动脉仍可触及。

运动前、后和运动中的间隙测压是可靠的诊断依据。慢性运动性骨筋膜室综合征的压力测定标准：①运动前骨筋膜室压力超过 15 毫米汞柱；②运动后 1 分钟压力超过 30 毫米汞柱；③运动后 5 分钟压力超过 20 毫米汞柱。此外静脉造影 X 线检查和肌电图也有助于诊断。

3. 防治措施

主要有休息、冷敷、抗炎药、拮抗肌的牵张疗法和受累肌群的牵张治疗等，其后即应恢复运动和训练。在早期的治疗中，改变和减少受伤运动员的活动强度是必要的，一个方法是将训练项目交替进行，避免“单打一”。一般不需制动，但应强调正确的训练方法、符合生物力学原则和合适的运动器材等。

多数情况下，缩短运动时间和降低强度可以消除症状。但反复发作影响正常的训练和比赛，则可考虑手术治疗，选择性筋膜间隙切开，效果好，方法简单，一般术后症状立即能解除，或以后逐渐缓解。

如慢性骨筋膜室综合征转变为急性时，应立即做受累间隙筋膜切开减压术，以免产生严重并发症或后遗症。

（二）肌筋膜炎

肌筋膜炎又称肌筋膜疼痛综合征、肌肉风湿病、肌纤维炎等，为纤维结缔组织多发病。是一种局部纤维性病变，以“激惹点”为特征的疼痛症。颈肩部、腰背部、骶髂部、髂嵴为好发部位。

1. 损伤机制

持续性或长期的伸屈活动，筋膜、肌肉、横突等组织之间产生反复摩擦，局部水肿和无菌性炎症刺激周围神经分支；或因反复损伤，周围软组织在修复过程中与神经分支产生粘连，反射性引起局部疼痛与肌紧张。疼痛可能是由于皮下组织或筋膜中的纤维结节引起。累及纤维组织中的白色纤维，形成大小不同的结节，这些病灶经轻微刺激即可发出异常冲动，使相应神经功能紊乱，引起广泛性反射痛，也可通过与病灶属同一神经节段的脊神经反射到其他部位（反射痛区），反射痛区与原始病灶可有一相当距离。引起反射痛的病灶，称为“激惹点”。

引起筋膜性腰痛症的因素较多，在运动员中多为创伤、寒冷和潮湿、精神等因素。筋膜性腰痛症的创伤性因素有两种情况：一种是较大的损伤，腰背筋膜、肌肉等组织的急性损伤未愈，受伤组织逐渐发生纤维化及瘢痕收缩，可在这些纤维中形成过敏灶；另一种是反复微小的损伤形成小病灶，逐渐形成纤维结节改变。

寒冷或潮湿也是致伤因素之一。多数受伤运动员有暴露在寒冷和潮湿环境中的情况。训练中出汗受凉或睡于寒冷潮湿地面上，造成局部循环改变，诱发纤维质炎。（背部）受凉、风湿或发烧后，均可影响腰背肌肉筋膜血流动力学的变化，而使肌筋膜血供受到影响。

精神因素也在发病中产生作用。疼痛使患者精神紧张，后者促使肌肉张力增高甚至痉挛产生反射性疼痛过敏。

2. 临床表现与诊断

多好发于训练年限长、体质虚弱的运动员，女多于男。发病多与外伤、劳累、寒凉潮湿环境有关。

局部酸痛发沉是主要症状。重者不能忍受疼痛，活动受限，遇热痛缓。最常见的疼痛部位是肩胛间区、下腰段的棘突旁，肩胛间区疼痛同时可感觉颈后和上肢有疼痛现象，下腰段的疼痛可引起臀及大腿外侧的疼痛。

检查时受累部位有局限性压痛，皮肤麻痹，肌肉轻度萎缩，有时可触及肌肉筋膜结节、肌紧张，重压有酸痛感。

病程可持续数日或数周。病情好转后，在遭受寒冷刺激、感染或疲劳时，又可复发。

3. 防治措施

“破坏”病灶是基本治疗原则。在明确原发病灶的基础上，采用局部封闭、针灸、小针刀、重手法按摩等都有明显疗效。因此病易复发，应注意训练卫生。

四、肌痉挛

肌肉痉挛（Muscle cramping），俗称“抽筋”，是肌肉持续性不自主的强烈收缩，多在大运动量训练和激烈比赛时发生。

（一）损伤机制

肌肉痉挛常为某肌肉整体发生，多见于腓肠肌，腘绳肌，颈、背、手足内在肌等，尤其是小腿的腓肠肌。此病在足球、篮球、游泳运动员中较常见，自行车运动员多发生在大腿内侧肌群。

运动性肌痉挛可能与多种因素有关。排除全身疾病，较常见的原因是肌肉受打击而引起轻度出血，或由于过度使用或过度牵拉，或抗阻力肌肉用力收缩而引起劳损所致。寒冷刺激可使肌肉兴奋性增高导致肌痉挛，如冬天室外训练、游泳时发生的肌痉挛，多与此有关。体内盐分丢失过多也使肌肉兴奋性增高，如夏季足球、篮球、长跑运动中的肌痉挛，也多与此有关，这是由于大量出汗未及时补充液体。另外在肌肉疲劳的情况下，做一突然紧张而且用力的动作，容易引起抽筋，肌肉过快地连续收缩，放松时间太短，以致放松与收缩不能协调，也可导致肌痉挛。也可由于局部血液循环障碍，比如小腿缠缚过紧、局部代谢产物不易排泄、氧气供应不足、二氧化碳含量增高等。

（二）临床表现与诊断

发生后，表现为突然剧痛，肌肉痉挛而致活动受限，可持续数分钟。检查压痛广泛，痉挛的肌肉僵硬。缓解后较易复发。由于局部血循环障碍，肌肉痉挛常于夜间发作。

（三）防治措施

现场处理较为简单，常用的办法是被动牵拉痉挛的肌肉。但需强调用力要缓慢而持续，切忌使用暴力，缓解后适当按摩肌肉，适当休息，及时补充含电解质的运动饮料等。

治疗以按摩手法为主：一是沿痉挛肌肉的长轴做稳定平缓的牵拉并维持不动，如小腿腓肠肌痉挛，使足持续极度被动背伸牵拉即可解除痉挛；二是使该肌肉处于放松体位，做轻柔缓和的揉、捏、拿、推，配合点穴等手法。还可采用物理治疗，如热敷、漩涡浴、透热疗法，

预防措施主要是训练或比赛前要做充分的准备活动，对易发抽筋的部位做适当按摩；调整心理状态，避免过度紧张；冬季要注意保暖，夏秋季参加激烈运动要注意补充液体；平时逐渐地增加强度做一些抗阻练习，有助于预防肌肉痉挛。

第四节　肌腱损伤

肌腱损伤在运动创伤中很常见，尤其是慢性损伤。当暴力作用于肢体时，损伤往往发生于肌膜、肌腱结合部或骨的腱止点部分。过度的拉伸超过生理界限时，肌腱的胶原纤维将会遭到破坏；反复多次的微细拉伤，也可导致肌腱变脆，出现慢性劳损。

一、肌腱损伤的生物学基础

（一）肌腱的结构与功能

1. 肌腱的结构

肌腱是一种结构复杂的组织，它主要包括胶

原纤维和周围的蛋白多糖基质以及少数细胞。细胞的主要类型是成纤维细胞，夹杂于平行排列的胶原纤维之中。

胶原纤维的基本物质为胶原（collagen），是一种高分子蛋白质，其长链状分子排列成原纤维（protofibrils），后者集合形成细纤维（filrils），进而束状聚集形成胶原纤维。胶原分子的排列方向与肌腱纵轴一致，便于承受拉应力。肌腱主要是具有强大的抗牵拉能力的Ⅰ型胶原纤维（约占细胞去脂干重的86%），其聚合成束，构成腱的二级结构，外面被覆含有血管的疏松结缔组织，这些疏构结缔组织主要由Ⅲ型胶原组成，腱束集合外包以腱膜组织组成整个肌腱。在肌腱的二级结构内部无血管分布，血管仅仅分布在二级结构以外。腱内血管负责二级结构内部的营养成分弥散，如果腱束内压力升高，就会造成腱内的营养弥散受阻，导致胶原纤维变性。

肌腱属于致密结缔组织，连接肌肉和骨骼，以传导肌肉收缩力，从而产生运动并保持关节的动态稳定。在关节稳定方面肌肉肌腱起着基本的主动稳定作用。

由于肌腱由高度有序排列的致密结缔组织纤维构成，所以血供较差，细胞稀少，组织代谢率较低。肌腱含有少量痛觉神经和本体感觉神经，以肌腱附着处较为丰富。上述细胞学和生理学特征使得肌腱修复能力较差，修复速度较慢。

2. 肌腱的末端区结构

也称为腱止装置，即腱－骨连接处的功能结构单位，包括延续相接的5种不同组织，依次为波浪状的腱纤维、纤维软骨层（腱纤维呈交叉走行将软骨细胞裹于其中）、潮线、钙化软骨层和骨。其中的主要功能结构单位是纤维软骨层，有防止腱折曲应力的作用。除了纤维软骨与钙化软骨之间在HE染色上可见到有潮线相隔外，其他几部分都是渐变过程，并没有一个明显的界限。末端区主要结构从横截面看，越接近骨附着点，面积越大、硬度越高。这在力学上使单位面积承受的牵拉力从腱到骨逐渐变小，从而起到较好的缓冲外力作用；还可以防止末端区在受力时骤然折曲，从而使全部牵拉力均可发挥作用，具有重要的力学意义。

被动屈伸的肌腱载荷是静息状态下的2倍，主动屈曲为4倍，抗中等阻力的主动屈曲为8倍。影响腱承受应力值的主要因素有肌肉收缩量、腱与肌肉的生理横截面比值。一般说来，正常活动时，体内肌腱承受的载荷少于极限应力的1/4，而且腱的拉伸强度是肌肉强度的2倍，因此，急性拉伤多发生在肌肉。但由于腱血运差，易于变性，而使其强度在一定条件出现明显下降。在运动员中，所有的跟腱断裂都伴有腱组织的变性。

3. 肌腱的附属结构

腱止点周围的附属结构及其功能对腱本身有影响，主要有腱鞘、腱围、滑囊、滑膜、脂肪垫及止点下软骨或软骨垫等结构。

腱鞘是一种包裹肌腱表面的滑膜组织，肌肉收缩使肌腱在腱鞘内产生滑动运动，鞘内壁也衬有滑膜。这种独特的滑膜结构使其能够作长距离滑动，腱鞘的滑膜为肌腱提供部分营养。

当肌腱绕过关节或骨骼的隆起部时，为避免紧张的肌腱滑脱，深筋膜就在这些部位增厚形成环状或宽平的支持带，将肌腱固定。如手腕部的腕背侧韧带、手指的鞘状韧带和踝的十字韧带等。由于肌腱经过骨的隆起部及关节时容易发生摩擦，因而，在这些部位都有腱鞘及滑液鞘保护，起滑润作用。但如摩擦使用过度，即产生肌腱腱鞘炎。

跟腱、髌腱和肩袖肌腱等都没有腱鞘。在这些肌腱的表层，覆盖有疏松结缔组织构成的腱围，腱围内有丰富的血管。据研究，正常腱围大约有7～9层，均为极薄的疏松结缔组织。这些结缔组织主要由Ⅲ型胶原所组成。它覆盖在腱的表面，使腱与深筋膜之间有一定间隙，活动时可减少摩擦，吸收热量。同时又由腱围血管进一步分支进入腱束之间以供应肌腱营养。

软骨垫只在髌腱上止点下才有。与跟腱止点相对应的跟骨面是一层典型的透明关节软骨面，位于跟腱下滑囊之中，作用类似滑车关节。

（二）肌腱的生物力学特性

1. 拉伸性质

由于肌腱主要是由胶原组成，而胶原是最强的纤维蛋白之一，同时这些胶原纤维沿张力作用方向平行排列，故肌腱是体内软组织中具最高拉伸强度的组织之一。在肌腱的载荷－拉长曲线中，开始是“延滞”区，是由于张力使纤维的波浪状结构伸直以及纤维沿载荷传导方向排列，故不需很大的力就可使肌腱拉长。随着应力的增加，肌腱逐渐被拉长，过渡到了线性区域，其斜率代表了弹性模量。线性区域之后应力－应变曲线在较大应变时突然中断，曲线向下行走，这是一个不可逆的变化或肌腱永久性拉长。

已经证明，人类肌腱弹性模量的变化范围在1200～1800（Mpa）之间，极限拉伸强度的变化范围在50～105（Mpa）之间，极限应变的形变范围在9%～35%之间。

2. 肌腱的黏弹性特性

肌腱与许多软组织一样，具有随时性及过程性相关的黏弹性特征。也就是说，肌腱的拉长不仅与受力大小相关，也与力作用的时间及过程相关。这种黏弹性反映了胶原的固有性质及胶原与基质之间的相互作用。

肌腱受时间的影响，可用蠕变（creep）－应力松弛之间的关系来描述。组织持续承受一特定大小的载荷时随时间发生的拉长过程称为蠕变。另外，当组织受到持续拉伸时随时间增加，组织上应力减少的过程称为应力松弛。

肌腱随过程发生的变化是指载荷－拉长曲线的形状会取决于前载荷的情况而变化。肌腱在多次加载、卸载过程循环后，其加载曲线和卸载曲线与上一次循环接近重叠。黏弹性反应不仅可调节张力，还可调节拉伸强度。所以，在预载荷之后，软组织的特性才具有较大的可重复性。在进行生物力学的试验中，要避免因组织黏弹性导致的误差，施加预载荷是相当重要的。

二、肌腱损伤的机制

（一）直接创伤

常见于锐器伤，虽然直接损伤可涉及任一肌腱，但由于损伤发生率以及手的重要功能，使手及上肢肌腱损伤显得尤其重要。钝器撞击伤或牵拉性损伤多发生在跟腱、髌腱、跖腱膜、肱二头肌腱等处。在跟骨底部跖腱膜附着区，直接暴力作用足底可引起跖腱膜末端区主要结构的直接损伤和附近滑囊的炎症而出现跟痛症。髌腱在胫骨结节上的末端结构，有时也可因直接暴力作用于胫骨结节而致伤。肌腱的撕裂伤常涉及缺少血管、炎症及其他局部因素。

（二）过度负荷

运动员由于专项训练的要求，需长期反复训练以完成某一高难度的动作。如果运动员的身体素质不能适应训练的要求，对局部末端区施加长期的高强度负荷，就很可能造成末端病。比如篮球运动员起跳投篮动作，由于反复起跳，过多的股四头肌骤然收缩，膝关节反复由半屈位到全伸位，可导致髌腱末端病，即“跳跃膝”（jumper knee）。

引起肌腱病理改变的确切原因是过度负荷引起的“肌腱劳损”。肌腱基质机械性损坏导致腱鞘或腱内发生损伤性炎症及变性。在肌腱劳损的基础上，容易发生肌腱的撕裂伤和断裂伤，如运动员的跟腱断裂、肩袖和肱二头肌腱的撕裂伤等。

人体的长肌腱在越过活动度较大的关节屈伸面时，坚韧的腱鞘将肌腱约束在骨面上一定位置，以防止肌腱弹出和向侧方滑移，两端附着于骨。腱鞘的滑膜，使肌腱与腱鞘间摩擦力减小。但肌腱与腱鞘间长期、快速、用力地摩擦，会使两者都发生损伤而水肿，同时发生腱鞘炎和肌腱炎。

三、肌腱的损伤与修复

（一）肌腱的慢性病变

肌腱的慢性劳损，其主要的病理变化是纤维结缔组织的损伤性炎症及变性。

由于肌腱的长期超负荷工作，组织本身对营养及氧的要求较高。如果肌腱，尤其是末端区的主要结构长期处于被动牵拉的紧张状态，则腱内和纤维软骨区内的压力升高，不利于营养的弥散，必然引起末端区结构的长期缺氧和营养不良，导致病变的发生。由于末端区主要结构本身血循环不丰富，在血循环障碍时，更易导致缺氧和营养弥散受阻，从而继发一系列的病变。

主要病变表现为腱纤维波浪状结构消失，发生透明性变、纤维变、囊性变、脂肪变，有血管增生并长入腱组织，血管壁增厚，管腔变小。腱纤维间有炎性细胞浸润的无菌性炎症反应。腱围组织充血、水肿、血管增生、组织增厚，并与腱发生不同程度的粘连。髌腱变粗、变硬、弹性减弱，有血管增生并伸入腱组织中。随着炎症和变性的继续，肌腱的强度下降。

发生在腱止点部分的微细损伤，俗称为末端病（enthesiopathy）。由于肌腱的慢性损伤，腱围往往呈现严重的病理改变，虽然有助于缓解病变肌腱的牵张力和保护损伤肌腱，但是，致密结缔组织对腱的血供将有所减少，加上末端区本身对营养及氧的需求增加，导致末端区供需之间不平衡进一步加大。

滑膜鞘的环境改变可能影响肌腱。许多无滑膜鞘的肌腱在到达附着点的途中，衬有滑膜囊或关节囊，因此肌腱有可能受滑膜炎症产生的致炎物质和炎性降解产物的影响。肌腱与滑膜相邻可能是许多类型关节炎发生肌腱病变的关键。肌腱软骨化或骨化有时可以见到。

（二）断裂肌腱的修复

肌腱一旦发生断裂，其内源性修补能力非常差，往往需要依靠腱外的腱围组织长入来修补腱断裂。多数情况下，断裂肌腱必须缝合才能恢复其功能。

在断裂肌腱的早期包括滞后期与增殖期，局部制动是必要的，可以避免愈合部被重新分离或在过分松弛状态下愈合。但在手术后的病理生理效应下，制动3周以上，常引起腱与腱鞘或周围软组织的粘连而丧失滑动功能，并且易引起关节僵硬。在成熟期适当的应力可影响愈合组织的重塑形，使纤维排列更加整齐，并可通过血管、代谢等因素改变纤维产生及重塑形的环境，使强度恢复加快。虽然远期作用不明，但认为运动至少可以加速近期恢复过程。

缝合材料、缝合修复的方法、损伤的性质特点及位置等均影响断裂肌腱修复的质量。选择能够提供足够强度以对抗早期活动的吻合方法和制订正确的康复计划是十分重要的。

四、肌腱损伤的诊断和防治

（一）常见损伤类型

1. 肌腱末端病

发生在腱止点部分的微细损伤，俗称为末端病，是治疗最困难的运动创伤之一。常因应力过大和过度集中而引起过度使用性损伤，病理变化主要是腱的变性，以及变性组织中的钙化骨化现象，潮线下移，新骨增生等。

末端病在运动员中非常多见，如跳跃膝、肩袖炎、网球肘、腘绳肌的坐骨止点陈旧伤及牵拉性骨骺炎等皆属此类。虽然日常症状不重，但却严重影响运动训练成绩提高。由于末端病损伤，多属运动技术伤，治疗和康复比较困难，因而多年来即为国内外运动创伤工作者的研究重点。

肌腱末端病修复慢，病变形成后的过早剧烈活动轻则引起肌肉痉挛，重则导致断裂。治疗不当可能转为慢性，或多或少留下残障，影响竞技能力。出现断裂则应争取早期手术缝合。

肌腱末端病好发于髌腱的髌骨附着点、肱骨外上髁、第三腰椎横突的肌肉附着区，其他常见部位有内收肌耻骨起点、跟腱止点、跖筋膜跟骨起点等。需要指出的是末端病常涉及附属结构的损伤，在临床检查与诊断中需加以注意。比如肩袖止点末端病往往有肩峰下滑囊炎、肱二头肌长头肌腱鞘炎等存在，网球肘有腱下脂肪垫炎存在，跳跃膝有腱下脂肪垫炎、腱围炎存在，跖腱膜止点末端病有滑囊炎存在，跟腱末端病有腱下脂肪垫炎、滑囊炎、腱围炎存在等。

2. 腱鞘炎

腱鞘炎（Tenosynovitis）：系围绕腱的滑膜鞘的炎症，此炎症通常是由于过度使用而劳损所致，也可由于直接打击或感染引起。在运动员中非常多见，好发于上肢，尤其肱二头肌长头腱、拇长屈肌腱、伸指伸腕肌腱的腱鞘炎最多，内外踝附近的腱鞘是另一个常见损伤区域。在体操、举重、中国式摔跤多见。

腱鞘炎急性发作时，出现由于关节间的摩擦而发出的声音及散在的肿胀等症状。慢性腱鞘炎还会出现肌腱局部变厚而产生疼痛，活动时也能听到由于关节的摩擦所发出的声音。最初的症状是晨起患部疼痛、发僵，活动后症状逐渐消失，以后发展为持续疼痛、发僵，严重者有弹响或闭锁。患处局部压痛，部位表浅者，有时可扪及一压痛性结节，该结节随肌腱滑动，并可感到弹响由此处发出。

炎症发生时鞘管相对狭窄，压迫其中的肌腱。反复发作的水肿则会引起腱鞘和肌腱增生。若鞘管原来就很小，增生的腱鞘会压迫肌腱，使肌腱水肿、增生，呈葫芦状肿大，阻碍肌腱的滑面，运动时会有弹响或闭锁发生。

3. 肌腱炎与腱围炎

肌腱炎的病变和症状是逐渐开始的，经过多次反复的微小损伤后，即可感觉到散在于各处的压痛变化，肌腱炎明显的症状表现为伴随着肌腱的活动有疼痛和肿胀的感觉。

腱围损伤多见于跟腱、髌腱等，常与肌腱炎互为因果。

4. 腱鞘囊肿

腱鞘囊肿（Ganglion）是在关节或腱鞘附近发生的囊肿，常见于腕、足与膝部。腱鞘囊肿，可能是由于关节或腱鞘纤维层薄弱，使其下面之滑膜层从中疝出而形成。囊肿常是单房性，也有多房性，且大小不等。房中含澄清胶冻状液体。多数腱鞘囊肿外观不大，呈孤立性，有时形成很硬的结节，内贮滑液、黏液，或清澄或胶冻状，有时呈血色。位于肌腱或关节处，有的起源于腱鞘，有的起源于关节囊或韧带。

5. 肌腱断裂

肌腱断裂易发生在肌肉的突然收缩时。尤其在肌腱的慢性损伤基础上，更易发生。切割伤造成的肌腱断裂在运动训练和比赛中非常少见。

（二）临床表现与诊断

肌腱及附属结构损伤的诊断主要依据病史、症状和局部检查体征。

肌腱的撕裂伤、断裂伤都有明确的受伤史。损伤后的主要症状是立即出现受累关节的主动活动障碍和疼痛。浅表肌腱的完全断裂可发现断裂处凹陷和两端回缩肌腱的隆凸，与肌肉断裂后的“驼峰”畸形相似，跟腱断裂是其代表性损伤。当有厚实的肌肉等其他组织覆盖下的肌腱发生急性断裂时，多不能发现明显的畸形。在长期慢性病变基础上的急性断裂伤，受伤者的疼痛表现也较轻。

肌腱、腱鞘和腱围等的慢性损伤，多因在短时间内的局部负荷量过大而引发疼痛，主要为训练中的特定动作痛，力量减弱，但无运动限制。停止疼痛动作和休息后疼痛缓解。局部检查能发现腱或腱止点处压痛、牵拉痛和抗阻痛，病程长者可发现肌腱增厚增粗或梭形变等。发生狭窄性腱鞘炎，在肌腱运动中可出现弹响或发生闭锁。

（三）防治原则

避免反复过度牵拉，改善局部血液循环，是腱损伤防治的主要环节。受伤运动员恢复训练后，适当使用保护性支具及支持带是必要的。应避免再次损伤加重，尤其是肌腱末端病修复慢，过早剧烈活动轻则肌肉痉挛，重则导致断裂。

1. 合理安排运动方式和强度

多样化的训练内容安排、个体化的合理局部训练量和密度安排、全面而协调的同一关节伸（屈）肌群的综合训练及采取一定的保护措施，是预防肌腱损伤和制订康复训练计划的关键。

在运动后，有一定时间的休息和采取必要的措施以促进血运，都能起到积极的作用。

2. 促进局部血液循环

训练中，避免肌腱长期处于紧张状态可以减少腱内部的压力，从而有利于营养物质的弥散。局部按摩，有助于减轻局部的张力，促进血运，减少粘连。以热疗为主的理疗可使局部血管扩张和血流加速，也有利于局部的恢复和改善症状。此外，活血化瘀、消肿止痛的中药、针灸等方法，有利于营养物质的渗透和清除局部代谢产物。

3. 慎用药物局部注射

局部注射肾上腺皮质激素药物有助于抑制损伤性炎症，减少粘连，是临床上最常用的行之有效的方法。但如果局部药物注射的注射部位不当，将会加重末端病病情。药物停留在腱内或纤维软骨内，可造成伤部组织的坏死，并常常在原位保留相当长的时间，从而造成局部抗牵拉作用的进一步减弱。故局部注射只能在附属结构的病变区域进行。

第五节　关节韧带损伤

关节韧带属于致密纤维结缔组织，其作用是把骨与骨连接在一起，保持关节稳定，限制关节异常活动，并有传递应力的作用。有的韧带使相邻的两骨坚强的连接在一起，活动度极小。韧带损伤通常因暴力的过度牵拉而导致不同部位不同程度的韧带撕裂或断裂。关节韧带的损伤主要受伤机制为关节的扭伤（Sprain）。关节因扭转、牵拉等暴力出现超出生理范围的活动，过度应力超出韧带所能耐受的程度，引起韧带纤维或韧带附着点某种程度的损伤。损伤往往发生于最薄弱处。损伤程度受暴力强度和作用时间的影响。

一般而言，韧带损伤的预后较好。但如果诊治失误，关节韧带松弛未得到治疗，会严重影响关节稳定性，导致一些可预见的继发性损伤。

一、关节韧带损伤的生物学基础

关节韧带属于致密纤维结缔组织，附着在邻近骨端上，用以联结两骨，多呈条索状或片状。其构成中约90%为胶原纤维，其余由弹性纤维混合组成。纤维与主轴平行排列，部分纤维交叉穿梭编织排列。

关节韧带是关节的骨与骨之间的静力支撑，稳定关节防止过度活动，并与关节周围肌肉系统一起起静力和动力支撑作用。

关节韧带有较强的抗张能力。它的力学特性与构成韧带的两种纤维的比例有关。项韧带及黄韧带内弹性纤维含量占60%～70%，具有较强的弹性，可对椎间盘施加预应力，以增强脊柱的稳定性。膝关节前交叉韧带则含90%的胶原纤维，表现出较强的韧性，当应变超过6%～8%后，韧带出现进行性破坏，然后断裂。韧带承受拉伸应力时表现出复杂的力学性能。关节长时间内承受恒定的低载荷时发生缓慢延长变形（蠕变，creep），当组织变形到某一恒定长度时载荷随时间而减少（载荷松弛，load relaxation），受载初期6～8小时这种变化最大，但可在低速下持续数月。慢速载荷下韧带的骨性止点是最弱的部分，快速载荷下韧带本身最弱，主要是因为随着载荷速度的增加，骨强度的增加比韧带强度的增加要快而多。

韧带也有和肌腱相同的末端结构。韧带的局部血液供应与肌腱相似，血管供应较少，代谢率较低，但在创伤及环境改变的情况下能作出积极的反映。

二、损伤机制

关节韧带损伤最常见的是韧带的扭伤，外力所致的关节异常活动超越韧带承受能力时，首先反射性地引起韧带紧张，如外力继续作用，超出其张力范围，韧带就会被拉断。另外，如膝关节外侧受到冲撞或打击，可能引起外侧副韧带挫伤，这种损伤较容易治疗。韧带拉断时，有可能使其在骨的附着处带有一小片骨组织一起被撕裂下来，称韧带撕脱性骨折。韧带损伤的部位是否发生撕脱性骨折或仅仅在以前受过伤的部位再次断裂，主要取决于各韧带的解剖与生物力学特点。

三、韧带的损伤与修复

损伤多发生在受力比较大而组织本身较脆弱的一部分，其损伤的程度取决于所受到作用力的强弱与时间长短，如果所受外力较小，作用时间短，往往只有少量韧带纤维断裂，即所谓的韧带扭伤，没有明显的功能丧失。这种情况局部有少许出血、血肿与纤维素沉积，以后有成纤维细胞浸润，增生形成疤痕组织，最后修复损伤的韧带组织。如损伤程度较重，会有更多的韧带纤维断裂，则表现出部分功能障碍，修复过程中有大量的疤痕修复，韧带完全修复需花费将近 1 年时间，但最终，其张力将减弱 30% ~50%。因此，韧带损伤最严重的影响是韧带愈合后延长或松弛，原有正常韧带的张力降低甚至丧失，容易引起再度损伤，造成关节不稳定而导致关节的退行性变或称创伤性关节炎。

（一）愈合过程

关节外韧带的愈合过程类似于其他有血管组织的修复过程。

韧带损伤后的愈合过程一般分 3 期：①第一期为伤后 1 ~7 天，病理改变以出血、炎症为主，韧带受损部分抗张强度下降（“滞后期”）甚至基本丧失；②第二期为纤维组织增殖期，伤后 2 ~3 周达高峰，伤部胶原纤维逐渐积聚，机械强度也逐步提高；③第三期为成熟期或重塑形期，此期胶原纤维逐步更新及重新排列，使韧带机械强度缓慢地进一步提高，此时期可持续数月至 1 年以上。第三期早期受运动影响较大，适当的运动应力刺激可增加胶原纤维密度，并使其排列更加整齐，因而使韧带的强度及刚度恢复得更好。

（二）韧带的应力重塑

在肌腱和韧带愈合的早期包括滞后期与增殖期，局部制动是必要的，可以避免损伤处被重新分离或使其在松弛状态下愈合。但在成熟期适当的应力可使愈合组织重塑形，使纤维排列更加整齐，并可通过血管、代谢等因素改变纤维产生及重塑形的环境，使强度恢复加快。而持续制动将使韧带软化，纤维组织得不到应力的刺激而排列紊乱，纤维间互相粘着，导致挛缩及粘连，韧带丧失其原有的伸展性，最终限制关节活动功能。

正常韧带同骨一样，能根据力学需要进行重建。韧带在承受高应力时强度和刚度增大，而在应力下降时强度和刚度减小。关节较长时间的制动，使韧带上的应力减少，能量储备明显减少，制动韧带的刚度和强度也明显减少，伸长加大，而这些变化的恢复却需要相当长的时间，尤其因骨代谢慢，骨止点的恢复则更长。若制动期间单纯采用等长运动或虽未严格制动但长期限幅运动，不能模拟正常的生理载荷，则不能防止韧带强度的降低。

老年化对韧带的影响与固定相似，这些改变及变性过程与活动水平降低相关的失用性反应及所患疾病有关。而剧烈运动所产生的高机械应力可导致韧带肥厚，其强度和刚度增加。

四、韧带损伤的诊断与治疗原则

（一）损伤程度与诊断

首先要了解受伤机制，所受外力的方向对损伤机制的判断有很重要的意义。

根据损伤严重程度，国内由学者将其损伤分为以下三度（图 6 -2）。

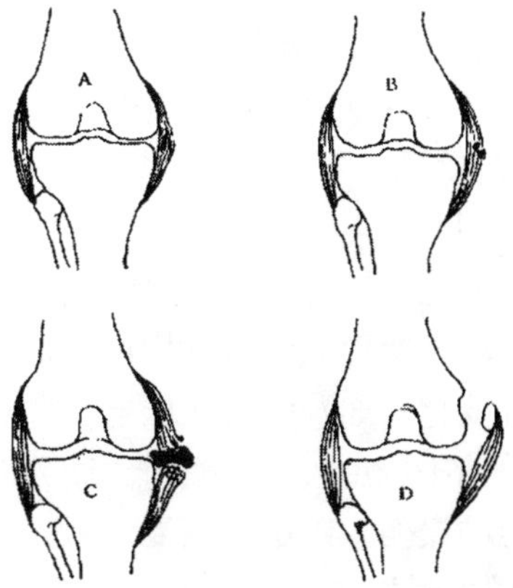

A Ⅰ度：仅少量的韧带纤维损伤、很少血肿　B Ⅱ度：韧带纤维部分撕裂
C Ⅲ度：韧带纤维完全断裂　D Ⅲ度：撕脱性骨折

图6－2　韧带损伤的分度

1. 轻度损伤（Ⅰ度）

少量的韧带纤维撕裂，局部有触痛但无关节不稳定。此类损伤仅仅是韧带内某些纤维的损伤，外观完整，局部有少量出血，很少血肿，无明显功能丧失，检查时韧带的结构功能没有减弱。MRI 可显示有组织撕裂，但并不严重。

2. 中度损伤（Ⅱ度）

韧带部分纤维撕裂，并存在一定的功能丧失，可导致关节功能的不稳定。撕裂程度可以从一小部分韧带到大部撕裂，所以功能的丧失亦随撕裂程度有所不同。损伤部位可有疼痛、肿胀，可找到压痛点，重复受伤动作，被动牵拉引起疼痛加重；若患者主动肌肉收缩对抗牵拉，疼痛或可减轻，以此区别于肌腱损伤。MRI 可验证损伤纤维断裂。

3. 重度损伤（Ⅲ度）

韧带完全断裂，可见关节的不稳定，甚至功能完全丧失。这种损伤包括韧带本身的撕裂，也包括韧带附着处的撕脱性骨折。损伤后，明显血肿和关节积血可提示韧带损伤较严重，有可能完全断裂。预后有赖于有效修补，不仅要达到组织的完全愈合，而且尽可能地恢复韧带正常的长度和强度。MRI 检查可见韧带断端之间的空隙内充满液体。

（二）防治原则

韧带损伤后不管手术或非手术治疗，治疗和康复的基本原则是选择适当的时机进行合理的功能训练，不能任凭其制动而不顾，也不能过早地对愈合未坚的韧带施加不适当的应力。

1. Ⅰ度损伤的防治

发生Ⅰ度损伤时，因韧带功能没有减弱，因此不需严格的制动。治疗时，以对症治疗为主，予以止痛，并加快消肿，不需要特殊保护措施，但要注意避免再次损伤。

2. Ⅱ度损伤的防治

Ⅱ度损伤的治疗，一般采用非手术治疗，关键是制动，使断端对合，韧带处于松弛位，维持这种体位直到愈合。这样，在愈合过程中，可通过正常疤痕组织的连接而取代。其愈合时间与完全断裂的相似，约 6～8 周甚至 10 周，有些损伤至 4 个月才牢固。另外，采用对症治疗，止痛，消炎，急性期过后，可采用针刺和按摩治疗。

病人的局部疼痛，瘀血与肿胀在 2～3 周可逐渐消退，关节稳定并在正常活动度中活动可无疼痛。但此时韧带愈合尚处于很早期，还没有恢复到正常强度。如果这时误认为韧带已经愈合而恢复运动员的锻炼或比赛，就常会引起韧带在第一次断裂处发生再度损伤，而使原来相当稳定的关节由于再度损伤而变得不稳定，直到韧带出现Ⅲ度损伤。因此，应施以保护措施 6～10 周，甚至 4 个月，以免残留后遗症。还有一种情况也应该注意，运动员经过很好的早期处理，但是制动的时间过短仍可能导致治疗失败，从而使疗程延长，甚至比骨折愈合的时间还长。

3. Ⅲ度损伤的防治

Ⅲ度损伤，强调在早期将韧带断端良好对合，以确保其愈合。这样不但保护韧带的正常长度，而且可以恢复其正常的强度，最终使韧带组织达到良好愈合。为确保对合，最好在 2 周内进行手术修复。陈旧性韧带断裂致关节不稳时，也需手术修复或做韧带重建。

如果愈合后有韧带松弛，关节不稳，可采用手术修复、韧带重建，但关节的稳定性常不易完全恢复，远期发生骨关节炎机会较多。做张力位关节X线检查有助于确定手术指征及判断疗效。撕脱骨折复位后的预后优于单纯的Ⅲ度损伤。

第六节　脊髓及周围神经损伤

运动中出现的神经损伤（Nerve injury），多为慢性劳损继发周围神经损伤，而脊髓损伤则为骨折脱位等的严重并发症，可能危及运动员生命或出现瘫痪。本节主要就脊髓损伤和周围神经损伤的有关问题展开讨论。脊髓损伤多是由于椎体的移位或骨片突出于椎管内，使脊髓或马尾神经受压产生不同程度的损伤。周围神经损伤主要是由于神经纤维受牵拉、切断、缺血或压迫等而造成损伤。

一、脊髓损伤

（一）脊髓损伤的病理

脊髓本身为半流体粘浆状物体，被硬脊膜包绕着的脊髓有特殊的力学特性。脊髓中的神经纤维和神经胶质对张应力抵抗力很小。脊髓本身重量虽然可使长度拉长，但超过限度就会出现非弹性阻力，即在拉长10%以内恰好适应了颈椎伸屈时变化，如果超出这个限度，就会出现脊髓变形或断裂。

1. 脊髓震荡

脊髓震荡是最轻微的脊髓损伤。是因脊髓遭受强烈的震荡后出现的迟缓性瘫痪，包括受伤平面以下感觉、运动、反射及括约肌功能的全部丧失。在组织学上无病理变化发生，仅有细胞性的改变，只是暂时性的功能抑制，一般于数小时或1~2日内迅速恢复，不留神经系统任何后遗症。

2. 脊髓挫伤

脊髓挫伤最为常见，是外伤致脊髓的实质性破坏，使脊髓内部出血、水肿、神经细胞破坏和神经传导束的中断。脊髓创伤后微循环的继发损害和神经膜的损害是影响预后的主要因素。

3. 脊髓横断

指脊髓的连续性中断，包括神经纤维束的撕断和髓质内神经细胞的破坏。脊髓断裂后不能恢复，预后较差。

4. 脊髓压迫

指骨折移位，碎骨片或破碎的椎间盘挤入椎管，以及伤后迅速形成的血肿均可压迫脊髓，使之产生病理变化。如及时去除压迫，脊髓的功能可以恢复；如压迫过久，脊髓因微循环的损害而产生不可逆的损伤，则难以恢复。

5. 马尾神经损伤

腰2椎体以下的骨折脱位可使马尾神经损伤，表现为受伤平面以下出现弛缓性瘫痪。

6. 脊髓休克

指各种严重的脊髓损伤后立即出现的损伤平面以下弛缓性瘫痪，是由于失去高级中枢控制的一种病理现象，称为脊髓休克。一般2~4周后，发生损伤平面以下不同程度的痉挛性瘫痪。

（二）脊髓损伤的临床表现

1. 脊髓损伤

在脊髓损伤后的脊髓休克期，表现为受伤平面以下的弛缓性瘫痪，即运动、感觉、反射和括约肌功能丧失。2~4周后逐渐出现痉挛性瘫痪，表现为腱反射亢进，肌张力增高，以及出现病理征。一般胸腰段脊髓损伤使下肢的感觉和运动产生障碍，称为截瘫；而颈段脊髓损伤后，还有双上肢的神经功能障碍，为四肢瘫痪，称为“四肢瘫”。上颈髓的损伤表现为四肢痉挛性瘫痪，下颈髓的表现为上肢弛缓性瘫痪，下肢痉挛性瘫痪。

（1）脊髓前侧综合征：当颈脊髓前方遭受压迫，如颈椎椎体前方压缩性骨折、椎体爆裂性骨折，骨折碎片突入椎管，椎间盘突出。脊髓前动脉受压或损伤导致该动脉的血供障碍，表现则更加严重。临床表现是损伤以下水平立即出现四肢瘫痪，浅感觉如痛觉、温度觉减退或丧失，而位置觉、震动觉等深感觉存在。括约肌功能也有障碍。

（2）脊髓中央综合征：这种损伤比较少见，

多见于过伸性损伤。也有因脊髓血供损伤导致脊髓灰质前柱、侧住和后柱缺血。表现为上下肢瘫痪，其程度上肢重于下肢，上肢也可单侧瘫，也可有双下肢无瘫痪。手部功能障碍比较明显，严重者手内在肌萎缩，恢复困难。括约肌功能有时可丧失。

（3）脊髓半切综合征：又称 Brown－Séquard 征。多为颈椎骨折脱位导致脊髓一侧损害。表现为损伤平面以下同侧肢体完全性上运动神经元瘫痪和深感觉丧失、痉挛性瘫痪、深反射亢进并有病理性反射，而对侧的肢体痛觉、温度觉丧失，或于损伤略高切段水平有感觉过敏。

（4）脊髓后侧综合征：来自颈椎管后方所造成的压迫。从损伤暴力来讲多不太重。过伸性损伤使颈椎后结构破坏并陷入椎管，使脊髓后结构的脊神经后根受累。临床表现特点是以感觉障碍和神经根刺激症状为主。损伤平面以下深感觉障碍，也可出现颈部、上下肢对称性疼痛。少数病例可有锥体束征。

（5）神经根损伤综合征：当骨折脱位后引起神经根损伤，表现为节段 1～2 个神经根支配区功能障碍。症状有麻木、疼痛或感觉过敏，或感觉和运动都出现障碍，症状轻重不一样。

2. 脊髓圆锥损伤

这是因第 1 腰椎骨折而至脊髓圆锥损伤，表现为会阴部皮肤鞍状感觉缺失，括约肌功能丧失致大小便不能控制和性功能障碍，两下肢的感觉和运动功能正常。

3. 马尾神经损伤

马尾神经起自第 2 腰椎的骶脊髓，止于第 1 骶椎下缘。马尾神经损伤多由第 2 腰椎以下骨折脱位引起，很少为完全性损伤。表现为损伤平面以下弛缓性瘫痪，感觉和运动功能障碍，括约肌功能丧失，肌张力降低，腱反射消失，没有病理征。

4. 并发症

（1）呼吸困难与呼吸道感染：是颈髓损伤的严重并发症。颈髓损伤后，肋间肌完全麻痹，加上膈神经是由颈 3、4、5 构成，呼吸肌力量不足，呼吸不畅，使呼吸道的分泌物不能排出，容易产生坠积性肺炎。一般一周内便可发生呼吸道感染，病人常因难以控制的呼吸道感染或痰液阻塞气管窒息而死亡。

（2）泌尿道感染和结石：是由于括约肌功能的丧失，病人因尿潴留而需留置尿管，容易发生泌尿道感染和结石。

（3）褥疮：是由于截瘫病人长期卧床，皮肤因长时间受压而发生神经营养性改变，皮肤出现坏死，称为褥疮。多发生于骨隆突的部位，常见在骶部、股骨大粗隆、髂嵴和足跟处。

（三）脊髓损伤的治疗原则

1. 及时而合适的固定

早期合适的固定，有助于防止因损伤部位的移位而加重脊髓的损伤。在现场搬运时尤为重要，一定要采用平托法。颈椎损伤者一般用颌枕带牵引或持续颅骨牵引。胸腰椎损伤者腰背部要逐步垫高。

2. 皮质激素治疗

迄今仍是早期治疗脊髓损伤最广泛应用的药物之一。它具有稳定溶酶体膜，抑制脂质过氧化，维持细胞内外离子平衡，减轻水肿改善血液循环，降低毒性物质的释放等作用。推荐使用大剂量甲基泼尼松龙，一般于伤后 8 小时内应用效果最佳。

3. 脱水和利尿治疗

为减轻脊髓水肿应适当选用。常用的脱水剂有 20% 的甘露醇、25% 的山梨醇和 50% 的葡萄糖等；常用的利尿剂有呋塞米（速尿）。

4. 抗氧化剂和自由基清除剂的应用

脊髓损伤后自由基生成较多，而自体抗氧化剂如 VitE、VitC、CoQ、VitA 减少。目前已有许多药物用于治疗脊髓损伤如 VitE、VitC、CoQ10 同工酶、超氧化物歧化酶（SOD）等。

5. 高压氧治疗

高压氧可使脑血管收缩，减轻水肿，防止脊髓肿胀，增加组织内氧含量，改善局部细胞的缺氧作用，促进损伤部位纤维细胞的胶原合成，调整酶系统因缺氧导致的破坏。一般于伤后 4～6 小时开始使用，以 2～2.5 个大气压的氧治疗，每次两小时，每日 2 ~3 次，连续 1 ~3 天。

6. **积极预防各种并发症**

尤应以呼吸道和尿道感染，褥疮及静脉血栓形成等为重点。

7. **手术治疗**

手术只能解除对脊髓的压迫和恢复脊髓的稳定性，目前无法使损伤的脊髓恢复功能。

二、周围神经损伤

运动性周围神经损伤，多为周围神经的牵拉性损伤或邻近组织损伤的挤压、炎性刺激等引起。周围神经通过关节附近狭小的解剖管道，由于关节和骨的增生变形，或者神经附近筋膜、腱膜、韧带、肌肉起始部的腱性组织等使周围神经受到压迫、牵引、摩擦，导致局部神经障碍麻痹的症状，称神经卡压综合征（nerve entrapment syndrome）。全身很多部位都可以出现卡压性神经障碍，表现为局部神经功能障碍。运动训练中可发生一些周围神经微小损伤，不及时发现及处理，也可累积成严重的功能损害。

（一）周围神经损伤的病因、病理及分类

1. **周围神经损伤的原因**

造成周围神经损伤的主要原因有牵拉、切割、缺血和压迫等几种。

（1）切割伤：指锐利物所致的神经损伤，不论完全离断或不完全离断，均属神经断伤。应早期做修复。

（2）牵拉伤：周围神经的张力强度较大，但弹性较小，牵拉后容易造成神经内损伤，如臂丛神经损伤就常见。轻者可造成神经传导功能障碍或轴索中断，重者可使支持组织损伤或神经断伤。修复困难。

（3）压迫伤：常见如射击运动员桡尺神经麻痹，止血带麻痹，腕管综合征，梨状肌综合征，跖管综合征等。轻的神经压迫有麻痛、肌肉无力等，重的可致轴索中断或神经内瘢痕形成。如果及时解除压迫，症状多可自行缓解。

（4）缺血性损伤：单纯的神经缺血性损伤很少，多是由于周围的肌肉缺血性坏死，瘢痕形成，而继发神经损伤。严重的神经本身可变成纤维条索。如前臂肌间隔综合征引起前臂肌肉缺血性挛缩常伴有正中神经及尺神经的缺血性损伤。

2. **周围神经损伤的病理**

局部神经功能障碍在病理上的改变有两方面，首先是神经血运的改变，其次是狭窄和机械性压迫，两者互为因果关系。在受损伤神经内可以混合呈现神经功能失用、轴索变细和脱髓鞘改变，甚至出现轴索中断的表现。周围神经损伤后可出现组织结构的退行性改变、假性神经瘤和神经再生等几种改变。

（1）退行性改变：周围神经断裂后，细胞与其纤维分离，神经近端在 3 ~4 天内发生华勒退行性变（Wallerian degeneration），其轴索及 Schwann 细胞呈截断变，分裂成许多节段和碎片。远端出现截断改变，与近端不同的是：截断波及整条神经，并逐渐被吞噬消失。

（2）假性神经瘤：神经断裂伤后 1 周，近端轴索长出许多再生的枝芽，如神经两端没有连接，近端再生的神经元纤维组织，被 Schwann 细胞包围迂曲呈球形膨大成结，称为假性神经瘤。远端 Schwann 细胞增殖和成纤维细胞增生，形成胶质细胞瘤。

（3）神经再生：神经修复后，要经过变性、再生，穿越吻合瘢痕及终末器官生长成熟等过程。其生长速度每日约 1 ~2 毫米。

3. **周围神经损伤的分类**

根据周围神经损伤情况及创伤病理不同，一般分为以下 3 类。

（1）神经传导功能障碍（Neurapraxia）：又称神经失用症。多由局部压迫或挫伤造成，神经暂时失去传导功能，无明显病理改变，运动功能障碍明显，感觉不完全丧失，一般伤后 4 ~6 周自行恢复。

（2）神经轴索中断（Axonotmesis）：肱骨投掷骨折、肩关节脱位、石膏压迫等常可导致神经轴索和髓鞘的连续性中断，损伤的远端神经纤维发生退行性变，但神经本身未断，神经内膜管还完整，再生的轴索可沿原路长入末梢，功能恢复较快，质量较好，但有时需要手术松解或修补，

以利于神经纤维的再生。

(3) 神经断裂 (Neuratomesis)：器械导致的切割伤、骨折、牵拉等原因造成神经轴突髓鞘和神经内膜管解剖性断裂，不能自发恢复，需手术修补或移植，才有可能恢复功能。

(三) 周围神经损伤的临床表现及诊断要点

1. 临床表现

(1) 感觉功能障碍

大多数患者发病早期以局部麻木为主要症状，或者诉说局部感觉异常，也有少数患者表现为感觉过敏、烧灼感、蚁行感或感觉迟钝。

由于感觉神经相互交叉、重叠支配，实际感觉完全消失的范围很小。没有神经重叠的部位，称为该神经的单一神经支配区 (Automonous zone)，如正中神经为示、中指远节，尺神经为小指远节，而桡神经只有拇指蹼背侧一小块皮肤感觉完全丧失。如为部分损伤，则表现为感觉减退、过敏或感觉异常。

①两点辨别试验：即在闭目状态下，区别两点同时刺激的能力，能说明触觉及痛觉功能，能代表感觉恢复的程度，在手上很有用。其标准是两点间的距离，距离越小越敏感。手部正常的两点辨别能力在儿童约2毫米，在成人约为4~6毫米，末节能力较强，近节较弱。可用分规的双脚同时刺激或特制的两点试验器来检查。

②拾物试验：即患者用手从桌面上拾起小物，如硬币、大头针等。先在直视下操作，然后在闭目下重复操作。这能代表手的感觉和运动的综合功能。

③叩击试验 (Tinel sign)：即按压或叩击神经干，局部出现针刺性疼痛，并有麻痛感向神经支配区放射为阳性，表示为神经损伤的部位。或从神经修复处向远端神经干叩击，Tinel 征阳性为神经恢复的表现 (图6-3)。所以，Tinel 征既可帮助判断神经损伤的部位，又可检查神经纤维再生修复的生长情况。但 Tinel 征只能作为参考因素，因其只能了解感觉神经的生长情况，且不能定量，对深部神经也不适用。

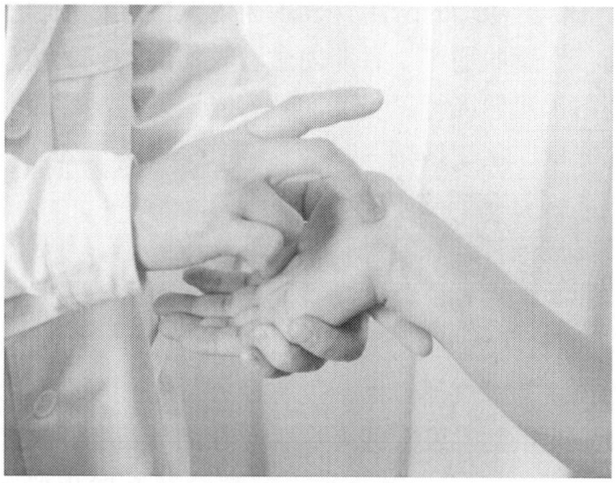

图6-3　Tinel 征

(2) 运动功能障碍

神经损伤后，其所支配的肌肉呈弛缓性瘫痪，主动运动、肌张力和反射均消失。有时关节活动可被其他肌肉所替代，但关节活动的肌力平衡失调，出现一些特殊的畸形，如桡神经损伤后的垂腕、垂指畸形，尺神经损伤后的爪形手畸形，正中神经损伤后的扁平手畸形，腓总神经损伤后的垂足畸形等。随时间延长，肌肉逐渐萎缩。且萎缩的程度和范围与神经损伤的程度和部位有关。

了解肌肉的麻痹情况，除要检查与肌肉有关的关节活动功能外，还要仔细检查每个肌肉肌腱的收缩情况。肌力检查分为六级，具体如下：

0级：肌肉完全无收缩，肌腱张力无变化。

1级：可扪到或看到肌肉收缩及肌腱张力增加，但无关节活动。

2级：排除肢体重力，肌肉收缩在水平面上可使关节主动活动，可达正常范围。

3级：抗地心引力，关节可主动活动至正常范围。

4级：抗地心引力及一定的阻力，关节可活动至正常范围。

5级：正常肌力。

(3) 自主神经功能障碍

自主神经分布在皮肤上的纤维与感觉纤维分布相同，主要功能为促进汗腺的分泌和血管的收缩。神经损伤早期由于失去神经控制，出现血管扩张、汗腺停止分泌，表现为皮肤潮红、皮温升高，干燥脱屑等。后期因血管收缩而表现为皮肤苍白、皮温降低、皮纹变平、光滑发亮，以及指甲增厚，出现横嵴等。

（4）周围神经卡压综合征

周围神经在经过某些骨－纤维隧道，或跨越腱膜、筋膜处，其活动空间明显受限，当这些隧道、腱膜、筋膜发生狭窄、增生、肥厚、粘连等均可使神经受压，而产生神经传导功能障碍。临床常见的运动性神经卡压综合征如下：

① 腕管综合征：是正中神经在腕管内受压而表现的一组症状和体征。在摩托车运动员中常见，多由腕管内各种原因引起的压力增高而产生。主要表现是桡侧三个手指端麻木或疼痛，持物无力，以中指为甚。有时出现拇短展肌和拇对掌肌麻痹，大鱼际萎缩。腕部正中神经 Tinel 征阳性。屈腕试验（Phalen）70% 阳性（图 6－4）。

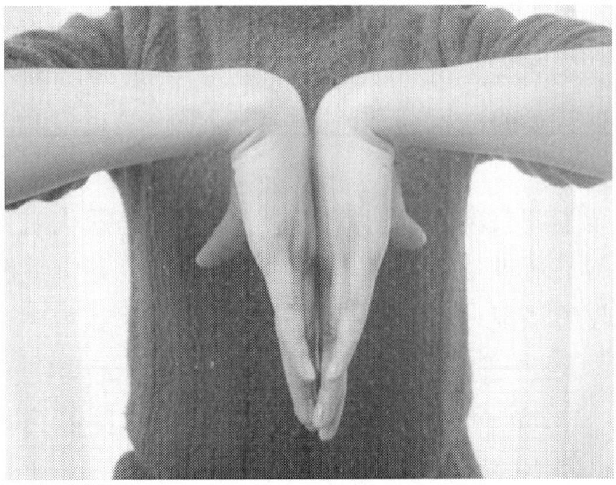

图 6－4　Phalen 氏征

② 肘管综合征：是尺神经在肘部绕经尺神经沟时，受卡压磨损的一种慢性炎症。常见于体操、举重、投掷等运动员。主要表现为前臂及手尺侧麻木或刺痛，手做精细动作不协调，捏握无力。严重时小鱼际及骨间肌萎缩，出现爪状手畸形。夹纸试验阳性及尺神经沟处 Tinel 征阳性。

③ 腕尺管综合征：指尺神经在穿经由豌豆骨和钩骨所形成的管钩处受压，产生运动及感觉功能障碍。常见于摩托、步枪射击、自行车运动员，多由局部压迫引起。主要表现为患手麻痛，握捏无力，骨间肌萎缩，小指及环指感觉障碍。

④ 旋后肌综合征：是桡神经深支（骨间背神经）在旋后肌腱弓处被卡压，产生以前臂伸肌功能障碍为主要表现的一组综合征。多见于乒乓运动员，反拍叩杀和抖动发球者。主要表现为桡神经深支支配的肌肉不完全麻痹，拇指外展、伸直障碍，2～5 指掌指关节不能伸直，腕关节偏向桡侧。

⑤ 踝管综合征：是胫后神经在踝管内受卡压引起的感觉及运动功能障碍。常见于跑跳项目的运动员。表现为足跖侧麻木，灼性疼痛，以及所支配肌肉萎缩。

2. 诊断要点

可根据以下几点进行诊断。

（1）畸形：如桡神经损伤的垂腕垂指畸形；尺神经损伤的爪指畸形；正中神经损伤的平手畸形；腓总神经损伤后的垂足畸形；胸长神经损伤的翼状肩胛畸形；副神经损伤的肩胛骨内旋畸形等。

（2）肌肉萎缩：凡神经损伤，其支配的肌肉都产生肌肉萎缩。如腋神经损伤后三角肌萎缩；肩胛上神经损伤后冈上、下肌萎缩；尺神经正中神经损伤后手内小肌肉萎缩。

（3）运动障碍：神经完全损伤，它所支配的肌肉即麻痹。在检查关节活动的同时，要结合单个肌肉的检查，包括主动、被动即抗阻运动。

（4）感觉障碍：皮肤感觉包括触觉、痛觉、温度觉及实体感觉等。检查触觉用棉花，检查痛觉用针刺，检查温度觉分别用冷或热刺激。注意各神经特定的单一支配区检查。

（5）营养障碍性改变：如皮干、甲厚、肌肉萎缩等。

（6）触痛：即 Tinel 征，它对伤部定位和恢复情况的判定均有意义。

（7）神经电生理检查：肌电检查和体感诱发电位对于判断神经损伤的部位和程度，以及帮助观察损伤神经再生及恢复情况有重要价值。

（四）周围神经损伤的治疗

神经损伤的治疗原则是尽可能早的恢复神经的连续性。

1. 闭合性神经损伤

运动性周围神经损伤多为闭合性损伤，大部分属于神经传导功能障碍和神经轴索中断，能够自行恢复。此类周围神经损伤的处理原则是：

（1）去除致伤因素。包括改进运动技术，控制运动量及训练频度，改进运动器械如改造自行车把手等。

（2）加强局部血循环，促进局部渗出物吸收，消除神经水肿，改善神经肌肉营养，刺激神经再生（超短波电疗法，红外线疗法，电光浴疗法，磁疗等）。同时，为加速神经和肌肉功能恢复创造条件（电体操疗法，同时配合红外线疗法、蜡疗法）等。

（3）松解粘连，软化疤痕，防止挛缩和畸形。包括音频电疗，直流电碘离子导入，超声药物透入，红外线疗法，蜡疗法等。

（4）适当的肌力练习或肌肉电刺激，辅以按摩、理疗及神经营养药物如维生素 B 族、地巴唑等。一般可恢复良好，长期不恢复者宜做手术控查，酌情作神经松解、修复，必要时作肘部尺神经前移等手术。

（5）制动休息、局部封闭等保守治疗有一定效果，但目前大多数学者的观点倾向于早期手术。手术的目的第一是探查压迫的原因；第二是解除压迫因素；第三是神经剥离减压。

2. 开放性损伤

切割伤，不论完全和部分离断，如果确诊为神经断裂均应早期缝合修复。如有感染，或神经损伤的范围和程度难以确定时，可留待二期修复。目前，常用的修复方法有神经束膜缝合法（包括端端、端侧、侧侧缝合法）、神经移植法（包括自体神经移植和同种异体神经移植）、神经套管桥接法等。

3. 神经营养因子及基因治疗

目前发现和研究的神经营养因子有：神经生长因子（Nerve growth factor、NGF）、睫状神经营养因子（Cholinergic neuronotrophic factor、CNTF）、碱性成纤维细胞生长因子（basic fibroblast growth factor、bFGF）、酸性成纤维细胞生长因子（acid fibroblast growth factor 、aFGF）、胶质细胞源性神经营养因子、脑源性神经营养因子、神经营养素、胰岛素样生长因子等。外源性 NTF 促进周围神经再生的作用主要体现在 4 个方面：①直接作用于再生轴突；②调控施万细胞增殖和分化；③促进再生神经血管形成；④作为炎性细胞趋化因子。

基因治疗是近年来随着分子生物学的发展而兴起的一项新技术，应用基因工程方法是解决长期供应神经营养因子的有效方法。相信随着分子生物学技术的不断进步，基因治疗一定会在神经系统损伤修复中发挥它应有的作用。

本章小结

（1）骨折与脱位的病因、损伤机理、修复过程及诊断治疗。

（2）软骨的结构与功能，生物力学特性，关节软骨损伤机制与修复重建机制。

（3）创伤性关节炎的病因、病理、临床表现及诊断治疗。

（4）肌肉损伤的病因、机理、治疗与防护。

（5）肌腱的结构与功能，生物力学特性，损伤机制及修复重建机制。常见肌腱损伤的诊断与防治。

（6）关节韧带的结构与功能，修复重建过程，以及诊断要点与防治基本原则。

（7）脊髓和周围神经损伤的病因、表现及治疗方法。常见运动性神经损伤的治疗及预防。

讨论题

（1）骨折与脱位的特征性表现和治疗原则是什么？

（2）关节软骨的生物力学特性和损伤修复机制如何？

（3）创伤性关节炎的病理机制与防治要点是什么？

（4）脊髓损伤的治疗原则是什么？

（5）周围神经卡压综合征的损伤机制是什么？常见的神经卡压综合征有哪些？怎样防治？

推荐参考文献：

曲绵域、于长隆，实用运动医学，第四版，北京大学出版社，2003：457～473. 对关节软骨损伤的组织结构、营养、生物力学及损伤的病理机制等做了介绍；925～930. 对运动员周围神经损伤的病因、病理、临床表现及诊断治疗均详细做了介绍。

陈启明、秦岭，骨科基础科学 第二版 人民卫生出版社，2001：407～412. 对软骨和肌腱的生物力学特性做了描述。

戴克戎，现代骨科学 科学技术文献出版社，2003：1～5. 主要从组织学和生物力学角度讲述了软骨的组织结构、生物力学特性，以及损伤后再生与修复的研究进展。

王吉兴、姚军，关节软骨损伤基因治疗的研究进展，中华风湿病学杂志2003年10月第7卷第10期。

杨桂勇、卢世璧，关节软骨损伤修复基础研究进展，中国矫形外科杂志1996年3月第3卷第1期：54。

张磊、吴林生，关节软骨损伤修复研究进展，中国骨伤1997年3月第10卷第2期：60～61。

王亦璁，骨与关节损伤，第三版，人民卫生出版社，2001：系统讲述了脊髓及周围神经损伤的病因、病理、损伤机制、临床表现、诊断及治疗要点，以及近年的研究进展。

下　篇

运动创伤各论

各个运动项目都有其常见的专项性、多发性创伤。本篇共8章，各种常见的运动创伤分别以人体的头部与颅脑、颈与躯干、肩部、肘部、腕手部、髋与大腿部、膝与小腿部、足踝部等8个部分逐一进行讲述。从各个部位的解剖结构入手，重点讲述各关节的结构特征，结合动作技术特点，分析每一常见运动创伤的发病机制，从疾病的病因、病理变化、临床表现及治疗等不同角度进行论述，结合图片讲解诊断检查的具体方法，并侧重于实用性。对西医处理原则和中医治疗运动损伤的特色治疗做了比较详细的介绍。

通过对本篇系统性的学习，可以对人体各个运动部位的解剖结构有较清楚的认识，结合不同的运动项目技术特征，理解并掌握各个关节部位常见运动损伤的发病机制、临床表现及体征，正确、熟练地应用各种检查手法，结合辅助检查手段，及时作出正确的诊断，掌握常见的、多发的各项目的运动创伤的诊断与治疗方法，尤其是急救处理及中医的一些简单处理方法。在此基础上，结合专项运动技术动作的要求，为科学训练、预防运动创伤的发生及创伤后的康复训练提供科学依据。

第七章　头部运动创伤

头部的运动创伤与运动项目的特点密不可分，多在接触性的运动项目和高危险性的运动项目中经常发生。头面部的运动创伤包括颅脑的损伤和颜面部的损伤，轻者只是头部软组织的挫伤或裂伤，重者可因发生严重的颅脑损伤而直接导致运动员的死亡。

头部运动创伤的影响越来越被人们所重视和认识。为了尽可能减少此类创伤的发生，或者在创伤发生后的第一时间有效地抢救生命，并尽量降低创伤发生时对机体的伤害程度，除做好现场急救等应急准备工作外，理解并掌握头部局部解剖的特殊性、不同的头部创伤后病理变化的特点以及现场急救处理原则，从而有针对性地加强运动医务监督工作，具有十分重要的临床意义。

此外，重视运动中运动员的防护工具也是非常必要的。头盔、面具、眼保护器等的合理使用会减少头部创伤的发生或减轻损伤的程度。

第一节　应用解剖

一、头　皮

头皮（scalp）较厚，血液循环丰富，由外向内分成皮肤层、皮下组织层、帽状腱膜层、腱膜下层和颅骨外膜5层。供应血管主要位于皮层与帽状腱膜层之间，神经与血管相并行。头皮内的静脉通过腱膜下层中的导静脉与板障静脉和颅内静脉窦相通。

二、颅　骨

颅骨（skull）由额骨、筛骨、蝶骨、枕骨及一对颞骨和一对顶骨共8块组成，其相互连接的部位为骨缝。颅骨分颅盖及颅底两个部分：颅盖骨由致密的内、外板和其间的板障构成，板障是骨松质，内有骨髓及板障静脉；颅底凹凸不平，分为颅前窝、颅中窝和颅后窝。

三、脑　膜

脑的表面由3层被膜覆盖：最内的一层为软脑膜，紧贴于脑的表面；中间的蛛网膜为一薄而透明的结缔组织膜，与软脑膜之间形成蛛网膜下腔，其内充满脑脊液；外层的硬脑膜介于蛛网膜与颅骨内面之间，是双层结构膜，其两层之间有颅内静脉窦。硬脑膜的内层皱襞形成大脑镰（在大脑两半球之间）、小脑镰（小脑两半球之间）及小脑幕（在大脑半球枕叶与小脑之间）。

四、脑组织

脑位于颅腔内，可分为端脑、间脑、脑干和小脑四个部分。

（一）端　脑

主要包括两侧大脑半球，由顶叶、额叶、颞叶、枕叶、岛叶、基底节及内囊等组成。为运动、感觉、听觉、视觉、嗅觉、语言、情绪、记忆等的皮层中枢。

（二）间　脑

位于端脑和脑干之间，中线两旁，中脑上方。间脑的脑室称为第三脑室。间脑包括背侧丘脑、上丘脑、下丘脑、后丘脑和底丘脑。其中背侧丘脑是一切感觉纤维的汇集点，在背侧丘脑更换神经元，传入大脑皮质，此处损伤后有感觉障碍。而下丘脑为调节内脏、内分泌及自主神经活动的重要皮质下中枢。

(三) 小 脑

位于颅后窝内。控制人体运动的平衡及随意运动的协调性和准确性。

(四) 脑 干

位于颅后窝，上接间脑下接脊髓，包括中脑、脑桥和延髓三部分。脑干背面为小脑，脑桥、延髓和小脑之间为第四脑室。脑神经除嗅神经（Ⅰ）、视神经（Ⅱ）外，其他脑神经的神经核都位于脑干，除神经核以外，其他主要还包括皮质脊髓束及其他脑与脊髓间的上下行纤维及网状纤维。

五、脑的血液供应

脑的血液供应非常丰富，其动脉包括颈内动脉系统和椎－基底动脉系统。其中，端脑的前2/3和部分间脑由颈内动脉供应，端脑的后1/3及脑干、小脑和部分间脑由椎动脉供应。脑膜动脉来自颈外动脉、椎动脉及眼动脉的分支，供应脑膜、颅骨内板及板障。

脑的静脉不与动脉伴行，分为深、浅两组，两者通过侧支吻合。深静脉收集大脑深部的静脉血，汇入直窦。浅静脉收集大脑皮质及髓质的静脉血，并直接汇入静脉窦。颅内静脉窦位于硬脑膜内外层之间或重叠的内层之间，所有的静脉窦最后都汇入颈内静脉。

第二节 颅脑的运动创伤

颅脑的运动创伤根据解剖部位可分为：头皮损伤（scalp injury）、颅骨骨折（fracture of skull）、脑损伤（brain injury），三者可单独发生，但常是合并存在，后者发生时一般都是比较严重的损伤。一旦有颅脑创伤发生，其处理是否及时和方法是否正确，对预后起着决定性的作用。因此，积极救治，有利于预防并发症及后遗症的发生。

一、头皮损伤

头皮损伤即头部直接遭受暴力作用所致的损伤。因暴力的速度、大小及方向的不同，所致的头皮损伤类型和损伤程度也各异。

(一) 头皮撕裂伤

头皮撕裂伤（scalp laceration）多由头部直接被硬物撞击所致。如公路自行车赛时意外跌倒时头部被撞；击剑运动中头部被剑刺伤；在跳水运动中，头皮裂伤也相当常见。

1. 临床表现与诊断

头皮部裂口，有时损伤发生至帽状腱膜下层，因为此层的组织较疏松，裂口一般较大。剧痛，因头皮血管丰富，出血一般较多。创口中常夹有毛发、泥沙等污物。

2. 治 疗

(1) 首先，压迫伤口止血，然后彻底的清创。清创时，注意探查伤口深处，确定有无骨折及骨折块。最后逐层缝合。应留意帽状腱膜层做间断缝合。皮肤缺损较大的，可进行皮瓣移植，以修补缺损。

(2) 伤口较大且有明显污染者，在缝合后置引流条，24小时后拔除。术后给予抗感染治疗。

(3) 对于高速状态下所致的头皮撕裂伤，须仔细检查有无颅骨骨折和脑组织损伤。

(二) 头皮血肿

头皮血肿（scalp hematoma）是头部与钝性物体相撞所致，为闭合性头皮损伤。头皮血肿按血肿在头皮内不同结构层次的分布状况，又分为头皮下血肿（subcutaneous hematoma）、帽状腱膜下血肿（subgaleal hematoma）及骨膜下血肿（subperiosteal hematoma）3种类型。

1. 临床表现与诊断

(1) 头皮下血肿：位于皮肤层与帽状腱膜层之间。血肿较局限，触之较硬，中间有凹陷感。

（2）帽状腱膜下血肿：位于帽状腱膜层与骨膜层之间，由小动脉或导静脉破裂所致。因组织疏松，血肿可蔓延较宽的范围，触之有明显的波动感。

（3）骨膜下血肿：位于骨膜与颅骨外板之间，一般以骨缝为界而局限在某一颅骨范围内。

头皮血肿有时需与颅骨骨折相鉴别诊断，而拍摄颅骨 X 片。

2. 治　疗

（1）早期冷敷，24～48 小时后，改为热敷。

（2）头皮下血肿无须特殊处理，多在数日内自行吸收。

（3）对于帽状腱膜下血肿，若血肿不大者，简单加压包扎即可；而血肿太大，难以吸收者，可在无菌条件下穿刺抽血，然后进行加压包扎。

（4）骨膜下血肿较小者，可采用先冷敷后热敷的方法，待其自行吸收，但切忌加压包扎；血肿较大者在严格无菌条件下穿刺抽血，加压包扎。

少数病人需手术止血并清除血块，注意术后给予抗感染治疗。

二、颅骨骨折

（一）颅盖骨折

颅盖骨折（fracture of skull vault）是颅盖骨受到直接暴力所致。当颅骨内板发生骨折后，其骨折片常因刺伤局部脑膜、血管甚至脑神经和脑组织，而出现相应的症状及体征。

1. 临床表现与诊断

（1）骨折处头皮肿胀，疼痛，有压痛。常伴有头皮挫裂伤和头皮血肿。若骨折处头皮全层裂开，为开放性的颅骨骨折，多有伤口的污染。

（2）仅外板骨折或线状骨折，其骨折征象的临床表现不明显，通过 X 线可诊断。

（3）颅骨内板骨折或粉碎凹陷骨折，触之局部骨质下陷，有骨擦音或骨片浮动感。这类骨折一般都需 X 线检查才能确定其性质（图 7－1），凹入的骨折片深度超过 2 厘米，应高度怀疑有脑膜及脑组织的损伤。

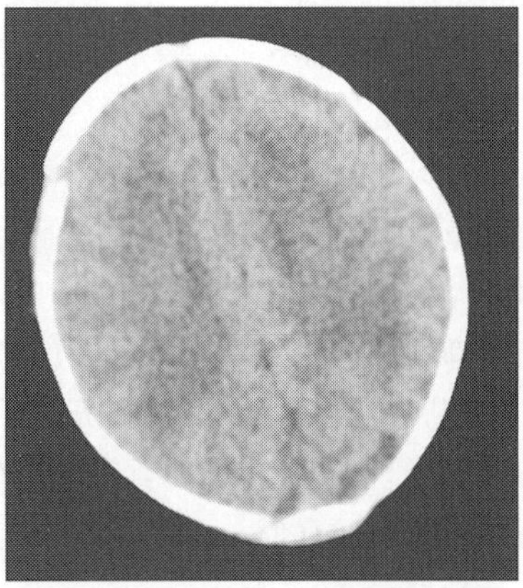

图 7－1　颅骨骨折

2. 治　疗

（1）单纯线形骨折或粉碎性骨折，而无神经体征者，一般不需手术治疗。

（2）对开放性伤口，在早期进行彻底清创。

（2）对于凹陷骨折，除外板骨折或凹陷不足 0.5～1 厘米者外，均需手术复位，以解除骨片对脑组织的压迫，防止癫痫的发生。有硬脑膜破裂者，须缝合修补硬脑膜。而开放性的凹陷性骨折，不论是否合并硬脑膜与脑组织损伤，均应早期手术治疗。

（4）凹陷骨折在静脉窦附近，而又无神经症状者，可延迟几日再手术。手术时不能撬骨片，只能在碎骨周围将骨板咬开，使骨片浮起即可。

（二）颅底骨折

颅底骨折（fracture of skull base）因其骨折线常通过鼻窦或岩骨，故多为开放性线形骨折，根据骨折部位不同，可分为颅前窝骨折（fracture of anterior fossa）、颅中窝骨折（fracture of middle fossa）及颅后窝骨折（fracture of posterior fossa）3 种。

1. 临床表现与诊断

（1）颅前窝骨折

前额部可见皮肤肿胀、挫伤。眶周广泛瘀血斑，俗称“熊猫眼”。眼结膜下出血及水肿。骨折常累及筛板及眶板。脑膜和骨膜均破裂，则表现为鼻出血，并混有脊髓液，形成脑脊液鼻漏

(CSF rhinorrhea)，嗅觉丧失。若视神经管骨折，可合并视神经损伤，而出现视力减退或丧失。

(2) *颅中窝骨折*

颞部软组织肿胀。骨折伤及颞骨岩部可引起耳道流出血。当脑膜、骨膜及鼓膜均破裂时，血中混有脑脊液，形成脑脊液耳漏（CSF otorrhea）。合并听神经损伤者，表现为听力丧失、平衡障碍。外展神经和面神经损伤（第Ⅵ、Ⅶ脑神经）者，出现同侧外展神经麻痹（眼向内斜视）及面神经麻痹症状。

(3) *颅后窝骨折*

其症状多不明显。骨折累及颞骨岩部后外侧时，在伤后数小时，即可出现乳突部皮下瘀斑。若骨折发生在枕骨基地部，可在伤后数小时，出现枕下部肿胀及皮下瘀斑。

X 片有助于诊断，特别有助于观察颅内积气。但由于颅底结构复杂或高低不平，影像常因重叠，而致骨折线不易显示或被辨认。故为避免加重病情，非特殊需要，一般不列为常规检查。

CT 检查有助于对眼眶和视神经管的骨折的诊断，并进一步了解有无脑损伤，及其损伤的程度。

必要时可做 MRI 检查。

2. 治　疗

给予抗生素控制感染，而颅骨骨折本身无须特殊处理。

(1) 合并脑脊液耳、鼻漏时，应头高位卧床，不应冲洗或填塞耳鼻道，也不应给氧，避免用力咳嗽、打喷嚏及擤鼻，以防脑气栓。如超过 30 天仍有脑脊液漏，视情况考虑手术修补硬脑膜。

(2) 对伤后大量致命鼻出血的病人，应立即气管插管或行气管切开，使呼吸通畅。

(3) 合并脑损伤或有大的骨折碎块陷入颅腔，且有神经症状者，需进行手术治疗。开放性骨折碎骨片易招致感染，手术时应全部取出。

三、脑损伤

(一) 脑震荡

脑震荡（concussion of brain）是脑损伤中损伤程度最轻的一种。实质为头部遭受暴力作用后，高级中枢神经系统一过性的功能障碍，但无明显的、肉眼可见的神经解剖病理改变。

1. 临床表现与诊断

(1) 意识障碍：头部遭受暴力后，当即发生一过性意识障碍。表现为神志不清或完全昏迷，短则几秒钟，一般最长不超过 30 分钟。清醒后一段时间内反应迟钝，大多不能回忆受伤当时的经过，以及伤前一段时间内的状况，称之为逆行性遗忘（retrograde amnesia）。

(2) 生命体征：重者，在意识障碍的同时可伴有自主神经紊乱，而引起生命体征的变化，出现皮肤苍白、心悸、出汗、呼吸浅、慢等表现，但可随着意识的恢复，逐渐恢复正常。

(3) 其他：可能会有头痛、恶心、呕吐、记忆力减退等症状。

(4) 神经系统检查无阳性体征。

CT 检查颅内无异常发现。

2. 治　疗

无须特殊处理。在伤后 24 小时内，应密切观察意识、肢体活动、瞳孔和生命体征的变化。头痛较重时卧床休息 1 ~ 2 周，口服镇静剂（如苯巴比妥、溴化钾等）和止痛剂（索米痛、阿法罗定等）。

3. 训练安排

脑震荡患者，伤后不宜过早训练，否则易造成头痛、头晕等后遗症，且经久不愈。一般在 Romberg 试验正常的情况下，方可开始逐渐参加训练。

(二) 脑挫裂伤

脑挫裂伤（cerebral contusion and laceration）是脑挫伤和脑裂伤的合称，是指头部遭受暴力打击，而导致脑组织挫伤或结构断裂的器质性损伤。脑挫伤指脑组织遭受的破坏较轻，软脑膜完整。脑裂伤则同时有软脑膜、血管和脑组织的损伤。两者常同时并存。此类损伤主要发生在大脑皮层，轻者仅软脑膜下有小出血点，神经细胞水肿、变性。重者出现静脉瘀血、出血、肿胀及坏死，更甚者可危及生命。一般情况下，多同时合并颅骨骨折及蛛网膜下腔出血，而继发脑水肿和脑血肿。

1. 临床表现与诊断

（1）意识障碍：受伤后立即出现持续性昏迷，可延续数小时至数日、数周甚至数月不等。有的患者昏迷清醒后，可再次昏迷，出现中间清醒期；或者昏迷程度减轻后又再加重，出现中间好转期。

（2）生命体征改变：伤后立即出现血压下降、体温波动、呼吸深缓、脉搏缓慢、面色苍白、冷汗等症状。但一段时间后，脉搏、呼吸可有增快，血压正常或稍高。若脉搏缓慢、血压升高，同时伴意识障碍的加深，应考虑有继发颅内血肿的可能。

（3）局灶症状：表现为受伤对侧的偏瘫，失语，呼吸异常，吞咽障碍。

（4）继发脑水肿或血肿时，会出现颅内压增高的临床表现，如头痛、恶心、呕吐等，并且在意识好转或清醒后，又变模糊，以及出现锥体束征。

（5）X线检查，多数病人可发现有颅骨骨折。CT检查有助于了解脑挫裂伤的具体部位，范围（图7－2）。

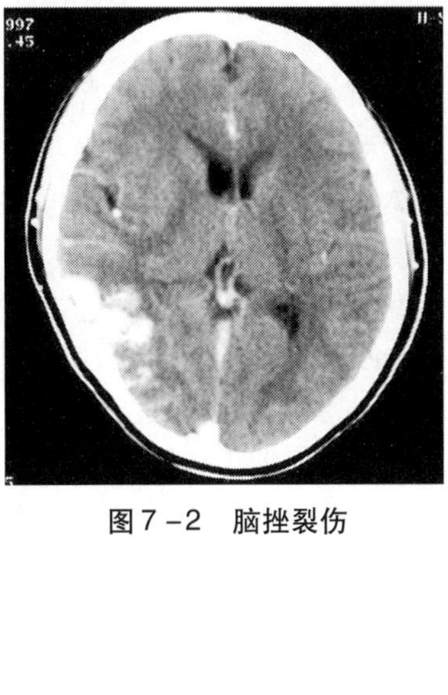

图7－2　脑挫裂伤

2. 治　疗

此类损伤，轻者似脑震荡，治疗与脑震荡相同。重者因继发损伤而深度昏迷。因此，治疗原则有所不同，主要是止血、脱水、减轻脑水肿，降低颅内压，营养脑细胞，预防并发症。

（1）严密观察病情变化：在伤后72小时内，严密监测生命体征、意识状况及瞳孔变化、颅内压等各项指标。

（2）保持呼吸道通畅：及时清理呼吸道内的分泌物及污物。昏迷时间长，且呼吸不畅者，尽早行气管插管或者气管切开。

（3）防止脑水肿及降低颅内压：采用脱水治疗和冬眠低温疗法等。

口服药物：用于意识清楚，颅内压症状较轻者。可选用氢氯噻嗪25～50毫克，每日3次；氨苯蝶啶、呋塞米、50%甘油盐水溶液等。

注射制剂：酚磺乙胺0.5克，静脉滴注，每日2次；氨甲苯酸0.1克，静脉滴注，每日2次；20%甘露醇250毫升，快速静脉滴注，每日1～2次；尿素山梨醇、呋塞米等也可选用。

低温可降低脑氧耗及代谢，从而减轻脑水肿。常用方法是对头部降温（用冰袋）处理，使肛温保持在30～32摄氏度，时间5～7天，可酌情延长。

（4）手术：继发的脑损伤肢颅内压升高甚至发生脑疝时需开颅清除坏死的脑组织。

（5）抗生素治疗：控制或预防颅内感染。

（6）调节水电解质酸碱平衡及病人营养，积极进行对症治疗。

（7）康复治疗：后期的康复可行针灸、理疗等，同时给予促神经机能恢复药物如脑生素等。

（三）原发性脑干损伤

原发性脑干损伤（injury of brain stem），多因头部受到挥鞭性、旋转性暴力，或直接来自枕后部的暴力作用下，颅内各种脑组织结构之间因惯性力及加速度的不同而产生剪切应力，使脑组织发生位移、扭曲等，造成神经轴索的牵拉和撕裂，引起弥散性轴索和脑干损伤。

单纯原发性脑干损伤较少见，一般多伴有严重的脑挫裂伤。据统计，约有 10% ~20% 的重型和特重型颅脑损伤伴有原发性脑干损伤。

其病理改变，以弥散性轴索损伤最常见，此外，脑干挫伤伴有小灶性出血或小血肿形成。分子病理学研究发现脑干伤有大量的迟发性细胞死亡或细胞凋亡。

1. 临床表现与诊断

（1）意识障碍：受伤后立即发生昏迷，程度深，持续时间长。无中间清醒期或中间好转期。

（2）生命体征变化：伤后立即出现呼吸、循环功能紊乱及高热。呼吸节律紊乱，一般为中脑和脑桥的呼吸中枢受损。当延髓受损严重时，可发生呼吸、心跳停止。

（3）瞳孔和眼球运动：中脑损伤早期，可见瞳孔不等、大小多变，对光反应消失，眼球斜向下外方。脑桥损伤，可见两侧瞳孔极度缩小，双侧眼球内斜或外斜。

（4）去脑强直和锥体束征：是脑干损伤的重要体征之一，多表明合并较严重的脑挫裂伤和丘脑下部损伤。去脑强直的症状，表现为四肢伸直、肌张力增高、双上肢内收前旋、颈项后仰呈角弓反张状等，开始为间歇性发作，以后逐渐转为持续状态。锥体束征包括腱反射亢进、病理反射阳性、一侧或双侧肢体无力或瘫痪等体征。

（5）MRI 检查可明确诊断，并了解伤灶的具体部位和范围。腰椎穿刺可见脑脊液压力正常或轻度增高，多呈血性。

2. 治　疗

（1）严密监护：对生命体征、颅内压、血氧饱和度进行持续监测。仔细监察眼、脑干反射。监测血糖，严格记录出入量。

（2）保持呼吸道通畅：尽早进行气管切开，防止脑缺氧。面罩给氧，有利改善脑组织缺氧性改变。

（3）减轻脑水肿，控制颅内压升高。

（4）手术治疗：若非手术疗法不能减轻高颅压时，应积极考虑开颅减压手术，清除挫碎的脑组织、颅内血肿及散在的血肿块，以达到减压效果。

（5）维持水电解质平衡，防治上消化道出血、肺部感染等并发症。

（6）度过急性期后，尽早使用促进脑细胞代谢和脑功能复活的药物，如三磷酸腺苷、辅酶 A 等。同时应用催醒的药物，如安宫牛黄丸具有芳香开窍作用，能促进脑功能恢复和昏迷病人的苏醒。在恢复后的早期进行康复性治疗：包括功能锻炼、理疗、按摩、针灸以及被动或主动的运动训练，以促进神经系统功能的恢复。

（四）颅内血肿

颅内血肿（intracranial hematoma），是头部损伤后颅内出血并集聚，使脑组织受压所致的病症，一般出血量在 25 毫升以上时就会出现临床症状。其严重性在于血肿会导致颅内压增高而引起脑疝，影响预后。根据出血部位的不同，可将颅内血肿分为硬脑膜外血肿（epidural hematoma）、硬脑膜下血肿（subdural hematoma）和脑内血肿（intracerebal hematoma）3 类。

1. 硬膜外血肿

多因颅脑受伤后，脑膜动脉、板障血管和静脉窦破裂出血，积聚在硬脑膜外所致。头部受力部位血液的积聚，先引起硬脑膜与颅骨内面小范围的剥离，随着出血量的增多，硬脑膜进一步剥离，血肿也进一步扩大，压迫脑组织，而导致颅内压逐渐增高，并出现相应临床症状。

（1）临床表现与诊断

颅盖部局部有伤痕或头皮血肿。

①意识障碍：通常在伤后数小时至数天内发生。典型表现开始时昏迷，中间清醒后又再昏迷，即出现“中间清醒期”或“意识好转期”。

②生命体征变化：脉搏变缓、进行性血压增高，心率减慢，体温升高，呼吸变深。

③瞳孔变化：同侧瞳孔散大，对光反应迟钝或消失。有动眼神经和中脑受压时，出现双侧瞳孔进行性扩大，对光反应消失。

④锥体束征：早期出现一侧肌力减退。在中晚期，因发生脑疝，进行性加重导致对侧肢体瘫痪。此外，随着颅内压增高，可有剧烈头痛、反

复呕吐等症状。

⑤X线片显示骨折线，可作为诊断时的参考。腰穿脊髓液压力增高，超声波检查脑的中线偏移、脑血管造影又显示无血管区，则硬膜外血肿可确诊无疑。CT检查可明确定位，并可计算出血量、了解脑挫裂伤、脑水肿等情况（图7-3）。MRI是最好的辅助诊断手段，可见血肿在伤侧或对侧，大多发生在头部着力部位，可伴有或不伴颅骨骨折。

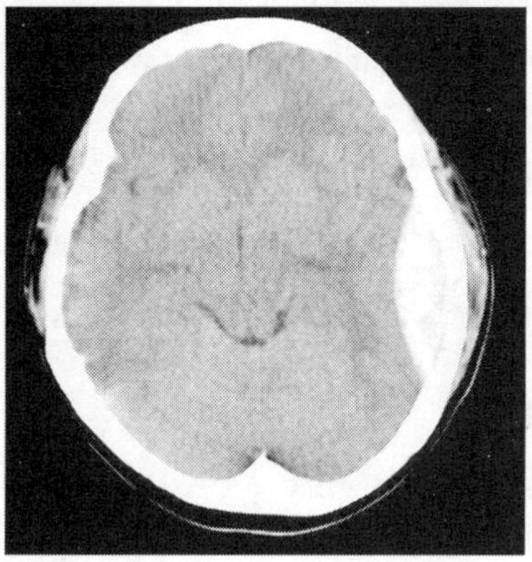

图7-3　硬膜外血肿

（2）治　疗

多数病人病情危急，治疗措施应争分夺秒，以免导致脑疝，危及生命。这对病人的预后非常重要。紧急开颅手术，清除血肿是治疗急性血肿的唯一选择。对慢性和亚急性脑血肿，可先造影，定位后再手术。

2. 硬膜下血肿

硬膜下血肿是由于颅脑受伤后，脑组织表面静脉破裂出血，积聚在硬脑膜下腔所致，常与脑挫裂伤合并发生。

（1）临床表现与诊断

急性硬膜下血肿：一般3日内发病，根据是否伴有脑挫裂伤，可分为复合性血肿和单纯性血肿。而单纯性血肿较少见。病情一般较严重。意识障碍进行性加重，无中间清醒期或好转期的表现。若仅凭临床表现难于与其他的急性血肿区别，故CT检查对临床的确诊非常重要。

亚急性硬脑膜下血肿：脑挫裂伤较轻，可有意识好转期存在，一般在3日至2周出现颅内压增高和脑疝的征象，临床上难以与继发型脑水肿区别。

慢性硬脑膜下血肿：血肿增大缓慢，一般在3周以上。本身患有血管性疾病或出血性疾病者尤应注意。

亚急性和慢性硬膜下血肿多有包膜。急性硬膜下血肿病情危急，死亡率高，应急诊处理。

（2）治疗的目的在于及时清除血肿、止血，并对症处理。

3. 脑内血肿

系由脑组织内部血管破裂出血所致。浅部血肿，出血多来自脑挫裂伤灶；深部血肿位于白质深部，脑的表面可无明显挫伤；延迟性脑内血肿，可延迟至损伤后数天，甚至十数天后发病。

（1）临床表现与诊断

脑内血肿并不引起特殊的临床表现，常以进行性意识障碍加重为主，并常被同时存在的脑挫裂伤及硬脑膜下血肿的症状所掩盖。

CT检查可见在脑挫裂伤的附近或脑深部有血肿影，有助于确诊（图7-4）。脑血管造影或MRI成像检查也能确诊。

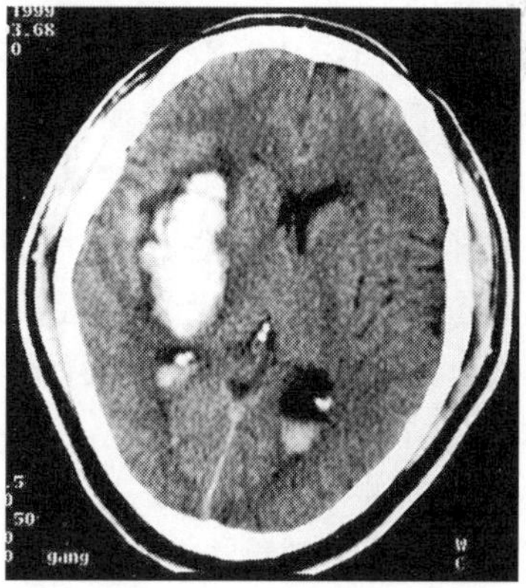

图7-4　脑内血肿

（2）治　疗

多需手术治疗，清除血肿。常见的手术方式有开颅血肿清除术、钻空探查术、钻孔引流术等。

四、拳击运动的头部创伤

拳击运动是剧烈的身体对抗性运动，在此项

运动项目中，除发生常见急性颅脑的运动创伤外，因其项目技术特点，还会发生比较特殊的运动创伤。

(一) 击 昏

击昏，是运动员头面部（颞部、鼻梁、下颌部）颈部侧面、胸腹部两侧肋骨下方，以及神经丛部受击时倒地晕厥，并随之出现机体功能急剧障碍的严重情况。其中以下颌受击而发生的击昏最常见。

1. 发生机制

击昏的发生，大多数情况下是外力刺激后神经反射作用的结果，与以下方面有关。

（1）颞部和鼻梁受击发生击昏的原因，主要是头部受到冲击力发生了脑震荡。

（2）下颌受击出现击昏，是由于前庭器官（椭圆囊和球囊、三半规管）中耳石的震荡刺激了小脑，使其平衡机能被破坏，并把刺激传到脑干，使保证人体直立状态的协调动作失调，引起运动员的左右摆动，转而倒地。随后，刺激作用于迷走神经中枢，影响心脏功能，心率减慢，整个心血管系统的活动降低。

（3）颈部侧面受击，刺激了颈动脉窦，引起反射性血压骤降，脑部短暂缺血而导致击晕发生。

（4）胸腹部受击的击昏，是外力冲击刺激了神经丛部位（心窝下），产生神经反射性血压下降而倒地，此时心跳减慢，甚至有时会出现心跳暂停的危急情况。

（5）左、右侧季肋部受击引起的击昏，是由于内脏器官内部受刺激的结果。

2. 临床表现与诊断

（1）意识障碍：昏迷的程度深浅及时间长短不等。

（2）生命体征变化：呼吸浅缓，脉搏减弱，血压降低。

（3）肌肉张力减低，腱反射改变。

（4）出现记忆力消失：有的是击昏后即刻失去记忆，但会随着意识的恢复而恢复，也有的在清醒之后，不能回忆起比赛及受伤的过程。

3. 急救处理

平卧休息，并立即嗅氨水或饮白兰地，必要时可注射强心剂。

(二) 拳击者脑病

拳击者脑病（boxer's encephalopathy），指拳击运动员因头部屡次被击，引起反复微小的脑组织损伤，这些损伤在不断积累后，产生以走路蹒跚不稳、语言含糊不清、动作迟缓等为主要表现的一种晚发性、慢性脑损伤，又称为拳击醉酒样脑病（punch - drunk ephalopathy）。多见于职业拳击运动员，尤其是陪练者。

本病病理变化在早期是脑组织有微小出血灶，久之变成瘢痕，出现脑实质萎缩。

1. 临床表现与诊断

（1）运动障碍：症状最初出现在下肢，表现为走路蹒跚或不稳，动作迟缓。除少数人外，大多数人病情会继续发展，出现行走越来越困难，动作越来越迟缓，手震颤及不自主地点头动作。

（2）精神症状：语言含糊，有情绪波动，紧张不安，焦虑等表现。

（3）智力衰退：表现为健忘、定向力差、思维不清、痴呆等。

（4）随着病情发展，重者出现典型的帕金森（Parkinson）综合征样症状，如头部倾斜，行走困难，肌强直，动作迟缓，震颤样不自主动作等。

CT、EMG、MRI 是较好诊断方法。

2. 治疗与预防

对于此症，目前除给予维生素及神经营养性药物等支持疗法、中药及针灸等对症处理外，无特殊有效方法。

虽然多数的拳击者脑病伤者，只在 CT、MRI 或 EMG 检查中见有脑病变，而有症状表现者是少数，但预后较差。故必须加强医务监督及急救处理。然而，因运动项目的特点影响，即使如此也很难有效防止此病的发生和发展。

第三节　颜面部的运动创伤

一、眼部运动创伤

眼部的运动创伤，包括与运动项目特点有关或运动中的意外发生，所造成的眼球及其附属器官的急性或慢性损伤。急性损伤多见于剧烈的对抗性运动项目，如拳击、散手、摔跤、球类运动（被球体直接击中或队员间冲撞），以及户外运动项目，如攀岩、登山，赛车等；慢性损伤多为伤者自认为轻伤，而未及时就诊所致。

（一）眼睑损伤

1. 眼睑皮肤擦伤

单纯擦伤者，损伤表浅，轻微疼痛，创面多不规则，有渗血点。

创面较大，损伤较深者，疼痛较明显，并可能导致感染，日后形成疤痕。

处理：常规清创，保持创面洁净、干燥、无感染，可很快痊愈。

2. 眼睑挫伤（contusion of eyelips）

眼睑明显肿胀，睑部皮下出血，俗称“乌眼”。一般最初为红色，然后变成褐黄色，2～3周后可全部消退。

眼睑挫伤出血较多，有血肿形成时，局部可有明显的波动感。早期24小时之内冷敷，然后可进行热敷，以促进血肿的机化吸收。

上睑挫伤有时可损伤提上睑肌，造成上睑下垂。眼睑挫伤伴有鼻窦或鼻腔损伤时，引起眼睑皮下气肿，触之有捻发音，浮肿在打喷嚏或擤鼻时会加重。可嘱患者尽可能避免那些可导致浮肿加重的用力动作，采用加压包扎，一般在3～5天后吸收。

3. 眼睑裂伤

常伴有眼球及眶组织损伤，检查时应系统、全面，注意泪囊和通向泪囊的泪管有无损伤。

（1）临床表现及诊断

局部皮肤裂口，出血，疼痛、触痛明显。有的表现为眶周或颞侧全层皮肤裂开，有的创口边缘不规则，伤口内有组织碎屑、异物等玷污，有时甚至出现软组织缺损。

（2）治　疗

眼睑裂伤应及时处理，治疗原则为：压迫止血，彻底清创，早期修复，预防感染及对症处理，如注射破伤风抗毒素等。仔细缝合裂口。若伤口与眶缘平行，可行单纯缝合；而伤口与眶缘垂直时，应分层缝合。

（二）眼眶部损伤

眼眶部损伤的常见部位是眼眶和颧弓的骨突出部位。多见于篮球运动员抢夺篮板球时，被对方手指和肘部撞击眼球，导致薄弱的眶内侧壁或眶底部骨折，眶骨骨折也经常可见。另外，足球中争夺头球时也较容易引起这类损伤。

1. 眼眶部挫裂伤

此伤又称拳击面（Boxer’s face），包括眶内软组织挫伤和眶壁皮肤裂伤。伤后血液可能溢入眼裂，而影响视力。眶尖部损伤时，可发生眶上裂综合征和眶尖综合征。有时还可能合并眶骨骨折、颅骨骨折、甚至脑组织损伤。

进行急救处理时，应首先冲洗创伤局部，并压迫止血。裂口小者，以创可贴粘覆即可，裂口大者，应仔细缝合。处理同时，应注意有无颅脑症状和全身情况的改变。

2. 眼眶部锐器伤

常发生在赛车意外时。一般多合并眼睑或眶骨的损伤，甚至眼球穿通伤。严重时，可合并颅脑及邻近组织损伤，引发血肿、眶蜂窝组织炎等。

处理：彻底清创，逐层对位缝合。严重时均须由眼科医生处理。

3. 眶内出血（intraorbital hemorrhage）

疼痛，出血严重时，眼球突出、眼压增高、暂时性眼肌麻痹，甚至失明。此外，眼压增高而出现恶心、呕吐，心跳缓慢等症状。

单纯眶内出血者，在早期冷敷及加压包扎，24～48小时后改为湿热敷，全身使用止血剂、镇静剂。眼内压高者，及时行眶内减压术或颞窝减压术。

（三）结膜损伤

1. 结膜擦伤

结膜擦伤（conjuctival abrasion）单纯发生时，伤情较轻，一般结膜表面存留有异物。治疗原则为彻底冲洗、清洁伤处，预防感染。一般在数小时至一日内痊愈。

2. 结膜挫裂伤

单独发生者较少，常与眼部其他伤合并发生。较小裂伤可不必缝合，创口较大而豁开者，应细心缝合，缺损较大者可用结膜瓣修补。睑结膜、球结膜都有损伤时，应注意预防愈合过程中出现睑球粘连。

3. 外伤性球结膜下出血（subconjuctival hemorrhage）

损伤单纯者可不必特殊处理，多在 1 周左右，出血即可自行吸收消散。球结膜下大范围的出血，呈暗红色，常是眼部复合伤的征象，应提高警惕。

（四）结膜和角膜异物（conjuctival and corneal foreign body）

在户外的各种运动如自行车赛、田径、棒垒球等项目中，异物（沙粒、头发、小虫、叶片、泥块等）在人体运动或高速运动中侵入眼内，嵌在结膜、眼睑或角膜上，导致结膜或角膜异物。

1. 临床表现及诊断

结膜异物最常发生在睑板下沟或下穹隆内，多有疼痛、流泪等结膜刺激症状，若取出不及时，可继发感染。

角膜异物发生率也很高，出现刺痛、畏光、流泪等角膜刺激症状，常因揉擦导致角膜损伤。若异物处于角膜缘部可引起结膜充血。

2. 治　疗

切忌揉搓。可先闭眼或睁闭眼几次，让泪水冲走异物。如异物不去，可用生理盐水冲洗或湿棉签轻拭去，必要时，在消毒后于 4% 利多卡因表面麻醉后行针拔手术。术后，予以抗生素软膏涂于伤处，防止感染。

（五）眼前房积血

眼前房积血（hyphema）是眼部受击损伤睫状体的小血管引起出血，血液注入眼的前房，位于角膜和虹膜之间所致。

临床症状表现为视物模糊，怕光及伤眼疼痛。检查时可见眼红、出血，前房中有一出血的液面。

伤后眼部必须立即以眼罩保护，请眼科医生治疗。由于数日之内，有再出血的危险，所以要求伤者必须卧床休息。出血大多在 1 周内可被吸收，同时应进一步检查眼底，以了解视网膜有无损害。为预防发生继发性青光眼，对于这类损伤的运动员，还应进行随访观察。

（六）视网膜损伤（retinal injury）

1. 视网膜震荡

视网膜震荡是由于外力自角膜传至眼球后端所致的视网膜外伤性水肿。常出现在受伤后数小时内。跳水、球类运动中球击、撞击伤等是其主要发病原因。

此伤可引起视力骤降，但有时也可能最初没有症状，所以易被忽略而继续训练和比赛，以致加重病情。眼球反复受击及震荡可导致视网膜玻璃体病变，这在跳水运动员中较多见。其病理变化表现为视网膜色素改变以及小的裂孔，血管白线，玻璃体出现点状混浊或萎缩。

此伤宜早期发现，并及早治疗。调整训练时的运动量，服用芦丁及维生素 A、维生素 C、维生素 K。

2. 视网膜剥离

眼部受击导致的视网膜剥离（retinodialysis）。在跳水、拳击等运动员中发生率较高，如跳水入水时，水的压力可引起视网膜脱落，尤其对于有家族史的运动员。另外，有视网膜变性（如近视眼）者，在运动时的跑跳过程中，玻璃体因不断受力振荡，可致视网膜撕裂剥离。因此有些近视眼，特别是有视网膜剥离史的人，切忌参加长跑运动。

视网膜剥离往往发生在伤后数周或数月。视网膜撕裂或剥离的治疗均须眼科医生处理。

二、耳部运动创伤

（一）摔跤耳

摔跤耳（the wrestler's ear）主要发生在摔跤和柔道运动员中，亦见于职业拳击手。由于在晚期耳廓变形如菜花，故又称“菜花耳”。

1. 病　因

病因非常明显，即为摔跤或柔道运动中所致的耳廓钝性运动创伤。主要包括耳廓的撞击、挤压、摩擦、钳夹、抓扭等机械创伤。

在多次创伤等诱因的作用下，耳廓因反复摩擦，耳软骨受损，软骨膜血管破裂，致软骨膜下出血，形成软骨膜下弥漫性血液积聚，软骨与软骨膜分离，而形成血肿或浆液性软骨膜炎。若未能及时处理，分离的软骨膜又形成新的软骨，最终血肿凝血块纤维化后，耳廓出现硬化肥厚等畸形，成为永久性的增厚，形成菜花耳。另外伤后感染，造成软骨变形、坏死，亦可造成耳廓畸形。

2. 临床表现与诊断

早期主要表现为耳廓的疼痛、局限性肿胀和压痛，数小时后，可见在耳廓出现边界清晰的圆形肿块。严重时，耳廓肿胀明显，呈球状，穿刺时多可抽出较新鲜的血性液体。如不及时治疗，数天后耳廓的疼痛减轻，囊肿逐渐变硬，穿刺可见陈旧的血性液体。

晚期，血肿完全机化形成瘢痕，即可因瘢痕挛缩，而遗留耳廓肥厚畸形，形成菜花状。

3. 治　疗

在训练或比赛中，耳部因摩擦出现红热时，应立即冰敷。有血肿形成时，在无菌操作下清除耳廓内的血肿和增生的软骨，以火棉胶浸湿的纱布或棉花，石膏或硅橡胶凝模加压包扎。24 小时后更换，放的时间越长越好。如用石膏塑形压迫，须先将耳道堵住再用石膏。

及时治疗，可避免畸形发生。若治疗不当或感染，可能转化成化脓性耳廓软骨膜炎，最终遗留耳廓萎缩畸形。已经有菜花畸形者，需求治于整形外科医生。

4. 预　防

较简单的方法是训练和比赛时，耳部涂凡士林，以增加润滑。或戴头盔式护耳以防受伤，但必须注意护耳要大小合适，否则更易受伤。也可在训练和比赛前，用粘膏支持带包扎耳廓部以防受伤。另外，留长发也是有效的预防方法之一。

（二）外伤性鼓膜穿孔（traumatic perforation of tympanic membrane）

1. 病　因

运动中发生的鼓膜穿孔，均系因气压突然改变的间接暴力所致。如跳水、球击等都有可能发生。

2. 临床表现与诊断

受伤时，有破裂感，随即局部剧烈疼痛，并出现重听、短暂耳鸣及眩晕症状。检查可见鼓膜破裂、充血或出血，其穿孔边缘不规则，耳道内有血液或血水流出、或已有血痂。外伤性鼓膜穿孔可以造成传导性听力损害，其程度根据穿孔大小而决定。

3. 治　疗

保持耳内干燥，严禁使用滴耳剂，可用酒精消毒，然后以消毒棉花轻塞耳道。小的裂口多可自愈。鼓膜穿孔 3 个月不愈合者，可行鼓膜成形术，或行鼓室探查手术，以探查听骨链圆窗及前庭窗情况。

（三）耳道骨瘤及骨疣

耳道骨瘤及骨疣为外耳道中的骨隆起，多见于冬泳运动员。症状如有耳道阻塞，影响听力。但温泉浴者却不发生此病，可能与机体的一种防止鼓膜冻伤的保护机制有关。海中冬泳者可戴护耳预防此症发生。

可行手术治疗。

三、鼻部的运动创伤

（一）鼻骨骨折

鼻骨骨折（fracture of nasal bone）是颜面部较常见的损伤。在足球、篮球、拳击、散手等运动项目中多见。鼻骨骨折一般由直接暴力作用于鼻部致伤，且因暴力的方向、强度和作用点的不同，而引起的骨折和畸形类型不同。

1. 临床表现与诊断

（1）有明显的直接暴力打击受伤史。

（2）症状及体征：伤后鼻衄，鼻梁部肿胀，皮下有瘀斑，有时眼睑部呈青紫色瘀斑。鼻部通气差，用手指触诊，骨折处压痛明显，有时可感觉骨擦音。单侧鼻骨塌陷性骨折者，伤侧鼻骨塌陷。暴力较大时，对侧鼻骨可隆起，呈“S”形畸形。若外力来自前方，致鼻桥骨折，鼻骨上部内限，下方翘起；若两侧鼻骨分离，鼻梁变宽，鼻中隔可产生偏移。

（3）X线诊断：摄鼻部侧位片、咬合位片、顶颌位片等可显示鼻骨骨折的部位、性质、移位的方向和程度。

2. 治　疗

（1）无移位骨折：不需复位，肿胀和瘀斑按软组织挫伤处理即可。

（2）有移位骨折：应早期复位。复位后，用凡士林纱布条填塞以止血和固定。若时日已久形成了骨痂，则需手术纠正。

（3）对鼻中隔的血肿，宜及时切开引流。

（4）药物治疗：可服用消炎止痛药。

（二）外伤性鼻出血

外伤性鼻出血（traumatic epistaxis）在运动中常见，以体操、武术、散手、拳击、球类等运动项目好发。

1. 损伤机制及病理

多系外力直接打击、碰撞等引起鼻出血。鼻中隔的前下方有丰富的血管网，黏膜较薄，是鼻出血的常见部位。

2. 临床表现与诊断

有外伤史，伤后鼻孔出血，受伤局部疼痛，肿胀，有时有皮下瘀斑。

X片检查可排除鼻骨骨折。

3. 治　疗

受伤后，可用拇食指捏住鼻翼3～5分以压迫止血，局部冷敷。或用消毒棉球浸1%的麻黄素塞于鼻腔内3～4小时。出血较重不止者，应用凡士林纱布条填塞鼻腔以止血。

本章小结

（1）运动中常见的急性颅脑运动创伤主要有头皮损伤、颅骨骨折和脑损伤。颅骨骨折常合并脑损伤，脑损伤轻者为脑震荡，重者脑挫裂伤直接损伤脑神经或引起颅内血肿导致颅内高压危及生命。因此，掌握其鉴别诊断和急救处理原则非常必要。

（2）击晕和拳击者脑病是拳击运动员中最常见的损伤，击晕后有机体功能障碍，强调急救处理；拳击者脑病是慢性脑功能损害着重于预防。

（3）眼部损伤发生时，强调处理方法，还应全面检查眼部各结构，以防漏诊合并伤。

（4）耳廓损伤多见于摔跤和柔道，正确及时处理可防止畸形的发生，耳道内的损伤一般应在保护下，及时就诊于专科医生。

（5）鼻骨骨折和外伤性鼻出血较轻时可对症处理，严重时需专科医生诊治。

讨论题

（1）头皮损伤临床表现和治疗方法。

（2）运动中发生的急性颅脑损伤的急救处理和脑损伤的鉴别诊断和治疗。

（3）眼部损伤的初步诊断和处理方法。

（4）摔跤耳的早期处理和预防。

（5）常见鼻部损伤的急救处理。

推荐阅读参考文献

曲绵域、于长隆（2003）：实用运动医学．北京大学医学出版社．此书921～925页，934～935页，讲述了常见颅脑运动损伤和眼耳的损伤。

吴在德（2000）：外科学．人民卫生出版社．此书267～288页，讲述了急性颅脑损伤的分类，及常见损伤的诊断和鉴别诊断。

滨州医学院学报（1998）：耳廓特殊运动创伤5例

报告．滨州医学院学报 21 卷 3 期，255 页．本文报道分析了 5 例摔跤耳的病例，并对其流行病学，受伤机制及防治进行了论述和总结。

刘明铎（2003）：实用颅脑损伤学．人民军医出版社．此书对颅脑损伤及颅脑疾病的病因病理，临床诊治等问题进行了详细的介绍。

吴承远、刘玉光（2001）：临床神经外科学．人民卫生出版社．该书对神经系统的临床解剖，神经外科的基本概况，常见损伤和疾病及其手术处理做了较详尽的介绍。

陈中伟（1996）：运动医学．上海科技教育出版社．此书对头部运动创伤与运动项目的关系，在运动中发生头部运动创伤的损伤机制都有较详细的论述。

第八章　颈与躯干部运动创伤

颈与躯干尤其是颈与腰部，活动范围都相对较大，因此，其运动创伤可见于各种运动项目，且以脊柱及其周围结构的损伤为主。包括瞬时暴力作用致脊柱结构损害所引起的各类急性损伤，也包括因反复、周期性的低强度负荷作用，及脊柱生理平衡发生变化所致的各种慢性损伤。胸腹部的损伤轻者仅为软组织的挫伤，重者却不可忽视，可能伤及胸廓内和腹腔内的脏器。这些损伤，不论是急性损伤，还是慢性疲劳损害，都会对运动员的训练、比赛成绩及将来的生活产生较大不良影响，尤其是因一些意外因素而致的脊椎骨折脱位累及脊髓或腹内脏器严重损伤导致的休克等，都会使运动员有致残的危险，有时甚至会威胁运动员的生命。

本章主要讲述颈和躯干部的相关运动创伤。学习本章应重点掌握颈与躯干的运动创伤疾病的发生机制、诊断及治疗方法，特别是常规处理手段和严重意外伤害时的现场急救知识部分。这些对减轻运动员的病痛，为其后期的恢复及预后奠定良好的基础都有重要的意义。

第一节　应用解剖

一、脊　柱

人类脊柱（the vertebral column）主要由7个颈椎、12个胸椎、5个腰椎、骶骨和尾骨各1个组成，其间有23个椎间盘（图8－1）。脊柱构成的椎管容纳脊髓和马尾。脊柱的功能主要是保护脊髓、支撑身体和进行运动。

图8－1　脊柱侧面观

人体直立时，脊柱有4个生理弧：颈椎、腰椎前凸、胸椎、骶椎后凸。

脊柱的前部结构包括椎体、椎间盘和前、后纵韧带，其作用是承重，并吸收撞击时的能量，能限制脊柱的垂直平移运动。后部结构包括椎弓、横突和关节突关节，起保护脊髓及神经根的作用，同时为一些腰背部肌肉和韧带提供附着点，以增大其作用力臂，并与椎间盘一起控制在其他轴方向的运动模式。相邻椎骨和他们之间的软组织共同组成一个脊柱运动功能单位。

构成脊柱的脊椎，除寰椎、枢椎与骶尾椎外，一般都由椎体、椎板、椎弓根、横突、棘突及上下关节突构成。

(一) 颈　椎

颈椎（cervical vertebrae），第1、2节即寰、枢椎的结构比较特殊，寰椎（atlas）呈环状，无锥体、无棘突和关节突、由前弓、后弓和一对侧块构成，前有前结节、后有齿突凹，侧块上有1

对卵圆形凹陷的上关节面与枕骨相连，下有圆形而稍平的下关节面（图 8－2）；枢椎（axis）的锥体较小，并有向上突起的齿突和两侧的上关节面（图 8－3）。寰枢横韧带和翼状韧带附着于枢椎齿突之后以加强寰枢前正中关节。

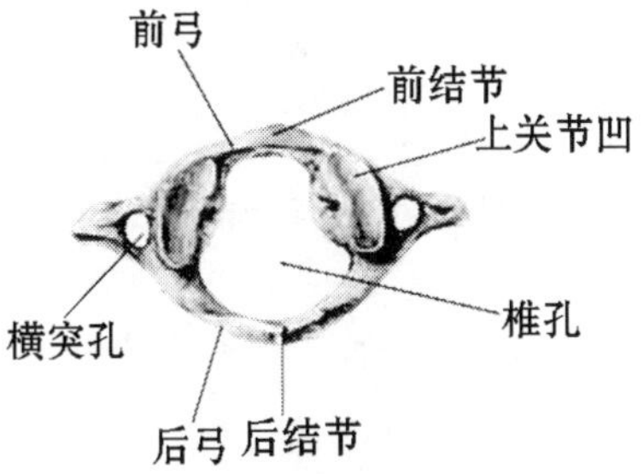

图 8－2　寰椎（上面观）

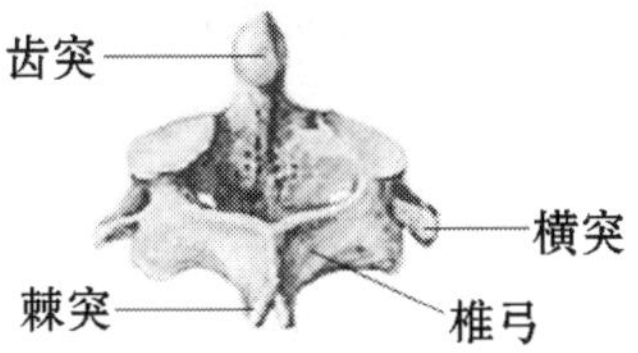

图 8－3　枢　椎

寰椎、枢椎及颅骨的枕部相互关节构成所谓的枕寰枢关节（occipitoatoaxial jiont），也成为枕寰枢复合体，连接较为紧密，为颈部的主要结构之一。颈椎的横突有横突孔，内有椎动脉通过。颈椎的活动范围很大，以屈伸为主，也有相当大的旋转和侧弯运动幅度，而颈椎旋转动作有约一半发生在寰枢椎。

（二）胸腰椎

胸椎（thoracic vertebrae）的椎体自上而下逐渐增大。T2～T8 脊椎的横突末端都有明显的横突肋凹与肋骨的肋结节相关节，与肋骨、胸骨组成胸廓。胸椎关节突的关节面几乎呈冠状位，棘突很长，呈叠瓦状排列（图 8－4、图 8－5）。胸椎的这些解剖结构特点，加之胸段椎间盘较薄的因素，限制了胸椎的活动度，增加了脊柱结构的稳固性，但 T10～T12 由于近腰椎，活动度相对较大而容易发生损伤。

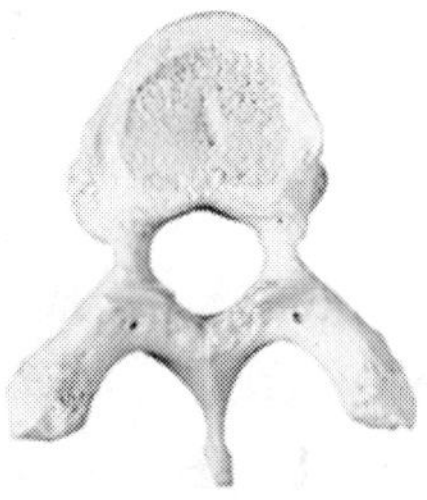

图 8－4　胸椎上面观

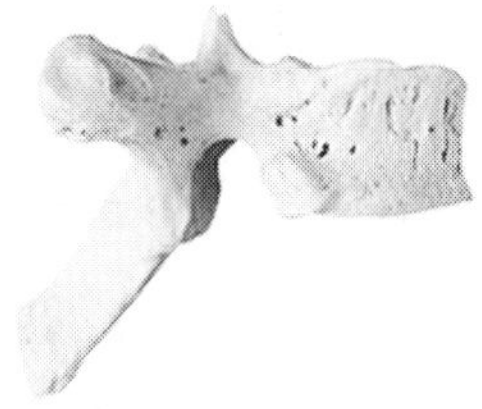

图 8－5　胸椎侧面观

腰椎（lumbar vertebrae）椎体大，上、下关节突关节面几乎成矢状位。L3 横突一般较长，是常发生腰痛的部位之一。腰椎棘突短，水平向后，椎间盘较厚（图 8－6、图 8－7），故腰椎

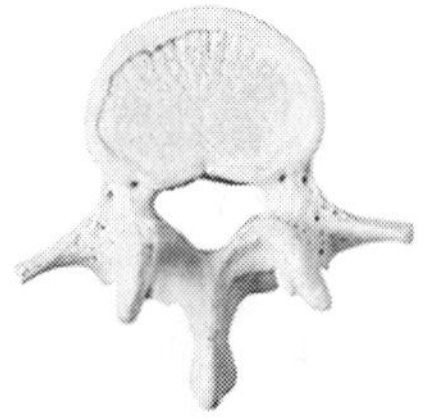

图 8－6　腰椎上面观

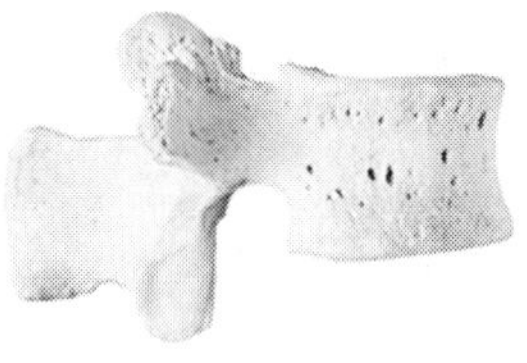

图 8－7　腰椎侧面观

运动幅度较大，有很大的灵活性。但由于椎骨关节突平面的成矢状位关系，腰椎部分的转动幅度最小，这些特点使其和颈椎段一样在运动中应力较大，不论急慢性损伤，都易发生。

（三）骶尾椎

5块骶椎长合在一起，构成一块骶骨（sacrum）。其上与腰椎连接，下与髂骨连接，参与骨盆的组成（图8-8、图8-9）。骶骨几乎没有活动度，但因腰椎活动度较大，常常在腰骶部发生劳损，引起慢性的下腰痛，尤其有腰椎骶化或骶椎腰化时，一旦有诱导致伤因素存在，便会发生长期的腰骶部疼痛。

尾骨（coccyx）是尾椎退化构成，上接骶骨，下端游离为尾骨尖（图8-10、图8-11）。

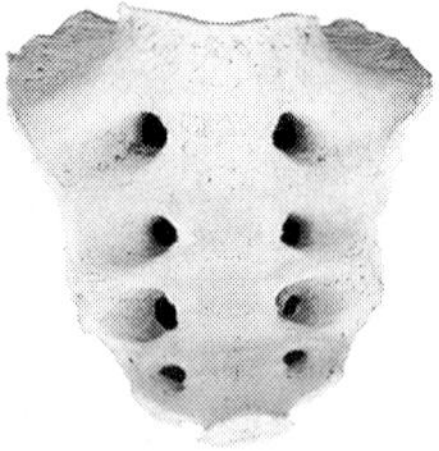

图8-8　骶骨前面观

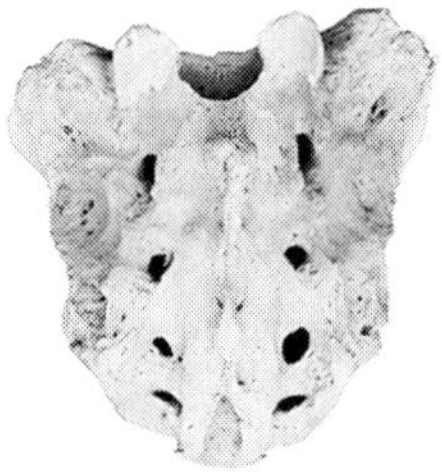

图8-9　骶骨后面观

图8-10　尾骨前面观

图8-11　尾骨后面观

二、椎间盘

椎间盘（intervertebral discs）是由上下软骨板、周围的纤维环和盘中央的髓核组成（图8-12）。软骨板是玻璃样透明软骨，其边缘与纤维环结合。纤维环由90多层互相交织的胶状纤维

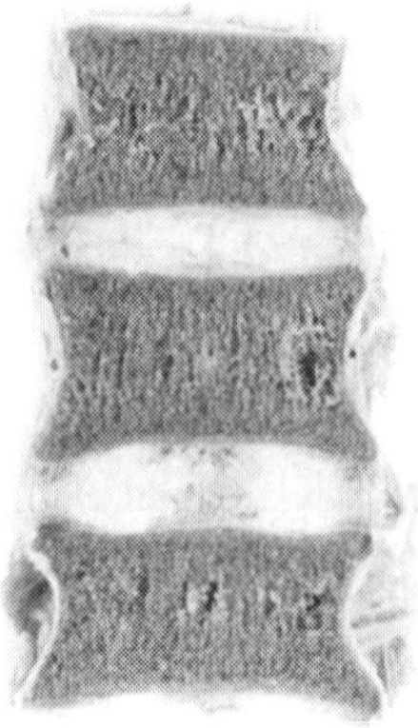

图8-12　椎间盘

组成，每层纤维越向内部，纤维走向越倾斜，这种叠片结构增加了纤维环的稳固性。髓核被纤维

环包在中心，为乳白色透明胶状体组织，其99%是水分，其余由胶原纤维和蛋白多糖组成。

椎间盘没有营养血管，其营养主要依赖椎体血管和组织液渗透，故很容易变性。随着人年龄的增长，椎间盘组织水分减少，弹性降低。

椎间盘的作用是吸收震荡，并允许脊柱做各方向的活动，在脊柱前屈时后移，后伸时前移，承受脊柱纵轴的挤压力和牵拉力。

三、韧带和肌肉

附着于脊柱的韧带主要有：位于椎体前后的前、后纵韧带；棘突间的棘上韧带和棘间韧带；横突间韧带；位于椎板间的黄韧带及关节囊韧带。韧带内有丰富的痛觉神经末梢。

韧带具有协助控制脊柱过度活动的功能，是维持稳定的关键因素。正常情况下，前纵韧带（anterior longitudinal ligament）宽并坚韧，与椎体和椎间盘都紧密结合，防止脊柱过伸，椎间盘向前脱出。后纵韧带（posterior longitudinal ligament）较窄，与椎间盘及椎体的上下缘结合较紧密，但与椎体结合较松。前纵韧带的牵张力量大约是后纵韧带的2倍，防止脊柱过度后伸，而棘间和棘上韧带对抗脊柱过度屈曲。黄韧带弹性极高，只有在显著的屈伸活动中，黄韧带才有可能发生永久性损伤。关节囊韧带有限制椎骨间关节的位移功能。

脊柱周围的肌肉是维持脊柱稳定的另一重要因素。腰背部肌肉群由浅至深分为4层：第一层为斜方肌和背阔肌；第二层为头、颈夹肌，上、下后锯肌；第三层为骶棘肌；第四层为脊柱的诸短肌，如横突棘肌、半棘肌、多裂肌和回旋肌等。腰段脊柱的外侧有腰大肌、腰方肌。同时腹肌是背肌的拮抗肌，包括腹内、外斜肌和腹横肌。深部的肌肉对脊柱的稳定性起到了非常重要的作用，它们与浅部肌肉及腹肌协同作用可使脊柱前屈，侧弯和旋转。

四、脊　髓

脊髓（spinal cord）位于椎管内，在人体发育过程，脊柱的生长速度超过了脊髓，故成人脊髓的末端仅达第一腰椎的下缘或第二腰椎的上缘，第二腰椎以下为马尾。因此脊髓的运动感觉分节及其神经的分节均与相对的脊椎平面不一致。一般常用以下规律推算脊髓节段平面：

（一）颈段，脊髓的节段面为脊椎数加1，如C4平面的脊髓节段为C5；

（二）胸椎1～6所对应的脊髓节段面为脊椎数加2，如T4平面的脊髓节段为T6；

（三）胸椎7～11所对应的脊髓节段面为脊椎数加3，如T10平面的脊髓节段为L1；

（四）胸椎10～12的上半部对应整个腰髓的各节段；

（五）脊椎T12的下半部～L1所对应的是整个骶髓各节段；

（六）自脊椎L1下缘以下为马尾。

脊髓全长粗细不等，由两个膨大部，一为颈膨大（包括脊髓的C5～T1），一为腰膨大（包括脊髓的L2～S3）（图8－13）。

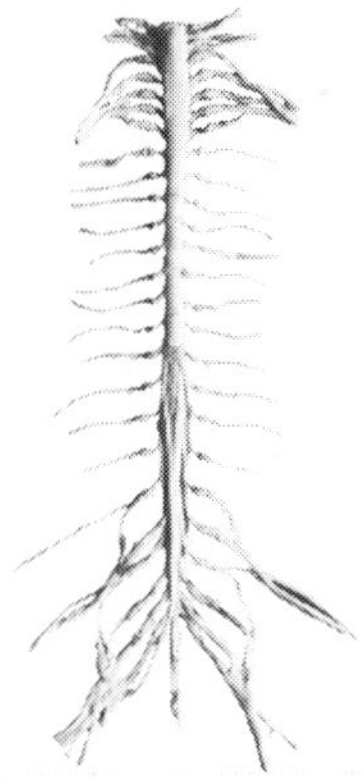

图8－13　脊　髓

脊髓是连接脑中枢与周围神经的通路，有主管着痛、触、温觉及本体感觉的上行传导束，也有主管运动（椎体束）、平衡及协调的下行传导束。椎体束控制上肢的神经纤维位于外围，控制上肢的神经纤维位于内侧。故在脊髓中间型损伤出现四肢麻痹后，下肢先于上肢恢复。

第二节 颈部的运动创伤

在颈部的运动创伤中，最危重的损伤是颈椎骨折脱位。多见于体操、跳水、摩托车、汽车拉力赛的运动员。这种创伤虽较少见，但其一旦发生，后果严重，常合并脊髓损伤而使运动员致残或致命。

一、寰椎骨折与脱位

（一）寰椎外伤性前脱位

1. 机制与病理

当颈屈曲时头部遭受暴力，而使寰椎向前而齿突向后错动，致寰椎横韧带和翼状韧带撕裂，继而发生寰椎外伤性前脱位。如跳水运动员的入水瞬间，颈部突然前屈，或者摩托车运动员高速行驶发生意外时，头部屈曲着地情况；另一机制则是颈部后伸位时，头前额部遭受暴力，致寰椎向前错位。故在运动训练场地发生颈的“前屈”或“后仰”头部着地，均有可能导致寰椎向前脱位，脱位严重时可伤及脊髓，引起四肢瘫或伤及呼吸循环中枢而致运动员猝死。

2. 临床表现与诊断

若伤及脊髓出现四肢瘫痪者，相对容易诊断；而无瘫痪症状者则易忽略，应予以认真仔细的检查。

（1）有头颈部前屈或后伸位的急性受伤史。

（2）症状：轻者表现为伤后上颈部疼痛、僵硬、头后下部麻木或有神经刺激症状（C1 的枕下和 C2 的枕大神经受压）、吞咽时咽部有疼痛感，有的还有上肢窜麻无力、手指活动障碍、步行障碍等表现。

（3）检查：C2 棘突压痛、咽后壁有压痛。头部有不同程度前屈畸形。颈部僵硬不敢转动、枕大神经有压痛。有时可检查出病理性反射。严重者四肢完全瘫痪，C2 水平面以下感觉消失。

（4）X 线检查：拍摄颈部侧位屈曲像，测量寰齿间距，以判断寰椎有无脱位及脱位的程度。正常寰齿间距，小儿不超 3 毫米，成人不超 2.5 毫米，前屈时小儿可有 1 毫米的活动范围，而成人则不活动。有研究证明间距不超 6 毫米者可无脊髓症状，间距不超 1 厘米，仅为横韧带断裂，超过 1 厘米多说明横、翼状韧带等诸韧带均已断裂。

3. 治 疗

（1）急救处理：迅速准确的进行全身检查，初步确定受伤程度及有无合并损伤存在。保持呼吸道通畅，在搬运过程中，应维持颈椎的稳定，最好用颈托固定，以避免颈部的各方向的活动。

（2）牵引：应以 6.5 千克重量行颅骨牵引复位，复位后以 3～3.5 千克重量维持。以后用带头石膏背心颈后伸位固定 12 周。轻者可用手法或 Glisson 布带牵引，复位后用带头石膏背心固定，并定期检查寰齿间距，去石膏后应继续使用颈托固定 8 周。

（4）手术治疗：经保守治疗后又复发或存在慢性不稳定情况时，应行 C1－2 钢丝环绕及融合术。对于陈旧性寰椎脱位，应行枕颈融合术或 C1－2 融合术。

（5）脊髓损伤：有脊髓损伤症状体征者应按脊髓损伤治疗方法治疗抢救。分别给于复位减压手术、药物治疗等措施，同时要积极处理其并发症（如褥疮、尿潴留）。

（二）Jefferson 骨折（寰椎侧块分离骨折）

本病由 Jefferson（1920）首先报道，系由于头部垂直着地，枕骨髁状突将寰椎的两侧块挤压向两侧分离移位所致，寰椎的前弓和后弓均有骨折。

1. 临床表现与诊断

患者表现为颈部疼痛、活动受限、枕部神经痛。患者常用手支撑头部，也偶见有咽喉壁肿胀。开口位 X 线片可见寰椎向两侧移位，侧位 X 线片可显示骨折线。

2. 治 疗

早期应行牵引治疗 4～6 周，然后改用颌枕颈托或带头石膏背心固定至少 3 个月。迟缓愈合及愈合不良者晚期可发生寰枢不稳定，若有持续疼痛或不稳定者，可行 Gallie、Brooks 钢丝固定植骨融合术或枕寰枢融合术。

(三) 寰椎后弓骨折

寰椎后弓骨折是由于颈椎伸展位，再加垂直外力，致头的枕骨与枢椎相向挤压，而使寰椎的椎动脉沟部发生骨折。此病可伤及椎动脉引起破裂出血，而导致延髓受压而死亡。

1. 临床表现与诊断

症状与体征同 Jefferson 骨折，X 线侧位像可确诊。

以石膏领或颈架固定，2 月可痊愈。

2. 治　疗

（1）急救处理：同前。

（2）牵引：应以 6.5 千克重量行颅骨牵引复位，复位后以 3 ~ 3.5 千克重量维持。以后用带头石膏背心颈后伸位固定 12 周。轻者可用手法或 Glisson 布带牵引，复位后用带头石膏背心固定，并定期检查寰齿间距，去石膏后应继续使用颈脱固定 8 周。

（4）手术治疗：经保守治疗后又复发或存在慢性不稳定情况时，应行 C1 – 2 钢丝环绕及融合术。对于陈旧性寰椎脱位，应行枕颈融合术或 C1 – 2 融合术。

（5）脊髓损伤：有脊髓损伤症状体征者应按脊髓损伤治疗方法治疗抢救。分别给于复位减压手术、药物治疗等措施，同时要积极处理其并发症（如褥疮、尿潴留）。

二、枢椎的骨折脱位

(一) 枢椎齿状突骨折 (dens fracture)

1. 损伤机制与病理

此种创伤系由于运动员头部着地受力，使伸直的颈椎屈曲或伸展所致。屈曲位损伤时，多为翼状韧带的撕脱骨折（小儿表现为骨骺分离），折断的齿突和寰椎一起向前脱位，但椎管管腔改变小，脊髓损伤机会少。伸展型多为翼状韧带的牵扯及寰椎后方向后推压所致。齿状突骨折不愈合者较多见。

2. 临床表现与诊断

临床症状与体征与寰椎脱位相同，但瘫痪发生率较少。最关键是检查 C1、2 的颈椎侧位及开口位 X 线像，可明确诊断。

3. 治　疗

（1）急救处理：同前。

（2）颅骨牵引：应以 7.5 千克 ± 重量行颅骨牵引复位，然后再以 2.5 ~ 3.5 千克重量持续牵引固定 6 周，然后再用带头石膏背心固定，总计固定 20 ~ 24 周，但约有 30% ~ 60% 的会发生骨折不愈合。

（3）手术治疗：对于骨折不愈合或明显不稳定型骨折，有条件时可行前路齿突螺丝钉内固定术，C1 ~ 2 后方融合术，陈旧性骨折可行切除后弓枕颈融合术。

（4）积极治疗脊髓损伤。

(二) 枢椎关节突间骨折

1. 损伤机制与病理

此症又称 Hangman 骨折，因受悬吊绞刑的人而得名。系由受纵向牵引力使 C2 椎弓根部断裂所致。在摔跤、柔道等运动项目中多系颈部的伸展位或屈曲位的旋转牵拉暴力，导致枢椎椎弓根部断裂。常伴有 C2 椎体前移，严重者会伤及脊髓，甚至立即死亡。

2. 临床表现与诊断

（1）症状：轻者于骨折后症状轻微，常造成误诊或延迟诊断。重者颈部肌肉痉挛、疼痛、点头与旋转动活动受限。骨折移位严重者可能立即死亡。

（2）检查：局部常有明显压痛，咽喉壁肿胀，也有枕大神经症状（枕部麻痛）。

侧位 X 线片可见骨折线通过椎弓根部及关节柱区，齿状突并无骨折。

3. 治　疗

（1）积极进行急救处理。

（2）颅骨牵引：无神经损伤患者可以 7.5 千克 ± 重量行颅骨牵引复位，复位后以 1.5 ~ 2.5 千克重量继续维持牵引 6 ~ 8 周，然后再以带头石膏背心固定 8 ~ 12 周。但若为牵开型骨折应慎重，甚至禁用牵引。

（3）手术治疗：经牵引复位后骨折部未融合或不稳定时，可行颈椎后路或前路 C2～3 融合术，也可由后方入路用两枚螺丝钉将椎弓根固定，晚期严重不稳定者，可行枕颈内固定融合术。

（4）治疗脊髓损伤。

三、颈椎 3～7 的骨折脱位

颈椎 3～7 属于典型脊椎，其共同点是锥体左右径长，棘突分叉（2～5）、横突有椎动脉孔、上下关节呈瓦片样覆盖，容易发生骨折和脱位。

（一）损伤机制与病理

C3～7 的骨折脱位，多系颈部屈曲、伸展及旋转位暴力，致椎间盘、后关节及前后方的韧带的稳定结构破坏而成。正常椎体于屈曲位可前移 2～3 毫米。但若在中立位时发生前移，则说明后关节部位有骨折或脱位。单侧后关节脱位，锥体前移距离约为椎间盘直径的 1/4，而双侧脱位时，在标准 X 线侧位片上至少可前移 1/2。

椎体发生骨折时，因受伤机制不同，分别表现为椎体楔形骨折、椎体爆裂型骨折、椎体泪滴形骨折。

轻者可不发生脊髓损伤。而不稳定和脱位重者则常发生脊髓压迫伤而出现四肢瘫痪的症状体征。

（二）临床表现与诊断

伤后根据骨折、脱位程度可有不同临床表现。

一侧小关节半脱位时，头自伤侧转向健侧、下颌也偏向健侧，棘突偏斜、压痛；双侧小关节半脱位时，表现为头前伸、但不偏斜；全脱位时，一侧全脱位头偏向健侧，两侧全脱位时头向前伸。

应注意与儿童 C2～3 向前错位的正常生理性现象相鉴别，避免误诊。

椎体压缩轻者一般不累及小关节、不发生脱位。重者则可发生不同程度脱位，同时伴有脊髓损伤。椎体爆裂骨折椎体后缘突入椎管，可损伤脊髓引起完全性或不完全性瘫痪。

X 线检查可确定受伤部位、受伤类型、脱位程度。必要时可做 CT 或 MRI 检查，已明确脊髓受压情况。

（三）治 疗

治疗应根据骨折脱位程度分别采用不同的方法。

（1）一侧半脱位可手法整复，然后用颈部围领或石膏背心固定即可。双侧脱位、全脱位患者应用颅骨牵引复位，并用带头石膏背心固定 6～8 周。若合并急性椎间盘突出，在复位前需经前路行椎间盘切除，关节突关节复位并内固定植骨融合。

（2）对于单纯椎体压缩骨折无神经症状者，可用手法过伸复位、带领石膏背心固定即可。压缩骨折不稳定，行骨折椎体次全切除并行内固定植骨融合。

（3）爆裂骨折多伤及脊髓，应先了解脊髓损伤情况、椎管受累状态和椎骨后结构的情况，手术一般行前路骨折椎体切除，再内固定和植骨融合；对于稳定性较好无神经脊髓症状者，可先行牵引 4～6 周，然后用颈领或石膏领固定直至椎体融合。

（4）脊髓损伤治疗原则同前。

四、颈椎间盘突出症

（一）损伤机制与病理

颈椎间盘突出症（prolapse of cervical intervertebral discs）是由于颈部长期劳损致椎间盘变性，再由颈椎的某一动作而引发症状的病症，也有在颈的“挥鞭样损伤”中突发此病。中间突出者多压迫脊髓；中侧方突出者压迫神经根和脊髓；侧方突出则压迫神经根。在排球、游泳、体操、水球等运动项目中较多见。

（二）临床表现及诊断

（1）有慢性损伤史或者有颈部急性受伤史。

（2）症状：颈疼痛逐渐加重，向肩和手臂部放射，咳嗽、喷嚏可使疼痛加重。颈部僵硬，活动受限。

（3）体征：颈部肌肉痉挛、活动障碍。某处棘突间或椎旁有局限性压痛，且疼痛向肩臂放射。叩击头顶部，出现颈部痛和放射痛，头部向上牵引时，疼痛减轻。

臂丛牵拉试验阳性：病人坐位或立位。双臂下垂，肩胛稍内收，这时将臂向下牵拉，如果出现手麻即为阳性（图 3 - 3）。

（4）神经系统检查：当有颈髓损伤时，可表现出椎体束症状，上肢感觉改变，下肢呈痉挛性麻痹。腱发射亢进。Hoffmann 征阳性。Babinski 征阳性。

（5）定位 C5 ~6 椎间盘突出，压迫 C6 神经根，可有肩部肌肉萎缩，疼痛放射至头、颈、肩、肩胛内缘、上臂外侧及前臂背侧。拇、示指出现麻木。肱二头肌、肱三头肌的肌腱反射减弱或消失，肌力下降。

当 C7 神经根受累时，中指出现麻木或感觉减退，C8 神经根受压会出现中、环、小指的麻木。

（6）X 线检查：摄颈部正、侧、斜位片，颈椎正常生理曲线变直或颈椎侧弯即有诊断意义。

CT、MRI 检查可定位，了解突出性质、程度及突出物具体情况。

（三）治　疗

（1）牵引：制动、缓解肌肉痉挛，减轻神经根受压症状。采用坐位或仰卧位颌枕带牵引，牵引重量 2 ~3 千克，每天 2 ~3 次，每次 2 ~3 小时。

（2）手法治疗：先用表面抚摩，再揉捏、揉搓、提弹肩部肌肉。然后，一助手握患者双肩，一膝顶于患者胸背部，另一助手一手托下颌，一手按头枕部，两助手持续对抗牵引 3 ~5 分钟，医者站于患侧，手臂环抱住患者头部，肘窝托其下颌，手掌固定于对侧头顶，另一手拇指按住患部在维持牵引下用力向椎间隙推顶，使其还纳。最后，表面抚摩结束。伤员于头后伸位卧床休息。

（3）中药治疗：内服铁弹丸每次 6 克，每日 2 次。局部外贴活络膏。

（4）针灸治疗：选用阿是穴、肩井、天宗、曲池、内关、外关等穴针刺，隔日一次，每次 2 ~3 穴。

（5）手术治疗：颈椎间盘突出症导致神经根或颈髓损害者，非手术疗法颈长期治疗无效或症状严重影响生活、工作者，可考虑行手术治疗。行颈椎前路椎间盘切除，解除脊髓压迫并行椎间植骨融合术。

（6）围领或颈托制动并且保护颈椎。

五、颈椎病

颈椎病（cervical spondylosis）是由于颈椎间盘的退行性变、黄韧带肥厚变性及颈椎骨质增生等继发性改变使颈神经根、椎动脉、颈髓、交感神经等受压或受刺激后产生的一系列临床综合征。多见于游泳、体操、排球等运动项目，在运动员中的发病一般与颈部劳损有关。

（一）损伤机制与病理

（1）颈椎间盘变性，继发椎间隙狭窄，脊柱活动时稳定性下降，引起椎体、前后纵韧带、黄韧带及项韧带等变性、增生和钙化等，压迫或刺激神经、血管、脊髓等而出现临床症状。

（2）急慢性损伤：急性损伤后局部组织出血、水肿，使原已损伤或退变的颈椎和椎间盘损伤加重，而诱发颈椎病。慢性损伤可因旧伤未愈，加之颈部劳损积累，产生无菌性炎症，颈椎及其周围组织发生退行性病变而出现颈椎病。这是运动员发病的主要原因之一。

（3）颈椎先天性椎管狭窄：在此基础上，即使较轻的颈椎退行性变也可以出现压迫症状。

（二）临床表现与诊断

根据症状、体征一般将颈椎病分为6型：即局部型、神经根型、脊髓型、椎动脉型、交感神经型和其他型。

1. 局部型

也称颈型。表现出肩颈部疼痛、压痛，肌紧张，颈部活动受限。

2. 神经根型颈椎病

此型发病率最高。临床表现开始多为肩颈痛，并向上肢放射。皮肤可有麻木、过敏等感觉异常。同时可有上肢肌力下降、手指动作不灵活等表现。

检查可见患者颈部僵硬，活动受限。受累神经支配区皮肤感觉减退或消失，肌反射减弱，握力下降。颈椎棘突旁有压痛。臂丛牵拉试验（Eaton test）阳性（图3－3）。压头试验（Jackson test）阳性（图3－5）。颈压轴试验（Spurling test）阳性（图3－4）。

X线检查可见颈椎生理前凸消失，椎间隙变窄等征象。CT或MRI可见神经受压的情况。

3. 脊髓型颈椎病（Cervical Spondylotic Myelopathy，简称CSM）

多为慢性发病，逐渐加重。临床上表现为侧束、椎体束损害表现。颈痛不明显，有一侧或双侧下肢疼痛，四肢乏力，行走、持物不稳。

检查可见颈部活动受限不明显，无棘突压痛，压头试验和臂丛牵拉试验多为阴性。腱反射亢进，四肢肌张力增高。Hoffman征阳性，Babinsiki征阳性。严重者有髌与踝阵挛，腹壁反射、提睾反射、肛门反射减弱消失。

CT检查可明确诊断，并对脊髓压迫的部位准确定位，且可见有无椎管狭窄（图8－14）。

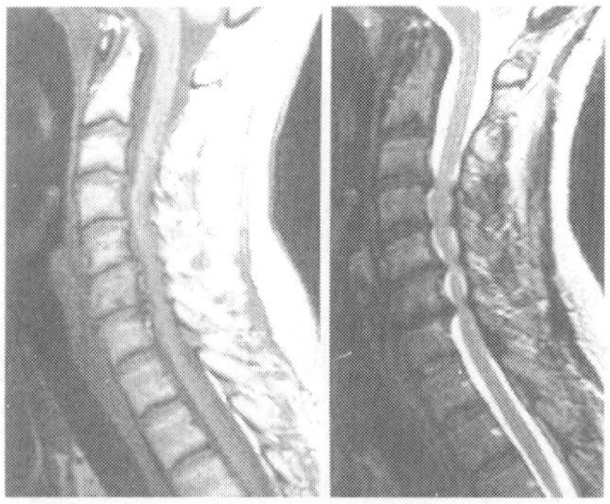

图8－14 颈椎间盘突出的MRI像

左图T1W，右图T2W，示颈3～7多个椎间盘向后突出，相应节段椎管狭窄

4. 椎动脉型颈椎病

眩晕为本型主要症状，常与颈部的旋转活动有关。头痛并常伴有恶心、呕吐、耳聋、视物不清，口唇麻木等症状。有时在头部突然旋转或屈伸时发生猝倒。神经检查可正常。

脑血流图检查：可见脑供血不足，血管弹性降低。

CT检查：可显示左右横突孔大小不对称，一侧相对狭窄。

5. 交感神经型颈椎病

以头颈和上肢的交感神经功能异常为主要临床表现。表现为偏头痛或头痛，头晕有时伴恶心、呕吐、视物模糊、彩视、眼后部胀痛；心跳加速、心律不齐、心前区痛、听力下降等交感神经兴奋症状。交感神经抑制症状表现为头昏、眼花、心动过缓、血压下降及胃肠胀气等。

6. 其他型

颈椎病可同时有两种或多种类型的症状出现，也称为“混合型”。少数病人，在椎体前方有较大块增生时压迫食管产生吞咽不适，称为“食管型颈椎病”。

（三）治 疗

颈椎病的治疗目的，首先是消除临床症状，其次是恢复功能和防止复发。主要有非手术治疗和手术治疗。

1. 非手术治疗

（1）牵引：患者采取坐位或卧位，颌枕带牵引，这是治疗神经根型颈椎病的有效措施，对脊髓型、椎动脉型颈椎病应慎用。每次牵引时间为30分钟，牵引重量开始可为3～4千克，适应后可逐渐加为8～10千克，每日一次，十次为一疗程。

（2）推拿按摩：在肩颈、背部采用抚摩、揉、揉捏、提拿、弹拨法，配合指针天宗、阿是穴、阳溪穴等。

（3）颈部围领：针对脊髓型和椎动脉型颈椎病，戴围领可减少颈部活动，防止症状加重。

（4）针灸：中医辨证取穴。

（5）理疗：超声疗法，透热疗法，直流电、交流电疗法，低频脉冲。可配合中药或离子导入。

（6）运动疗法：颈椎病的运动疗法主要是做专门的医疗体操练习。对各型颈椎病在症状基本缓解时，可开始医疗体操，以促进症状的进一步缓解或巩固治疗。椎动脉型颈椎病在运动时颈部旋转运动宜轻柔缓慢，适当控制。

（7）药物治疗：可根据中医辨证分型选用中药治疗，也可以选用消炎镇痛药对症治疗。

2. 手术治疗

一般来说，神经根型和椎动脉型颈椎病经过非手术治疗，症状可以缓解或消失。但对于症状严重，或反复发作患者，或脊髓型颈椎病症状进行性加重者应施以手术治疗。手术目的切除对脊髓、神经构成压迫的组织、骨赘、椎间盘和韧带，或椎管扩大成形，使脊髓和神经得到充分减压和通过植骨内固定行颈椎融合，获得颈椎的稳定性。根据不同病症可行钩椎关节切除脊柱植骨融合术、颈椎前路减压植骨融合内固定术、颈椎后路减压单开门或双开门扩大成形术等。

第三节　胸腹部的运动创伤

一、胸腰椎骨折

胸腰椎骨折（fractures of the thoracolumbar spine）是指T10～L2段脊椎骨折，此段脊柱处于两个生理弧的交汇处，活动度大，是应力集中之处，骨折多合并发生，故将胸腰椎骨折于一并讲述。

（一）损伤机制与病理

胸腰椎骨折根据暴力作用的方向可分为屈曲型、伸展型、屈曲扭转型和垂直压缩型，从而分别造成相应的楔形压缩骨折、椎体前缘撕脱骨折、骨折脱位及椎体爆裂骨折。从骨折部位看，以椎体骨折多见，但椎弓及附件处也可有骨折。本病在运动创伤中少见，一般见于汽车、摩托车、体操、举重、武术、跳伞等项目的意外情况。

（二）临床表现与诊断

有明显外伤史。伤后腰部剧痛，局部压痛、叩击痛明显，软组织肿胀或瘀血。脊柱生理幅度改变，腰背肌痉挛紧张，活动受限。脊髓损伤时出现神经症状、甚者有截瘫表现。

X线检查可以明确诊断，了解骨折部位、类型及移位情况等。

伴有神经症状者需作CT或MRI检查，了解脊髓、神经受损的情况。

（三）治　疗

1. 急救处理：除常规急救处理外，搬运伤者时要使头、背、腰及下肢在一条直线，滚动翻身。运送时脊柱切忌前屈、后伸及旋转。

2. 卧床休息，先冷敷后用热敷患处，间断使用腰围。

3. 根据骨折类型给以牵引、手术治疗等措施，后期应鼓励患者做腰背肌锻炼，如仰卧三点、五点挺腹练习。

4. 手术：有脊髓、神经损伤者需施行手术，去除压迫脊髓、神经的小骨折片，同时进行内固定和植骨融合术。

二、胸椎关节突跳跃交锁

胸椎关节突跳跃交锁，又称为胸椎小关节错缝（derangement of the small joints of thoracic vertebrae）是外力使上位胸椎的下关节突和下位胸椎的上关节突之间构成的小关节向侧方或前后方旋转错移，导致疼痛和功能障碍，且不能自行复位的病症。也称“胸椎后关节紊乱症”“胸椎后关节滑膜嵌顿”。

（一）损伤机制与病理

1. 侧向错移

由于胸椎周围的肌肉等软组织不很发达，遇到强大旋转暴力时，可发生胸椎小关节向侧方移位，此时关节滑膜嵌入关节腔内，阻碍关节自行复位。可见于球类、摔跤等运动员作前后滚翻动作时，用力不慎或姿势不当可使胸椎小关节侧向错移。

2. 前后方旋转错移

在胸椎过度前倾或在前屈位背部突然受到外力打击时，可使该处胸椎的上关节突关节面向前旋转、下关节突关节面向后旋转错移。在胸椎过度后伸或在后伸位胸前突然受到外力打击，也可使该处胸椎的上关节突关节面向后旋转、下关节突关节面向前旋转错移。

（二）临床表现与诊断

1. 受伤史

有胸椎过度前屈或有肩背后伸运动，并受到旋转外力的受伤史。

2. 症　状

伤后当时症状较轻，次日症状加重，后背部感觉如肩背负重物，牵扯至胸部疼痛，久坐需经常变换体位。咳嗽、喷嚏时疼痛加剧。

3. 体　征

检查时嘱患者坐正，双手交叉抱肩，低头含胸凸背。可见受伤胸椎及相邻枢椎体有深在压痛，棘突或棘突间韧带有压痛。并可触及受伤椎体棘突偏歪或略有凸起，棘突间距离略变宽或变窄。

4. X 线检查

部分患者能发现有棘突偏歪，而另一部分患者 X 线片无明显表现，所以不能完全依靠 X 线片检查诊断。但 X 线片检查有助于鉴别诊断以排除胸椎的其他病变。

（三）鉴别诊断

胸椎结核、佝偻病、骨质软化症、胸椎间盘突出症、胸椎先天性畸形、骨骺炎等，是无明显外伤史或不致引起胸椎小关节错缝的外伤史，而出现脊柱疼痛、侧弯的病变。对于这些疾病要结合病史和必要的辅助诊断来进一步检查。

（四）治　疗

1. 手法复位

根据胸椎关节突跳跃交锁发生原因的不同，采取不同的手法复位。

（1）掌推复位法：患者俯卧床上，双手抓住床头使肩胛骨外移以便有利于复位。助手用双手用力牵拉患者双踝，作持续对抗牵引。

前屈位受伤而致胸椎关节突跳跃交锁者，医者站于床旁，一手掌根部按压患椎略后突的棘突，另一手掌重叠其上，在助手牵引的同时，医者双手用力向下推压，可感棘突移动，即表示已复位。

过伸位受伤而致胸椎关节突跳跃交锁者，医者将两手掌分别放置于患椎的上、下棘突处，在助手牵引同时，医者两手掌分别向头尾部相对用力推动，使错缝的小关节复位。

由旋转外力而致胸椎关节突跳跃交锁者，医者两手拇指找准棘突偏歪方向，确定好用力方向，在助手牵引同时，用力将偏歪的棘突向中线推送，即可复位。大部分患者在复位过程中可听到“咯嗒”的复位声。复位后，新伤者即可离床活动。陈旧性损伤者需卧床 30 分钟后再小心下床，并注意不做使脊柱旋转的动作，以防复发。

（2）旋转复位法：主要用于棘突偏歪患者，以棘突向右侧偏歪为例。患者端坐位，两脚分开与肩等宽。助手面对患者站立，两腿夹持患者左大腿，双手固定左大腿根部，维持患者于坐位。医者坐于患者之后，以右手从患者胸前向左伸握患者左肩上方，右肘部卡持患者右肩，左手拇指推压向右侧偏歪的棘突，然后让患者作前屈，右侧弯及腰部旋转动作，待脊柱旋转力传到左手拇指时，医者左拇指用力向左上方推顶棘突，此时可感指下有椎体轻微错动，并伴有响声，即表示已复位。最后自上而下理顺棘上韧带，用拇指自上而下顺次序按胸椎棘突，检查偏歪棘突是否复位。

当棘突向左偏歪时，复位方法同上，但体位和操作方向相反。

2. 制　动

新伤不需要固定制动，陈旧性损伤复位后应卧硬板床休息 2～3 周。

3. 功能锻炼

无论新伤与陈旧性损伤，适当进行功能锻炼，可避免病情复发。

4. 药物治疗

（1）外用药：可外贴活血散瘀类膏药，如活络膏、麝香壮骨膏等。

（2）内服药：宜舒筋活血，解痉止痛，可用和营止痛汤加减。也可用芬必得等止痛药。

5. 其他治疗

在疼痛部位进行局部封闭，用醋酸泼尼松 12.5 毫克加 2% 普鲁卡因行痛点注射，每周一次。亦可局部理疗，如红外线照射等。

三、肋骨骨折

肋骨骨折（fractures of the ribs）在胸部运动创伤中比较多见，常发生于摔跤、篮球、乒乓球等运动中。根据损伤性质的不同，可分为：闭合性骨折与开放性骨折。运动创伤中一般不易发生开放性骨折，故本节仅介绍闭合性骨折。闭合性肋骨骨折又分为单纯肋骨骨折、合并胸膜和肺损伤的肋骨骨折、多发肋骨骨折。对于发生肋骨骨折的运动员，应随时注意外伤性气胸的可能，它可危及运动员生命。

（一）损伤机制与病理

引起肋骨骨折的原因主要有直接暴力、间接暴力、混合暴力、骨骼肌强力收缩等。

1. 直接暴力：如篮球运动中肘尖顶撞对方胸部、乒乓球运动中胸部撞于台角上。骨折部位往往就是受暴力部位，多为横行或粉碎骨折，如果发生断端移位，会损伤胸膜和（或）肺，引起气（血）胸。

2. 间接暴力：如摔跤运动中的搂抱用力，可造成对方的肋骨骨折，这种暴力作用下的骨折多呈斜形，断端向外，因此一般不会伤及胸膜和肺。

3. 混合暴力：也就是直接暴力与间接暴力共同作用，混合暴力会造成多发骨折，同时伴有胸膜、肺等胸内脏器的损伤。

4. 骨骼肌强力收缩：见于剧烈运动后，此时呼吸急剧，斜角肌或前锯肌强力收缩可引起肋骨骨折，通常为第一、二肋骨，一般不会引起胸内脏器的损伤。

（二）临床表现与诊断

肋骨骨折的临床表现取决于骨折情况以及有无合并胸内脏器的损伤，不同的骨折有不同的症状与体征。

1. 单纯肋骨骨折

在运动员肋骨骨折中发生率最高。表现为骨折部位局部软组织肿胀，或有皮下瘀血，局部疼痛，转动或胸腔内压力增高，如咳嗽、打喷嚏、深呼吸时疼痛加剧，患者通常取坐位、缩胸、手抚伤处以减轻疼痛。检查时，可见患者呼吸时在骨折部位有骨擦音，胸廓挤压试验阳性（即医者前后或左右挤压患者胸廓时伤处疼痛加剧）。

2. 合并胸膜和肺损伤的肋骨骨折

骨折断端刺破胸膜和（或）肺，引起胸腔积血或气胸。小量气胸，肺萎陷 30% 以下者，对呼吸和循环的影响较小，除局部疼痛外，多数患者症状不明显。气胸量大者，患者出现胸闷、胸痛和气短，气管向健侧移位。严重者出现颈部皮下气肿和纵隔气肿。伤侧胸部叩诊呈鼓音，积液处叩诊呈浊音，听诊呼吸音减弱或消失。胸部X线检查可见不同程度的肺萎陷、胸膜腔积气、积液。

3. 多发肋骨骨折

这是一种严重的胸廓损伤，在运动创伤中较少见。多根多处肋骨骨折，使前侧局部胸壁失去完整肋骨的支撑而软化，可出现反常呼吸运动，即吸气时胸廓扩展，但软化区的胸壁内陷；呼气时胸廓内收，但软化区的胸壁却向外鼓出。若软化区范围较大，由于呼吸时两侧胸膜腔内压力不平衡，使纵隔发生摆动，体内气体交换过程受阻，并影响静脉血液回流，使患者出现呼吸困难和发绀，严重者可发生呼吸和循环衰竭。

（三）治 疗

1. 单纯肋骨骨折

单纯肋骨骨折，因有周围完整肋骨和肋间肌的支撑作用，故较少发生错位，多能自行愈合。止痛、固定和防治并发症是治疗的重点。适当固定是主要的治疗方法。固定方法主要如下。

（1）传统粘膏带固定：患者坐位或侧卧位，伤侧胸壁剃毛，局部涂抹安息香酊以减少皮肤刺激反应。嘱患者上肢外展，手掌按在头顶，深吸气后屏气，然后将粘膏带迅速粘到患者胸部，紧贴胸壁，后端起自健侧脊柱旁，前端越过胸骨。从胸廓下缘开始，依次向上粘贴到腋窝，上下粘膏带重叠，呈屋瓦状。这种方法的缺点是容易限制患者的呼吸，容易发生皮肤过敏，出汗后容易脱落。

（2）弹力带固定：用弹力胸围环绕胸部固定，如束胸带。本法优点在于取材方便，固定可靠，无皮肤过敏的弊端。

（3）肋骨固定带固定：肋骨固定带具有一定的弹性，使用非常方便，固定效果可靠，感觉舒适，容易为患者所接受。

（4）药物治疗：止痛药物可选择应用吲哚美辛、芬必得或中药三七片、云南白药等。对疼痛较重的患者可采用肋间神经封闭，将受伤肋骨上下的神经同时封闭，其缺点为止痛时间短，最多可止痛3～4小时。另外需鼓励患者咳嗽、排痰，以减少呼吸系统的并发症。

（5）手术治疗：具备其他手术适应证而开胸手术时，在肋骨两断端分别钻孔贯穿不锈钢丝固定，或骨折断端髓腔内置克氏针，或使用有记忆合金的Judet固定架。

2. 合并胸膜和肺损伤的肋骨骨折

采用颈部迷走神经和交感神经节封闭。同时积极处理胸腔积血与气胸，保证呼吸道的畅通。

3. 多发肋骨骨折

若胸壁软化范围较小，应迅速将塌陷部以棉花充填，压迫包扎。大面积胸壁软化或两侧胸壁有多根多处肋骨骨折时，因反常呼吸运动、呼吸道分泌物过多或血痰阻塞呼吸道，应尽快清除呼吸道分泌物，以保障呼吸道畅通，必要时行气管插管。同时应尽快转往医院，以利进一步处理。

四、胸骨骨折

胸骨骨折（sternal fracture）在运动创伤中较少见，多因前胸受冲撞挤压所致。骨折多发生在胸骨体部或胸骨体与胸骨柄的交界部。

（一）损伤机制与病理

多为直接暴力所致，骨折一般为横断，有移位的骨折，下骨折段多向前、向上移位，并与上骨折段重叠。严重的胸骨骨折可合并内脏损伤。

（二）临床表现与诊断

1. 患者有胸部受伤史。

2. 局部疼痛、肿胀、皮下瘀斑。深呼吸、咳嗽及抬头时疼痛加重，故患者多不能直立挺胸，头、颈向前倾呈含胸低头状。

3. 局部压痛明显，按之凹陷。骨折移位者，畸形明显，可触到相互重叠的骨折端，且骨折端随着呼吸运动而错动。

4. X线检查：摄胸骨侧位或斜位X线片，可确定骨折部位及移位的情况。

(三) 治　疗

1. 手法治疗

对有移位的骨折，应尽早进行手法复位。患者仰卧于床，背部垫枕使脊柱过伸，双手上举，两肩后伸，术者用手掌或双手拇指，向下后方推压向前移位的骨折远端，使其复位。一般固定后6周可痊愈。

2. 固　定

无移位骨折及骨折移位复位后者，骨折局部垫一棉垫，胶布固定后再用绷带环形包扎，最后用肩部“8”字绷带固定。卧床休息。

3. 功能锻炼

早期卧床时，患者可作四肢各关节的练习活动，并逐渐进行深呼吸练习。2～3周后可在固定状态下，下床活动。

4. 中药治疗

早期服用活血祛瘀药，如血府逐瘀汤等，中后期服用接骨丸或铁弹丸。

5. 手　术

移位的骨折手法整复失败或骨折端分离不能整复时，可行切开复位，钢丝内固定。

五、胸部迸挫伤

当胸壁受到直接或间接暴力的撞击、牵拉挤压，而这种暴力不足以使肋骨骨折时，则造成胸部的软组织迸挫伤（Chest breath holding injury and bruise）。本病是一种常见的软组织损伤。

(一) 损伤机制及病理

1. 胸部迸伤

多因屏气用力（如举重、掷铅球、跳跃等运动或搬、举、抬重物）时，用力不当或在无准备情况下，骤然用力过猛，肋间和胸部肌肉受到所致。

2. 胸部挫伤

多由直接暴力造成胸部软组织挫伤。在受到碰撞、挤压（如拳击、跌仆运动时受到撞击伤，或游泳、跳水姿势不正确，呈门板式入水时胸壁被水面拍击）时，使胸部皮肤、肌肉挫伤。伤后局部肌肉等软组织出血，可形成血肿。

(二) 临床表现与诊断

1. 一般有明确的损伤史。

2. 胸部迸伤者，当时不觉症状，过数小时或1～2天后开始出现症状。感胸肋部或肩背部疼痛，疼痛部位不固定。有刺痛感、闷胀，范围较广，呼吸、咳嗽有牵引疼痛。检查时压痛点不集中，有时可在肋间隙有压痛，局部皮色不变，无肿胀。胸部挫伤者，伤后局部疼痛，咳嗽时疼痛加剧。压痛明显，局部压痛部位集中。有的可出现皮下瘀斑，有时可触及软组织肿胀。检查时，局部无骨擦音，胸廓挤压试验阴性。

3. X线检查。胸壁软组织损伤患者，X线片无异常，如有肺组织挫伤，X线片可见肺内出血点聚集成片状阴影。X线片检查可确定有无肋骨骨折。

(三) 治　疗

1. 手法治疗

对于伤后局部无肿胀，主要为胸部迸伤的患者，可采用手法治疗。

患者坐位或卧位，以舒活酒做介质，大面积抚摩后，顺肋间隙推揉。在患部施用轻柔手法，沿肋间理筋后，医者一手自患侧腋下插入，向上提拉患肩，然后将患侧上肢向下移，医者用身体挺住，用另一手对准疼痛部位的背侧，突然叩击一次，再用两手掌在疼痛部位，前后侧旋转揉按。

2. 练功疗法

嘱患者尽量下地自由活动，作肢体伸展运动和呼吸运动，加强自我保护。

3. 药物治疗

（1）内服药：根据中医辨证，伤气者理气止痛，佐以活血化瘀，可用香附散，理气汤或柴胡舒肝汤加减亦可。

伤血为主者，则宜活血化瘀，佐以理气，用复元活血汤加减。

气血两伤者，理气止痛同时使用，用顺气活血汤加减。

（2）外用药：用一号新伤药加减外敷受伤部位。亦可用活络膏、麝香壮骨膏等外贴。

骨膜损伤者，不做重手法按摩治疗。可先外敷二号新伤药，待肿胀消退后，用南星、半夏、牙皂、海桐皮等外敷伤部。

（3）内服止痛药如芬必得、吲哚美辛等。

注意：对于肺组织挫伤者，应转胸外科治疗。

六、胸廓出口综合征

胸廓出口综合征（Thoracic outlet syndrome）是由于臂丛神经和锁骨下动、静脉，在胸廓上口区域和胸小肌喙突止点部位，因压迫或牵拉，所引起的一系列上肢症状。其症状可分别由臂丛神经、锁骨下动脉、锁骨下静脉受压或3种情况组合引起。临床上，又常以压迫的原因，而分别单独命名为颈肋综合征、肩过度外展综合征、前斜角肌综合征、喙突胸小肌综合征，亦统称为胸廓出口综合征。本病在网球、排球、乒乓球和投掷等运动项目中多发。

胸廓出口即包括胸廓上口、肋斜角肌裂空和肋锁通道。但在正常情况下，臂丛神经、锁骨下动、静脉通过这一间隙不会受到压迫，而产生症状的。

（一）病因病理

造成胸廓出口综合征的原因较多。除可见于先天性异常、老年体弱者肩部下垂、外伤、前斜角肌痉挛等情况外，运动员则多因上臂的过度外展、上举，使臂丛神经和血管，在喙突下频繁受到牵拉、摩擦，引起的慢性损伤。如乒乓球运动员，因上臂过度外展挥臂扣杀的反复练习；仰泳运动员划臂时，上臂反复上举，约在160度时用力后伸向前向下划水的训练过度，使上肢过多活动；举重运动中过度的抓举练习等。另外，胸锁乳突肌或斜角肌损伤，血肿机化、组织粘连，使神经血管压迫，也是发病原因之一。

（二）临床表现与诊断

1. 多数患者无明显受伤史

应详细询问病史及专项训练情况，以了解症状的发生是否与运动有关。

2. 颈肩痛，可向尺侧放射

神经受压时，受累神经支配的皮肤麻木或感觉丧失，肌力减弱，大、小鱼际肌、骨间肌萎缩，甚至瘫痪。

动脉受压时，手臂或手部有疲劳感，有时出现指甲脆弱，或指甲有小甲嵴。如手暴露于冷空气中，即出现苍白或点状发绀；在暖室中，手则极其苍白。

静脉受压时，患肢远端水肿、发绀，浅静脉怒张，手指僵硬。

严重者可有锁骨下动脉或静脉的血栓形成，出现远侧肢体血液循环障碍。

3. 检　查

仔细检查上肢神经系统和血液循环的情况，包括感觉、肌力、反射、远侧皮肤颜色、脉搏、温度、甲床微循环等。检查时肢体应处于不同位置进行，坐位和站位，以便观察不同肢体位置时体征的变化。下列检查有助于诊断：

（1）深呼吸试验（Adson test）：摸桡动脉脉搏，同时让患者深吸气，屏气头后伸并将下颌转向患侧，若桡动脉搏动减弱或消失为阳性。

（2）肋锁试验（costoclavicular test）：摸患肢桡动脉时，让患者尽量肩部向后、向下移，则锁骨下动、静脉可被挤压于第一肋骨与锁骨之间，桡动脉搏动减弱或消失为阳性。有时锁骨下窝同时出现血管杂音。

（3）肩过度外展试验（hyperabduction test）：患者坐位，检查者摸桡动脉时，将患肢被动过度外展，桡动脉搏动减弱或消失为阳性，表示动脉被胸小肌腱挤压。

4. X线检查

摄上胸部正位片及颈椎的正、侧位片有助于确定有无颈肋或第七颈椎横突过长、锁骨或第一肋骨有无畸形，并可排除颈椎病等。

（三）鉴别诊断

1. 腕管综合征

正中神经在腕管处受压所致。手的拇、食、中三指疼痛，以夜间为重，其中中指疼痛最甚，桡侧三个半手指有感觉减退，在腕的掌侧正中部有压痛，Tinel's 征阳性。

2. 颈椎病

有明显的颈部疼痛及神经根或脊髓受压症状。X 线片可见颈椎有退行性变。

3. 颈椎间盘突出症

颈部痛合并一侧上肢放射性疼痛，椎旁有深压痛，同时可引起上肢放射痛。X 线检查：颈椎生理曲度变直或消失，病变部位椎间隙变窄，可有颈椎椎体骨唇形成。CT 检查可见颈椎间盘突出。

（四）治　疗

1. 手法治疗

可以缓解局部肌肉痉挛，改善血液循环，减轻对神经、血管的压迫。医者可在肩部、胸和上臂擦舒活酒做表面抚摩，再采用 㨰法、推、摇晃、提弹、抖动、揉捏等。

2. 练功疗法

加强提高肩部肌力的练习。平时注意改善姿势，尽量减少上肢过度外展的动作。避免提重物以防肩部下垂，从而减轻神经、血管的压迫。

3. 药物治疗

根据中医辨证施治。以神经受压为主者，属痹症范围，可用蠲痹汤加减，以血管受压为主者，为气血阻滞，可用桃红四物汤加减。对于疼痛严重者，亦可用镇痛剂。

4. 其他疗法

（1）局部理疗、热敷，可用纱布浸软坚水敷患部，并用红外线照射局部。每日一次，每次 15 ~20 分钟，10 ~15 次为一疗程。

（2）局部封闭，直接注射于前斜角肌内，可使症状缓解。

（3）针灸治疗，选臂臑、肩井、肩髃、曲池、内关、合谷等穴位，每日或隔日一次，每次选用 2 ~4 穴。

5. 手术治疗

症状严重，影响工作和生活，采用非手术治疗无效者，应采取手术治疗。手术时应注意避免损伤锁骨下动、静脉及臂丛神经。

七、腹部挫伤

腹部挫伤，包括腹壁和腹腔内脏器的损伤，在运动创伤中多为闭合性损伤。一旦发生腹部或腹腔内损伤，未正确诊断或及时处理，会导致休克甚至死亡。

（一）受伤机制及病理

多系直接暴力所致，如足球运动、拳击比赛中，腹部被直接撞击等，都可造成腹部的闭合性损伤。而应注意的是，在腹壁肌肉松弛无准备的情况下，直接受击，即使力量很轻，也能造成腹内脏器的损伤。腹壁挫伤时，血管破裂、组织充血，可行成局限性血肿。

身体突然的扭转或身体运动的突然停止，主要造成腹内肝、脾、肾的腹膜韧带及蒂带的捩伤，发生严重内出血，引起失血性休克等危险情况，需紧急处理。

（二）临床表现与诊断

1. 单纯腹壁挫伤

局部肿胀、局限性压痛。若腹壁血管破裂，可形成局限性血肿，有压痛及波动感，腹肌痉挛。无全身发热及内出血症状。

2. 腹腔内脏器损伤

诊断较困难，病情变化快，常导致突然的休克和死亡。一般有以下征象。

（1）腹痛：疼痛较重，呈持续性或进行性加重，移动或咳嗽时加重。

（2）腹膜刺激征：腹部广泛的压痛和反跳痛，腹肌紧张。

（3）失血性休克表现：面色苍白、出汗、皮肤和四肢厥冷，烦躁不安或神志不清，血压下降、脉搏快弱。

（4）腹腔有积气者，肝浊音界所小或消失，肠蠕动减弱或消失。

（5）直肠或膀胱损伤者，有便血或尿血。直肠指检发现前壁有波动感或压痛，或指套有染血。

（6）实验室检查：红细胞和血红蛋白降低，白细胞升高。

X 线检查：脏器边缘模糊不清。若有空腔脏器损伤，立位摄片或透视可见横膈下有空气影。

诊断性腹腔穿刺：可抽出血性液体或浑浊液体。

总的来说，实质性脏器破裂临床表现为内出血，空腔脏器破裂主要以腹膜炎的症状为明显。

（三）治 疗

1. 单纯腹壁挫伤

无须特殊处理，可服用止痛药。有较大血肿者，切开引出积血，结扎血管，缝合肌肉。术后抗感染治疗。

2. 腹腔内脏器损伤

密切观察病情变化，尽早明确诊断。不随便搬动患者，不注射镇痛剂。输血补液，以防止休克。疑有空腔脏器破裂或有明显腹胀者，应行胃肠减压，给予营养支持。病情有进行性变化者，应及早行剖腹探查。确定有腹腔内脏器破裂者，及时进行手术治疗。术后对症及抗感染治疗。

第四节 腰背部的运动创伤

据统计，腰部损伤在人体各部位的运动创伤患病率中最高，占总数的 23.48%，

一、椎弓狭部断裂的脊椎滑脱

椎弓狭部断裂的脊椎滑脱（spondylolysis and spondylolisthesis）是指椎弓狭部因致伤因素影响而断裂后，椎体、椎弓根、上关节突及横突在下位椎体上面向前滑移，与另一部分包括椎板、棘突和下关节突分离，称为椎弓狭部断裂的脊椎滑脱症。本症多见于腰部负重过多者，如举重、排球、体操、跳水、游泳、技巧运动员，其发生主要原因为腰部强力伸展动作，如排球运动员反张扣球动作等的练习过多而致的椎弓狭部疲劳骨折。

（一）损伤机制与病理

可在运动过程中一次腰部过度背伸，其合力使上位腰椎的下关节突，与下位腰椎的峡部发生强烈撞击，致使峡部切断导致骨折。也可因专项训练的需要，腰部过伸位反复、高密度地练习某一动作，导致上位椎骨的下关节突对下位椎骨峡部的反复撞击，使该部发生疲劳性损害，甚至骨折。腰椎峡部断裂后椎体、椎弓根、上关节突及横突可向前滑移，与椎板、棘突和下关节突分离，压迫神经及其他组织，因而产生一系列相应的临床症状。

此类椎弓峡部损伤，好发于 L4 - L5，约占 95%，而 L5 尤为多见，占 85%，其中椎弓峡部断裂后，滑脱者约占 30% ~40%。

峡部骨折可因局部血液供应不良，常不愈合而形成永久性的裂隙或假关节。

（二）临床表现与诊断

1. 受伤史

有急性或慢性损伤史。

2. 慢性下腰痛

可向骶髂部或下肢放射，疼痛在劳累后逐渐出现或在一次损伤后持续存在，疼痛性质为钝痛，站立及弯腰时加重，卧床或休息时减轻。并发坐骨神经痛者占 35%。症状与滑脱程度成正比。

3. 神经压迫症状

断裂滑脱组织压迫或滑脱神经根，即可出现双侧或单侧下肢发射痛、麻木感。累及马尾神经者，则有可能发生间歇性跛行、鞍区麻木、大小便失禁、下肢肌肉无力或麻痹，甚至不全瘫痪。

4. 检 查

腰椎前凸增加，躯干缩短。滑脱及前凸严重者，腰骶部可出现皱褶、腰椎后伸活动明显受限。

X 线片检查是诊断本症的主要依据，应拍

正、侧及左右斜位片。斜位片可见“狗颈”断裂征。测量脊柱前后径，可确定脊椎滑脱的程度。

(三) 治　疗

症状轻者可用非手术治疗方法。

1. 支持保护： 减少活动，并用腰围、支架保护。

2. 按摩治疗： 经休息后，滑脱及神经症状无明显改善者，可试用坐位轻手法按摩，以改善症状。如表面抚摩、轻揉等。

3. 痛点封闭。

4. 药物治疗： 配合使用抗炎药物与神经营养药物治疗。中药可辨证选用活血化瘀、祛风除湿药、补益肝肾药等。

5. 手　术： 症状较重或有神经根刺激或压迫症状，或局部结构不稳有继续滑脱趋向者，应采用手术治疗方法：椎板切除减压、脊柱原位融合和复位内固定融合术。目的在于稳定脊柱，解除神经根压迫、防止继续滑脱。

(四) 训练安排及预防

1. 无症状者，可参加正规训练，但有“下腰”的动作时，应有所保护和控制，改正不正确的“塌腰”动作。体操运动员应同时加强肩、髋柔韧度的训练。

2. 举重运动员、排球运动员等在进行力量训练时，应使用腰围保护。

2. 训练腰部力量的同时，强调腹肌力量的训练，以增强腰部的稳定性。

二、第三腰椎横突综合征

第三腰椎横突综合征（syndrome of the third lumbar vertebral transverse process），是以腰椎第三横突部位的明显压痛，为特征的慢性腰痛。

(一) 损伤机制与病理

第三腰椎横突位于腰椎的中心，因其在所有腰椎横突中最长，受到附着于其上的肌肉筋膜牵拉时受力最大，故更易引起损伤。加之L1 ~3 腰神经后支，经椎间孔发出后，穿过起始于横突的肌筋膜，行于横突的背侧；且第二腰神经后支的外侧支，紧贴第三腰椎横突顶端后方，向外侧走行。因而，当附着于横突的肌纤维组织因损伤的炎性反应、粘连及瘢痕时，神经组织即可能受到炎症因子的刺激或挤压，而产生疼痛及放射痛。

(二) 临床表现与诊断

本病好发于青壮年，男性多见，多数有外伤史。

1. 腰部疼痛： 主要在骶棘肌外缘 L3 横突处，可扩散到臀部、大腿及内收肌处。亦可出现臀部及两大腿后外侧酸痛发胀。

2. 腰部活动受限屈伸活动受限。

3. 检查： 在 L3 横突处有明显局部压痛，可触及痛性筋结或条索状物，压之有酸麻沉胀不适感，并向大腿外侧部放射。内收肌及耻骨结节处也可有反射性紧张及压痛。

4. X 线检查： 有时在横突尖部可见硬化影像或不规则钙化影像。也可见 L3 横突过长、不对称的情况。

(三) 治　疗

本病多数可通过非手术治疗即可缓解或治愈，少数需行手术剥离或横突切除术。

1. 手法治疗： 局部行揉、弹拨、揉捏等手法，加指针环跳、腰眼等穴位，可松解粘连、缓解痉挛、减轻疼痛。

2. 理　疗： 如超短波，直、交流电离子导入、湿热敷等。

3. 针　灸： 取阿是穴，配腰眼、环跳等穴，留针 10 ~15 分钟，每日一次，10 次为一疗程。

4. 封　闭： 俯卧位，腹下垫枕，以便显露横突，对准横突并与皮肤呈 60 度角，斜向刺入抵达第三横突尖部，在横突骨膜下及其周围注射。

5. 针刀剥离： 用小针刀按封闭疗法方法抵至横突骨面，紧贴骨质潜行剥离。

6. 手术疗法： 症状反复发作非手术治疗无效者，可行手术剥离或切除第三腰椎横突。

三、运动员椎体骨骺炎

本病是下部腰椎的椎体离断性改变及椎体缘的破坏。在一般人中发病率较低，其发病与运动项目密切相关。体操运动员发病率较高，可能与腰的柔韧性练习过多、练习年龄较早有关。

（一）损伤机理与病理

此损伤与多种因素有关，但其发病机制尚不明确。推测与椎间盘组织侵入椎体，或骨软骨炎，或脊柱过度屈伸引起骨折等因素致病有关。

（二）临床表现与诊断

发病年龄在16岁左右，自述有伸腰痛，查局部肌肉、棘突有压痛等。一般局部痛点封闭后，伸腰痛依然存在，有个别患者因有较严重的椎体缘破坏和增殖等改变，在腹部触诊时，可触到骨唇，并有锐利压痛。

X线片检查可见椎体前缘唇样突起，脊柱生理曲线改变，站立位时胸腰段有后凸畸形。

（三）治　疗

1. 暂时减少或停止背伸折腰的动作，手法治疗及理疗缓解疼痛症状。

2. 较重者，停止训练，并以支具固定。晚期明显有椎间关节平衡的失调者，可考虑手术治疗。

（四）训练安排及预防

1. 强调加强背腹肌训练以增强椎间关节的稳定平衡关系。加强肩、胸部上段、髋的柔韧性练习，代偿腰椎的柔韧度。

2. 训练腰的背伸韧性时，避免超常范围的突然被动用力。

四、腰椎后关节突关节紊乱

本病又称腰椎后关节滑膜嵌顿症，民间亦称“闪腰”，运动创伤中也较多见，是上位腰椎椎体的下关节突和下位椎体的上关节突之间发生错动，产生滑膜嵌顿，从而突然引发本病所致。

（一）损伤机制与病理

腰4～5，腰5～骶1是本病的好发部位。由于该部位日常活动度较大，椎间关节关节囊较松弛，当脊柱同时做前屈和旋转运动时，腰椎后关节间隙张开、关节内形成负压，将滑膜吸入，即可能导致滑膜被嵌于关节突的两个面之间，无法回复正常，从而产生剧痛。

运动员常常发生在没有充分做好热身运动即投入剧烈运动之中，或者在训练、比赛中意外滑到，使脊柱突然屈伸、旋转的时候。

（二）临床表现与诊断

有明显的急性受伤史，男性多于女性。

1. 症　状：伤后立即出现难以忍受的腰部剧痛，疼痛程度远远超过一般扭伤，患者表情痛苦、紧张。丝毫不能动弹，更惧怕他人任何轻微的挪动，以至于造成无法忍受的剧痛。患者身体多呈屈曲侧卧位，腰肌非常紧张。伸腰时疼痛加剧，前屈时疼痛减轻。

疼痛部位可出现于腰部、腰骶部、臀部或大腿后部。

2. 体　征：脊柱呈代偿性后凸或侧凸，腰椎相应棘突偏歪，脊旁骶棘肌痉挛强直，局部关节突处有局限性的深压痛。但经牵引或推拿后，此种剧痛会戏剧般消失，这是本病的特点。

3. X线检查：可能见腰椎后关节排列不对称，椎间隙左右宽窄不相等。

（三）治　疗

1. 牵　引：患者俯卧，腹部垫枕，术者双手握其踝部缓慢持续、恒定的牵引。可重复进行，常可使疼痛缓解。也可用骨盆带牵引。

2. 手法治疗：伤者俯卧位，医者立于床上，双脚分别置于伤者双髋旁，双手环抱伤者腰腹部，向上托起，并抖动10～15次，即可解脱嵌顿的滑膜。卧床休息1～2天，短期内禁止作重复受伤的动作。

3. **按摩治疗**：手法治疗效果明显，能迅速缓解肌肉痉挛和疼痛，恢复腰部功能。伤者俯卧，腹下垫一软枕，术者在腰部自上而下轻柔按摩3~5分钟，然后应用牵引震按法，俯卧牵抖法及侧卧腰部斜扳法，即可解除关节紊乱关系。

4. **封　闭**：封闭于患椎棘突下缘，距中线1.5厘米压痛最明显处进行封闭，抵达骨质后稍退1厘米注射药物，使药液浸润至小关节周围。

5. **药　物**：急性期可口服止痛解痉药物，或三七伤药片、七厘散等中成药。手法后也可外用活络膏、双柏散等。

本病预后良好，也有自行缓解或复位者。

五、急性腰扭伤

急性腰扭伤（acute lumbar muscle sprain）是由于动作技术不规范，或外力超过腰部软组织（肌肉、筋膜、韧带）的生理负荷；或准备活动不充分，注意力不集中或肌肉太放松的情况下，突然用力等，均可导致其肌肉、韧带、筋膜不同程度的纤维断裂等改变，而引发本病。

90%的腰扭伤部位是发生在腰骶部和骶髂关节部，是很常见的运动性创伤。

（一）损伤机制与病理

1. 在弯腰伸膝位猛然提起过重过大的物体，物体重心远离躯干，结果常会引起骶髂部肌肉、筋膜或韧带的撕裂。

2. 脊柱过伸、过屈、过度扭转，均可发生腰部肌肉的损伤。在运动中，常常是对外力大小，不能作出准确的判断。估计外力过大，腰部肌肉采取强力收缩状态，以对抗外力，如乒乓球运动员大力抽球落空时；估计外力过小，腰部肌纤维收缩募集不充分，或肌力不足，如举重运动员挑战超重杠铃；此外，在无精神准备情况下，某些转身、弯腰时，可能因为轻微外力撞击，使腰部突然受力；加上一些先天性畸形如脊柱体两侧小关节方向不对称对脊柱协调运动的影响等等，均可引起急性腰扭伤。

3. 肌肉的疲劳状态、肌肉的柔韧性不足、腹肌和背肌力的不平衡等因素也是引起急性腰扭伤的客观原因。

（二）临床表现与诊断

有明显急性受伤史。

1. **症　状**：受伤即刻可有到腰部组织撕裂感及一种裂帛响声，随即出现腰部刀割样或撕裂样剧痛，并可牵涉到臀部以下。

次日，腰骶部疼痛加重，肌肉痉挛，不能直立，活动受限。咳嗽、深呼吸和大小便都导致疼痛加剧。也有些患者扭伤当时疼痛不甚剧烈，1~2天后才出现腰部剧痛。

2. **体　征**：检查可发现在腰骶关节、髂嵴后部、腰肌及第三腰椎横突尖有压痛点。腰部肌肉肿胀和疼痛引起的保护性肌痉挛反应，引起腰椎生理弧度消失。单侧肌肉痉挛时，可出现腰椎侧弯。

3. **X线检查**：通常无特殊异常发现。

有时少数斜位X线片，可见关节突骨折、棘上韧带和棘间韧带撕裂征象、腰椎关节突关节半脱位、后纵韧带及椎间盘后部撕裂等。

（三）治　疗

1. **休　息**：急性期，应卧床休息（腰后垫一小枕），以促进撕裂的软组织修复及瘀血的吸收。症状减轻后可下床，在不引起疼痛加重的情况下，进行一些轻微活动，以减少粘连和促进血肿吸收。

2. **按摩治疗**：以舒筋活络，解痉止痛为目的。局部可用舒活酒为介质，按摩手法不宜过重。可采用表面抚摩、揉按法、提捏骶棘肌、㨰法、扳腿按腰法等手法，用力均匀达深部，配合指针揉、掐阿是穴、环跳、委中、腰眼、肾俞等穴，每日一次。

3. **理　疗**：伤后24小时内可进行冷敷，在伤后3~4天开始理疗，包括热敷、蜡疗、电疗等可解除肌肉痉挛和促进局部血循环。

4. **针　灸**：取阿是穴、肾俞、命门、腰阳关、委中、昆仑等穴，强刺激，留针3~5分钟，每日一次。

5. 药　物：消炎止痛类药、镇静剂及肌肉解痉类药等，如芬必得、扶他林、美索巴莫（舒筋灵）或氯唑沙宗等，中成药可用云南白药、七厘散、跌打丸、五灵二香丸等。

6. 封闭治疗：对明显压痛点可用封闭治疗，以减轻疼痛。

7. 支具保护：石膏、腰围或支架保护腰部，对肌肉损伤可防止肌肉被动伸展，对韧带损伤可有利于韧带愈合。

六、棘上韧带损伤

棘上韧带损伤（supraspinal ligament injury）是腰部急性运动创伤中最常见的一种。多见于举重、体操等运动项目。

（一）损伤机制与病理

棘上韧带损伤多因脊柱处于前屈体位，如弯腰劳动、搬重物或转身不慎时，棘上韧带受到过度牵拉，而受伤发病。以下腰部和腰骶部多见。因该韧带由脊神经后支神经末梢支配，极为敏感，伤后可能引起严重的腰痛或伴腿痛。

（二）临床表现与诊断

有明确的腰部过度前屈受伤史。

1. 症　状：受伤当时可闻及帛裂声或自觉有撕裂感。腰背中线有针刺样痛或酸痛，疼痛部位局限，弯腰时疼痛加重，伸腰时减轻。翻身困难、不敢仰卧、往往次日症状明显加重。

2. 体　征：腰骶部肌肉痉挛，腰部活动明显受限。压痛位于腰部中央，多在 L4 ~ S1 之间，棘突尖部，也可在棘突间。有时能摸到棘突间有局部凹陷。严重者局部肿胀、皮下有瘀血，棘突间隙增宽。

3. X 线检查：棘上韧带断裂的病人，可见损伤部棘突间隙加宽。

（三）治　疗

1. 手法治疗

手法治疗有较好疗效，施术得当立见好转。伤者坐位，双手扶桌，腰微屈，医者于其后，一手拇指置于损伤局部韧带的上端，向上牵拉，另一手拇指左右拨动剥离的韧带端，并顺脊柱方向按压复位。然后用拇指顺脊柱从上而下滑行按压脊上韧带。嘱伤者卧床，不可做腰部活动。待急性症状过后，可做腰部背伸肌练习。

2. 中药治疗

外擦新伤药水，配合红外线照射。内服消肿止痛汤，每日 1 剂，分 3 次服。

3. 疼痛较重

可服消炎止痛药如吲哚美辛、芬必得、扶他林、氯唑沙宗等。短期戴腰围，减少患处活动。

4. 封　闭

疼痛剧烈时，可局部痛点封闭。

七、慢性腰部损伤

腰部是人体运动的中枢，在各项专项运动中，不论是力量还是柔韧度的训练，腰部训练都是非常重要的环节，这就使运动员腰部的负荷强度增大，受伤概率明显增加。也可因急性损伤未愈而再次受伤，或反复的微细损伤累积所致。因此，慢性腰部损伤是运动员的常见病、多发病。如不及时进行正确的治疗和康复，疼痛会反复发作或迁延不愈。

（一）腰肌劳损（lumbar muscle strain）

1. 损伤机制与病理

（1）运动训练安排不合理，腰部大负荷运动频繁；或由于长时间腰部肌肉大强度的静力性收缩，产生疲劳性损害。如举重时的负重支撑训练等。

（2）因运动或长时间的不良坐姿，使肌肉在疲劳状态下，加之受到外界物理因素，如低温、潮湿等作用，影响了包括肌肉血循环在内的、局部内环境的协调而致病。

（3）一些腰部的先天性畸形和变异，由于脊柱结构的稳定性受到影响，更易于诱发本病。

（4）急性损伤未及时诊治，亦可转变成慢性损伤。

2. 临床表现与诊断

（1）受伤史：患者多有连续腰部大负荷运

动史，但多无严重外伤史。且与受寒、受潮有关。

（2）症状：腰痛多为间歇性酸痛或钝痛，并不剧烈。具有轻微活动后症状减轻，劳累后疼痛又加重的特点。疼痛部位广泛、模糊，可向单侧或双侧下肢放射，但很少越过膝关节。

（3）体征：压痛点多在第5腰椎和第1骶椎之间、髂嵴后1/4和竖脊肌于骶骨附着处。腰背肌痉挛僵硬，活动受限，主动收缩及被动牵拉时疼痛加重。

（4）X线检查：多无明显异常发现。有的患侧有轻度脊柱侧弯，生理前曲减少或消失。

3. 治　疗

（1）首先应努力去除导致劳损的原因，矫正不良姿势，避免静力性劳损（保持一种体位过久）。同时，进行腰背部肌肉力量训练，协调伸肌和屈肌的联系。

（2）按摩治疗：通过按摩，可达到舒筋活血、解痉止痛、解除粘连、消除炎症的目的。具体操作：可从背部至臀部先作大面积抚摩，再由上而下在脊柱两旁作推、揉、按压、搓、滚等手法，力量由轻到重，再用双拇指指针刺激阿是穴、腰眼、肾俞、八髎 、环跳、委中、昆仑等穴。以掌根按揉第二、三腰椎旁，并从上而下用手掌施行擦法，直到皮肤发热；还可在压痛点和硬结处用拇指作弹拨等强刺激；然后，作侧卧斜扳法或屈腿屈腰法扳腰；最后以抚摩结束。

（3）药物：西药可服用止痛及肌松弛药物，如扶他林、氯唑沙宗等。中药可采用舒筋活血类药物，如三七伤药片、舒筋活血汤等；可根据感受风寒湿邪的不同加减。风胜者用独活寄生汤加减；寒重者用麻桂温经汤加减；湿重者用术桂散加减。肝肾虚弱：治宜补益肝肾、强筋壮骨为主。兼阳虚症候者：选用右归丸、玉带丸等；兼阴虚症候者：选用六味地黄丸、左归丸、虎潜丸等。兼骨质增生者：可配服抗骨质增生丸。外贴麝香壮骨膏。局部也可用祛风寒湿邪药物熏洗。

（4）针灸：可取阿是穴、腰阳关、肾俞、志室、环跳、委中等穴。亦可行拔火罐、挑治、拍打等疗法。

（5）中药：偏风寒湿表者，用独活寄生汤；偏虚者，用补肾壮筋汤；因伤瘀身痛者，用逐瘀汤治疗。局部也可用药熏洗、腾熨。

（6）理疗：有人认为，对于慢性腰部损伤最好的疗法是物理疗法。可用热敷、超声波、红外线治疗仪治疗等。

（7）运动疗法：加强腰部左右肌力的平衡及腰腹肌的协调训练。可进行仰卧三点、五点举腰，俯卧腰后伸等动作训练。还可做等长背肌训练等。

（8）个别病情严重、病程在半年以上、非手术治疗无效而又影响工作与日常生活者，可行腰部软组织剥离松解术。

（二）腰背筋膜炎（myofascitis of back）

本病又称“肌纤维组织炎”“肌筋膜综合征”“风湿症”等。有数据表明，在腰部的伤病中，腰背肌肉筋膜炎的患病率最高，其病因尚不十分明确。

1. 损伤机制与病理

腰背部筋膜覆盖于斜方肌及背阔肌，向下逐渐增厚包绕骶棘肌。本病的主要病变是由于损伤或其他因素，导致组织内环境改变，有害代谢产物的聚集，使腰肌筋膜及其神经出孔局部产生水肿、粘连等无菌性炎症，最后引发相应部位的疼痛激发点，甚至痛性筋结或的痛性索条。运动员发生腰背筋膜炎，可能与其急性腰骶部扭伤后未愈即投入训练，或累积性损伤有关。训练大汗后受凉常常是主要诱因之一。

2. 临床表现与诊断

（1）受伤史：常有腰骶部扭伤、劳累及风寒湿侵袭史。

（2）症状：主要表现为局部疼痛。脊旁肌、腰方肌外缘、髂嵴后部、臀大肌起点、肩胛骨上角及脊柱缘等部位好发。疼痛性质为隐痛、酸痛或胀痛，也可急性发作伴剧烈疼痛，多数患者起病缓慢，时轻时重，或晨起痛重，活动后痛轻，久站坐后变换体位时痛重，疼痛可向臀部及大腿后部放射，但往往不过膝。也可因天气改变而疼痛加重。有时自觉有麻木、放窜、蚁走等异样感觉。本病可能自愈。

（3）体征：检查可在腰背部触及较硬的筋结或索条，伴有压痛，并可查到疼痛激发点，有时可见腰背僵直、肌肉紧张痉挛、甚至不敢活动。若在痛点处封闭，疼痛可消失或缓解。

（4）X线及实验室检查均无异常。

3. 治 疗

（1）休息：急性期应适当休息，缓解后可适当活动。注意经常变换姿势使肌肉筋膜放松。

（2）按摩治疗：促进血液循环，解除粘连。手法宜用抚摩、搓、揉捏，推压等，弹拨条索状物，掐疼痛激发点。配合指针阿是穴、肾俞、腰眼、夹脊穴等。

（3）药物：可外敷外涂伤湿止痛膏、炎痛宁擦剂等。硬结及条索状物局部可用软坚水外敷，加红外线照射。

（4）疼痛较重造成病变较深者，可采用局部封闭治疗，疼痛可消失或缓解。若痛性筋结或索条经封闭与手法治疗无效，可行小针刀松解术。

（三）棘突骨膜炎

1. 损伤机制与病理

多系运动员背伸动作练习过多，棘突间相互反复挤压与撞击、引起棘突骨膜的无菌性炎症所致。如体操、武术、跳水运动中的“下腰”“摔腰”“跳马折腰”“跳水折腰”，以及排球运动中反复的扣球等技术动作，均易发生本病。

2. 临床表现与诊断

有大强度过伸位运动史。典型的症状是脊柱背伸时疼痛，局部轻微肿胀，并有压痛。少数病人腰部前屈时亦出现疼痛。

早期，X线多正常。晚期病例，其棘突的韧带附着部可见骨质硬化变尖或有游离的钙化影像等表现。

3. 治 疗

首先应避免作过多的腰部过伸位动作练习，并用宽皮带或腰围束腰保护，局部可行封闭治疗。晚期病例症状突出者可行棘突植骨融合术。单纯切除韧带或棘突，效果不佳。

八、腰椎间盘突出症

腰椎间盘突出症（prolapse of lumbar intervertebral discs）又名腰椎间盘纤维环破裂、髓核突出症。本病是指腰椎间盘在某些暴力性致伤因素影响下，纤维环部分或完全破裂，连同髓核向外突出或脱出，压迫或刺激相应部位的脊神经根或脊髓，导致腰痛，伴一侧或双侧坐骨神经放射性疼痛的一组临床综合征。腰椎间盘突出症是常见的运动创伤之一，多见于举重、跨栏、投掷和体操运动员，严重影响体育教学与训练，甚至运动寿命。

（一）损伤机制与病理

椎间盘随着年龄的增长而呈退行性变，随之周围韧带松弛，形成腰椎间盘突出的内在不稳因素。在腰椎间盘增龄性退行性变基础上，外力因素影响时，椎间盘髓核极易从有退行性变、出现裂隙的纤维环薄弱的后侧部突出，压迫脊髓或神经根而出现本病。而体育运动中，缺乏良好的医务监督，或专项技术动作未能与局部解剖生理特点相适应，或腰部动作不正确，是诱发本病发生的主要因素。如举重运动员举重时前屈扭转或突然变换体位，对腰椎间盘产生扭转暴力，即可导致本病的发生。体操运动员等脊柱屈伸旋转姿势不当，也易发生腰椎间盘突出。最常见的好发部位是L4、5和L5、S1。

（二）临床表现与诊断

1. 受伤史

多20～60岁发病，约2/3病人有明显的外伤史。运动员发病多因腰部某一动作致伤，而急性发病。

2. 症 状

腰痛伴下肢坐骨神经放射痛是本病的主要症状。咳嗽、打喷嚏、排便或久站坐时加重。也可仅出现腰痛或腿痛，少数病例偶有两侧腿痛或交替痛，有的病人有间歇性跛行表现。

3. 检 查

腰椎侧凸呈“S”形，亦可平直或后凸。脊

柱活动受限，尤以伸展受限明显。有1/3病人出现骶棘肌痉挛。在腰椎某处的横突间或棘突旁可有局限性深压痛点，用力按压或叩击时出现向患侧下肢的放射痛。这对定位腰椎间盘的突出症的病变部位有临床意义。

直腿抬高试验（Laségue's test）阳性：患者仰卧，医生将一侧腿直抬起，有腿或足麻、痛者为阳性。检查者记录时应注明腿抬高的角度，运动员和一般人不同，一般人只能抬到90度，而体操、跳高运动员，柔韧性好，抬腿角度大，有窜麻即属阳性（图3－6）。

直腿抬高加强试验（Braggard's test）阳性：又称直抬腿勾脚试验：方法与直腿抬高试验相同。当直腿抬高出现腿足痛或麻时，稍稍降低腿的高度，症状消失，此刻如果将足背伸（勾脚），下肢窜麻症状又复出现，即属阳性（图3－7）。

另外脑脊液加强试验如压静脉试验、挺腹闭气试验及压腹咳嗽试验等准确率也很高。股神经牵拉试验主要用于检查L3～L4椎间盘突出症。

4. 神经定位检查

可见有L5、S1支配区的肌肉功能减低，如踝关节及趾背伸力减弱或趾及踝关节跖屈力减弱，膝反射及踝反射改变，股内侧肌（见于L3、L4椎间盘突出），小腿前外侧肌群（L4、L5椎间盘突出）及腓肠肌（L5、L6椎间盘突出）有萎缩。

此外，可能会有括约肌功能障碍，表现为会阴部麻木、排便排尿无力、大小便功能障碍，见于中央型腰椎间盘突出症。

5. X线检查

可排除有无骨折、结核、肿瘤、增生、类风湿等改变并显示正位片椎间隙左右不等宽、侧位片正常的前宽后窄变为前后等宽或前窄后宽等。

6. CT、MRI等检查

可确定诊断并明确病变具体情况（图8－15、图8－16）。肌电图检查对神经损害的诊断有帮助，并可协助确定损伤节段。

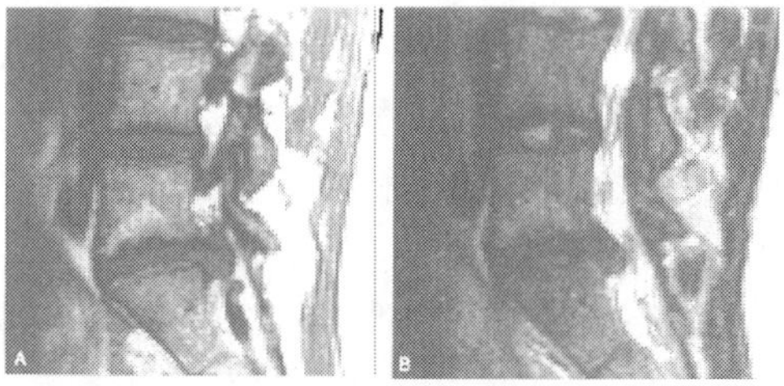

图8－15　腰5椎间盘脱出的MRI像（矢状位）

A图T1W，B图T2W，示腰5骶1椎间盘脱出，椎管前后径变窄

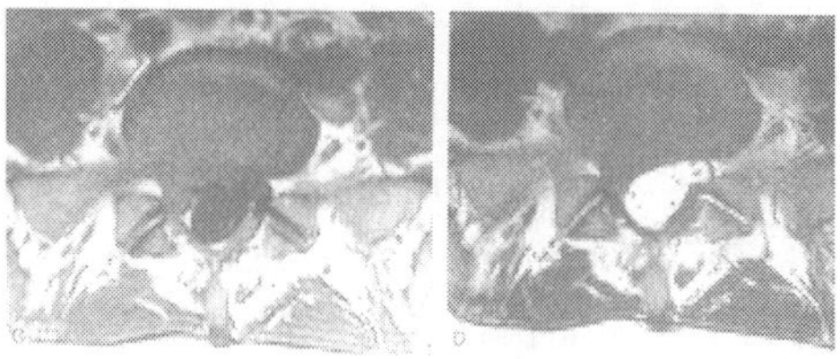

图8－16　腰5椎间盘脱出的MRI像（水平位）

C图T1W，D图T2W，示腰5骶1椎间盘脱出，右侧侧隐窝明显狭窄，右侧神经根受压

（三）治　疗

1. 非手术疗法

应以非手术疗法为主，非手术治疗的目的是解除重力压迫，清除神经根炎症，从而缓解或消除症状。

（1）卧床休息

绝对卧床休息是最基本保守疗法。可降低椎间盘内压，有利于突出过程的停止及修复。有利于神经根水肿及出血的消除。通常严格卧床3～6周左右，于症状缓解后可在腰围保护下逐渐站立、坐起或下床活动。

（2）牵　引

是治疗腰椎间盘突出症及某些腰痛的常用方法。牵引方法有骨盆带牵引、手法牵引和机械牵引，牵引种类可分为持续牵引、瞬间急骤牵引和自身重量牵引。须注意的是若牵引引起疼痛加剧、呼吸紧迫，或发生心慌、面色苍白、恶心、呕吐等不良反应，应立即停止牵引。由于骨盆牵引带牵引及反悬牵引法牵引头部位置较低，对高血压患者应慎用或不用。

(3) 理 疗

包括短波和超短波透热疗法、红外线疗法、湿热敷、药物离子透入等。

(4) 支持疗法

使用腰围或支持带，但不宜长期使用以免腰肌萎缩。

(5) 按摩治疗

在腰部和腿部采用在腰部和腿部采用抚摸、揉、捏、推压、㨰法等手法放松腰背肌肉，环跳、委中、昆仑等穴位作指针刺激，然后用侧位斜扳法、牵引按压法、坐位旋转推棘法、抖法等利用躯干的杠杆作用，将腰椎旋转、屈曲、牵拉利用韧带挤压力使突出物部分还纳以减轻症状。

(6) 封闭疗法

适用于刺激症状较重的患者，常用方法有腰椎间孔封闭、硬脊膜外腔封闭、骶管封闭等。但应注意无菌操作和可能出现的过敏反应，也不宜长久使用。

(7) 药物治疗

口服消炎止痛药、肌松弛药、镇静药、营养神经药及改善血液循环药等。神经根性疼痛明显时，也可短程静滴氢化可的松100毫克和地塞米松10毫克加入10%葡萄糖注射液500毫升稀释，静滴3~5天，不宜超过一周。

(8) 中药治疗

应辨证施治，急性期以活血化瘀为主，用身痛逐瘀汤或复元活血汤加减；缓解期以和血行气止痛为主，用橘术四物汤加香附、乌药；恢复期以补益肝肾为主，用六味地黄丸或健步虎潜丸。

(9) 康复治疗

主要进行腰背伸肌锻炼。体征消失后应避免从事弯腰及负重的体力劳动，防止复发。

(10) 其他疗法

如髓核化学融解疗法、脊神经后支电烙术、冷冻术等。

2. 手术疗法

其适应证为：

(1) 疼痛严重，非手术治疗半年以上仍无效或反复者；

(2) 症状显著，屡次复发，影响学习及工作者；

(3) 有神经、肌肉萎缩症状者；

(4) 中央型腰椎间盘突出；

(5) 神经根粘连，表现有严重麻木或感觉异常者；

(6) 形态学显示突出物巨大或钙化或椎管狭窄、侧隐窝狭窄、硬膜囊或神经根受压明显者。

手术途径有前路和后路手术。近年来又开展了经皮穿刺腰椎间盘镜下直视切除术。术后宜卧床1~2周，可在腰围保护下起床，3个月内不参加体力劳动。

手术治疗优良率在80%~90%，但并发症也较多，如：伤口感染、神经根损伤、马尾损伤、硬膜破裂、神经根粘连、椎间盘突出复发、大出血等。

九、腰背部运动创伤的康复训练

腰背部的创伤几乎在每项运动中都能见到，其不论是急性或是慢性，尤其是慢性损伤会导致长期的腰背痛，给运动员带来精神压力，产生忧虑、焦躁等情绪，影响运动员的生活、训练甚至比赛成绩。对腰部损伤的康复，除了对症处理减缓症状以外，还需增强躯干部屈伸肌的协调力量，恢复运动员的运动水平，防止腰痛的发生或复发。

(一) RICE原则

急性腰部损伤或慢性损伤的急性发作期的康复，遵照RICE原则，致力于控制疼痛。即R(rest)：停止运动，平卧休息。I(icing)：主要有腰部冰袋和仪器冷却两种。C(compression)：腰围局部固定制动，保持适当舒适体位休息。E(EDB硬膜外封闭)：急性腰椎间盘突出症疼痛难以忍受时，可用硬膜外封闭暂时缓解疼痛。

损伤早期的康复主要致力于控制疼痛，避免会加重疼痛的动作和姿势，把疼痛和不适减低到最低限度。此时，无痛范围的活动和身体无损伤部位的活动是继续康复训练的关键。

（二）卧床时期的肌肉训练

过久的卧床会引起的机体失用性改变，使腰背肌和腹肌的力量减弱，影响腰椎的稳定性，就更加会导致慢性腰痛、脊柱活动异常的发生，故通常当受伤运动员症状初步缓解后为了达到加速治疗和预防再损伤的目的，宜尽早开始卧床时的腰背肌和腹肌的锻炼。腰背部康复训练要点：

1. 腰背肌练习： 取俯卧位，助手扶住双小腿，患者两手抱头做抬头背伸动作（“燕式平衡”）；

2. 腹肌练习： 如仰卧起坐练习、半坐位腹肌练习、仰卧位三点或五点支撑练习；

3. 骨盆肌练习： 屈膝作下肢内收抗阻练习，抬高臀部练习；

4. 腰滚动练习： 坐位屈膝，两手抱膝向后来回滚动。

5. 背部柔韧性练习： 取仰卧位，两上肢伸直，两下肢及臀部抬起，以背部支撑维持 20～30 秒；以肩部支撑，两下肢伸直，维持 20～30 秒。

6. 腰大肌牵伸练习： 仰卧床边，一侧屈膝，另一侧落下作牵伸。

以上姿势维持 4～10 秒，重复 4～10 次。在疼痛得到控制后，要加强脊柱的柔韧性训练，以腰前屈训练为主。上述练习对患有腰腿痛、腰背部肌筋膜炎和单纯性腰椎压缩性骨折恢复期的患者康复训练时适用。

（三）强化躯干肌肉的训练

腰部损伤患者到慢性期，骶棘肌与腹肌都有明显减弱，应着重予以训练恢复。只有伸肌和屈肌都得到协调的训练，具有较强的力量和耐力，才能维持腰椎的稳定性和良好的姿势，达到防止腰痛的发生或复发的目的。

1. 躯干伸展训练

躯干伸展训练是以增强骶棘肌为主的背部伸肌的训练方法，具体做法如下：

（1）仰卧，以肘、头为支撑，吸气时抬起胸部和肩部，呼气，放下；

（2）仰卧，两腿屈曲稍分开为肩宽，以肩为支撑，吸气时抬起臀部，挺胸挺腰，呼气，放下；

（3）仰卧，两腿伸直并拢，吸气时抬起臀部，挺腰，呼气，放下；

（4）俯卧，两腿伸直并拢，两手臂后伸，吸气时抬起上身，仰头挺胸，呼气，放下；

（5）俯卧，两腿伸直，轮流抬高；

（6）俯卧，两手臂向后伸，两腿伸直，同时抬起上身和两腿，呈燕式。

2. 躯干屈曲训练

躯干屈曲训练是以增强腹肌为主的躯干屈肌的训练体操（Williams 体操），同时牵伸骶棘肌和腰骶部韧带，具体如下：

（1）仰卧，两腿屈曲，双手抱膝，将膝拉向腋下；

（2）坐位，两腿伸直，弯腰双手触摸脚尖；

（3）两腿半屈，仰卧起坐；

（4）仰卧，两腿半屈，腰部用力向下压；

（5）膝肘支撑呈直角，腰部用力向上弓起；

（6）双臂前屈，腰背微前屈，作下蹲起立，双臂不动

以上体操可以根据患者肌肉力量和病情的具体情况按比例选择躯干的伸展及屈曲动作，交替组合，并作适当的准备及放松运动，一般每日训练一次，每一动作平稳缓慢，约用 6～10 秒，重复 6～20 次，以引起轻度的疲劳并在短暂休息后可消除为宜。

另外，可用腰伸展训练仪，使骨盆、下肢固定，让躯干从最大的前屈位伸展到 0 度位，在此范围内进行腰背肌肉的等长收缩练习，每周 2 次，3 个月为一疗程，增强腰背肌。

（四）腰椎活动度的训练

进行腰椎活动度的训练，可改善局部血液循环，减轻炎症反应，牵伸腰椎周围挛缩的肌肉和韧带，以避免或治疗脊柱活动度障碍。练习时一般取坐位以固定骨盆并方便腰椎在各方向上的活动。在训练时以增加运动幅度而不加重疼痛为度。

1. 腰椎屈伸运动，双手叉腰，先弓背含胸两肘向前，后挺腰挺胸两肘向后。

2. 侧弯运动，双手上举，挺直腰背，向左、右两侧分别做弯腰动作。

3. 体转，双手叉腰，左手由前方、经侧方向后上方举，目随手动，还原，换右侧做，两侧交替。

4. 弯腰体转，双手侧平举，掌心向上，挺腰，两腿伸直分开，然后弯腰，以左手指尖触左足，右手左后上举，还原，两侧交替。

5. 腰部旋转，双手叉腰，上身依次向左、后、右、前弯腰旋转，然后交替反方向弯腰旋转。

（五）神经肌肉控制的训练

腰部肌肉的精细协同性和本体感觉的丧失可导致脊柱的韧带和椎间盘的微小损伤从而引起疼痛，躯干和脊柱的动态稳定性练习及姿势训练能把脊柱重复性微细损伤的累加效应减小到最低限度，同时，这种训练也能增强脊柱稳定性。

（六）其他辅助康复方法

在整个康复过程中，应采取综合治疗的方法，除以上运动疗法外，常用的康复方法还有腰椎牵引、理疗（如超短波、微波、超声波、红外线照射等）、按摩、针灸、拔罐等，可以起到牵伸腰部肌肉，缓解肌肉痉挛，改善局部血液循环，减小炎症反应及缓解疼痛的作用。另外，还可配合服用止痛药和消炎药，特别是在急性期，若有肌痉挛时，还可适当采用肌肉松弛药物如巴氯芬等缓解肌肉痉挛。水中运动可以减少腰椎的负担，水的阻力也可增加训练的疗效，对腰部的康复是一种很好的方法，故某些医疗体操的动作可安排在水中进行。

本章小结

（1）颈部的骨折和脱位多为运动中发生的意外伤，重者可伤及脊髓，导致高位截瘫的发生，所以其现场的急救处理对预后极其重要。

（2）胸腰椎骨折多发生在 T10 ~ L2，分为屈曲型、伸展型、屈曲扭转型和垂直压缩型，不同的分型有不同的处理方式。

（3）胸骨骨折、肋骨骨折和腹部挫伤多为闭合性损伤，在诊治时应注意有无合并严重内脏损伤。

（4）腰部的急、慢性损伤在运动中常见，若诊治不当，易导致长期、反复的下腰痛。

（5）腰部损伤后的康复，早期重在控制疼痛症状，后期着重恢复脊柱周围肌肉力量和耐力，并辅以各种康复方法，防止或减少腰痛的发生。

讨论题

（1）常见腰部运动损伤的损伤机理及预防是什么？

（2）腰椎间盘突出症的损伤机制及诊治的具体内容是什么？

（3）讨论腹部挫伤合并严重内脏损伤时的诊断要点。

（4）讨论腰部运动损伤的康复方法并编制一套腰部肌肉训练的医疗体操。

参考文献

吴林生（2000）：运动创伤的诊断和中医治疗．人民卫生出版社．该书对运动中常见的损伤的诊断和结合祖国医学对其的治疗有较详细的介绍。

广州体育学院学报（2003）：举重运动损伤及预防．广州体育学院学报，23 卷 4 期，43 ~ 44 页．调查分析了举重运动创伤的多发部位和预防办法。

邵阳高等专科学校学报（2002）：运动性腰椎间盘突出症病因病理．邵阳高等专科学校学报，15 卷 1 期，45 ~ 46 页．本文探讨了腰椎间盘功能解剖学及其在运动寿命旺盛期始的退行性变，腰部承重及动作频繁的运动项目运动员发生腰椎间盘突出症的可能因素以及其病理，并提出相应的防治意见。

中华物理医学与康复杂志（2001）：下腰痛的评定及运动疗法．中华物理医学与康复杂志，23 卷 3 期，177 ~ 178 页．本文对下腰痛的疼痛评定和功能状况的评价方法做了简要论述，对于下腰痛的运动疗法提出了见解。

范振华（1999）：骨科康复医学．上海医科大学出版社．该书介绍了康复的基本概念，骨科康复的基本方法。

第九章 肩部运动创伤

肩关节是人体活动度最大的关节，同时也是最不稳定的关节之一。据统计，肩部运动创伤是创伤率在前五位的伤病之一，约占运动创伤的8.4%。多见于体操、投掷、排球、举重、游泳等上肢负荷较多或活动的运动员，特别多见于投掷运动员，投掷时，肩部受力远比单纯由肩部肌肉收缩产生的力量大得多，因此，投掷会造成肩关节周围组织承受强大的牵拉暴力，使其易发生急、性损伤和炎症。

肩部损伤与其解剖特性有着密切的关系。在肩部损伤中，肩袖损伤最多（60.9%），肱二头肌长头肌腱腱鞘炎次之。此外，骨折、脱位及肩胛上神经麻痹等也时有发生。

本章从肩关节的解剖结构入手，重点讲述肩关节的稳定结构，结合动作技术特点，分析肩部常见运动创伤的发病机制，以图文结合的形式讲解检查手法的应用，在治疗手段上，强调中西医结合。

学习本章，应对肩关节的解剖结构有清楚的认识，结合不同的运动项目，理解并掌握肩关节各种损伤的临床表现及体征，正确、熟练地应用各种检查手法，结合辅助检查手段，早期作出正确的诊断，选择合适的治疗方法。在此基础上，提出改进技术动作的方法，为科学训练、预防肩部运动创伤的发生及创伤后的康复训练提供科学依据。

第一节 应用解剖

一、肩关节综合体

狭义的肩关节指盂肱关节，广义的肩关节指肩关节综合体（shoulder complex）。肩关节综合体包括4个关节：胸锁关节、肩锁关节、盂肱关节以及肩胛胸壁间关节。肩部的运动是由组成肩关节综合体的各个关节协调完成的，任何一个关节受伤都对肩部的功能有一定的影响。

（一）肩关节（盂肱关节）

肩关节是人体活动范围最大的关节。由肩胛盂和肱骨头构成球窝关节。由于肩胛盂小，肱骨头大而圆，关节囊松弛，所以其骨性结构极不稳定，其稳定性有赖于关节周围的肌肉、肌腱、韧带和关节囊的支持。其中由冈上肌、冈下肌、小圆肌和肩胛下肌共同组成的肩袖在肩关节的稳定性和关节的启动功能上起着重要作用。肩关节有屈、伸、内收、外展、内旋、外旋及各动作连贯起来的环绕动作功能。

（二）肩锁关节

由肩峰内侧缘和锁骨肩峰端的关节面构成，属于平面关节，借助肩锁韧带、喙锁韧带加强，关节内有时有关节盘。肩锁关节可作轻微的上、下、前、后及旋转运动。

（三）胸锁关节

胸锁关节是肩关节综合体中唯一真正的吻合关节。胸锁关节由膨大的锁骨端与胸骨的锁骨切迹、第一肋软骨构成，属于鞍状关节。关节囊坚韧，周围为胸锁前、后韧带及肋锁韧带所增强。关节内有纤维软骨盘，将关节腔分割为上外和下内两部分。

胸锁关节有两个移动方向：上下移动和前后移动。胸锁关节可完成6个动作：上升、下降、前突、后缩、向上旋转、向下旋转。肩关节是人体活动范围最大的关节。其骨性结构极不稳定，其稳定性主要依赖于关节周围的肌肉、肌腱、韧带和关节囊的支持。其中由冈上肌、冈下肌、小圆肌和肩胛下肌共同组成的肩袖在肩关节的稳定性和关节的启动功能上起着重要作用。肩关节有屈、伸、内收、外展、内旋及外旋功能。

(四) 肩胛胸壁间关节

由于肩胛骨紧贴胸廓壁，在额状位，他与躯干呈30度向前转，在矢状位他有3度向上转。协同肩关节活动，因此肩胛胸壁关节是一个功能意义上的关节，其活动影响整个肩部运动。肩胛胸壁间关节有上提、下降、内旋、外旋、内收及外展功能。

二、肩 袖

肩袖，又名旋转肌袖或肌腱袖，由冈上肌、冈下肌、小圆肌和肩胛下肌的腱性部分组成，它们在肩关节囊周围连成腱板，围绕肩关节的前、后和上方，前三者止于肱骨大结节、后者止于小结节，起到稳固盂肱关节，内外旋并协助外展肩关节的作用。(图9-1)

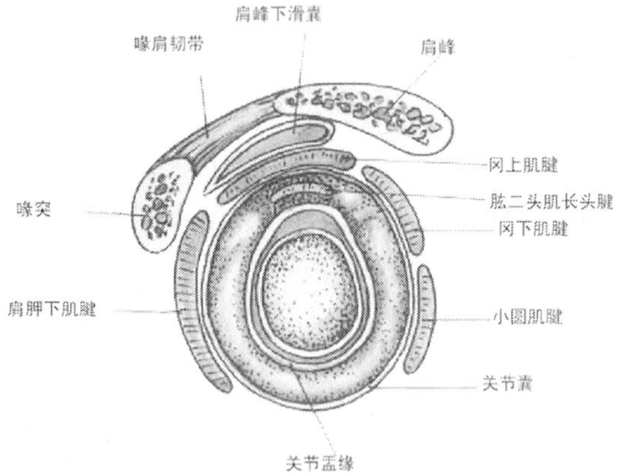

图9-1 肩袖的结构

肩袖是肩关节中的解剖弱点，其浅面是肩峰下滑囊，深面是关节囊，并与肩峰和喙肩韧带紧贴。特别在负重转肩时，它不仅要保护关节的稳定，而且同时又要完成转肩的重任（如投掷、扣球等动作），再加之与肩峰紧贴容易摩擦，故很易受伤。其中，冈上肌腱穿行于大结节和喙突之间的狭窄间隙，易在肩关节活动中受到挤压、撞击而致伤。

肩袖在肩关节外展的初始15度内发挥重要作用，肩袖损伤多表现在冈上肌。冈上肌、冈下肌是由肩胛上神经支配的，该神经途经肩胛上切迹及肩胛冈根部的骨性凹陷，所以当肩胛骨活动时（如排球扣球），该神经就较易受伤继而引起肌肉麻痹及萎缩。

三、肩关节的主要稳定结构

肩关节的主要约束是由关节囊韧带结构所组成的复合被动性稳定结构，以及肩袖、肩胛骨旋转肌和肱二头肌肌腱组成的主动性稳定结构所构成。这些约束机制在维持关节稳定的同时提供关节最大的活动范围（ROM）。

(一) 被动性（静力性）稳定结构

盂肱关节囊附着于关节盂周缘，向下附着于肱骨解剖颈处。关节囊的前部被盂肱韧带加强，盂肱韧带有前、中、下三束。上盂肱韧带（SGHL）的浅层尚有喙肱韧带（CHL）覆盖，两者相互交织构成SGHL/ CHL复合体。随着肩关节位置的变化，关节囊韧带处于交替的松弛和紧张状态。

在控制肩关节的前向稳定中，随着肩外展度的增大，上盂肱韧带、中盂肱韧带（MGHL）、下盂肱韧带（IGHL）依次发挥作用。当肱骨外展90度时盂肱下韧带是限制肱骨头向前移位的主要结构。当肱骨外展45度时盂肱中韧带是限制肱骨头向前移位，而盂肱上韧带是限制肱骨头向下移位的主要结构。

后方关节囊、SGHL/ CHL复合体和下盂肱韧带后束具有后向稳定作用。肩内收位，SGHL/ CHL复合体可以控制肱骨头的下移，外展度增大时，由下盂肱韧带起主要的下方稳定作用。

肩关节腔内的压力为-4毫米汞柱，可产生真空机制，将关节囊牵向关节腔，压迫肱骨头而起稳定作用。在中等程度的活动范围内，腔内负压机制在对抗肱骨头下方移位中起重要作用。

盂唇使关节盂窝的深度增大 50%，同时增加了关节盂的面积。由于盂唇有吸盘样作用，加上肌肉收缩产生的压力，肱骨头被压入关节盂和盂唇构成的臼窝内，这种凹凸配合的凹面－挤压机制明显提高了关节的稳定性。

(二) 主动性 (动力性) 稳定结构

动力性稳定主要指运动中肌肉的收缩，保持关节面的相对位置的恒定，有助于肩肱平衡的维持。

肩胛下肌加强了盂肱关节前壁，对防止前脱位具有重要作用。肱二头肌长头腱（LBT）附着于关节盂的盂上结节和上盂唇（SLAP），在肩中度外展时，肱二头肌长头腱有对抗肱骨头前后移位的作用。肩胛带肌连接肩胛骨和躯干，肩胛带肌的收缩增加了关节面间的压力，通过作用于肩胛骨，使肩胛骨适应于肱骨头的位置而产生运动，以保持肩肱平衡。

第二节　常见损伤

一、肩峰撞击综合征

肩峰撞击综合征（impingement syndrome）是投掷运动员常见的慢性损伤，是指肱骨大结节和肩关节外侧结构（肩峰、喙肩韧带、喙突和肩锁韧带）之间相互撞击、摩擦引起肩袖等结构损伤、炎症等的一种病变。临床上表现为局部疼痛，活动度下降等症状。越来越多的研究发现，肩峰撞击综合征与肩关节不稳定有着密切的联系。

(一) 分　类

不同肩峰撞击综合征的发生机制及治疗有所不同，肩峰撞击综合征的分类主要有以下几种。

1. 按撞击的部位分类

（1）肩峰下撞击症：发生于肱骨头和肩峰前缘、喙肩韧带之间，可损伤冈上肌腱。

（2）喙突下撞击症：喙突和肱骨小结节之间发生撞击，可损伤肩胛下肌腱、喙肱韧带和肱二头肌长头腱等。

（3）内撞击症：冈上肌腱、冈下肌腱和关节盂的后方发生的撞击，造成后方盂唇和肩袖损伤。

2. 按形成撞击的病理基础分类

（1）原发性撞击症：肩袖间隙的狭窄和间隙内容物体积的增大等解剖异常导致的撞击症称原发性撞击症。

（2）继发性撞击症：在肩关节不稳定的基础上发生的撞击症称继发性撞击症。继发性撞击症好发于 35 岁，从事过顶活动的运动员。

(二) 损伤机制

肩峰撞击综合征发生的机理非常复杂，可能与反复的微小创伤或过度使用引起肌腱变性等有关，具体的发生机理如下。

1. 解剖异常

肩袖间隙的狭窄和间隙内容物体积的增大等解剖异常可导致撞击症。造成肩袖间隙狭窄的常见因素有：肩峰、喙突形态的变异，喙肩韧带增厚，肩锁关节退变。肩袖结构损伤后出血水肿、滑囊炎症肿大、喙肱韧带肥厚和肱二头肌长头腱脱位等可导致内容物体积的增大。

2. 运动不当

过度重复的肩关节旋转活动，使肩袖等结构在喙肩弓下来回移动，磨损形成无菌性炎症改变，产生撞击症。反复的上举运动容易造成肩峰下撞击，过度的肩前屈内旋可产生喙突下撞击。肩外展、后伸、最大程度外旋时，后上方的关节盂唇和冈上肌、冈下肌腱的关节侧发生内撞击。

3. 肩关节不稳定

肩关节不稳定诱发的撞击症，主要见于长期进行过顶运动的运动员，如投掷、游泳等。在这些运动中，肩关节反复处于极限活动状态，牵拉关节囊韧带造成松弛，继发肩袖和肩胛带肌肉的疲劳和微损伤，导致关节不稳定。

冈上肌无力或部分断裂时，由于其对抗三角肌向上牵拉肱骨的力量减弱，出现肩峰下撞击。肩前后向不稳定，肩前屈内旋时，肱骨头前方移位程度的加大可引起喙突下撞击。肩外展外旋时肱骨头的前方移位可造成肩袖后方和关节盂唇的内撞击。

(三) 临床表现与诊断

1. 临床表现

肩痛是撞击症的最主要症状，并可被某种特定的运动方式所诱发。肩峰下撞击疼痛位于肩外侧，肩外展上举引起疼痛。喙突下撞击疼痛位于肩前内侧，疼痛多发生于肩前屈内旋位。内撞击疼痛位于肩后方，疼痛多发生于过顶运动时。

2. 体格检查

体格检查应重点检查4种方式的活动度：肩上举、肩内旋、上臂垂直于体侧的肩外旋和肩外展90度位的外旋。分别检查冈上肌的肩外展力、肩胛下肌的内旋力和冈下肌的、小圆肌的外旋力。利用撞击诱发试验可再现撞击症。常用的撞击诱发试验如下：

（1）Neer 试验

检查者站在患者背后。用一只手固定住患者的肩胛骨，另一只手将患者的上肢从肩胛平面上举。当有撞击综合征时因肩峰下狭窄，肱骨大结节撞击肩峰引起疼痛。

（2）Hawkin 试验

肩前屈90度位被动内旋，冈上肌腱与喙肩韧带撞击引起疼痛（肩峰下撞击）。

（3）喙突撞击征

肩外展90度位被动内旋，肱骨小结节和喙突撞击产生疼痛（喙突下撞击）。

（4）水平内收试验

肩关节和肘关节均屈曲90度，并且被动指向对侧肩关节时患者出现疼痛，在肩峰下注射局麻药后疼痛消失，则可确定有撞击综合征存在。如果只有在进一步对前十字关节进行浸润麻醉后疼痛才消失，则说明十字关节的病变是主要问题。肩峰下间隙的局部麻醉试验应在前十字关节浸润麻醉以前做，因为前十字关节浸润麻醉的麻药会渗透到肩峰下间隙而使结果不正确。

（5）Walch 试验

肘关节屈曲并尽可能外旋，上臂外展90度。如果有后方撞击存在，当外展增加到150度时，冈上肌和冈下肌肌腱在关节盂的后唇处发生疼痛性撞击。

3. 辅助检查

Bigliani 将肩峰分为3种形态：Ⅰ型（平坦型）、Ⅱ型（弯曲状）、Ⅲ型（钩状），肩峰撞击综合征易发生于Ⅱ型和Ⅲ型。出口位X线片可较清楚地将肩峰分类。超声可发现肩峰下滑囊肿胀等改变。MRI 能显示肩袖的病理变化和存在的不正常解剖。

(四) 治　疗

应根据撞击发生的部位，发病机制，患者的年龄、职业以及肩袖等组织损伤程度等方面的情况，依据个体化的原则治疗。

1. 保守治疗

有60%～80%的撞击综合征患者经保守治疗而最终获得了恢复。Ⅰ型肩峰的患者比Ⅱ型和Ⅲ型更容易获得满意的效果。保守治疗最常用的方法有：NSAIDs、肩峰下的局部封闭及物理治疗。

原发性撞击症的早期，通过药物治疗和肩袖肌力锻炼的保守治疗常能取得良好的效果。继发性撞击症治疗的重点是盂肱关节不稳定，着重进行肩袖和肩胛带肌肉的功能锻炼、关节的本体感觉重建和关节活动度的训练，重建肩关节的动力性稳定。内撞击症的早期通过限制运动量、改变运动方式、康复训练大多数患者可以治愈。

2. 手术治疗

保守治疗无效，症状持续6个月以上是手术的适应证。对于运动员来说，手术治疗的目的是减轻疼痛并在不影响功能的情况下重建肌肉－肌腱－骨的完整性。手术的方法包括切开手术和关节镜微创手术，进行肩峰成形、肩峰下间隙减压（滑囊清理）。

二、肩关节不稳定

肩关节不稳定主要是指盂肱关节不稳定。肩关节不稳定是指在活动时肱骨头与肩盂之间存在有症状的移位。不稳定通常是由于盂肱关节的动力和/或静力约束受到损伤所致。也可能是由于肌肉的不平衡，挛缩，创伤性或非创伤性的韧带松弛，偶尔伴有骨性和关节周围软组织的缺损。

（一）分　类

肩关节不稳定的分类方法很多，常用的方法是按不稳定的方向来分类。按不稳定的方向可将肩关节不稳定分为以下类别。

1. 前方不稳定

前方不稳定是由于肱骨头在肩盂内过度向前移位而引起的疼痛和/或恐惧。Jobe 将肩部前方存在难治性疼痛的投掷运动员根据其撞击和稳定的程度分为 4 个类型：Ⅰ型是单纯的撞击而不伴有不稳定；Ⅱ型主要表现为来自盂唇微小创伤的不稳定和继发的撞击；Ⅲ型主要为韧带松弛所引起的不稳定和继发的撞击；Ⅳ型是单纯的不稳定而不伴有撞击。

2. 后方不稳定

后方不稳定是由于肱骨头在肩盂内过度向后移位而引起的疼痛或恐惧。投掷运动员的后方不稳定可能是由于创伤，全身韧带松弛症或反复的微小创伤所致。

3. 多向不稳定

多向不稳定是指肱骨头在肩盂内出现超过一个平面的不稳定，如前－下、后－下或前－后－下不稳定。

（二）损伤机制

1. 创伤性

肩盂边缘骨折，盂唇撕裂等创伤改变了盂肱关节的稳定因素。肩袖后上方撕裂，肩胛下肌破裂等变化导致压－凹稳定作用减弱，肌肉韧带限制力消失，导致肩关节不稳定的发生。

2. 非创伤性

肩盂发育不良，关节囊韧带缺损等均可导致肩关节不稳定的发生。

（三）临床表现与诊断

1. 症　状

肩关节不稳定的好发年龄为 18～40 岁，常发生于投掷运动员，以肩关节疼痛为主要症状，疼痛常发生于肩关节运动到某一特定区域。运动员常自诉有“关节不稳的感觉”。

2. 体格检查

检查应从正常一侧开始然后过渡到患侧。关节不稳定的试验主要如下。

（1）陷凹征（Sulcus sign）

向下牵拉患肢，肩峰下间隙明显增大并出现陷凹者为阳性，阳性提示有关节囊松弛和多向不稳定。（图 9－2）

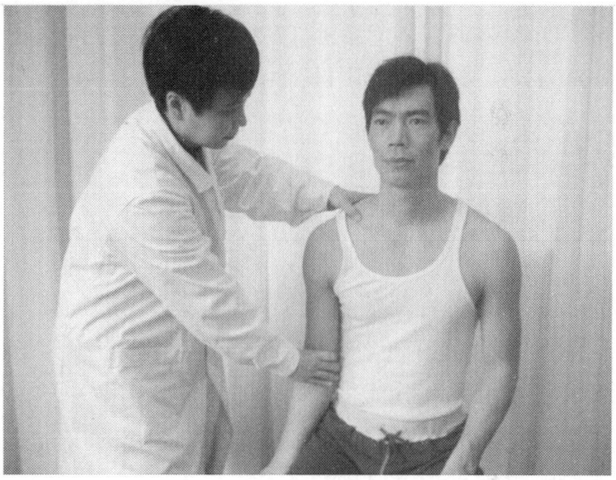

图 9－2　陷凹征

（2）恐惧试验（Apprehension test）

肩外展 90 度位被动极度外旋，引起疼痛和恐惧感者为阳性。恐惧试验阳性，提示肩前方不稳定。（图 9－3）

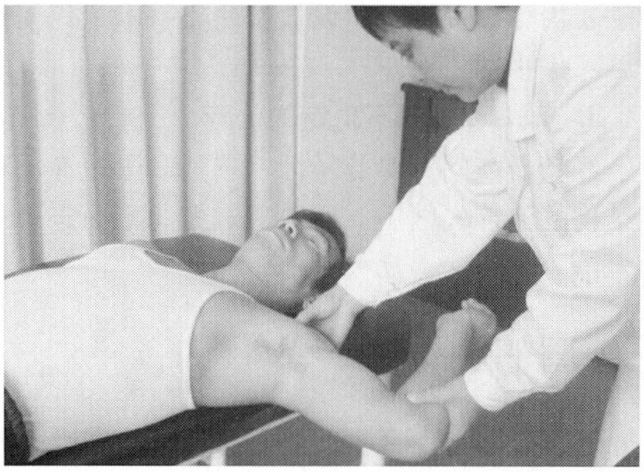

图 9－3　恐惧试验

(3) 负荷－移位试验

保持患者肩外展、前屈 20 度和旋转中立位下，检查者用力将患肢的肱骨头压在关节盂上，再对肱骨头施加前后向应力，并观察肱骨头移位的程度。负荷－移位试验可用于发现肩关节的前后向不稳定。

3. 辅助检查

X 线检查应包括相对于肩胛骨平面的正、侧位片，以及腋窝轴位片。CT 很容易显示出不稳定状态下的盂唇和关节囊的异常变化以及骨组织的溶解。MRI 具有很好的软组织对照，能产生多平面的影像。X 线检查由于价廉应作为首选的检查方法。必要时选用其他的检查方法。

(四) 治 疗

1. 肩关节前方不稳定的治疗

对初次肩关节前脱位，首先应采用非手术治疗。确切的闭合复位，短时期的制动，然后是在指导下的针对旋转袖及囊周稳定组织的康复训练。肩关节不稳定复发时，应强调避免做一些易引起肩关节脱位的危险活动和动作，同时应加强锻炼稳定肩关节的肌肉。一旦非手术治疗失败，就应考虑手术治疗。手术修复重建的目的是要恢复正常的盂肱关节解剖关系，修复撕裂的关节囊组织，以及紧缩加强松弛的关节囊。有肩关节镜微创手术和开放手术两种方式。

2. 肩关节后方不稳定的治疗

早期以非手术治疗为主。肩关节后方不稳定的手术治疗目前存在争议。长期非手术治疗无效时可考虑手术治疗。

3. 肩关节多向不稳定的治疗

经较长时间针对旋转袖、三角肌以及囊周稳定结构的治疗失败后，应考虑对多向不稳定进行手术治疗。

三、肩袖疾病

肩袖疾病与肩峰撞击综合征有着密切的联系，肩袖疾病通常被看作是肩关节的软组织损伤，这些病变进一步发展，对投掷运动员来说会造成盂肱关节不稳定。

肩袖撕裂（rotator cuff tear）的发生部位由高到低依次为：单纯冈上肌腱；冈上肌加冈下肌；冈上肌与肩胛下肌之间；冈上、冈下和小圆肌腱完全性撕裂。

裂口以 L 形最常见，横向裂口通过冈上肌腱，垂直裂口前方在冈上肌与肩胛下肌之间，后方则在冈上、冈下肌间。

肩袖撕裂的发生率随年龄增加而升高。（表 9－1）

表 9－1 旋转肌袖撕裂的发生率

年 龄	肩袖撕裂的发生率（%）
70 岁以下	30
71～80	接近 60
80 岁以上	大约 70

无症状肩关节旋转袖撕裂的发生率（MRI）

年 龄	部分撕裂（%）	全层撕裂（%）
19～39	4	0
40～60	24	4
60＋	26	28

(一) 分 类

肩袖疾病的分类方法很多，常用的分类方法如下。

1. 按病因学分类

从病因学分类，肩袖疾病可分为损伤性与退化性两大类。损伤性多见于青壮年，退化性多见于老年患者，在肌腱退化的基础上，轻微的损伤或积累性损伤导致肩袖损伤。

2. 按损伤程度分类

按肩袖损伤程度的病理表现，可将肩袖疾病分为以下几类。

(1) 肩袖挫伤：肩袖受到撞击、牵拉、挤压，造成肌腱水肿、充血乃至纤维变性，肩峰下滑囊可伴有相应的损伤性炎症反应，滑囊有渗出性改变。

（2）肩袖不完全撕裂：肩袖不完全撕裂包括肩袖表面（肩峰下滑囊）撕裂、肩袖深面（关节面）撕裂及肌腱内部断裂3种。滑膜侧肩袖受累，而上层即滑囊侧未受损伤，患者症状不明显，不易确定病损范围，须经关节造影才能证实。

（3）肩袖完全撕裂：肩袖完全撕裂指肩袖全层撕裂，关节腔与肩峰下滑囊相通。

3. 按损伤范围分类

从肩袖断裂范围的大小，可将肩袖损伤分为以下几类。

（1）小型撕裂：小型撕裂指单一肌腱的断裂，其范围小于该肌腱横径的1/2。

（2）大型撕裂：大型撕裂指单一肌腱的断裂，其范围大于该肌腱横径的1/2。

（3）肌腱广泛撕裂：肌腱广泛撕裂指两个或两个以上的肌腱断裂，或伴有肩袖肌腱的缺损。

4. 按损伤时间分类

3周以内的损伤为新鲜损伤，3周以上的损伤为陈旧性损伤。

（二）损伤机制

肩袖损伤在投掷、排球、体操、举重、游泳、手球、乒乓球、羽毛球、标枪等项目的运动员中非常多见。其发生主要是由于肱骨大结节（相当于肩袖止点部）反复超常范围的急剧转动（特别是外展），使肩袖遭受过度牵拉、挤压，并在“冈上肌管”内与肩峰和喙肩韧带不断摩擦所致。例如：单杠、高低杠、吊环中的转肩动作；运动员投掷标枪，以及棒、垒球投手的出手动作；举重抓举时，肩的突然外展、前屈、背伸动作；蝶泳、自由泳、仰泳时的转肩；网球运动中的扣杀；鞍马上的“托马斯全旋”等动作都是引起此种损伤的典型机制。

肩袖损伤可分为急性损伤和慢性积累性损伤。在体育运动中造成的损伤以急性损伤为多见。急性损伤可由间接暴力和直接暴力引起。绝大多数的肩袖损伤由间接暴力引起。肩袖损伤的暴力作用形式如下：上臂受牵拉暴力的作用，使冈上肌腱损伤；上臂受极度内收暴力的作用，冈上肌腱受到过度牵拉；腋窝部对冲性损伤，使肩盂下方受到自下向上的冲撞暴力，肩袖受到相对牵拉致伤；来自肩部外上方的直接暴力，使肱骨上端及大结节部发生向下的冲击力，造成肩袖损伤。

（三）临床表现与诊断

1. 症　状

多有急性损伤或反复、累积性损伤史。老年患者可无明确外伤史。主要症状是肩前方或三角肌外侧疼痛，不少人有撕裂或折断感，急性期疼痛剧烈，慢性期表现为自发性钝痛。肩部活动后疼痛加重。由于将上臂外展过肩会产生剧痛，患者往往将上臂垂于体侧。夜间疼痛加重，不能卧向患侧。

2. 体　征

急性期破裂处有压痛。冈上肌受累时，压痛在大结节顶部。冈下肌受累时，压痛在大结节顶部的外侧。裂口影响到肱二头肌腱时，结节间沟处有压痛。肩胛下肌腱破裂时压痛在前下方。

患者肩关节上举功能受限。患者抬臂力量减弱，虽然患者可自由外展上臂，但只要外加轻微阻力，外展或前屈就有困难。

盂肱关节内出现摩擦音。病人在上举及旋转上臂时可感到有响声。将手放到患者身上，令其上举及旋转能感觉到弹响。

急性期2～3周后即可出现冈上、冈下肌萎缩，以冈下肌萎缩明显。病程长者小圆肌和斜方肌也可明显萎缩。三角肌因萎缩而扁平。

肩袖破裂大时肩部常有隆起或沟状凹陷。隆起者为大结节骨突，凹陷为肩袖破裂后留下的缺损。肩袖破裂大时患者不能外展上臂，而由耸肩来代替，这是由于肩袖不能稳定肱骨头，因此三角肌收缩时，肱骨沿其垂直轴向上，迫使肩胛骨在胸壁上抬起并旋转，导致肩肱节律破坏。

以下试验有助于肩袖疾病的诊断：

（1）肩痛弧试验（subacromial painful arc test）

患者站立位接受检查，固定肩胛下角令外展

患肢，正常时可无疼痛地自0度上举至160度，肩峰下有病变时，外展45度出现疼痛，80度~120度疼痛最重，超过120度后疼痛逐渐减轻，160度时无痛。肩袖损伤轻微者，外展上臂时撕裂部分挤入喙肩韧带下方引起疼痛即肩痛弧综合征阳性。（图9－4）

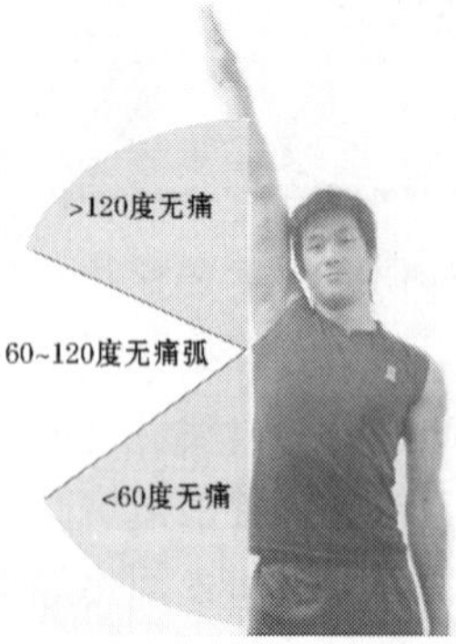

图9－4 肩痛弧试验

（2）封闭试验

封闭试验对鉴别撕裂程度有价值。于痛点注射1%利多卡因10毫升，上臂可无痛外展150度~160度，并能维持此姿势者，可能撕裂不大，非手术治疗可能有效。如果疼痛、肌痉挛消失后仍然不能外展，或只能轻度抗阻力外展，说明可能撕裂较大，需手术治疗。

（3）臂坠落试验（arm drop sign）

被动抬高患臂至外展90度~120度范围内，撤除支持，若患臂不能自主支撑而发生坠落及疼痛，表明有肩袖断裂可能。

（4）肩峰下撞击试验

向下压迫患臂肩峰部，被动上举患臂，在上举60度~120度范围内出现肩峰下间隙部位疼痛或上举受阻为阳性。

对肩袖疾病作出早期正确的诊断并非易事。对凡有肩部外伤史，肩前方疼痛并伴有大结节近侧或肩峰下间隙压痛者，若合并存在下列4项中任何一项体征时都应考虑肩袖损伤的可能性：①臂坠落试验阳性；②肩峰下撞击试验阳性；③盂肱关节内出现摩擦音；④举臂困难或60度~120度肩痛弧试验阳性。如同时伴有肌肉萎缩，表明病变已进入慢性期。对可疑病人应进一步作有关的辅助检查。

3. 辅助检查

X线片上测量肩峰下至肱骨头距离正常为7~14毫米，肩袖完全破裂时为5毫米以下。肩关节造影有助于诊断，肩关节造影不仅可证实肩袖有无损伤，还可确定损伤的程度。肩袖完全破裂时，关节腔与滑囊相通，造影剂可进入滑囊。

（四）治 疗

肩袖不完全断裂的一般治疗包括休息、制动、中药内服或局部外敷、蜡疗、中药离子导入、微波等物理治疗。

1. 限制肩部活动

急性期疼痛剧烈时，应停止肩部训练，采用冰袋或冰按摩法，并将上臂外展30度或三角巾悬吊胸前固定1周左右，减少肌肉活动，减轻疼痛。

2. 中 药

急性期可以用新伤药水敷患部，内服活血止痛汤。为防止肩关节的粘连及减少对患侧肌肉关节功能的影响，在制动期间可进行耸肩、屈伸肘、前臂旋转及握拳静力收缩练习等。疼痛较剧烈者，可加痛点局部封闭。

急性期外敷一号新伤药加大黄、川芎、蒲黄、红花、玄胡、三棱、莪术；内服舒筋活血汤。慢性期软坚药水湿敷患部。红外线照射，每日一次。内服劳损丸。

3. 按摩治疗

急性期其主要症状是肩部疼痛，肌肉痉挛。先做轻抚摩，继而力量宜较大，速度宜稍快，地揉、捏肩部，时间约5~10分钟，再配合指针刺激肩髃、肩井、天宗等穴以舒筋止痛。然后搓肩部，最后以轻捏和抚摩结束。

慢性期疼痛和肌肉痉挛减轻，但仍有肩关节功能障碍。先于患肩做轻抚摩，随后搓2~3分钟，应快而有力，使局部关节松弛并发热；然后弹三角肌前侧及大、小圆肌，捏冈上肌，同时配合指针刺激肩髃、肩井、巨骨、臂臑、天宗等穴。接着搓胸大肌、斜方肌，揉、捏肱二头肌、三角肌；最后对患肩做幅度较大的抖动和摇晃，以松解粘连，恢复功能。全部时间约 10 ~ 15 分钟。

4. 理疗和封闭

理疗可采用蜡疗、超短波和直流电离子透入法等。病程长痛点集中的患者，可用1% 利多卡因加 10 毫克醋酸曲安奈德注射液局部封闭。

5. 功能训练

（1）早期的康复训练

在这一阶段，肩袖因损伤后的肿胀而使冈上肌管处于狭窄的状况。

训练的主要目标是完成无痛的主动活动。

①捏球练习：患者捏一个网球，在无痛的情况下，按外展、屈曲、外旋、内收、伸展、内旋的方向进行肩关节锻炼。每次每个方向作 10 个，每天练习两次。

②Codman's 下垂摆动练习：每个方向划 10 圈。

③手指爬墙练习：离墙一臂远站立，患肢手指在墙上向上爬，直到感觉有疼痛感为止。每次向上爬三个来回，每天练习两次。

（2）中期的康复训练

当患者在肩袖肌肉无阻力收缩已无明显疼痛感时，即进入本期。其主要目标是增加活动范围和肌肉力量强度基本达到受伤前的水平。

①Codman's 负重钟摆练习：患肢手握哑铃作下垂回旋摆动练习。每个方向作 10 个，每天练习两次。

②肩关节转轮练习：每个方向缓慢转 10 圈，重复 2 ~ 3 次。每周锻炼 3 ~ 4 次。

③哑铃伸展肩练习：患者卧位做手握哑铃的伸肩练习。每次伸展需维持 20 ~ 30 秒。

④自我伸肩练习：主要伸展肩关节后面和下面的关节囊。

（3）发展期康复训练

肩关节运动范围完全恢复，肌肉力量已接近正常时，主要作抗阻力训练。

6. 手　术

急性创伤后肩局部疼痛，上臂不能外展，局部封闭后仍不能外展者有手术指征。肩袖完全撕裂，无论裂口大小，手术治疗的功能恢复优于非手术治疗。手术越早，操作越简单，效果也越好。撕裂 6 周内较易缝合。一般允许观察 2 ~ 3 周再作决定。

四、锁骨骨折

锁骨骨折是肩部最常见的骨折，也是全身常见的骨折之一，常发生于自行车、摔跤等运动员。

（一）分　类

锁骨骨折的分类方法很多，以 Craig1991 年的分类较为实用，Craig 的分类如下：

1. Ⅰ组

锁骨中 1/3 骨折，骨折位于锁骨最软弱处，约占锁骨骨折总发生率的 80%。因两端均有肌肉附着，所以骨折处于相对位移状态，近端主要因胸锁乳突肌作用向上向后移位，远端由于肢体的重力向下移位。

2. Ⅱ组

锁骨远端 1/3 骨折，约占锁骨骨折总发生率的 12% ~ 15%，位移状态比较复杂。位移主要和骨折处与喙锁韧带的位置有关。

3. Ⅲ组

锁骨近端 1/3 骨折，位移少，大多可保守治疗。

（二）损伤机制

锁骨骨折可因传导暴力或直接暴力造成，其中传导暴力占绝大多数。直接施于锁骨的暴力，可使受力部位发生横断或粉碎性骨折。直接暴力较常引起锁骨远端 1/3 骨折。

传导暴力多见于滑跌时手、肘着地，或肩外侧受到撞击，冲击力顺骨骼、关节传导至肩锁和胸锁关节，使弯曲的锁骨受到挤压，形成骨折。如足球运动守门员侧扑球时，一侧肩着地，容易导致锁骨骨折。

（三）临床表现与诊断

1. 症　状

有明显外伤史，伤后出现局部疼痛，上肢抬举活动受限。疼痛多局限于锁骨部，少数疼痛累及上肢和手部。就诊时，患者常常用健侧手臂托着患侧肘部，头偏向患侧，下颌转向健侧，患肩向前下倾斜，以减轻伤肢的重力作用颌胸锁乳突肌痉挛而引起的疼痛。

2. 查　体

骨折部可出现肿胀、隆起、压痛、骨擦感。根据患侧上肢的尺、桡动脉搏动、肢端皮肤温度与颜色，可初步判断是否有锁骨下血管损伤。根据患侧手臂痛觉异常的部位和特点，可初步判断是否有臂丛神经损伤。

3. 辅助检查

多数在X线检查即可显示骨折。（图9-5）

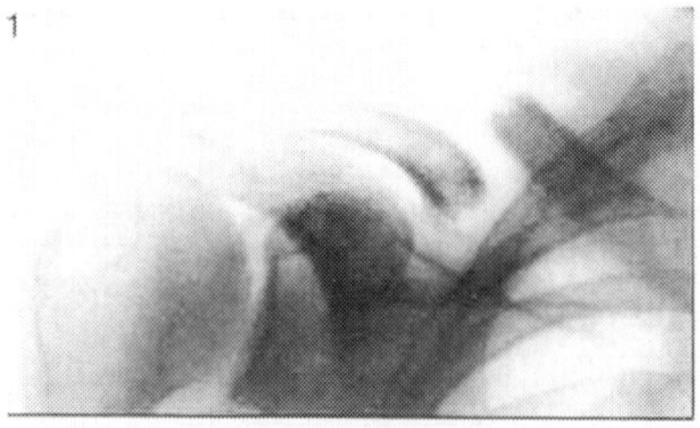

图9-5　锁骨骨折

锁骨中段骨折，断端明显错位

（四）治　疗

多为保守治疗，对无错位或青枝骨折者仅用三角巾固定2～3周，局部可外敷新伤药。对有错位者处理如下。

1. 手法复位

患者坐位，双手叉腰，助手立于患者背后，左足蹬于凳上并且膝抵于患者肩胛间，双手将患者双肩缓缓向后上方牵拉5～10分钟，术者面对患者，双手分别握持骨折辆断端用提、按、旋转手法进行整复。复位后用压垫和绷带行“8”字固定或双圈固定。

注意观察伤肢的循环及感觉情况。

2. 药物治疗

早期内服活血止痛汤，中后期内服接骨丸和正骨紫金丹。

3. 手术切开复位

骨折合并神经、血管损伤时应尽早手术切开探查，行内固定术。多用克氏针行髓内固定术。术后三角巾悬吊约4周。

4. 功能锻炼

固定后应根据骨折愈合情况适当安排功能恢复锻炼。早期练习握拳、屈伸肘关节。中期骨折部有少量骨痂时可做肩关节的内收、外展、屈伸等活动。后期去除固定后可做肩关节各方向较大范围的活动。

五、肱三头肌长头腱起点末端病

当肱三头肌长头腱在肩盂下关节边缘处反复牵拉劳损引起的骨刺形成时就形成了肱三头肌长头腱起点末端病又称Bennett病。多见于棒球、垒球投球手及高尔夫球运动员。

（一）损伤机制

肱三头肌长头起于肩盂下关节边缘。投球手在球出手后，肌肉放松的上肢随惯性向胸前摆至对侧，使肱三头肌长头肌起点及附近关节囊受到牵拉，这种反复牵拉如超过附着处组织的生理忍耐限度，即可引起肌起点处肌腱内的纤维慢性断裂及炎性反应，久而久之可使局部出现钙化甚至骨化。这种炎性反应可引起局部疼痛、钙化及骨化组织还可刺激腋神经，引起肩后部及三角肌处疼痛。

（二）病　理

肱三头肌长头在肩胛盂下缘的起点处发生钙化或骨化。

（三）临床表现与诊断

1. 症　状

投手每于投掷过程中感到肩后部疼痛，影响运动员的正常发挥。但在做其他动作时没有上述症状。肱三头肌长头在肩胛盂下缘的起点处发生钙化或骨化，能刺激腋神经引起三角肌部反射性疼痛。

2. 查　体

肩盂下缘三头肌长头肌腱起点处有压痛。伸前臂抗阻痛阳性，被动地使上臂极度内收也可诱发肱三头肌疼痛。局部利多卡因封闭可获症状暂时消失，有助确立诊断。

3. 辅助检查

X 线平片在晚期病例中可见局部有钙化或骨化现象。

(四) 治　疗

首先应该要控制投球次数，改变训练计划及训练强度。早期可于压痛点作局封，按摩、热疗等也能缓解症状。封闭无效、严重影响正常活动、疼痛显著的可手术，行钙化组织及骨唇切除。

六、肩峰下滑囊炎

肩峰下滑囊炎，又称三角肌下滑囊炎、痛弧综合征，多与肩峰撞击症等合并发生。可发生于体操、游泳、举重、排球等运动项目。

(一) 损伤机制

肩峰下滑囊位于肩峰和三角肌下，覆盖肩袖。滑囊壁的上面与肩峰、肩峰喙突弧和三角肌相连；下面与组成肩袖的冈上肌、冈下肌、小圆肌、肩胛下肌和肱骨大结节相连（图 9－6）。运动员的肩峰下滑囊炎是在运动中多次轻度损伤和反复摩擦所致。如排球运动员在训练中频繁地挥臂扣球，肩部连续反复用力，使滑囊在肱骨上端与肩峰之间经常受到摩擦损伤导致肩峰下滑囊炎。

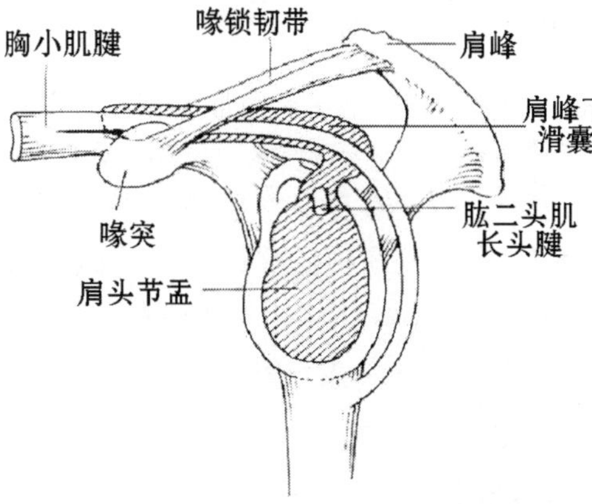

图 9－6　肩峰下滑囊的结构

(二) 临床表现与诊断

常无明显外伤史，多有肩部活动过多、负担过重的历史。肩部疼痛，活动受限，在上肢外展、后伸时疼痛加重。肩峰外下及前下有压痛。有滑囊积液时，患肩因肿胀较健侧膨隆。肩关节主动外展，在 60 度～120 度范围内，肩峰下的肩袖和滑囊被挤压，而出现明显的疼痛。滑囊有粘连时，上肢外展至 70 度～90 度时，被动旋转有摩擦响声，功能障碍明显。

X 线检查有时可见滑囊钙化阴影。

(三) 治　疗

可采取急性期休息、制动，冷敷，甚至外展 30 度固定。急性期过后，可采取抚摩、揉、捏搓等手法进行按摩，点刺肩三对、肩髃、天宗、曲池、手三里、合谷等穴。药物内服元胡伤痛宁，外用滑囊炎散。对于痛点明确者，可在局部采用封闭治疗。其他可配合应用拔罐、理疗、灸法、功能锻炼等方法。对于顽固性疼痛，非手术疗法无效者，可行肩关节镜探察，肩峰切除术等。

(四) 预　防

合理安排运动量，训练前做好充分的准备活动，正确掌握动作要领，加强肩部肌肉力量练习，训练后按摩放松和热水浴。

七、肱二头肌肌腱断裂

肱二头肌肌腱断裂多见于篮球、体操等运动。竞技体操的高难度动作，要求肩关节既有较大的灵活性，又要有良好的支撑机能，在肩部肌肉力量还不能适应运动技术要求时，强行做高难度动作或训练安排不当，可发生肌腱断裂。肱二头肌肌腱断裂可发生于长头、短头和远端肌腱，但以长头断裂最常见。

（一）损伤机制

肱二头肌肌腱断裂大多由肱二头收缩所致的间接暴力引起，极少数由作用于肩部的直接暴力引起。

正常的肱二头肌肌腱很少发生断裂，年轻人多在缺少准备活动而强力收缩时使肱二头肌肌腱断裂。中年人肱二头肌肌腱常有不同程度的退行性改变，肱二头肌强力收缩时发生断裂。

（二）病 理

多发生在肱二头肌肌腱刚穿出关节囊处的下方。断裂的近段为活动的关节囊内部分，远段相对固定并与肌腹相连接。断裂处为肌腱活动与固定区交界点。少数断裂发生于盂上粗隆长腱起点处，或肌腹与肌腱交界处，甚至肌腹本身断裂，肌腱止点也可发生断裂。断裂通常为完全性，偶见部分性断裂。

（三）临床表现与诊断

正常或仅有轻度变性的肌腱发生断裂时，常有二头肌抗阻力强烈收缩的外伤史，伤时可闻及尖锐的撕裂声，伴有肩痛，并放射至上臂的前面。不能屈肘或屈肘力减弱。肌腱严重变性者，多无明显外伤或只有轻伤，表现为肩部无力或隐约不适。

查体：肩部肿胀，有时可见皮下瘀斑，最明显的体征是丰满的肱二头肌肌腹位置异常。（图 9－7）

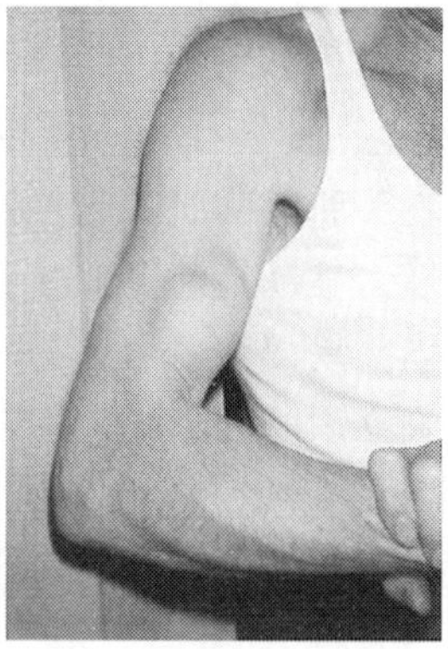

图 9－7 肱二头肌长头腱断裂

（四）治 疗

治疗包括非手术治疗和手术治疗。年轻人尤其是上臂需做激烈运动者，需手术治疗，以便断裂肌腱有骨性附着点。老年人因对日常生活影响不显著，一般不必手术治疗，只有在疼痛及功能障碍显著时才考虑手术。

非手术治疗包括颈腕带悬吊、中药外敷等。初期宜用消瘀散肿的药物治疗，配合中药熏洗、手法按摩、理疗等。

八、肩关节周围炎

肩关节周围炎又称肩周炎、冻结肩等，指没有明确的器质性病变、隐匿起病的肩关节疼痛和活动障碍。本病好发于 50 岁左右，又称“五十肩”。

（一）发病机制

病因不明，相关因素有肩部活动减少，肩关节及关节周围的组织损伤处理不当等。凡运动员因上肢或肩部损伤而将患肢长期固定者都有可能并发此症。本病临床过程不一，几乎所有病人都能自发终止。一般需 6～9 月完全恢复，个别病人 6 年甚至 8 年均无改变。

（二）病 理

其病理机制，目前仍然没有定论。通常认为由于肩关节缺少活动，局部代谢障碍，血液及淋巴引流障碍，肩关节周围组织发生退行性变，渗出及细胞浸润，继而出现纤维化。

（三）临床表现与诊断

1. 症　状

本病好发于40岁以上，女性多于男性，左侧多发，部分病人为双侧性。起病隐匿，大多无外伤史。疼痛是最突出的症状，疼痛呈持续性，夜间尤甚，疼痛可诱发持续性肌肉痉挛。

2. 查　体

体检时可发现在锁骨下、喙突与肱骨头之间有明显压痛。检查盂肱关节活动需固定肩胛骨，防止肩胸间活动。活动受限以内外旋及外展为主，伸屈活动影响较少。早期疼痛尚可忍受，内外旋活动受限，其他活动几乎不受限，患者举臂至头顶困难，妇女不能梳头。后期盂肱关节几乎无活动，但即便接近强直，仍有矢状面上的少许活动度（图9-8）。少数病人肩部僵硬，却无疼痛。所有病人几乎均出现肩肱节律障碍。

将患肢前举至水平位轻轻内收，挤压喙肱间隙，引起剧痛者为喙肱挤压试验阳性。上述体征有很大的诊断价值。

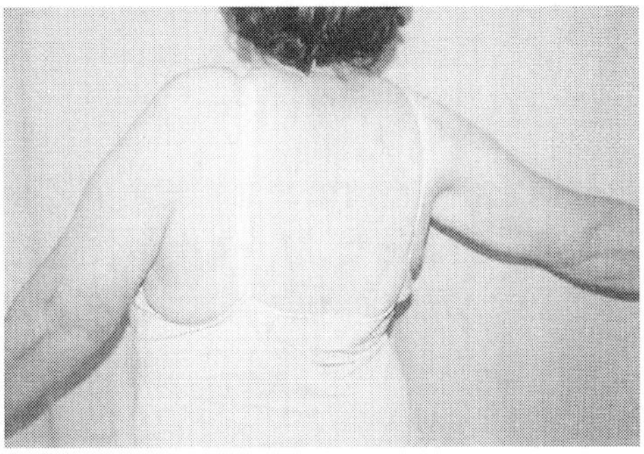

图9-8　冻结肩

3. 辅助检查

X线平片及实验室检查均阴性。肩关节造影后期可见关节容量明显减少，严重的只有3～5毫升（正常为18～20毫升）。

（四）治　疗

早期疼痛不严重，在病理上属可逆期，仅表现为充血水肿及周围组织的炎性反应。治疗原则为：①防止患肢长期固定在胸旁及胸前位，如肩部因某些原因必须固定者（如骨折）宜采用肩人字形石膏固定；②患肩可作下蹲位钟摆样活动等功能锻炼；③喙肱间隙内局封，每周1次。

如疼痛严重，病变已经发展到坏死，病理上属不可逆期，宜做喙肱间隙减压术（喙突成形术）。

各期的治疗可以配合以恢复肩关节活动度为目的手法治疗，以揉、捏、弹拨三角肌、冈上肌等肌肉，在肩部和上臂部可用搓、摇晃、抖等手法。然后可施以被动的肩关节各方向上的活动。

中药可内服独活寄生汤，疼痛较重者可外贴活络膏，熏洗药熏洗患肩。

现有国内有学者提出肩周炎须与“肩峰下撞击症”或“喙突下撞击症”相区别。一般认为，肩周炎除了主诉肩关节疼痛以外，体检可以发现肩关节在各个方向的主动和被动活动度均明显降低，尤以肩关节外旋活动受限为显著。而多数“肩峰下撞击症”或“喙突下撞击症”则为关节外展受限或内旋受限。

九、肱二头肌长头腱腱鞘炎

肩关节运动时，肱二头肌长头腱在结节间沟内滑动及摩擦，在过度活动的情况下产生创伤性无菌性炎症，即可造成肱二头肌长头腱腱鞘炎（bicipital tendinitis）。多见于举重、体操、排球、投掷等运动项目。

（一）发病机制

肱二头肌长头腱在上肢上举过程中有限制肱骨头自肩盂上滑的作用，它与肩袖一起为肩关节提供动态稳定。但在上肢反复上举活动中，肱二头肌长头腱与冈上肌腱均有被肩峰及肱骨头冲击、挤压及摩擦的可能，可引起损伤性炎性反应以致磨损。

其次在上举及还原过程中，此肌腱在结节间沟内的反复滑移动作也是引起该肌腱慢性炎症及腱鞘炎的一个原因。

肱二头长头肌腱鞘炎的病变部位涉及肌腱本

身、腱止装置及横韧带腱鞘，在遇突然加力的情况下，已经部分受损的肌腱往往在结节间沟的上缘发生完全断裂。断裂远端的肌腱由于早已经发生慢性粘连，有时会自然固定在肱二头肌沟内。近端可退缩至盂肱关节内，有可能造成盂肱关节机械性障碍。

（二）临床表现与诊断

1. 症 状

急性期肩前部疼痛，多局限在结节间沟附近，亦可牵涉至上臂前侧，夜间疼痛更明显，肩部活动后加重，休息后好转。

2. 查 体

一次致伤或慢性病例再伤时，相当于肱二头肌长头腱处有剧烈压痛。关节活动也明显受限，提物或使二头肌收缩并克服阻力时都有疼痛。因慢性劳损而致伤时肱骨结节间沟处有明显压痛。

叶加森氏试验（Yergason's test）、斯匹德氏试验（Speed's test）及梳头试验（comb hair test）有助于诊断。叶加森氏试验：屈肘，前臂于拮抗状态下旋后时，肩前方出现疼痛即为阳性。（图 9-9）

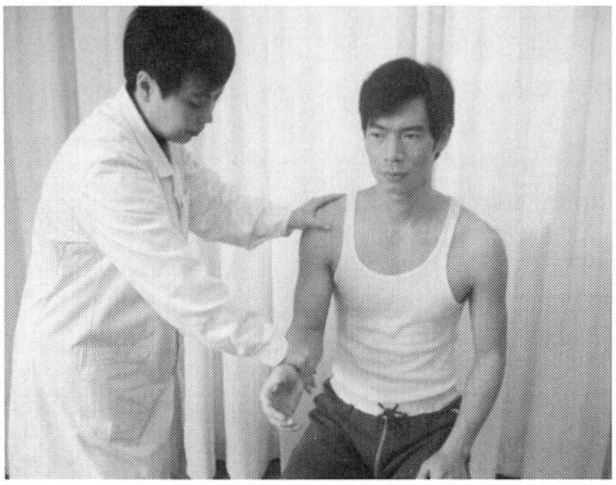

图 9-9 叶加森氏征

斯匹德氏试验：伸肘，上肢在抗阻下前举，肩前方出现疼痛即为阳性。（图 9-10）

梳头试验：肩关节前屈、外展和外旋的综合动作出现疼痛和运动受限或不能运动即为阳性。此外，在结节间沟内或关节腔内注入适量的 1% 利多卡因可使疼痛暂时消失有助于确诊。

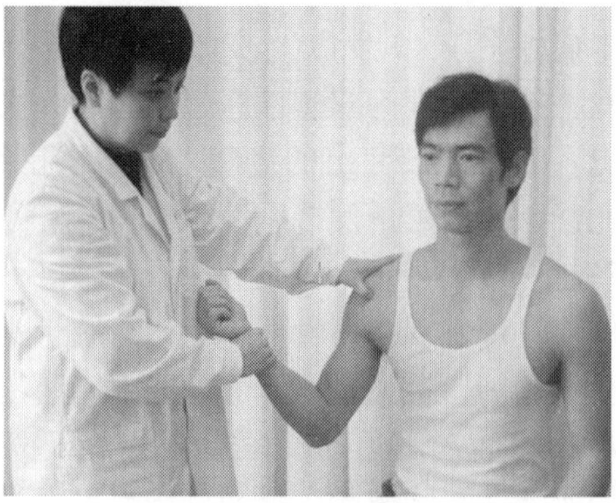

图 9-10 斯匹德氏征

3. 辅助检查

X 线平片阴性。关节造影个别病例可见肱二头肌腱鞘充盈不佳，甚至不显影。

关节镜检查可见二头肌长头肌腱邻近肱骨大结节处有明显充血、水肿或增粗，在严重病例中该肌腱已经被磨损成撕裂状，甚至断裂。如与冈上肌肌腱损伤同时存在，则冈上肌肌腱处可见同样病理改变。

（三）治 疗

急性期最好停止训练，上肢三角巾悬吊以制动，同时给予局部治疗，1～2 次多收奇效，局部封闭部位应为结节间沟或直接注入盂肱关节腔内。急性期过后即应弯腰将上臂悬垂做回旋运动的练习。（图 9-11）

急性期可外贴活络膏，舒活酒外擦。配合针灸治疗，取肩前、曲池、天宗、巨骨等穴，留针 20 分钟。急性期禁用拨、刮等重手法，以轻手法抚摸、揉、搓等手法为主。慢性期则可用重手法，如弹拨理筋等。个别严重并影响运动训练者可行手术治疗。

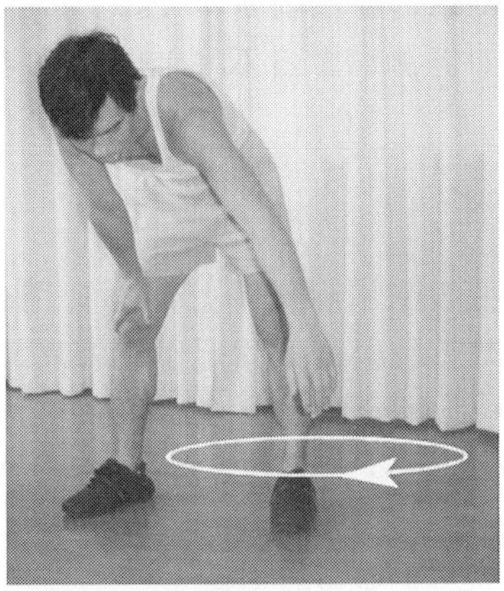

图 9－11　肩的 Kodman 旋转

十、运动员肩过度外展综合征

肩过度外展综合征（Hyperabduction syndrome）以臂丛神经症状为主，多见于乒乓球和游泳项目。肩外展位过度训练及运动强度节奏不明的训练史是其主要因素。

（一）损伤机制

从颈三角区到肩关节，臂丛神经及血管束穿过前、中斜角肌间隙，在锁骨下面下行，再经喙突和胸小肌的下方后进入腋窝。喙突为一弯曲的指状突起，可分为升部和水平部，两部间约呈 90 度角的急转弯。当臂丛神经及血管下行到喙突时，如果臂垂体侧，则神经血管束近直线通过。而当上臂外展时，则神经及血管以喙突为轴绕行，上臂外展后伸角度越大，绕行角就越小，喙突以血管神经的压力就越大。在运动中，特别是反复挥臂大力杀球或者投掷铁饼标枪时，喙突除压迫神经干及血管束之外，也必然有摩擦及磨损作用，长期的从事这些项目，就有可能导致臂丛神经的损伤。由于神经和血管的弹力不同，因此这种损伤机理不易使血管受伤，而神经干则不然，既无弹力又不能延伸，因而易受牵扯及磨损，其症状也以神经症状为主（图 9－12）。

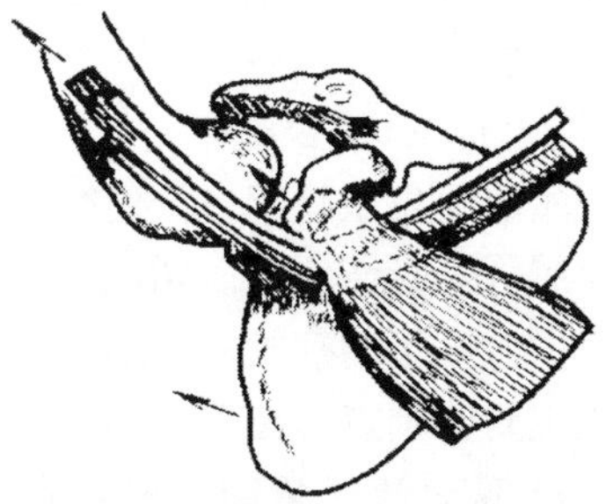

图 9－12　肩外展时肩胛骨的喙突与胸小肌与臂丛神经与血管的关系
（引自 曲绵域，2003，839 页）

（二）临床表现与诊断

1. 症　状

患者多有长期上肢外展后伸发力的训练史，在训练后或训练中患者自觉上肢乏力酸累，甚至出现胸大肌发紧或“抽筋”现象。如果运动持续或者加大，上肢力量即开始逐渐减弱，并出现神经麻痹症状，主要表现为正中神经或尺神经麻痹。

2. 查　体

肩外展外旋试验（Abduction external rotation test）阳性，即患者上肢伸直并肩外展外旋时，桡动脉的搏动减弱或消失，受累神经的相应部位，麻木感加重；如同时令病人头向患侧倾斜，则上述症状更加明显，称为臂丛神经牵拉试验阳性；叩击喙突部时，有触电样感冲至受累神经所属指尖，称为 Tinel 征阳性。

3. 鉴别诊断

本症必须与下列伤病相鉴别。

（1）睡眠瘫痪

此病的发生系由于患者睡眠时长时间单臂或双臂置于头后，上臂外展后伸，胸小肌及喙突对神经干及血管束的产生静止性压迫，造成上肢缺血麻木，活动障碍等症状。没有长期训练史，其症状以血液的阻流为主。由于很容易误诊为运动员的肩过度外展综合征，因而必须详细询问病史。

（2）颈椎间盘脱出症

除颈部和患侧上肢有神经症状外，颈部活动

多明显受限，且有较固定的压痛点，结合 CT 和 MRI 可与本症鉴别。

（3）颈前斜角肌综合征

此症系颈前斜角肌痉挛，致使行走于其后的臂丛神经及血管束受压所致。伤后，产生前臂的神经麻痹或供血不足的症状。与运动员肩过度外展综合征的主要鉴别点，在于此症在上臂垂于体侧时，桡动脉搏动变得微细，神经麻木感也较重，而当头向患侧倾斜或上臂外展时，由于颈前斜角肌松弛，神经及血管的压迫症状即减轻，结果桡动脉洪实，麻木也减轻，恰与肩外展综合征的症状相反。

（4）颈　肋

其症状与颈前斜角肌综合征同，X 线照相是重要的鉴别方法。

总之，在运动创伤实践中，如能了解本症，并能经常考虑到运动项目的专项技术特点，诊断即不困难。

（四）治　疗

发现此症后应针对病因，制订科学的训练方法，纠正训练中的错误姿势，避免单一重复地进行肩外展运动，并合理安排训练量，这是治疗的根本原则。另外，再辅以按摩、理疗、维生素 B_1、B_{12}治疗即可治愈。顽固病例可于喙突下行封闭治疗或做颈路臂丛神经封闭。

十一、外伤性翼状肩胛症

翼状肩胛症常见于体操、举重、俯卧撑及登山运动员。登山运动员系登山时背包带的压迫伤或深呼吸时中斜角肌的牵扯伤所致。

（一）损伤机制

翼状肩胛症的发生主要是由于胸长神经的损伤导致前锯肌麻痹引起，可因劳损引起，也可以是一次损伤致成。

（二）临床表现与诊断

胸长神经的损伤主要引起前锯肌瘫痪。前锯肌的功能是上肢某些活动时稳定肩胛骨。瘫痪后上臂外展困难，常限制在 90 度，有时即使能上举，但不如健侧。患者双手推墙，可出现翼状肩胛。

（三）治　疗

治疗一般采用保守治疗，不宜用患肢做重活。必要时患肢以支架固定于肩外展，肘屈曲，前臂垂直位。配合针灸、按摩等疗法。针灸常用肩外俞、银口、京门等穴。经过综合治疗，一般都能痊愈。

（四）预　防

关于此症的预防应根据运动项目不同采取不同措施，登山、无线电或负重竞走等项目用背包或负重时，背带不能太细，运动中应经常改变带的位置，并调整呼吸，以免压伤或扯伤胸长神经。对体操运动员应特别注意肩部肌肉的练习，以防因肩肌无力将神经拉伤。运动量的控制也非常重要，因为肌肉疲劳力量减退也易使神经受伤。

十二、运动员的肩胛上神经损伤

此症又称冈下肌萎缩症，多见于排球、体操、举重、射击、投掷等运动员。本病对肩带活动影响不大，所以一般多在体检或沐浴时被发现。

（一）损伤机制

肩胛上神经起自颈 5 神经根，颈 4、6 的神经根纤维也参加。下行至肩胛切迹处，通过肩胛横韧带进入冈上窝，支配冈上肌，为神经的冈上支。主干继续下行，在肩胛颈部绕过肩胛冈的根部进入冈下窝，为冈下支支配冈下肌，神经绕角 48 度～88 度，平均 73 度。

与肩胛上神经伴行的是肩胛上动脉，供给冈上下肌的血运。

国内卓大宏较早注意在排球运动员中发生此病。认为损伤机理是直臂从正前方举至头上扣球时，肩胛上神经的冈下肌支慢性劳损所致。以后，湖南医学院运动医学科又报道，男体操运动员也可发生同类疾患，认为主要是肩的“回环”及“转肩”动作引起的。

(二) 临床表现与诊断

1. 症　状

肩胛上神经损伤造成冈上下肌瘫痪。早期的主要症状是肩部感觉不适，甚至酸痛麻木，容易疲劳。排球运动员扣球感到无力挥臂，速度减慢。在举重运动员，最早的症状常常是抓举时伤侧力弱发软，失去平衡。多数病例不影响训练，在洗澡时才被别人发现。

2. 查　体

检查时双侧对比，可见患侧冈下窝凹陷，冈下肌萎缩。触诊肌肉相对于健侧较僵硬感，肩外展困难，外旋力减弱。

3. 辅助检查

肌电检查对本病的诊断多有帮助，由于冈上肌被斜方肌覆盖不易看出萎缩，肌电检查尤显重要。病变早期。症状、体征不明显，往往需用肌电图检查才能确诊。

(三) 治　疗

对局部有酸痛麻木感的，可向肩峰根部神经易伤处注射泼尼松，也可用感应电治疗以防肌肉进一步萎缩。

无症状不影响训练或运动技术的可不予处理。

症状比较重的，可用药物、理疗或停训等方法配合肩胛部的按摩手法治疗，电针、温针针灸等治疗。多数病例于长期停止训练后，萎缩可渐渐恢复正常。

本章小结

(1) 肩是人体活动度最大的关节，肩胛盂小，肱骨头大，关节囊较松弛，故此关节活动范围大，也较易受伤。

(2) 肩部损伤，多见于体操、投掷、排球和举重等肩部负荷较大的运动，特别多见于投掷运动员。

(3) 肩袖是肩关节中的解剖弱点，在负重转肩时，它不仅要保护关节稳定，又要造成转肩动作，加之其紧贴肩峰，容易摩擦而致伤，因而肩部运动创伤以肩袖损伤最多。

(4) 肩关节的稳定结构可分为动力性稳定结构和静力性稳定结构。稳定结构的损伤可引起肩关节不稳定。

(5) X 线检查和肩关节镜检查是肩部损伤的重要辅助检查。

讨论题

(1) 肩关节的稳定结构包括哪些内容？导致肩关节不稳定的原因？

(2) 试述肩袖损伤的临床表现？

(3) 锁骨骨折的分类与治疗？

(4) 如何预防运动员肩过度外展综合征、外伤性翼状肩胛症和运动员肩胛上神经损伤？

推荐阅读参考文献

戴克戎 (1996)：肩部损伤外科学．人民卫生出版社．该书对肩部的外科知识和进展进行了较为全面的介绍。

国外医学・骨科学分册 (2003)：肩关节撞击综合征研究进展．国外医学・骨科学分册，24 卷 1 期，4 ~ 6 页．文章对肩关节撞击征的发生机制、分类及治疗进行了较为详细的介绍。

刘亚波 (2002)：骨科运动医学的最新观点与争论第五部分．北京医科大学出版社．此书对肩关节撞击和肩袖疾病的病理、临床表现、辅助检查、治疗及外科手段的选择等进行了较为全面的介绍。

第十章 肘部运动创伤

肘关节运动损伤相对较少，约占运动创伤发病总数的3.37%。肘部损伤多集中于体操和投掷运动员。损伤以肘部软组织伤为多见。右肘发病率较高，与右肘训练项目及右肘用力较多有关。

任何项目的运动都离不开上肢完整而协调的活动，即保持自身的动态平衡和保持适当的位置，又达到投掷物体或转移目的。对运动员的肘部损伤，必须高度重视，处理不及时或不正确，肘部损伤组织修复不良，容易反复受伤，急性损伤易转为慢性，严重妨碍训练及竞技水平的发挥。

第一节 应用解剖

肘关节属于复合关节，由肱尺、肱桡和尺桡3个关节组成，借助肌肉的运动，实现肘关节伸、屈和前臂的旋前、旋后运动，大大扩展了手和腕部功能活动半径和功能效益。

肘关节的稳定与韧带密切相关。桡侧副韧带加强了肘关节囊的外侧壁，有防止桡骨小头外侧脱位的作用，稳定了肘关节的外侧部。尺侧副韧带有防止肘关节外侧屈外翻的作用。桡骨环状韧带对防止桡骨小头的脱出有着重要的作用。4岁以下的儿童桡骨小头发育不完全，环状韧带松弛，肘关节伸直位牵拉前臂时易出现桡骨小头半脱位。

肘部的血供主要来自肱深动脉，尺侧上、下副动脉，桡、尺侧返动脉和骨间动脉。通过肘部的神经全部为臂丛神经的终末支。

第二节 肘部常见损伤

一、运动员肘关节病

运动员肘关节病指肘关节慢性劳损后出现的软骨变性，骨增生形成骨唇、骨疣，滑膜的慢性炎症，关节纤维囊肥厚，并可有关节内积液和关节鼠形成。在运动医学实践中肘关节病发生在不同的项目可有许多不同的名称，如投掷肘、网球肘、棒球肘、运动员的肘内障等。此病在我国多见于标枪、体操运动员，国外报道在棒球、网球、举重、拳击以及日本剑道等项目也很常见。

运动员肘关节病发生率较高，约占运动员肘部损伤的1/4。由于肘关节伸屈受限，对运动技能的发挥及成绩的提高影响很大。大多数标枪运动员是由于肘关节病而提前退役的。举重运动员患运动员肘关节病后，由于肘不能伸直“锁肘”，就不能支撑或举起更大的重量，如果一侧肘伤不能伸直，举重时由于两侧不平衡也常常失误。

（一）发病机制

主要由于肘关节超常范围的运动，引起关节运动的不合槽和应力异常所致。肘的过度外展、过屈、过伸都会引起此病。由于运动项目的不同，受伤动作不同，其病理部位也各有特点。

1. 投掷肘

由于损伤动作的不同，分为以下3种。

（1）伸展型投掷肘

如投标枪、棒球、拳击出手时错误的“甩鞭”样动作使肘关节过伸，鹰嘴猛烈撞击鹰嘴窝，久之引起窝内和鹰嘴尖的骨质增生肥大，形成唇赘或再次过伸而折断成关节游离体。其结果是伸肘功能越来越受限，投枪动作越来越难完成。

（2）外展型投掷肘

多系肩外展 90 度、肘屈 90 度投枪或投弹，使肘突然猛烈外翻，引起关节面不合槽的相对错动，损伤关节软骨。最后出现骨唇，该类型多合并肘内侧副韧带的损伤。此外，拳击和举重运动员也常发生此型损伤。

（3）混合型投掷肘

棒球投掷手从抬臂、屈肘、前臂旋后、腕背屈、身体后仰准备动作起，至突然挥臂、伸肘、前臂旋前、腕掌屈、身体前倾，同时球出手。在这些动作中，需要肘部猛烈外翻，过伸，肱桡关节和肱尺关节猛烈碰撞，同时桡侧副韧带受到牵拉。投掷过程中这种慢性重复性外翻运动，使肘关节外翻角增大，可产生外翻不稳。久之，鹰嘴的内侧凹面受累，经慢性牵拉损伤形成骨赘或在鹰嘴窝内形成游离体。外翻应力使尺侧副韧带趋于松弛，外侧肱桡关节经常受压、相撞，继发性使外侧游离体产生和外侧骨赘形成。引起的肘后和肘外侧疼痛，严重影响运动员参加训练。

2. 体操运动员肘的骨关节病

体操运动员肘的骨关节病的发生有两种情况。

（1）慢性劳损型

体操运动员在运动过程中，上肢动作较多，肘的反复过伸（吊环十字撑），伸屈或负重支撑扭转（如跳马、鞍马等），使桡骨小头与肱骨小头之间，尺骨鹰嘴与鹰嘴窝之间，都不断挤压、摩擦与冲击，逐渐劳损致伤。

（2）急性肘外伤继发骨关节病

由高处下落，手支撑不正，常引起肘内侧结构的损伤。在损伤的一瞬间不可避免伴有肘关节不合槽的错动。这样就可能同时损伤关节软骨，再继发伤部周围软骨的变性，最后继发肘的骨关节病。

3. 其　他

网球运动因经常正反手击球，同时要控制球的上下旋转，需要前臂突然前后旋转及肘关节突然伸屈运动，极易出现“肘软”，致肘关节过分挤压、撞击致伤，时间长久即出现骨关节病变、骨赘形成、关节内游离体形成，关节周围钙化等。举重骨关节病的发生主要与抓举时肘突然过伸，及举起后的“锁肘”有关，是过伸撞击、挤压伤。拳击发生的骨关节病系过伸致伤。

（二）病理改变

主要有关节软骨、骨质、关节韧带等方面的改变

1. 关节软骨

最基本的变化为软骨细胞坏死、变性、软骨基质中的硫酸软骨素减少或丧失，致使基质中的胶原纤维失去支持而变软。最初关节软骨失去正常的青白色，半透明及光泽，继而变为黄白色，表面粗糙，出现绒毛状纤维，皲裂或软骨灶剥落，露出骨质。有时骨质增生，关节面高低不平。

2. 骨　质

在关节软骨的边缘部分特别是鹰嘴、冠状突、滑车缘、尺骨半月切迹，因营养丰富，增殖力大，结果大量增生形成赘生物，如骨唇、骨刺。这些赘生物有时折断脱落成为关节鼠。

鹰嘴窝、冠状窝、桡骨小头窝，由于鹰嘴等的顶撞及炎症反应，有丘状骨疣增生。

3. 关节韧带

韧带松弛，加重了关节的紊乱与磨损。

（三）临床表现与诊断

本症的主要临床表现是肘关节屈伸受限和疼痛。大部分病人肘关节不能完全伸直。早期表现是运动开后不痛，运动结束后痛。晚期则动辄疼痛、伴有响声及肘关节交锁现象。另有极少病人，由于尺神经沟的骨质增生，可引起尺神经的延迟性麻痹。

专科检查：肘关节活动度减小，鹰嘴周围的关节间隙压痛。个别病例可摸到关节鼠。

X 线表现为关节缘可见骨唇、关节间隙狭窄，肘关节骨质增生硬化。有时可见有关节鼠。

诊断为棒球投手肘的四种 X 线征象须同时存在：①关节有单个或多个游离体；②肱骨髁屈肌肌起点处钙化；③鹰嘴肥大；④桡骨头肥大。

（四）治 疗

本症重点在于预防。早期发现肘关节骨关节病时，可通过纠正错误的技术动作，加强肘关节周围肌肉力量的训练，以稳定肘关节，防止不合槽的错动，故一般不主张停止训练。并可通过加强肩带、腰、腿的肌肉力量训练来减轻肘部的负担。训练时可加用护肘或肘关节粘膏支持带，保护肘关节的稳定性。适当的休息、理疗、局部的按摩放松和关节腔内封闭治疗是必要的。

病变晚期，对于骨质明显增生呈骨关节病者，即应考虑手术治疗。早期手术效果较好，而长期伸屈受限的病例，术后关节活动范围改善往往不够理想。

二、肱骨外上髁炎

肱骨外上髁炎又称网球肘（tennis elbow），最早由 Runge（1873 年）描述，Major（1886 年）定名，多见于网球、羽毛球、乒乓球、击剑等运动员。多因肘部振动（球拍网线过紧、偏心击球）、反拍击球不当（图 10－1）、球拍旋转和握拍不当等；也可见于其他劳作，如转螺丝刀、锤击、拧衣服。临床上以肘部外侧疼痛为主要特征。

图 10－1 网球肘反拍击球动作

此外，骨间背侧神经卡压综合征常合并于网球肘损伤中，两者易于混淆，也可同时存在，同时存在者称为“顽固性网球肘”（the resistant tennis elbow）

（一）损伤机制

肱骨外上髁为前臂伸肌群联合的附着处，在前臂急剧旋后伸肘过程中，前臂伸肌群强力收缩所产生的牵拉可使联合腱的纤维拉伤，甚至部分联合腱撕裂。如网球运动员的反手大力击球、羽毛球运动员击球前的使球拍突然加速动作，都可引起前臂屈肌群的强烈收缩，使前臂伸肌群在腕背伸位变为腕掌屈位，伸肌群在收缩状态下被强制牵伸，除了伸肌群肌肉拉伤外，往往在伸肌腱末端出现损害。

肌腱的细微断裂和炎性改变是主要的病理变化，其他病理变化包括伸肌腱的部分钙化，肱骨外上髁骨膜也可因牵拉性损伤而发生骨膜炎。

此外，前臂旋后过程中，桡骨颈与环状韧带间的急剧摩擦可使环状韧带发生慢性炎性反应；肘外侧反复慢性损伤使位于桡骨头与肱骨小头处的半月状滑膜皱褶发生水肿、充血、纤维化；联合腱周围软组织纤维化所引起的桡神经浅支或后骨间支的卡压，都可引起肱骨外上髁疼痛，而被诊断为肱骨外上髁炎。（图 10－2）

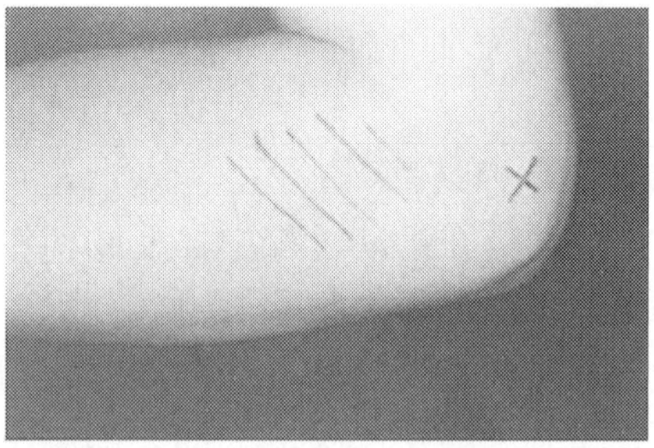

图 10－2 肱骨外上髁炎的病变

肱骨外上髁炎是一种慢性积累性损伤的表现，损伤发生率随着年龄的增长而增加。年龄的增大使肌肉和其腱性部分柔软性降低，容易发生损害。也与训练的频率与强度有关，也许是使用过度的结果。损伤的发生也含有技术因素，技术不熟练者中容易出现肘外侧部疼痛。

（二）临床表现与诊断

非运动员发病年龄多见于40～50岁，男性略多于女性，有20%～30%患者常伴有其他肌腱肿痛，如扳机指、腕关节综合征、肱骨内上髁炎、肱三头肌腱炎。肱骨外上髁炎多数起病缓慢，主要症状为肘外侧疼痛，常逐渐加重，并影响到日常生活动作，如拧毛巾等屈肘旋前动作。肘关节伸屈及前臂被动旋转功能正常。

患肢在屈肘、前臂旋后位时疼痛常获缓解，因而患者常取这种位置。肱骨外上髁、桡骨头、桡骨颈或肱桡外侧关节间隙处有明显压痛。在痛点做利多卡因局封后，疼痛即可获暂时性消失，有助诊断。

以下试验有助于本病的诊断：

1. Mill's 试验

屈肘、屈腕、手握拳，前臂旋前位时伸肘过程中肱骨外上髁部出现疼痛即为阳性。（图10－3）

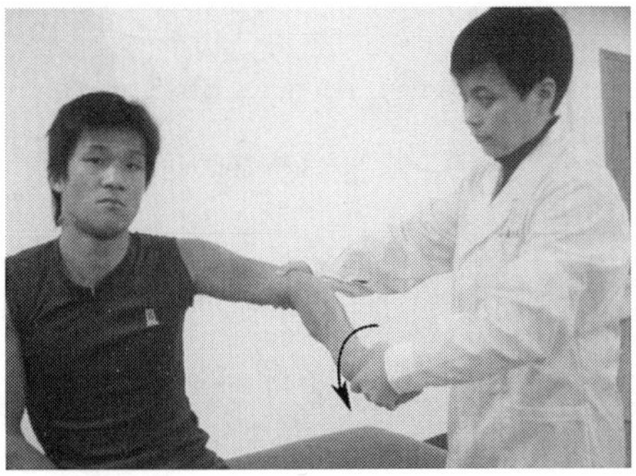

图10－3　Mill's 试验

2. 前臂旋后抗阻试验

患者屈肘90度，前臂旋前，检查者一手托住肘后，另一手握住患者手腕部，使其前臂保持在旋前位。患者作抗阻力前臂旋后动作。此时，肱骨外上髁部产生局限性疼痛者为阳性。（图10－4）

3. Cozen 试验

握拳或伸直手掌，然后伸腕，检查者左手握住前臂下部，当患者继续维持伸腕时，检查者稳定地用力将腕屈曲，此时肱骨外上髁处的肌腱起点处于一定的张力下，将引起该处疼痛，即为阳性。（图10－5）

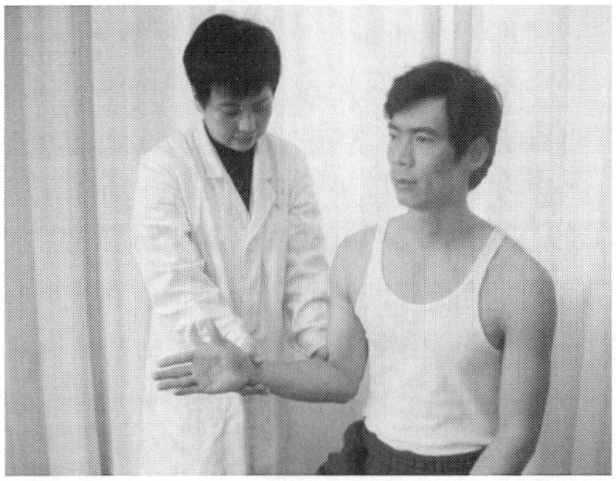

图10－4　前臂旋后抗阻试验

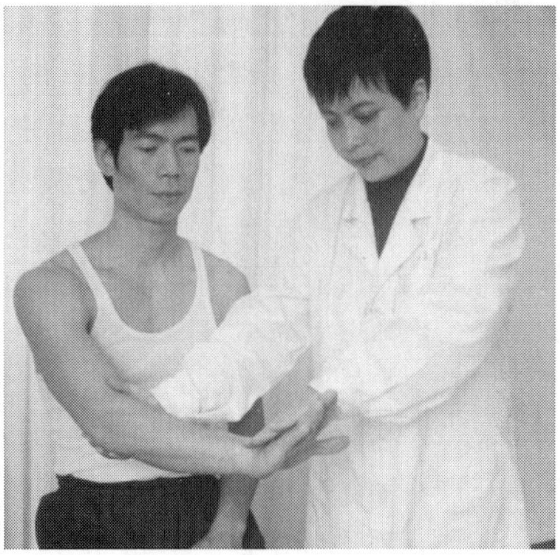

图10－5　Cozen 试验

大多数患者X线片上无异常发现，5%～20%的病例有肱骨外上髁钙化，与预后无关。MRI对诊断不明确的病例，特别是再次累及病例有较大的诊断价值。MRI检查可显示桡侧腕短伸肌腱起点退变状况，有助于指导外科手术治疗。MRI检查还可显示肌腱起点的撕裂程度，与手术病理发现相一致。

（三）治　疗

早期症状较轻时，可在肘部戴上弹力护肘，或在前臂肌腹处缠绕弹性绷带，以减轻局部张力，而缓解疼痛。当出现持续疼痛时，患肢应适当休息，制动1～2周，限制腕部用力活动，尤其是腕背伸用力活动，外敷中药配合针灸、按摩、理疗，也可口服非甾体类抗炎药物或特异性 CoX－2 抑制剂 Celebrex（喜乐葆）等。

急性炎症反应明显者，以经穴按摩为主配合前臂伸肌群的理筋手法；中后期按摩以局部揉捏、弹拨为主，也可采用 Mill's 试验动作配合痛点弹拨。症状较重者可在压痛最明显处做局部封闭治疗。为使药液良好弥散，退针后在皮外做轻手法按摩。若注射得当，可使病人立刻解除疼痛。每周一次，不宜超过 3 次，以免引起肌腱变脆、骨质吸收。

针灸治疗可取尺泽、阳溪、曲池强刺激。

功能锻炼：急性期患肢暂停训练，待症状消退后伤肢可作一般活动，伤后 3 周内不做重复受伤的动作，3 周后逐渐加入“反拍”动作的练习，两个月后可进行专项训练。在伤后训练时，前臂可贴黏膏支持带或缚弹性绷带加以保护。

凡非手术治疗无效，或非手术治疗痊愈后反复发作，或疼痛消除但有肘关节不稳定者，应手术治疗。手术的方法很多，针对不同的病因有桡肱滑膜切除、去神经支配等。

（四）预　防

预防重点：①合理安排训练量，避免局部负担过重，训练后肘外侧酸胀不适者，应积极消除疲劳，避免积累；症状较明显者，应局部制动，积极治疗，防止无菌性炎症的发展；②掌握正确的技术动作；③加强前臂屈、伸肌群的肌力和柔韧性练习，做好准备活动，预防复发；④当需要带伤训练或比赛时，可选择前臂伸肌支持带或护肘保护。（图 10－6）

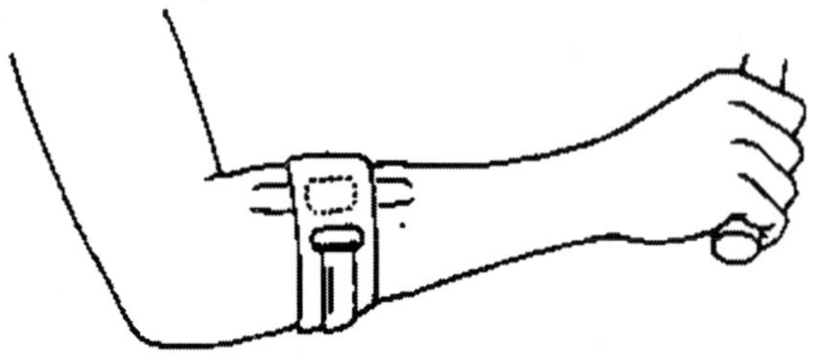

图 10－6　前臂伸肌支持带

三、肘内侧副韧带损伤

肘内侧副韧带（medial collateral ligament，MCL）包括前斜束（anterior strong cord like）、后斜束（posterior weaker fan like part）和横束（oblique part）。前斜束起自肱骨内上髁，止于尺骨突内侧，分成上下二部，肘部伸展时上部纤维束紧张，肘部屈曲时下部纤维束紧张，前斜束纤维对肘关节稳定性有密切关系。后斜束起自肱骨内上髁下端，呈扇状附郦于尺骨鹰嘴滑车内侧缘，后斜束是较薄的一层纤维。（图 10－7）

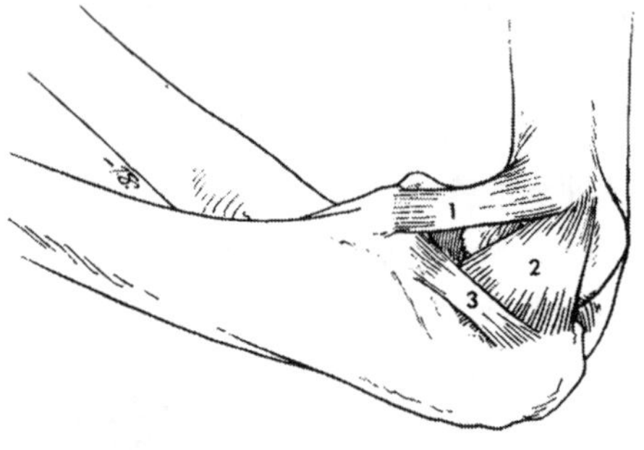

肘关节内侧韧带　1. 前斜部；2. 后斜部；3. 横斜部

图 10－7　肘内侧韧带结构

（一）损伤机制

任何暴力引起肘关节过度被动外翻、旋后、过伸，导致肘内侧副韧带被高张应力牵拉；或外力直接作用于肘内侧局部引起韧带局部的挫伤、挤压，部分纤维断裂或完全断裂；或因前臂屈肌、旋前圆肌的突然主动收缩，都可能造成尺侧副韧带或肌肉的损伤。

在运动创伤中，常见于标枪、手榴弹、体操、举重等项目，如当投掷标枪或手榴弹时的动作错误，前臂突然外展，致尺侧副韧带损伤（图 10－8）；体操运动员从器械上掉下手掌撑地时，若前臂处于旋后位，肘微屈外翻，可造成肘尺侧副韧带的部分或完全撕裂。

图 10-8　投掷标枪导致肘内侧副韧带损伤

除运动创伤外，日常生活意外事故、交通及工矿事故中也常有肘内侧副韧带损伤发生。在韧带损伤时，局部充血、出血、肿胀，其周围组织呈反应性炎症，易发生瘢痕愈合。若反复损伤，将使肘尺侧副韧带松弛，有时可出现钙化现象。如果较大暴力的急性损伤，可因肘内侧装置的完全撕裂而并发肘关节脱位或半脱位。

（二）临床表现与诊断

急性损伤，肘关节内侧有不同程度的肿胀、疼痛。压痛点多在位于尺骨的半月状切迹或肱尺关节间隙。当内侧副韧带完全断裂时，局部肿胀明显，压痛敏锐，功能严重受限。少数可因治疗不当，发生肘内侧粘连甚至骨化，导致肘关节僵硬。

慢性损伤，多有肘内侧持续性钝痛，开始活动和重复受伤动作时疼痛加重，休息后疼痛减轻，常有前臂发软、无力和工作能力下降等。

被动肘外翻应力检查：前斜束损伤时，伸直被动外翻位痛；后斜束损伤时，肘屈曲 90 度被动外翻位痛；若肘内侧副韧带完全断裂，外翻试验肘内侧有明显的开口感，外翻角度约在 30 度以上。

X 线检查：急性期可见软组织肿胀，反复损伤者，日久可见韧带钙化，或有骨质增生，硬化现象。如韧带完全断裂，肘外翻应力 X 线片，可见肘内侧关节间隙明显加宽，有时可见撕脱的小骨片。

（三）治　疗

急性损伤宜局部立即冰敷，加压包扎，屈肘 70 度～90 度位固定，抬高患肢。

1. 药物疗法

内服舒筋活血片或消肿止痛汤，外敷一号新伤药，局部肿痛明显减轻后，外敷二号旧伤药，内服正骨紫金丹，还可配合一号洗药熏洗患部，以起到消除肿胀、预防关节粘连的作用。后期可用三号熏洗药或海桐皮汤熏洗。

2. 手法治疗

初期以理筋手法为主，以消散肿胀。中后期手法时间可稍长，并增加揉捏、摇、屈伸手法，使关节滑利，但禁止做被动粗暴牵拉和伸屈肘关节的活动。

3. 理　疗

必须在伤后 24 小时后采用。以超短波逆热及直流电碘离子导入为好。

4. 封闭疗法

急、慢性损伤，局部疼痛明显者，可做局部封闭治疗。

5. 练功疗法及训练安排

早期应鼓励患者主动活动指、腕关节，中后期应积极进行主动的伸屈肘关节活动。正式训练应在 2～3 周以后，切忌过早，并需逐渐增加运动量。训练时应暂时避免受伤动作的练习，否则，易发生再伤或肘关节松弛，继发肘关节创伤性骨关节炎。单纯韧带损伤一般经过非手术治疗可以痊愈。

陈旧性损伤，韧带松弛者，可通过加强前臂屈肌群力量训练及旋前肌力练习，有望获得满意的关节运动稳定性。无效者则应考虑韧带重建术。

肘内侧韧带重建术的适应证：①肘外翻时，内侧出现疼痛，有时可向前臂放射；②30 度屈肘，肘外翻时 X 线片上证实肘内侧关节间隙增大，提示肘内翻不稳定；③6～12 个月保守治疗无效；④局部疼痛反复发作；⑤肘关节出现早期骨关节炎改变；⑥18 岁以内同样有适应证。

四、尺神经损伤

尺神经损伤常见于自行车与射击运动员。

(一) 损伤机制

自行车运动员在训练比赛中，为了降低空气阻力，必须躬身将体重支撑于车的“羊角把上”，手掌的支撑点恰好是尺神经（手掌支）行走于豌豆骨及小鱼际的部位，此时如果车把的橡皮把套太硬，运动量过大，就可能会导致尺神经在这一部位的过度压迫损伤，继而出现典型的尺神经麻痹、“爪形手”及四、五指知觉减退或消失。

射击运动员也容易发生尺神经损伤，尤其是使用小口径步枪的运动员更容易引起损伤。训练时间过长，特别是单一射击姿势训练过长，使尺神经走行部位过度压迫或牵张，即可引起神经的损伤。小口径步枪射击姿势分立、跪、卧 3 种，不同的射击姿势，可引起尺神经不同部位的损伤：①枪重为 5 ~ 8 公斤，运动员为了射击时稳定，按规定都采用 3 厘米宽的皮带，由手经腕绕行固定于上臂的下 1/3，被动的将肘固定 100 度左右，腕背伸 130 度左右的位置。若皮带绕牵过紧，可将上臂下段的尺神经干压伤。②立射时，左手托枪左肘支撑于髂骨脊或腰带上，尺神经由肱三头肌穿出进入肱骨内髁尺神经沟的一段可被挤压致伤。③立射托枪时，肘屈 90 度，腕伸 90 度，前臂旋后，使尺神经处于紧张状态，时间过久，可致神经牵拉致伤。④不论哪种射击姿势，在托枪时，枪的重量长时间压于左手豆骨部，则可造成该部神经分支麻痹。⑤另外，缠绕的皮带过紧，严重影响前臂的血液循环，可使神经麻痹的症状加重，对麻痹的恢复产生不良影响。

(二) 临床表现与诊断

尺神经在肘部损伤后由于骨间肌和蚓状肌受累，手指不能分开和并拢，夹纸试验阳性。

夹纸试验：取一片厚纸，嘱患者将其夹于指缝之间，用力夹住，试行抽出，看是否能夹紧。不能夹紧或夹不住为阳性，表示掌侧骨间肌无力或瘫痪，尺神经损伤。

Froment's 征：拇食指捏纸时，拇指指间关节显著屈曲为阳性。这是因为拇内收肌麻痹而拇长屈肌作用加强所造成。

尺神经损伤后手握力、捏力、对掌力减弱，不能做精细动作。拇收肌受累，拇指不能内收，小鱼际肌萎缩。环、小指掌指关节过伸，指间关节屈曲呈“爪形手”。尺侧一个半指及手掌、背尺侧半感觉障碍。晚期出现明显的手内在肌萎缩。

(三) 治 疗

改善运动方式，解除神经压迫，一般可自行恢复。可内服五灵二香丸等通经活络的中药。采用患肢手部、前臂部的抚摩、揉捏、提弹等按摩手法；针灸尺泽、曲池、内外关足三里等穴位，可用电针；肌肉注射或穴位注射维生素 B_1、B_{12} 都有一定的疗效。

(四) 预 防

无论何种运动项目导致的尺神经损伤，都应加强上肢肌肉的锻炼。避免因腕部无力而过度背伸，牵拉尺神经。

自行车运动员比赛时使用的自行车把套，必须是蛇行管橡皮把套，行进中握把姿势应经常改变，正握与侧握交替使用。已经发病的也应先改变训练方法及握把的姿势。

射击运动员持枪时应注意将枪放于手的大鱼际肌上（正确姿势），不应置于小鱼际肌或豌豆骨部。肘的支撑位置因上臂长短因人而异，但应避免将尺神经进入神经沟之前的一段压置皮带上，以免压伤。一旦于练习后出现发麻现象，即应研究持枪姿势，检查运动量，避免单一姿势大运动量练习。

五、尺神经延迟性神经炎

此病在运动员中比较少见，但在举重及体操中应予注意。这里将论述的主要是发生在肘部的。

(一) 损伤机制

肱骨内上髁与尺骨鹰嘴之间有尺神经沟，上有筋膜覆盖，共同形成纤维鞘管。尺神经由管中通过，下行通过屈肌纤维带构成的“拱门”进入屈肌及手。支配尺侧腕屈肌及骨间肌等的运动，以及四、五指的知觉。尺神经中的神经束的位置有其解剖规律（图 10－9）。神经炎初期，往往侵犯神经的某一束，造成某一组肌肉的麻痹或某部知觉障碍，并因病变部位及性质而不同。纤维鞘管离肘关节很近，因此容易受肘关节活动影响而造成尺神经的病变。

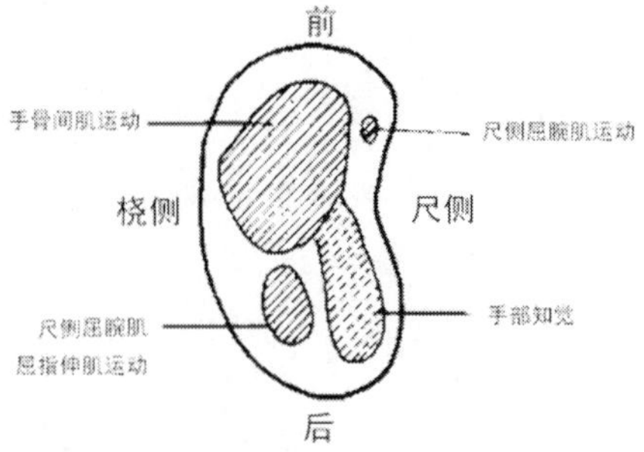

图 10－9 尺神经横断面、神经束的位置

（曲绵域实用运动医学 P843）

（1）尺侧腕屈肌及深屈肌（位置深）；

（2）手的骨间肌（表浅）受压时先伤；

（3）尺侧知觉（深）；

（4）尺侧腕屈肌（表浅）受压时先伤。

造成尺神经延迟性神经炎的原因有：

1. 肘的骨关节病：举重、体操、投掷等项目最易发生肘内侧骨唇，压迫尺神经即生此病，因此，在检查时应特别注意有无神经炎征象。

2. 尺神经脱位：在运动员较易发生，原因尚不清楚，是否与伤肘的尺神经沟底较饱满有关，尚待较多的观察。

3. 肘关节陈旧性骨折：如内上髁骨折移位较大，或肱骨外髁骨折错位愈合造成肘外翻牵拉尺神经等等。

4. 肿物压迫：如腱鞘囊肿、脂肪瘤等。

5. 屈肌拱门纤维带增厚绞窄压迫。

(二) 临床表现与诊断

早期症状多不明显，多不影响训练，患者感觉尺神经分布区麻木不适、疼痛，仅感有时写字、用筷子等精细动作不灵活。因较轻多不被病人注意。

随着病情的加重，出现手部肌肉肌力减弱，功能障碍，到后期甚至手出现爪形畸形。检查时可见尺神经支配区知觉障碍。尺侧腕屈肌及深屈指肌不一定有症状，严重时力量减弱。有时可以摸到伤部的假性神经瘤。神经干叩击试验即 Tinel 试验阳性：叩击神经干时，远端神经分布区出现麻木、刺痛，示神经干受激惹。如有骨关节病改变，X 片多可证实。

(三) 治 疗

手术是最好的治疗办法。术中如无神经瘤或骨关节病的骨刺压迫，并证实确系拱门压迫，只切开拱门松解即可。如有神经瘤或神经脱位或属骨关节病并发症，应将尺神经移出沟外。术后石膏托固定 2 周。但应注意分离尺神经时，切勿将尺侧腕屈肌的神经肌枝切断，关节会支常需切断，影响不大。

对正在集训的优秀运动员，早期应紧密观察，如病情加重，以早期手术为宜。

六、肱骨内上髁炎

由于高尔夫球运动的初学者易患肱骨内上髁炎，故肱骨内上髁炎也称为高尔夫球肘（golfer's elbow）。击高尔夫球时，杆头击在地面障碍处受阻，反作用力使杆后旋，强力使腕背伸，猛烈牵拉屈肌止点，引起损伤（图 10－10）。肱骨内上髁炎的发生率远低于肱骨外上髁炎。肱骨内上髁炎约占肘部肌腱炎的 10%～15%。

图 10－10　高尔夫球击球动作

(一) 分　类

肱骨内上髁炎病例中有 35%～60% 可发生尺神经炎，根据有无尺神经炎及尺神经炎的严重程度，将肱骨内上髁炎分为以下几种类型。

1. ⅠA 型

不伴有尺神经损伤的症状与体征。

2. ⅠB 型

伴有轻度尺神经损伤的症状与体征。

3. Ⅱ型

伴有中至重度尺神经损伤的症状与体征。

此分型对外科治疗的适应证和预后的判断有一定的意义。

(二) 损伤机制

击球前后运动员肘部处于伸展位，肘部受到外翻力以及屈肌旋前肌群收缩力的作用，在附着于肱骨内上髁的肌肉处产生应力，从而造成微小创伤和炎症。旋前圆肌和桡侧腕屈肌最常受累。肱骨内上髁炎常伴有尺神经炎。

(三) 临床表现与诊断

患者在打棒球、高尔夫球或网球上网拦球时，肱骨内上髁的旋前圆肌剧烈收缩，感肘内侧疼痛，击球乏力。抗阻前臂旋前，抗阻腕关节屈掌或肘伸位被动伸腕时肘内侧疼痛可重复产生。所有肱骨内上髁炎均有肱骨内上髁局限性深压痛。约 90% 的病人前臂旋前时肱骨内上髁可产生疼痛。约 90% 的病人可在掌屈位产生疼痛。25%～60% 的患者伴有尺神经症状。肘部尺神经炎可通过屈肘试验（腕中立位，前臂旋后，屈肘 135 度），神经压迫试验（手指压迫肱骨内上髁下内方尺神经处疼痛）以及手部运动和感觉功能来确诊。

10%～20% X 片上可出现肱骨内上髁钙化。

1. 前臂旋前抗阻试验（resisted internal rotation test）

患肘屈曲 90 度，前臂旋后位，术者一手握住肘上部固定，另一手握持腕上部，令患者前臂旋前抗阻时，肱骨内上髁处疼痛为阳性（图 10－11）。

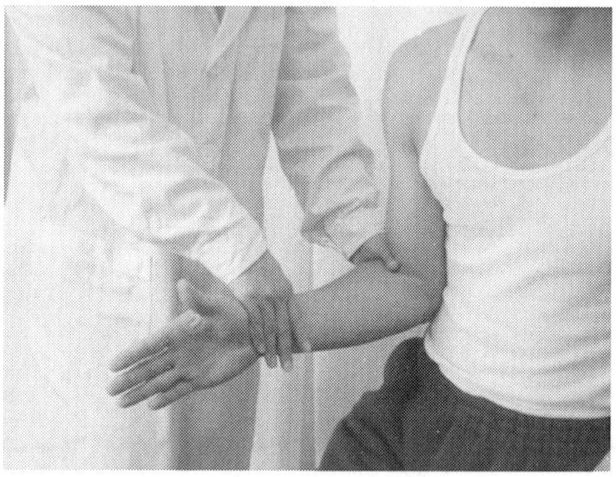

图 10－11　前臂旋前抗阻试验

2. 屈腕抗阻试验

患肘微屈或伸直位，前臂旋后，术者一手握患前臂中部，另一手压在患手掌上，嘱患者对抗屈腕时，肱骨内上髁处疼痛为阳性。

(四) 治　疗

非手术疗法可成功地治疗大多数病例。非手术疗法包括避免做导致疼痛的动作、按摩、针灸、抗炎药物治疗、理疗、封闭治疗等。（可参考网球肘治疗部分）

对于用充分的非手术治疗无效者应行手术治疗。ⅠA 型、ⅠB 型手术治疗效果较好，优良 > 90%。Ⅱ型手术治疗效果较差，优良 < 50%。

前臂屈伸肌肌力训练和正确击球姿势的运用是预防的最好方法。

七、肘关节不稳定

正常的肘关节依靠关节面的完整及其匹配的结合、关节囊和韧带的完整性以及肌肉系统的动力平衡来保持其稳定性。肘关节不稳定易发生于投掷、体操、举重等主要用上肢参与运动的运动员。

(一) 分　类

肘关节不稳定的分类方法很多，常用的分类方法如下：

1. 根据病程的发展分类

根据病程的发展肘关节不稳定可分为急性、慢性和复发性不稳定。

2. 根据脱位的程度分类

根据脱位的程度肘关节不稳定可分为半脱位和完全脱位。

3. 根据所累及的关节分类

根据所累及的关节可将肘关节不稳定分为肱尺关节不稳定、桡骨头不稳定和两者同时存在的复合关节不稳定。肱尺关节不稳定是最常见的类型。

4. 根据是否合并骨折分类

根据是否合并骨折可将肘关节不稳定分为复杂脱位和单纯脱位。在复杂脱位中，最常合并的骨折是冠状突和桡骨头骨折。

5. 根据脱位的方向分类

根据脱位的方向可将肘关节不稳定分为外翻不稳定、内翻不稳定、前侧不稳定和后外侧旋转不稳定（PLRI）。

在创伤引起的不稳定中后外侧旋转不稳定（PLRI）最常见。外翻不稳定常发生于运动员的慢性超负荷损伤。

根据软组织损伤的程度，后外侧旋转不稳定可被分为三期。

一期：外侧副韧带断裂，导致肘关节沿后外侧旋转方向半脱位，外侧轴移试验可呈阳性，可自然复位。

二期：其他外侧韧带结构和前后关节囊断裂，为不完全的后外侧脱位，以致冠状突位于肱骨滑车下方，可用较小的力量轻松复位，或病人自己用手复位。

三期：肘关节完全脱位，冠状突和桡骨头分别完全位于滑车和肱骨小头后方。根据损伤的程度三期又可分为 3 种亚型：3A 型：内侧副韧带未损伤，复位后无外翻应力不稳定；3B 型：内侧副韧带断裂，肘关节外翻不稳定；3C 型：肱骨远断端软组织广泛剥离，肘关节严重不稳定，即使在使用夹板或管型石膏固定于半屈位时也不稳定。

(二) 临床表现与诊断

1. 症　状

肘关节不稳定病人肘关节有急性或慢性损伤病史，有局部疼痛、复发性脱位等表现。后外侧旋转不稳定（PLRI）病人的典型症状为复发性的伴有疼痛的弹响、关节交锁等，常发生于前臂旋后肘关节逐渐伸直时。

2. 体格检查

以下试验有助于肘关节不稳定的诊断。

（1）肘关节外侧轴移试验或后外侧旋转不稳定试验：病人仰卧，将患肢置于头顶，检查者立于病人头侧，握住病人的腕和肘，肩关节完全外旋，将前臂完全旋后，并施以外翻和轴向压力于肘关节，同时将肘关节从完全伸直位逐渐移至屈曲位。当屈曲接近 40 度时，桡骨头和尺骨从肱骨半脱位，形成后外侧突起，而在桡骨头和肱骨小头之间处出现一个陷窝。进一步屈曲时，尺桡骨突然复位于肱骨，出现弹响，突起消失。该试验重现肘关节后外侧旋转半脱位的机制以及复位时的弹响。该试验通常需要在麻醉下实施。

（2）后外侧旋转抽屉试验：前臂外侧面以内侧副韧带为轴，自肱骨半脱位。

（3）Regan 站立试验：当病人试图从坐立位站起时，用手推座位的侧面，肘完全旋后时出现症状。

（4）外翻应力试验：患侧手置于检查者身体上，患肘屈曲 30 度，检查者对其施加外翻应力，肘关节内侧区出现疼痛和发现肘关节内侧间隙变宽为阳性。该试验用于检查内侧不稳定。

（5）外翻伸直过载试验：维持作用于肘关节上的外翻应力，同时肘关节从 30 度开始逐渐向下被动伸直。亚急性或慢性不稳定引起后内侧鹰嘴撞击后，可产生沿鹰嘴后内侧的疼痛。外翻力与压力作用于桡骨头关节时，在不同的肘关节屈曲面角度上将前臂被动旋前与旋后，如桡骨头关节出现摩擦音或疼痛表明有桡骨头关节软骨软化。

3. 辅助检查

肘关节 X 线片是最常用的检查方法，包括前后位、侧位及斜位片。肘关节 X 线片主要用于发现骨性结构的异常改变。内翻、外翻应力 X 线检查可观察内侧或外侧韧带断裂后关节的变化，有较大的诊断意义，与健侧对照可降低假阳性率。

CT 检查可进一步帮助诊断 X 线难以发现的病变，如 X 线难以确定的关节内骨折等。

MRI 冠状位可显示内侧副韧带、外侧副韧带及屈伸总腱的全长，矢状位可检查肱二、三头肌腱及鹰嘴、鹰嘴窝，轴位可显示肱二头肌腱止点、环状韧带、关节隐窝、肱骨髁和肘部血管神经。

（三）治　疗

急性单纯性脱位通过保守治疗一般都能取得满意的效果，早期关节活动对肘关节的功能恢复很重要。慢性、复发性肘关节不稳定的治疗亦首选保守治疗。对于后外侧旋转不稳定可使用肘关节铰链支具将其固定于旋前位。康复治疗的目的是促进损伤肌肉的恢复和肌力的恢复。

保守治疗无效时可考虑手术治疗，复杂脱位通常需要手术治疗。Jobe 的内侧副韧带重建的适应证是：渴望保持肘关节活动能力的投掷运动员出现急性内侧副韧带完全断裂时；保守治疗 3 个月后慢性疼痛或不稳定仍然没有改善者。

肘关节不稳定的治疗目的在于恢复稳定肘关节的解剖结构，最重要的是骨关节面的恢复，其次是韧带结构的恢复。如果关节面完整（没有骨折或骨缺损），只需要修复两个最重要的韧带结构，即外侧副韧带和内侧副韧带前束的修复和重建。

八、肱骨髁上骨折

肱骨髁上骨折指肱骨下端内外两髁上 2 厘米皮质骨与松质骨交界处的骨折，多见于 10 岁以下儿童。运动员从高处摔下时也会发生。

（一）发生机制

肘关节半屈曲位或过伸位掌心撑地，地面的反作用力经前臂传达到肱骨的下端，将肱骨髁推向后方，肱骨干受重力作用移向前方，形成伸直型骨折，骨折近端常穿通肱前肌损伤肱动脉、正中神经或桡神经。若肘关节在屈曲位摔倒，肘后侧触地，尺骨鹰嘴受地面撞击而使肱骨髁上骨折，远端向前上移位，为屈曲型骨折。屈曲型骨折，血管神经损伤少见。粉碎性骨折多见于成年人。

（二）临床表现与诊断

有明显肘部外伤史，肘部疼痛、肿胀。伸直型骨折肘关节呈半屈位，肘部向后突出，呈靴形肘畸形，但肘后三角关系正常。骨折近端向前移位，使肘窝的软组织向前突出，可摸到骨折近端骨尖，有压痛。可摸到骨擦音。

动脉血供不足时，皮肤颜色苍白、温度低、动脉搏动减弱或消失，毛细血管反应迟缓或消失，并伴麻木与刺痛。

对桡动脉与尺动脉的检查可用 Allen 试验，方法如下：①于掌侧腕横纹近侧用双手分别压迫桡动脉与尺动脉。②嘱病人做握拳放松动作若干次，以驱除手部的血液，然后再放开手于松弛位。③单独放开桡动脉，若手掌及 5 个手指能迅速充盈，表明桡动脉血流通畅，与尺动脉间有良好的侧支循环，否则提示桡动脉狭窄或阻塞。④重复①、②的动作，单放尺动脉，判断方法同桡动脉。

X 线检查可显示骨折部位和移位特点。（图 10－12）

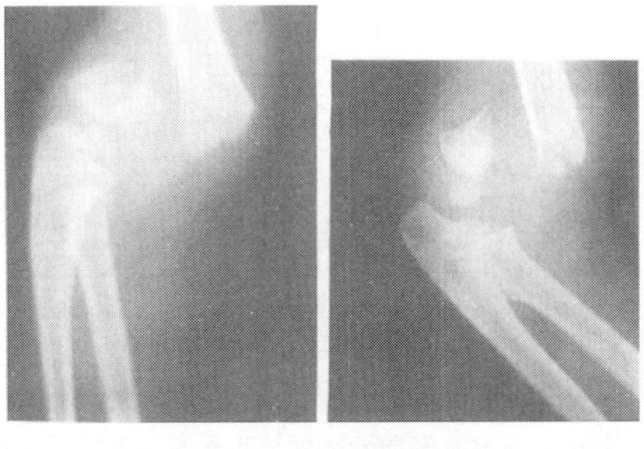

图 10－12　肱骨髁上骨折

（肱骨髁上骨折，断端移位）

（三）治　疗

肱骨髁上骨折的治疗可根据情况选择手术和非手术疗法。

非手术治疗包括手法复位、夹板固定、牵引、功能锻炼及按摩等。手法整复应做到轻柔、准确。在臂丛神经的阻滞麻醉下，先进行顺势牵拉，解脱嵌插，然后以旋转手法矫正旋转移位，再以推挤手法矫正侧方移位，最后以提按手法矫正前后移位。须注意的是，在复位以后术者可一手固定骨位，一手握持前臂将肘部伸直，并外翻挤压，使桡侧骨皮质嵌插，以防止肘内翻的发生。复位后，在维持骨位下，局部包裹 2～3 层绷带、放置适合的压垫，上肱骨髁上夹板及铁丝托板固定，三角巾悬吊胸前。若局部肿胀严重，不宜手法整复者，可卧床悬吊牵引。整复后即日做握拳活动，2 周后解除托板，在夹板固定下练习肘关节屈伸及前臂旋转，3 周后可酌情去除小夹板，加强肘及前臂的功能练习，配合按摩至功能恢复。按摩以肘部为中心，做轻度抚摸、揉、揉捏，切忌强力扳拉以防止骨化性肌炎的产生。

手术治疗：合并有血管损伤、严重的开放性骨折、陈旧性骨折移位明显影响肘关节功能者和肘内翻畸形过大等指征者须考虑手术。

九、肱骨内上髁骨折与骨骺分离

肱骨内上髁骨折与骨骺分离，好发年龄为 12～18 岁，多见于投掷和体操运动员。肱骨内上髁骨折与骨骺分离处理不当会影响肘的伸直功能，严重影响运动能力。应预防严重并发症如缺血性肌挛缩、肘内翻的发生。

（一）发生机制

投掷运动时，投掷者出手一瞬间，肘关节由屈肘位猛然伸直，同时前臂由旋后位猛然旋前，手腕则由背屈腕状态突然发力掌屈投球出手，此时起于肱骨内上髁的旋前圆肌与屈腕肌猛然收缩，造成内上髁骨折。

体操运动员摔倒时前臂旋后，肘稍屈曲，腕背伸掌突然撑地，腕屈肌突然收缩与牵拉，肘外翻致尺侧副韧带猛然牵拉，引起内上髁撕脱骨折。

（二）临床表现与诊断

有外伤史，受伤后肘内侧局部肿胀、压痛，肘关节伸屈受限。前臂旋前、屈腕、屈指无力。内上髁可摸到移动的小骨块，且有骨擦音。与健侧对照，肘后三角变为不等边。可能合并有前臂及手尺侧麻木、感觉迟钝等尺神经损伤体征。

X 线检查可显示骨折部位和移位特点。

（三）治　疗

非主要用力肘损伤时，除撕脱骨片嵌入关节间隙需手术外，其他均可手法复位，长臂石膏托或夹板固定 3 周。主要用力肘损伤时，移位小于 2 毫米而且不伴尺侧副韧带撕裂，可保守治疗。移位较大或手法复位不满意者，手术治疗。

十、桡骨小头骨折

桡骨小头骨折是运动员的一种较常见的骨折。治疗不及时可影响前臂的旋转功能，晚期可导创伤性关节炎和骨关节病。

（一）分　类

根据损伤病理可将桡骨小头骨折分为五种：桡骨颈骨折或骨骺分离，呈“歪戴帽”畸形；桡骨小头裂纹骨折，移位极微；桡骨颈嵌入骨折；塌陷骨折；粉碎骨折。

（二）发生机制

多由传达暴力致伤。摔倒时肘伸直，前臂旋前、桡偏，腕背伸位着地，暴力沿桡骨下端向上传导，桡骨头与肱骨小头发生顶撞而发生骨折。

（三）临床表现与诊断

有明显外伤史。肘关节外侧肿胀、压痛，前臂旋转受限，桡骨小头压痛。肘后三角骨标志关系正常。X线检查多可明确诊断。

（四）治　疗

裂纹骨折、嵌入骨折及无明显移位的粉碎性骨折可不做特殊处理，局部外敷新伤药，铁丝托板固定患肢屈肘90度，前臂中立位2~3周，早期做拳及肩部活动，去除固定练习肘部屈伸、旋转功能。

移位较大的劈裂骨折及“歪戴帽”的骨折，应以手法整复，在手法顺势牵引下，肘微屈、前臂内收位下缓缓旋转，用拇指推按移位的小头，使之复位。或者严格无菌操作及X线透视下，以撬拨复位法复位。以屈肘90度中立位或旋后位固定，3周，去除固定后，练习肘关节活动。

手法整复失败，影响前臂旋转功能及儿童骨骺分离影响发育者，均应采取手术复位，注意保护绕神经。

本章小结

（1）肘关节的运动创伤在运动员中相对较少，但在体操和投掷运动中非常多见。

（2）肘部创伤中以关节囊、韧带、肌肉捩伤最多见。其次是创伤性骨关节病。

（3）肘关节骨关节病由骨关节超出生理活动范围和（或）不合槽的运动引起，多由错误的投掷动作引起，应在训练中尤其要注意。

（4）网球肘（肱骨外上髁炎）和高尔夫球肘（肱骨内上髁炎）的病理为末端病改变；治疗中应注意前臂屈伸肌力的训练。

（5）肘关节脱位发病率较高，分为前脱位和后脱位，尤以后者多见。

讨论题

（1）运动员肘关节病的发生机理？

（2）怎样预防运动员的尺神经损伤？

（3）肘关节不稳定的诊断与治疗？

推荐阅读参考文献

毛宾尧（2002）：肘关节外科学．上海科学技术出版社．该书系统介绍了肘部的发育、解剖，肘关节疾病的病理生理、临床表现、分类，以及各种诊断技术和治疗方法。

陈进利（2003）：肘关节不稳定研究进展．国外医学·骨科学分册，24卷3期，111~113页。

第十一章　手及腕部运动创伤

手及腕部的运动损伤多见于体操、篮球、手球、排球等运动项目。腕关节损伤最易发生在体操的倒立动作和鞍马的单手回旋中。手及腕部的运动损伤多为慢性损伤，少数为急性损伤。常见的损伤机制为过度牵拉。手及腕部的运动损伤以韧带、肌腱损伤为多。

第一节　应用解剖

一、腕部解剖

腕部是前臂与手的连接部，腕部骨骼包括八块腕骨以及与其形成关节的桡、尺骨下端和五个掌骨的近端。

腕骨由8块骨组成，分为近侧和远侧两排。近侧腕骨由桡侧到尺侧分别为舟骨、月骨、三角骨和豌豆骨，远侧腕骨由桡侧到尺侧分别为大多角骨、小多角骨、头状骨和钩骨。腕骨的排列凸向背侧面，掌侧面横向凹陷，此凹陷形成的沟称腕骨沟，与屈肌支持带构成腕管，其中有全部屈指肌腱和正中神经通过。

腕关节无论在结构还是在力学上都是全身最复杂的关节，它由尺桡远侧关节、桡腕关节、腕中关节、腕骨间关节和腕掌关节共同组成。腕关节连接手和前臂，既能进行各个方向的灵活运动，又能保持很大程度的稳定性，其稳定性与腕骨间各种可以相互嵌合的关节面形状、腕骨间和关节内韧带以及腕屈伸肌腱有关。其腕中韧带保证腕关节及其各个腕骨处于正常位置，对于维持腕关节稳定起着非常重要的作用。

腕部的血供主要来自桡动脉、尺动脉和骨间总动脉。分布于腕部的神经主要有：正中神经、尺神经、桡神经。

腕手部的肌腱分背侧与掌侧两组。前臂前群肌下行至腕部时，除旋前方肌外，均移行为肌腱。依其位置可分为浅、中、深三层。腕掌侧浅层肌腱均为屈肌腱，自桡侧向尺侧依次为：桡侧腕屈肌腱、掌长肌腱和尺侧腕屈肌腱。腕掌侧中层肌腱仅为指浅屈肌腱。腕掌侧深层肌为旋前方肌，腕掌侧深层肌腱为指深屈肌腱和拇长屈肌腱。腕背侧浅层肌腱多起于肱骨外上髁的伸肌总腱，由外向内为：肱桡肌腱、桡侧腕长伸肌腱、桡侧腕短伸肌腱、指伸肌腱、小指伸肌腱、尺侧腕伸肌腱。深层肌腱包括：拇长展肌腱、拇短伸肌腱、拇长伸肌腱、示指伸肌腱。

二、手及腕部的体表标志

（一）“鼻烟壶”

拇指外展，在第一腕掌关节的桡背侧，由拇长展肌腱、拇短伸肌腱和拇长伸肌腱构成一个像“鼻烟壶”的凹陷处（图11－1），其底为舟骨

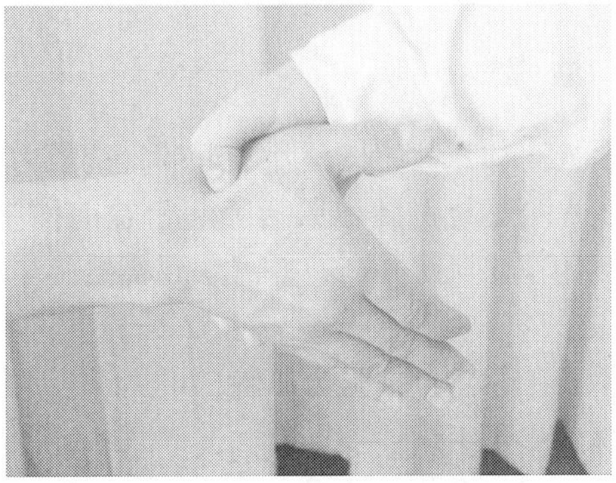

图11－1　触诊“鼻烟壶”

及大多角骨，桡侧边界是拇短伸肌和拇长展肌，尺侧边界是拇长伸肌，当舟骨骨折时，此处可出现肿胀和压痛。

（二）舟骨结节

在掌侧腕横纹中部与大鱼际相续的部位，能触摸到的骨性突起即为舟状骨结节，正常屈指半握拳时，拇指外其他 4 指指尖指向此。指骨骨折复位后应以此检查骨折部是否留有旋转移位或其他畸形（图 11－2）。

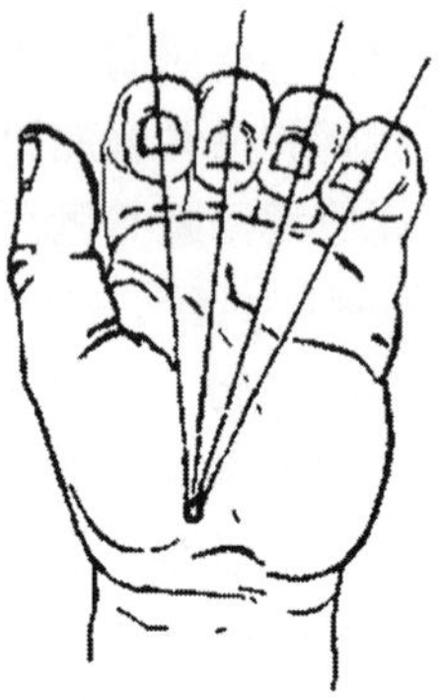

图 11－2 正常屈指时的指向

（实用运动医学一版，曲绵域 P608）

指尖指向舟状骨结节，指骨骨折后以此征

检查骨折部是否有旋转畸形

（三）常见压痛点

腕、手部的常见损伤多能在相应部位检查出明显压痛。

（四）肌 腱

手处于休息位，按鱼际肌近端，抗阻力向桡侧屈腕。可见桡侧腕屈肌腱隆起于腕前面中部，与尺侧的掌长肌腱并列，并可触到桡侧腕屈肌肌腱紧张。

手指于休息位抗阻力屈腕，可见掌长肌腱紧张于腕前皮下组织。

手处于休息位，按手掌尺侧缘，抗阻力向尺侧屈腕。于小鱼际肌近端、豌豆骨近端可触及紧张的尺侧腕屈肌腱。

手指伸直位，按第 2 掌骨背侧，向桡侧抗阻伸腕，于第 2 掌基底近侧可触及紧张的桡侧腕长、短伸肌腱。

手指伸直位，抗阻力向尺侧伸腕，可于尺骨茎突触及紧张的尺侧腕伸肌腱。

三、腕关节的稳定结构

腕关节掌侧韧带厚韧，背侧韧带较薄软，加上腕桡侧和尺侧韧带，对腕关节的稳定性起重要作用。此外，伸腕肌和屈腕肌也是一个腕关节稳定的重要因素。外伤后，由于骨关节损伤或韧带破裂，早期或晚期均可出现腕关节的位置异常变化，引起腕关节不稳定。

四、手及腕部的活动特点

（一）运动特点

腕部的屈伸运动是桡腕关节和腕骨间关节的共同运动。掌屈可达 80 度，背伸为 70 度。

腕部侧弯动作指沿矢状轴做内收、外展运动，主要为腕骨间关节的活动，尺偏 35 度～40 度，桡偏为 20 度。腕中间关节的活动为各个腕骨关节面的积累活动，从而增加腕关节的各种运动。第 2～5 腕掌关节活动度很小是微动关节。腕背伸大部分由桡远关节完成，而掌屈则大部分由腕骨间关节和腕掌关节完成。第五掌指关节活动度最大，第三掌指关节几无活动（指内收、外展的中轴）。指间关节的副韧带在屈曲时最紧张。腕关节的生理活动范围可达伸 70 度，屈 80 度，但其功能活动范围是伸 30 度，屈 10 度，从而提供足够的握力和保障手功能。

（二）休息位

入睡或麻醉时的自然静止状态，此时手部所有肌肉、肌腱处于相对平衡的状态。正常情况下应为腕轻度背伸 10 度～15 度，轻度尺倾。掌指关节及指间关节半屈位，从食指至小指屈曲度渐大，指端指向舟骨结节方向。拇指轻度外展，指腹接近或触及示指远侧指间关节桡侧。（图 11－

3）

休息位的意义在于：①当中枢神经、周围神经、肌肉、肌腱病损甚或骨折，破坏了手部原有的平衡状态而出现畸形，有助于诊断；②当修复损伤的肌肉、肌腱调整张力时，应遵循休息位的关系。

（三）功能位

使手能迅速产生不同动作（握物、捏物、张手等）发挥最大功能的姿势。此姿势为腕背伸25度~30度，拇指充分外展，掌指及指间关节微屈，手指分开。当外伤包扎固定时应注意此姿势。反之，若长期固定包扎在非功能位易引起关节僵直，手的功能将严重丧失（图11－4）。

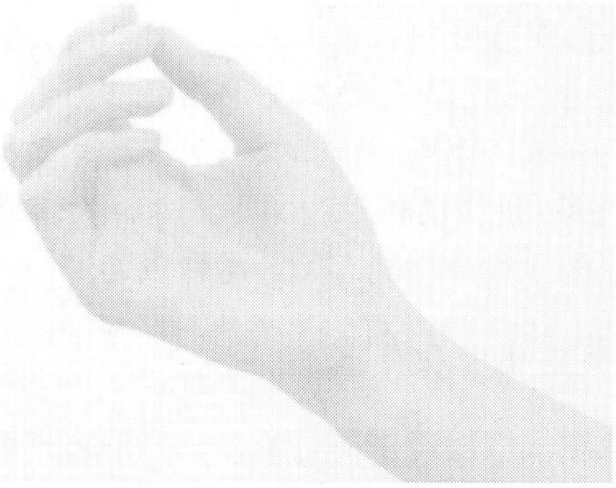

图11－3　手的休息位

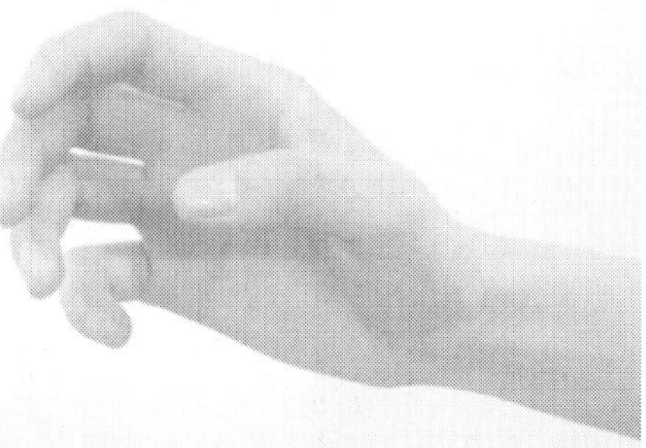

图11－4　手的功能位

手部制动的安全位置：掌指关节屈70度，近侧指间关节屈15度~20度，远侧指间关节屈5度~10度。由于掌骨头为偏心轮状，伸直位固定掌指关节易于僵直，而屈曲位固定指间关节易于僵直，因此，应固定于相对伸直的位置。

第二节　腕部常见损伤

腕部的急性损伤在男运动员较多，而女子多为慢性损伤，但慢性损伤的发生率无显著性别差异，而更多地与运动项目有关，例如排球封网时的指损伤。（图11－5）

图11－5　排球封网时的指损伤

一、桡骨茎突狭窄性腱鞘炎

举重、高尔夫运动员所发生的腕桡侧疼痛，大多为桡骨茎突狭窄性腱鞘炎，又称为德奎尔万氏腱鞘炎（De Quervain's 病）。桡骨茎突部是拇长展肌和拇短伸肌的总腱鞘，是发生腱鞘炎最多见的部位。

（一）损伤机制

拇长展肌和拇短伸肌腱，在桡骨茎突部进入一共同的腱鞘，该鞘外面覆有腕韧带，内面为桡骨茎突部的纵行窄沟，管腔狭窄且无弹性，当两个肌腱在此腱鞘内穿行，反复牵拉、摩擦，久而久之即可发生腱鞘炎。

当手腕背伸并向桡侧倾斜时，肌腱在茎突部约呈105度的转折，此时腕部与拇指用力容易导致腱鞘与肌腱的相互摩擦，引起损伤。

在运动员中，小口径步枪射击时的托枪动作，举重的锁握动作，最易引起此症。

（二）临床表现与诊断

本病好发于30～40岁之间，发病男女之比为1∶10。大多起病缓慢，主要表现为桡骨茎突部局限性疼痛、无力，提重物时疼痛加重。疼痛有时放射到手指或前臂。拇指活动受限。

查体：桡骨茎突部肿胀，局部压痛。病程长者腱鞘肥厚，在触及一固定的痛性硬结，拇指活动时可触及摩擦音或弹响。握拳尺偏试验阳性。握拳尺偏试验也称Finkelstein试验，方法是：四指握住拇指成拳，主动或被动尺侧偏，桡骨茎突处出现疼痛为阳性。重者，仅将拇指握于掌心即可引起疼痛。（图11－6）

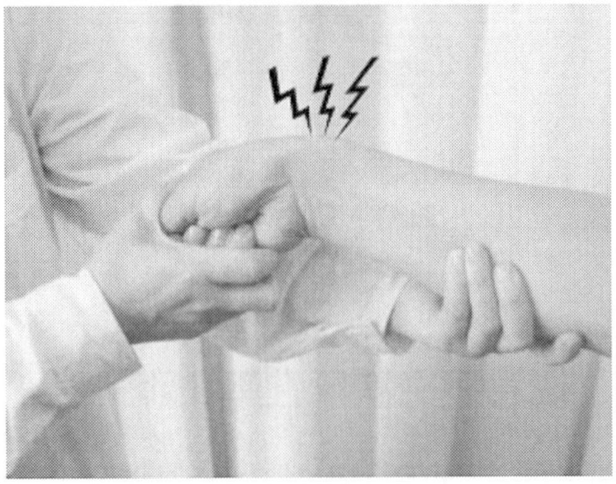

图11－6　握拳尺偏试验

（三）治　疗

绝大多数病人可通过非手术治疗获得缓解，非手术治疗包括以下内容。

1. 休息制动

应强调局部休息制动，可用绷带或绷带固定拇指及腕关节，以限制拇指及腕关节的活动。局部休息制动，根据情况2～4周不等，暂停损伤局部的专项训练，如拇指的抓握动作和腕的绕转。如有训练及比赛需要，可采用支持带保护。

2. 局部封闭

拇展长肌和拇短伸肌腱的纤维骨性管内注射类固醇药物及局部麻醉剂有良好的镇痛及促使无菌炎症消退的作用。每周1次，可连续注射3～5次。具体操作中必须注意的是：进针后嘱患者轻伸拇指，如注射器移动则表明针头已刺入肌腱内，应回撤针头直至注射器不动，方可注射药物。

3. 针灸治疗

取阿是穴为主穴，另取阳溪、合谷、曲池、手三里、外关等穴，留针20分钟。理疗可选择超短波治疗。

4. 手术治疗

对非手术治疗无效及病程长者，可手术治疗。术后积极及时地进行手指的主动功能练习，拆线后如有必要可物理治疗及中药熏洗。

二、腕凸综合征

腕凸综合征（carpal boss syndrome）是指第2、3腕掌关节背侧增生畸形引起疼痛的病变。多见于举重、体操、击剑及高尔夫球运动员。本病由Fiolle首次描述，病因不清楚，大多数人认为与职业性慢性损伤有关，男性多见。

（一）损伤机理及病理

此病发生机理主要有两种，一是腕过度背伸挤压伤；二是抗阻伸腕的肌肉牵拉伤。

腕应力的长轴主要沿第2、3掌骨方向，当第3掌骨与头状骨背侧韧带损伤后反复活动引起韧带下骨化反应。运动员中主要是外伤因素，腕过度背伸挤压受伤或抗阻伸腕的肌肉牵拉伤。

腕过度背伸挤压第2、3腕掌关节致伤，可分为急性损伤和慢性损伤两种情况。急性损伤，如双杠上失力，腕突然极度背伸撑械，或举重抓举翻腕锁杠用力过猛，腕突然背伸，则第2、3掌骨基底与相对应的小多角骨、头状骨突然撞击，引起腕掌关节损伤，继而增生发病。慢性损伤，如体操、举重等项目长期反复地腕过度背伸承重，使第2、3腕掌关节经常遭受撞击、挤压，引起关节软骨损伤滑膜炎等病变，逐渐出现骨关节病。

桡侧腕长短伸肌分别止于第2、3掌骨基底背侧。长期反复抗阻伸腕动作牵拉腱止点，引起腱止点处末端病的变化。如举重的提杠翻腕、击剑的反手对剑等动作，都使桡侧腕伸肌腱止点承受很大的牵扯力，久而久之引起第 2、3 掌骨底背侧腱止装置末端病改变——骨化增生，继而相对应的腕骨增生。

（二）临床表现与诊断

主要症状是腕背侧疼痛，腕背伸或用力时疼痛加重，腕无力。腕背侧有隆凸畸形。检查时可见第 2、3 腕掌关节背侧凸起，局部压痛，腕背伸痛或有抗阻伸腕痛。腕背伸范围可有不同程度的缩小。

X 线检查：屈腕姿势下摄腕背侧凸起切线位片，可见腕掌关节背侧鸟嘴样增生、关节间隙狭窄、不平整、局部骨质硬化等现象。

（三）治　疗

一般采用非手术治疗。

初期症状轻，骨性突起小者，应控制腕背伸动作，用弹性绷带保护腕部。症状重，骨性突起较大者，可用托板固定 4 周左右。

另外配合局部理疗、固定、封闭、中药外敷等都有效果。中药以软坚水外敷，或醋调新伤药加儿茶、海藻、昆布、橘核、荔枝核、黄芪，去二活外敷。局部热疗可用 TDP、红外线、微波照射等。局部不宜按摩。

症状严重、久治不愈、明显影响训练者，可考虑手术切除增生部分，或同时植骨融合而解除症状。

（四）康复训练与保护

有症状期间合理调整运动量非常重要。应控制引起发病的动作。加强腕部肌力的训练及防止意外创伤有一定的预防意义。发病早期及时调整运动量，用支持带保护腕部可以防止症状发展或中止疼痛，运动中可用 3 ~5 厘米宽的布条或弹性绷带保护腕部，减少重复损伤。

三、屈指肌腱腱鞘炎

屈指肌腱腱鞘炎多为慢性劳损，屈拇长肌腱腱鞘炎是屈拇长肌肌腱在第 1 掌骨头处腱鞘内磨损所致，好发于举重运动员及按摩师；其余四指的屈指肌腱腱鞘炎，多见手指挤压活动过多的运动或工作，如中国式摔跤等。当手指活动时，可因肌腱在狭窄的骨沟与鞘状韧带之间受到卡压而不能顺利屈伸，若强行屈伸则产生弹响声，称为弹响指。

（一）损伤机制

本病的发生多因手指长期过度屈伸，使屈指肌腱在狭窄的骨性纤维管内反复摩擦，或肌腱间相互摩擦，或是手用力握持硬物时使纤维管在掌骨头部挤压受伤等，引起腱鞘狭窄或肌腱变性肥厚等改变。由于手指近端的屈肌腱环行部或骨纤维管的起始部发生了局限性增厚改变，故患指屈曲位伸直时，屈肌腱被卡在狭窄的骨纤维管内，当通过此障碍而伸直时，即引起疼痛及弹响。如腱变性结节相当大，则可使手指固定于屈曲位而不能伸直。

（二）临床表现与诊断

腱鞘炎多为慢性劳损，起病缓慢，逐渐加重。早期仅表现为晨起或开始训练时手指活动受限，掌指关节掌侧局限性酸痛。随病情进展，逐渐出现活动时疼痛、弹响和局限性压痛，甚或休息时疼痛，部分患者有夜间痛和晨僵。伤后对手指握持能力可有不同程度的影响，且常常伴有摩擦音或者“握雪感”。

（三）治　疗

非手术治疗对急性症状和发病不超过 1 月的患者，效果肯定。常用方法有休息、封闭、热敷、按摩和中药等。手法治疗适用于初期：医者先在患部及其周围抚摩，然后一手捏住患手，另一手拇指在痛点作与腱鞘平行的方向的推压约 1 分钟，再与腱鞘作垂直弹拨 10 次左右，最后以揉和抚摩结束。针灸治疗主要取阿是穴、内关、合谷等，中等强度刺激，每次 20 分钟。按摩治疗以拇指揉按、推压、局部痛点弹拨为主，每日 2 次，每次 5 ~10 分钟。

制动休息 2 ~4 周，暂停损伤局部的专项训练，如握持和腕的绕转。局部封闭注射 1 ~2 次，急性期可仅用利多卡因 1 ~2 毫升。

手术治疗适用于粘连或狭窄型，术后应积极进行手指的主动功能练习，拆线后如有必要可辅以物理及中药治疗。

四、指的肌腱断裂

指的肌腱断裂可为开放性也可为闭合性。肌腱断裂后相应的关节失去活动功能。

指深屈肌腱断裂后远侧指间关节不能屈曲；指浅屈肌腱断裂后，由于指深屈肌腱的代偿作用，近侧指间关节仍能屈曲，但近侧指间关节屈曲试验阳性；两侧同时断裂，则远近指间关节均不能屈曲。由于手内肌尚完整，掌指关节屈曲不受影响。

伸肌腱不同部位的断裂，使相应的关节不能伸展，并可出现畸形。运动员常见的肌腱断裂为伸指肌腱侧束损伤引起的锤状指和伸指肌腱中央束损伤引起的纽扣指。

（一）损伤机制

1. 锤状指

锤状指的发生，是由于外界暴力作用于指端，使末节指骨突然屈曲，引起伸指肌腱侧束断裂。病理改变有两种类型：①伸指肌腱于末节指骨处撕断；②伸指肌腱将末节指骨处撕脱，形成撕脱骨折。

2. 指的伸肌腱钮孔样断裂

外力忽然作用于手指第二节之背侧，迫使近侧指间关节猛烈屈曲，引起近侧指间关节背侧伸指腱膜的中央束（中央腱）断裂，导致近节指间关节不能伸直，形成典型的“纽扣指”畸形。这种损伤一般因手指处于伸直位受挫引起。

（二）临床表现与诊断

锤状指常见于棒球、足球（守门员多见）、篮球及排球运动员，又称棒球指。鞍马运动在换把时拇指撞于马环上也常常发生拇指的锤状指。

损伤发生时，即感手指的末节突然剧痛，有些可闻及清脆的响声，继而指节肿胀，末节指骨呈锤状屈曲畸形，基底部压痛，末节指间关节伸直受限。（图 11 –7）

图 11 –7 锤状指

（引自 曲绵域，1996，612 页）

X 线检查部分病人能见到末节指骨基底撕脱骨片。

指的伸肌腱钮孔样断裂是一种常见的手的运动创伤，多见于足球守门员及排球运动员。患者常有急性损伤史，伤后疼痛剧烈，近侧指间关节肿胀、压痛。形成掌指关节和远侧指间关节背伸，近侧指间关节屈曲的畸形。

（三）治 疗

对锤状指的治疗越早越好，现场处理应遵循 R. I. C. E 原则，伤指伸直位固定。然后进行 X 线检查以判断是否伴有骨折。

新鲜的肌腱损伤可以采取非手术治疗或早期手术缝合；撕脱骨折片大于 1/3 关节面，移位明显者，应采取手术治疗，复位后固定至少 6 周，然后进行功能锻炼。这样才可能避免继发创伤性关节炎和防止遗留远侧指间关节的长期疼痛。

陈旧性损伤，单纯肌腱断裂 1 个月内者仍可过伸位固定，超过一个月的陈旧性断裂无论非手术还是手术治疗其愈合的概率都较小，必要时可行关节融合术；陈旧性撕脱骨折者，可采用手术治疗，争取恢复关节功能。

指的伸肌腱钮孔样断裂一般建议手术治疗，早期手术可将断端直接缝合。晚期直接缝合效果较差，必须采用肌腱修补或再造。

五、指间关节扭挫伤

指间关节扭挫伤是最常见的手部运动创伤。好发于篮球、排球、手球和水球等运动项目，伤后多严重影响功能，且往往因对本病未予足够重视，或处理不当，造成不良后果。

（一）发病机理

指间关节侧副韧带走行方向与指骨纵轴接近平行，主要功能为限制指间关节的侧向活动。指间关节的侧副韧带在手指伸直时紧张，屈曲时松弛。

指间关节扭挫伤可由间接暴力或直接暴力引起。指骨受到忽然的侧方打击，或指关节因外力呈过度背伸、掌屈和扭转，都可能导致指间关节侧副韧带、关节囊或关节软骨的损伤。轻者指间关节侧副韧带撕裂伤，重者韧带断裂，关节脱位，有时伴撕脱骨折。损伤时多有一过性的脱位，伤后即刻自行复位。

损伤多发生在近侧指关节，伤后如处理不当，可能造成屈指肌腱的挛缩变性，关节囊及鞘状韧带增厚，梭性肿大，关节发生永久性功能障碍，最后导致骨关节炎。

（二）临床表现与诊断

患者多有明显受伤史。伤后关节梭形肿胀、疼痛，伤部压痛明显，伤指多处于半屈曲位，手指活动受限，被动侧方活动时疼痛加重。若韧带有断裂，则出现明显侧方不稳，并有侧方活动即侧弯畸形。

X 线摄片检查，可见伤指指间关节间隙加宽，并可鉴别有无骨折及脱位。

（三）治　疗

1. 固定方法

指间关节侧副韧带不完全断裂者，急性期可用粘膏条适当加压固定。完全断裂者，可用粘膏条将受伤指间关节的远节和近节与患侧邻近健指环绕固定在一起。如系拇指或小指的尺侧，食指桡侧的副韧带断裂，宜在患侧放一小夹板进行固定，2 ~ 3 周后可解除固定。

2. 药物治疗

外敷一号新伤药，或消肿止痛药膏，内服七厘散，待肿痛减轻后将患指浸泡于热水里，每日 1 ~ 2 次，每次 15 分钟，或用海桐皮汤熏洗，内服补筋丸。

3. 手法治疗

术者一手托住患手，一手拇食指握住患指末节正反向牵引，用手法将弯曲的患指伸直，使筋腱舒顺，关节滑利，并同时配以轻揉捏法，以病人的自觉舒适不疼为度。但不宜用揉法，以免造成关节囊及韧带的增厚，对损伤修复无益。

4. 手术治疗

对陈旧性损伤且保守治疗无效关节功能障碍者，可考虑行切除与韧带修补术。

六、掌指关节侧副韧带损伤

掌指关节侧副韧带损伤，在篮球、排球、摔跤、滑雪和击剑运动员中较为常见。

（一）发病机理

因手指侧方被撞击、扭转，或手指戳伤，使掌指关节过度内收、外展或旋转，发生侧副韧带撕裂、甚或断裂，常合并关节囊撕裂，或伴发撕脱骨折。好发部位为拇指掌指关节尺侧副韧带，多因训练和比赛时拇指过伸、侧向或旋转暴力而引起。损伤多为单侧，双侧损伤较少。第 2 ~ 5 掌指关节较少发生。

（二）临床表现与诊断

有急性损伤史。伤后掌指关节肿胀、剧烈疼痛，屈伸活动受限。查体可见掌指关节伤侧有明显压痛，被动侧方活动则疼痛加重。如韧带断裂，侧方活动范围加大，关节不稳定，有异常活动感。患侧掌指关节有异常外展活动，与健侧对比，外展大于 10 度以上，说明尺侧副韧带损伤。

X 线检查可明确有无撕脱骨折，应力位可见掌指关节尺侧的关节间隙增宽呈半脱位状。

（三）治　疗

1. 侧副韧带部分撕裂

外敷新伤药水绷带包扎固定。内服七厘散。肿痛减轻后，外敷旧伤药，内服正骨紫金丹。

2. 侧副韧带断裂

第一掌指关节侧副韧带断裂，用小铁丝托板固定于功能位3～4周。第二至第五掌指关节侧副韧带断裂，可将靠近的健指与伤指一起固定。允许轻度屈伸掌指关节，切忌任何侧方运动，固定3～4周后开始功能锻炼。

在后期，应积极配合手法治疗、功能锻炼、理疗及药物外治法。

3. 陈旧性病例

陈旧性病例，侧副韧带松弛，关节不稳，拇指功能障碍时，应手术治疗，将松弛的侧副韧带作重叠紧缩缝合。术后固定3周。

七、指间关节韧带损伤及脱位

指间关节韧带损伤是运动员常见的损伤，尤以篮、排球运动员多见。除拇指只有一个指间关节外，其余各指均有近侧和远侧指间关节。

（一）损伤机制

指骨间关节韧带损伤及脱位与指骨间关节的解剖学特点密切相关。手指向侧方偏曲或过伸性扭伤时常常引起韧带损伤、关节囊撕裂，严重者可产生关节脱位（可以从极轻微的韧带扭伤至不可回复性脱位）。

排球运动员容易出现这类损伤，往往由于手指呈半屈曲位，手指指端遭受强有力打击，发生纵向压缩或扭转成角暴力，从而发生韧带损伤，掌侧纤维软骨板撕裂、关节脱位，或伴小骨片撕脱骨折。

1. 远侧指骨间关节损伤

远侧指骨间关节的稳定性是由屈肌、伸肌的止点和两侧侧副韧带－掌侧纤维软骨板复合结构所提供，同时远侧指骨力臂相对较短，因此，远侧指骨间关节脱位发生率相对较低，如果发生脱位，往往向背侧或向侧方移位。即使掌侧纤维软骨板－侧副韧带复合结构撕裂，由于伸、屈肌止点仍保留，复位后很少发生不稳定。

2. 近侧指骨间关节损伤

近侧指骨间关节的稳定性主要由侧副韧带－辅助韧带－掌侧纤维软骨板的完整性所提供，是十分坚韧的三维铰链系统。如果发生明显移位的脱位，那么这一立体三维结构中至少有两个面是破裂的。例如，单独的桡侧副韧带损伤，不会发生关节向尺侧成角移位，如果一侧韧带撕裂，同时伴掌侧纤维软骨板止点破裂，那么必将发生向韧带完整一侧成角移位。脱位通常有背侧脱位和侧向脱位两种情况。

背侧脱位主要是掌侧纤维软骨板止点发生破裂，裂口沿侧副韧带纵轴方向向背侧延伸，中节指骨可发生过伸移位，甚至发生完全脱位，中节指骨滑向近节指骨的背侧，呈刺刀样畸形（bayonet）。当侧副韧带止点远端全分离或有撕脱骨折，闭合手法复位的完整性和稳定性将受很大影响，效果常不满意。撕脱骨折片小于关节面20%时，闭合复位效果是肯定的，而大于50%者，常需切开复位内固定。侧向脱位最多见的是桡侧副韧带破裂，尺侧脱位。由于多数病例经自动复位或自行复位，对损伤后的关节稳定性较难准确估计。

（二）临床表现与诊断

关节扭挫伤一侧韧带有撕裂者，常有关节脱位。但患者及教练员常常自行复位矫正畸形，故就诊时，多仅有关节扭伤而无关节脱位征象。

关节扭挫伤后，由于手指皮下缺乏结缔组织，关节较为表浅，故肿胀明显，且经久不易消失。

扭挫伤因作用力的大小及方向不同，其损伤程度及部位也不同，有的为单纯关节扭挫伤；有的为关节扭伤合并韧带断裂；有的韧带撕裂合并撕脱骨折；有的关节囊前壁（或掌板）撕裂合并韧带撕裂。韧带撕裂者必定疼痛肿胀严重。

检查时关节一侧副韧带多有明显压痛。关节囊前壁或腱板断裂者，关节背伸范围加大。如果有撕脱骨片，被动活动时，常有轻的骨擦音，如骨片嵌入关节，关节纵轴挤压痛。

（三）治　疗

治疗方法，因扭挫伤的程度以及韧带的损伤情况不同而异。单纯关节扭挫伤，可用粘膏支持带保护固定，48 小时后，开始屈伸活动。如中指指间关节的尺侧副韧带损伤时可将环指与中指用两条粘膏固定在一起（图 11－8），这样，环指即起夹板的作用，既可避免再伤又可早期活动并参加训练。局部按摩，可造成关节囊及韧带的增厚，并对损伤修复无益。

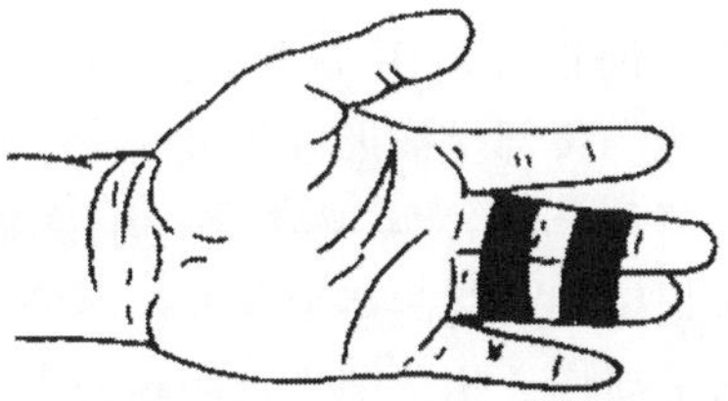

图 11－8　指间关节扭伤的粘膏固定

（引自 曲绵域，1996，612 页）

指间关节稍有肿胀及侧方活动时，宜采用铝制夹板将指屈曲固定 3 周，然后练习活动。也可以采用上述粘膏支持带固定。如果指间关节的侧方活动异常明显，或因撕脱骨片嵌入关节时，则应采取手术方法修复侧副韧带。手术的危险性在于可出现中等度的关节僵硬或关节囊纤维增厚达数月。

远侧指骨间关节脱位，稍纵向顺势牵拉远节指骨后，使远侧指间关节屈曲即可复位。复位后位置稳定，指骨间关节应固定在轻度屈曲位 3 周。

近侧指骨间关节脱位，稳定的背侧脱位者可予屈曲 90 度位固定 2 周，不稳定者可考虑切开复位。侧向脱位多与邻指共同固定于 30 度位 2 周后，不限制关节活动地继续固定 1 周。

陈旧性侧副韧带撕裂损伤并有关节松弛不稳时，由于其间多为瘢痕组织连接，宜手术治疗。

八、腕三角软骨盘损伤

此伤多见于体操、排球、乒乓球、网球、摩托车等项目。

（一）损伤机理及病理

前臂旋转时，桡骨以尺骨小头为轴心，围绕其旋转，三角软骨盘牵动尺骨小头，并约束之，使尺桡远侧关节合槽一致，对抗扭转应力。旋前时软骨盘的背侧束紧张，旋后时掌侧束紧张，和背、掌侧尺桡韧带一致。在腕的伸屈和旋转的联合运动中，三角软骨盘易受牵拉而损伤。

腕关节背伸位时，受到过大的旋转力或超常范围旋转，可引起尺桡远侧关节韧带损伤、脱位和腕软骨盘损伤，腕掌屈位受旋转应力也可致伤。有时合并于腕 Colles 骨折。

长期在腕反复背伸支撑下作（偏心）旋转动作，使三角软骨盘受到长期磨损和牵拉，也可造成软骨盘的慢性损伤，例如体操的鞍马支撑、单杠转体等动作，手腕长期处于背伸尺倾支撑下旋转，以致逐渐疼痛，出现症状。

（二）临床表现与诊断

腕三角软骨盘损伤常可伴有尺桡远侧关节的损伤，临床症状轻重不一。主要表现为尺桡远侧关节及腕尺侧疼痛或伴轻度肿胀，腕背伸或旋转前臂时疼痛明显，出现握力减弱。以尺桡远侧关节损伤为主者，可有关节松弛感，软骨盘损伤为主的可出现腕尺侧响声，关节交锁等症状。

三角软骨盘挤压试验有助于本病的诊断。三角软骨盘挤压试验（comppressional test）：检查者一手握患者前臂下端，另一手握住患手，使腕关节作极度屈曲，旋前和尺偏，形成旋转挤压的力量，腕关节尺侧痛为阳性，提示腕三角软骨盘损伤。

X 线检查：明显的尺桡远侧关节脱位时可在侧位片上看到尺骨头向背侧移位。MRI 检查可帮助诊断腕关节软骨盘的损伤。

诊断时应与腕尺侧副韧带损伤鉴别。腕尺侧副韧带损伤被动桡偏痛，而被动尺偏不痛。

（三）治　疗

以局部休息制动为主，配合外用中药（外用新伤药，内服七厘散或桃红四物汤）、理疗、局部封闭治疗。慢性或逐渐出现症状的，如有明显尺桡远侧关节脱位、半脱位，或经常交锁等症状明显，严重妨碍训练的病例，应该手术治疗。

1. 局部封闭

找到尺骨茎突，在其掌侧及背侧根部的边缘和尺桡远侧关节掌侧、背侧远端处软骨盘边缘的压痛点，针头注入皮下达软骨盘边缘，每次每痛点封闭，间隔 5 ~7 天 1 次，可连续 3 次左右。每次局封后，需局部休息 2 天。在部分病例中几次即可收到明显效果。治疗期间腕部逐渐开始活动，增加运动量。身体其他部位的训练照常进行。

2. 按摩要点

先揉捏及推按前臂尺侧的伸屈肌约 3 ~5 遍，放松肌肉。再在软骨盘边缘的压痛点反复点、压、刮。每次总时间 10 ~15 分钟。慢性病例及逐渐出现症状的病例，按摩治疗较好，按摩期间局部不必停止训练。可以边训练边治疗，于训练后做按摩。对于疼痛重者应减少引起剧烈疼痛的动作。待症状减轻后逐渐增加运动量。必要时也可配合局封治疗与理疗。

3. 针灸治疗

急性期以阿是穴为主，快针泻法，不留针。急性期后以手三阳经的阳溪、阳池、阳谷配合养老、阿是穴，进针得气后留针 10 ~15 分钟或电针，每次选用 2 ~3 穴。或针刺对侧对应穴配合患侧手腕活动 15 分钟。

非手术治疗期间，强调带伤训练时的保护支持带的使用，即用 5 ~6.6 厘米宽的布带或粘膏缠紧腕部，限制活动，以减轻症状和避免再受过大的牵扯。抓握空拳练习和握拳俯卧撑能增强腕部的稳定性，对陈旧性损伤者有益。

九、腕部创伤性滑膜炎

腕部创伤性滑膜炎，常见于经常发生摔倒的运动项目，如排球、篮球、足球等。

(一) 损伤机理

当运动员跌倒时，腕部背伸着地扭伤。关节囊的滑膜受损、充血，分泌的滑液增多，发生水肿。由于滑膜充血，渗出液内有少量血液。腕部滑囊损伤的同时，多伴有韧带的损伤。

(二) 临床表现与诊断

腕部创伤性滑膜炎多在摔倒扭伤时发生。受伤当时，疼痛一瞬即逝，关节仍可活动。以后关节多肿胀，逐渐出现疼痛，关节活动障碍。患者关节在一定活动范围内无疼痛，只有“不适感”。当活动范围增大时，出现钝痛。

查体：创伤性的关节滑膜炎，关节肿胀均匀，在手腕的背部呈横形肿胀。

腕关节创伤性滑膜炎常合并腕部的韧带损伤。如果腕尺偏时桡侧茎突部发生疼痛，即为腕桡侧副韧带损伤；相反则为尺侧副韧带损伤；腕背伸在腕的掌侧发生疼痛时，则为桡腕掌侧韧带损伤，反之则为背侧韧带损伤。

(三) 治　疗

关节内有积液时，其周围的肌肉都有痉挛及充血，所以夹板固定，应包括肘关节，如果关节积血太多，应穿刺把血抽出，再用石膏托固定。这种损伤一般 3 周可痊愈。

在体操运动员，如果发生单纯腕关节滑膜炎一般不用停训，可作握拳俯卧撑，每日增加支撑时间，于 1 周内增至 10 分钟时，多可痊愈。

十、腕关节不稳

腕关节不稳（carpal instability）是指组成腕关节的骨以及韧带由于各种病理变化，发生腕部骨性结构排列异常，最终导致腕关节运动时疼痛、活动度受限或无力等临床症候群。Fish 于 1969 年在英国皇家外科医师学会首次使用腕关节不稳这一名词。

(一) 分　类

临床常用的分类方法如下。

1. Linscheid 分类

（1）背伸不稳定：为常见的不稳定类型，侧位片上显示月骨旋转并背伸，头状骨长轴移到桡骨长轴的背侧。正常侧位片显示桡、月、头状骨基本上在一直线上。背伸不稳定又称背侧镶嵌不稳定（dorsal intercalated segmental instability,

DISI）。

（2）掌屈不稳定：头状骨向掌侧移位，月骨呈现掌屈，则形成掌屈不稳定。掌屈不稳定又称掌侧镶嵌不稳定（volar intercalated segmental instability，VISI）。

（3）尺侧偏移：指腕关节整体向尺侧移位。

（4）背侧半脱位：腕关节向背侧移位。

2. Taleisnik 分类

根据腕关节不稳定的性质分类。

（1）动态不稳定：常规 X 线检查示腕关节正常，须施加外力才能在 X 线片上显示出腕关节的位置异常。

（2）静态不稳定：常规 X 线检查即可显示出腕关节的位置异常。

3. 根据腕关节不稳定发生的部位分类

（1）外侧不稳定：即外侧腕列不稳定，包括大多角骨分离、舟头骨分离和舟月骨分离。

（2）内侧不稳定：包括三角骨与钩骨分离，没有舟月分离的 DISI、VISI 以及三角骨与月骨分离的静态型 VISI。

（3）近侧不稳定：即在近排腕腕骨发生的不稳定，包括桡腕关节不稳定和腕中关节不稳定。

（二）损伤机理

腕关节不稳定多数是由于腕过伸损伤所致，常见于高空坠落。不少患者在手伸出撑地后损伤，手掌根部受压力，受伤的着力在手掌尺侧腕部或鱼际肌处。

（三）临床表现与诊断

常有外伤史。除开放性损伤外，一般局部表现均不严重。损伤早期肿胀轻微，以后可出现明显的肿胀。

1. 舟月漂浮试验（Watson 试验）

有助于诊断不稳定型舟骨骨折和舟月分离。将病人腕关节被动地尺偏，检查者用一只手握住病人腕部，拇指压迫舟骨结节，另一只手握住病人手掌被动使腕关节桡偏。正常时检查者拇指可明显感到舟骨结节向掌侧突出，似有压迫拇指的感觉。异常时无此感觉，而产生剧烈的疼痛。

2. Ballotteman 试验

有助于诊断月三角不稳定。在腕背侧用拇指和示指将月骨固定，然后用另一手的拇指和示指在腕掌侧将三角骨和豌豆骨推向背侧，如诱发疼痛、不平整感和过度松弛为阳性。

此外，腕关节不稳定的确诊还需影像学资料的支持。

（四）治　疗

腕关节不稳定的治疗越早越好。对急性腕骨脱位和韧带损伤，通常先使用手法复位，复位后稳定的病人采用支具外固定 6～8 周，每周进行 X 线检查。复位后不稳定的病人，可行闭合克氏针固定，同时使用支具外固定。在骨固定的位置和韧带愈合的位置相矛盾时，需手术切开复位、内固定加韧带修补，术后仍需采用支具外固定。

十一、腕舟骨骨折

在腕部骨折中，以舟骨骨折最为多见，约占 80%～89%。舟骨骨折常因漏诊和失治或治疗不当，而造成舟骨骨折迟缓愈合或不愈合。新鲜舟骨骨折的治疗较易，但陈旧骨折治疗困难，常导致腕关节永久性功能障碍，因此，该病的早期诊断尤其关键。

（一）分　类

舟骨骨折的分类应以治疗为目的，从而决定不同的手术适应证。一般根据部位、时间（伤后 1 个月内的为新鲜骨折，1 月以上者属于陈旧骨折）骨折线的走行和骨折的稳定性进行分类。目前国内外所公认的 Herber 分类法则是依据以上因素结合而成，更具有临床实用性和先进性，已成为国际上常用的分类法。（表 11－1）

表 11－1　Herber 分类法

A 型	A_1 结节部骨折
新鲜稳	A_2 无移位的腰部骨折
定型骨折	A_3 无移位的近端骨折

续 表

B 型 新鲜不稳 定型骨折	B_1 远端 1/3 斜形骨折 B_2 有移位或活动的腰部骨折≥1mm B_3 有移位的近端骨折 B_4 合并其他腕骨骨折、脱位 B_5 舟骨粉碎性骨折
C 型	C 骨延迟愈合
D 型 骨不连	D_1 纤维性骨不连 D_2 硬化性骨不连

（二）损伤机制

腕舟状骨骨折损伤机制与 Colles 骨折相同。当前臂旋前，腕关节背伸，手掌部着地跌倒受伤时，桡骨远端关节面锐利的背缘或茎突缘将舟骨截断，而若是桡骨远端骨骺尚未成熟的儿童易发生骨骺分离损伤；若是青年则仅为舟骨骨折，而老年则出现 Colles 骨折。因此，在临床上可见到舟骨骨折合并桡骨远端骨骺分离或合并 Colles 骨折的病例。

失跌时手掌着地支撑是本能的保护动作，所以舟骨骨折的发生没有运动项目的特异性。该损伤较多发生于足球、滑冰等项目，也易发生于滑雪项目中。

（三）临床表现与诊断

有腕关节受伤史，伤后腕关节的桡侧痛，疼痛程度不一，疼痛轻微。

“鼻烟壶”肿胀、疼痛和压痛是新鲜舟状骨骨折最典型的症状及体征。沿第 1、2 掌骨的纵向叩痛是诊断新鲜舟状骨骨折的又一特有体征。

腕关节功能障碍，以桡偏和掌屈受限为主。舟骨漂浮试验（Watson 试验）用于诊断不稳定型舟状骨骨折和舟月分离。

X 线摄片是舟骨骨折确诊的依据，少数新鲜舟骨骨折病例早期 X 线片上的骨折线极难辨认，因此，凡可疑舟骨骨折的病例应先按骨折处理，并于伤后 2 周左右再拍片检查，以确认骨折的存在与否。此外，也可选择 CT 扫描伴三维重建以尽早确诊。

腕关节造影，可直接观察舟骨骨折的骨折线及有无连接，软骨有无损伤，舟骨与其他腕骨间韧带是否断裂，是否有滑膜炎及其程度与范围等。

腕关节镜下可直接观察到舟骨的骨折线，是否移位和缺损，关节软骨及骨间韧带有无损伤等，是一种有价值的诊断方法。

（四）治 疗

舟骨骨折，常无移位，保守治疗效果可靠，治疗的关键在于外固定的位置。将腕关节固定于尺偏 10～15 度，背伸 30 度。固定方式可运用石膏或铁丝托板，拇指的掌指关节可不予固定。多数在 8～12 周内可获得骨性愈合，但由于骨折部位和患者年龄的不同，舟骨骨折愈合时间差别很大。

中药治疗：早期内服活血止痛汤，外敷当归、黄芪、木香、红花、乳香、没药、白芷、海桐皮、牛膝；中期内服正骨紫金丹，外敷当归、黄芪、红花、土鳖、续断、骨碎补、乳香、没药、蟹粉；后期内服接骨丸，外用熏洗药熏洗患部。

物理疗法可用超声波疗法和直流电离子导入等。

不稳定舟骨骨折，需手术治疗。运动员的陈旧性舟骨骨折，非手术治疗方法难以愈合，可考虑手术植骨治疗。对于腕关节有明显创伤性关节炎改变，桡骨茎突变尖的病例，可行植骨术可并将变尖的桡骨茎突一并切除。

（五）康复训练与预后

固定期间的康复训练应以日常生活中常见的掌指、指间关节自主活动和握拳练习为主，如书写、握持轻物等动作。停止腕掌关节的负重训练。骨折愈合后，恢复训练首先应增加腕关节的力量，然后逐步过渡到专项训练。

陈旧性舟骨骨折一旦出现严重创伤性关节炎，腕关节背伸和桡屈活动会受到明显限制，即使骨折愈合，腕关节功能也难以恢复。因此，舟骨骨折的早期正确诊治十分重要。

十二、月骨脱位

月骨脱位是指其他腕骨与桡骨远端关节面的关系不变而月骨向桡骨掌侧或背侧脱位。

（一）损伤机理

患者在运动中跌倒时手背伸、尺偏、旋前着地。首先引起桡舟头韧带、桡舟韧带、尺月韧带及舟大多角韧带拉紧，牵动舟骨向桡侧移位，导致近排腕骨向桡侧移位，舟月骨间韧带紧张，当外力继续作用，使舟月骨间韧带发生损伤，导致舟月分离或舟骨骨折，头月关节和月三角关节分离，继而形成月骨周围脱位，加之桡骨远端挤压月骨，最终使其脱离背侧桡腕韧带的束缚，而发生月骨掌侧脱位。

（二）临床表现与诊断

腕关节有明确的外伤史，腕部疼痛、肿胀、活动受限、握力下降，腕掌侧可触到有物体隆起，屈伸手指时疼痛明显，部分患者可出现正中神经受压症状。

X 线检查，正位片：月骨轮廓由梯形变成三角形，且与周围腕骨的间隙不等；侧位片：月骨相对桡骨向掌侧脱位或掌屈角增大。

（三）治　疗

对于 1 ~2 周内的新鲜闭合性损伤，首选闭合性手法复位。复位后，用托板将桡腕关节固定于掌屈 30 度 ~40 度位，一周后改为中立位，2 ~3 周后去除固定，开始功能锻炼。

中药治疗，在早期内服消肿止痛汤，外敷黄柏、簧芩、红花、赤芍、侧柏叶、防己、泽泻等，患部可用熏洗药熏洗。

对于闭合性手法复位未能达到解剖复位或陈旧性脱位者，应采用切开复位内固定。

十三、月骨周围脱位

月骨周围脱位包括单纯月骨周围脱位、经舟骨月骨周围脱位、经头状骨月骨周围脱位、经桡骨茎突月骨周围脱位。常见的月骨周围脱位为单纯月骨周围脱位和经舟骨月骨周围脱位。

（一）损伤机理

1. 单纯月骨周围脱位

患者在运动中跌倒时手背伸、尺偏、旋前着地，首先引起桡舟头韧带、桡舟韧带、尺月韧带及舟大多角韧带拉紧，牵动舟骨向桡侧移位，导致近排腕骨向桡侧移位，使舟月骨间韧带拉紧，如果外力继续作用，则使舟月骨间韧带发生损伤，导致舟月分离或舟骨骨折，然后作用力依次使头月关节和月三角关节分离，继而形成月骨周围脱位。多见于月骨周围背侧脱位。月骨周围掌侧脱位多为作用于腕关节背侧的掌屈暴力所致，较为少见。

2. 经舟骨月骨周围脱位

经舟骨月骨周围背侧脱位损伤机理与月骨周围背侧脱位相似，由于暴力大且多有桡偏，在舟骨尚未脱位前，由腕中关节传来的剪切力直接作用于舟骨上，导致舟骨骨折。暴力继续作用，使远端骨折块通过舟大多角韧带随远排腕骨向背侧脱位。经舟骨月骨周围掌侧脱位损伤机理与月骨周围掌侧脱位相似，是由于腕关节背侧的掌屈暴力所致。

（二）临床表现与诊断

1. 单纯月骨周围脱位

腕关节有明确的过伸位受伤史，腕背部明显肿胀、疼痛，活动受限。

X 线正位片显示：腕关节 Shento 线中断，腕中关节间隙消失，头状骨、月骨、舟骨、桡骨重叠区域增大，月骨投影仍为四边形，舟月间隙加宽，出现舟月分离。X 线侧位片显示：腕骨向背侧或掌侧移位，月骨与桡骨远端关节面的解剖关系正常。

2. 经舟骨月骨周围脱位

腕关节有明确的过伸位受伤史，腕背部明显肿胀、疼痛，活动受限，鼻烟窝消失，第 I 掌骨叩痛阳性。

X线正位片显示：腕关节 Shento 线中断，腕中关节间隙消失，头状骨、月骨、舟骨、桡骨重叠区域增大，舟骨骨折，其他腕骨包括舟骨远段骨折块向背侧或掌侧移位。舟骨近段骨折块、月骨、桡骨远端关节面的解剖关系正常。

(三) 治 疗

对于1~2周内的新鲜闭合性损伤，首选闭合性手法复位。对于闭合性手法复位未能达到解剖复位或陈旧性脱位者，应采用切开复位内固定。

十四、前臂背侧骨间神经麻痹

背侧骨间神经为桡神经的深支。桡神经下行至肱桡关节部，分成深浅两支，浅支主要司感觉，有时桡侧腕伸短肌的肌支由此发出。深支即背侧骨间神经，司运动，穿经旋后肌，由桡背侧绕过桡骨颈。前臂背侧骨间神经麻痹常见于乒乓球运动员，尤其是横拍削球运动员。

(一) 损伤机理

本病主要与劳损有关。过多的旋后动作如乒乓球反拍击球劳损。

另外，旋后肌的拱门部发生脂肪瘤，血管瘤，腱鞘囊肿压迫。局部无菌炎性增厚的直接压迫也有可能引起此病。

(二) 临床表现与诊断

背侧骨间神经麻痹的特点是发病缓慢，麻痹多不完全，没有感觉障碍。一般表现为伸指及伸拇力弱，而伸腕正常。有时，运动员诉说拱门部(相当于手三里) 酸痛。偶可触到肿块。

(三) 治 疗

早期局部封闭多收效，可能与消除了局部损伤性炎症有关。晚期如已经出现明显的伸指伸拇障碍。在控制受伤动作后又不见好者应手术探查，切开拱门或切除局部的压迫组织。

十五、腕管综合征

腕管综合征 (carpal - tunnel syndrome, CTS)，又称正中神经挤压征，是周围神经卡压中最常见的一种，任何原因引起腕管内压力增高，使正中神经在管中受到卡压，而引起感觉、运动和自主神经功能障碍，即称腕管综合征。1854年，James Paget 首次通过一个 Colles 骨折的患者描述了腕管综合征的表现。Braun 于1989年提出了动力性腕管综合征 (dynamic carpal - tunnel syndrome, DCTS) 的概念。

(一) 分 类

1. 根据病程分类

根据起病的快慢腕管综合征可分为急性和慢性：急性腕管综合征相对少见，多为创伤后反应。常表现为急性进行性的过程。其病理生理变化过程类似于骨筋膜室综合征；慢性腕管综合征起病隐匿，由慢性的腕管内压力增高引起。

2. 根据病因分类

根据病因不同腕管综合征可分为病理型腕管综合征与动力性腕管综合征：病理型腕管综合征有明确的病因，临床表现为典型的腕管综合征；动力性腕管综合征的发病与运动及长时间重复某些动作有关。

(二) 损伤机理

腕骨的掌面为一骨凹，沟的掌面有腕横韧带横跨形成腕管，9条屈指肌腱和正中神经由管中通过。腕管的空隙狭窄并为腕横韧带紧缚，构成腕管的组织坚韧，无弹性，而通过此骨性纤维鞘管内的组织排列十分紧密（图11-9)。任何原因引起腕管内压力增高，均使正中神经受压于腕横韧带的近侧缘而产生正中神经功能障碍。

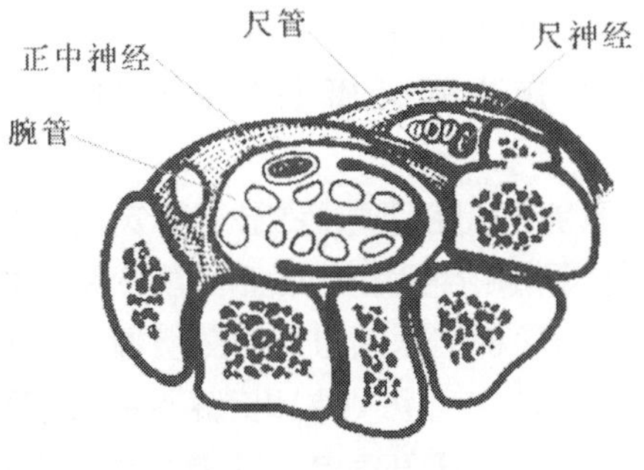

图 11－9　腕管的结构

引起腕管内压增高的原因较多，与运动有关的主要有腕手部的慢性劳损所致的局部炎性刺激、长期反复的腕部过度负重活动或（和）外来机械刺激、腕部骨关节损伤等。

腕部症状也可继发于肘、肩部的神经卡压综合征。

(三) 临床表现与诊断

腕管综合征好发于中年女性，好发年龄 40～60 岁。典型的腕管综合征表现：桡侧 3 个半指掌及其中、远节背侧的皮肤麻木、疼痛，夜间加重，可有痛醒史，醒后甩手或搓手等活动后好转，病变严重者可发生鱼际肌萎缩，拇对掌功能受限，手部无力。

动力性腕管综合征的表现：发病者以青年、体力劳动者局多，男女无差别，症状多为暂时性、较隐匿，休息或保守治疗后缓解。桡侧 3 个半指麻木的发生多与重复某些动作有关，无明显的痛醒史。运动员的腕管综合征多为动力性腕管综合征。

检查可发现正中神经支配区域早期过敏，后期感觉迟钝。病程长者，大鱼际肌萎缩，拇指对掌无力或精细动作失控。

神经叩击试验（tinel's test）阳性：叩击正中神经腕管入口部，正中神经支配区有放射性触电样刺痛。阳性率 70% 以上。（图 11－10）

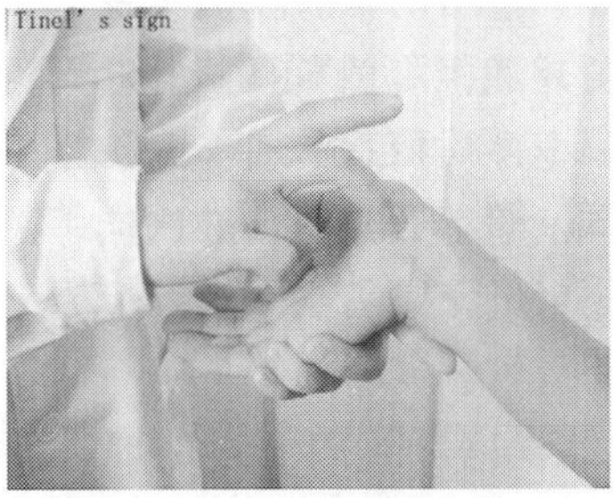

图 11－10　神经叩击试验

屈腕试验：也称 Phalen 试验，方法是：腕关节屈曲 90 度持续 30 秒，若出现正中神经分布区麻木与刺痛，则为阳性。两侧对比，有助于明确诊断。阳性率 60% 以上。（图 11－11）

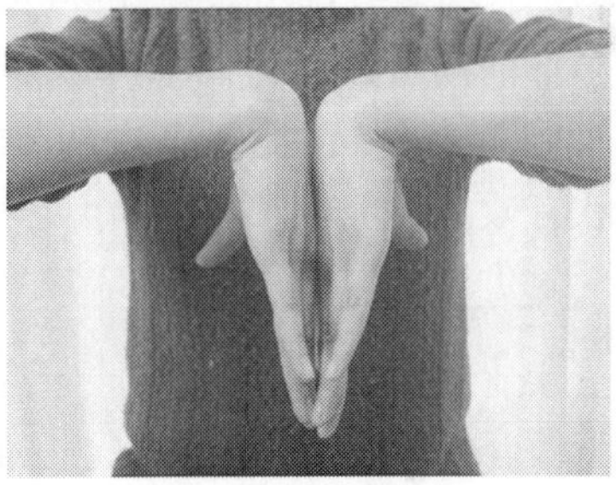

图 11－11　屈腕试验

压脉带试验（tournipust's test）阳性：用血压计气囊带缚于患上臂，将气囊充气到收缩压与舒张压之间，使手充血 1 分钟，手部症状加剧者为阳性。阳性率 60% 以上。

肌电图等电生理学检查，诊断可靠率较高，90% 以上。

X 线检查可能发现局部骨质异常或腕横韧带钙化。

(四) 治　疗

首先是对造成腕管综合征的病因进行治疗。单纯腕管综合征，无大鱼际肌萎缩者，可采取按摩、针灸、中药外敷和熏洗、封闭等外治法配合固定，效果明显。

电针内关、劳宫，或内关、外关（低强度，疏密波）。

按摩时以腕横韧带为中心，向近、远侧端作揉捏和拇指推法 5～10 分钟。有粘连者配合拨法松解，指针刺激阿是、大陵、内关、外关、鱼际等穴。轻度拔伸腕部的同时，缓缓旋转、摇晃、屈伸腕关节，然后依次拔伸2～5指。最后做手掌背侧的揉、推、捏等手法按摩，重点在大鱼际肌。

局部外敷软坚散。

急性腕管综合征经6～8小时保守治疗无效则应切开腕管，进行减压。慢性腕管综合征非手术治疗不能缓解症状或症状加重，甚至出现鱼际肌萎缩时，保守治疗已不能缓解正中神经卡压，也需手术治疗。

（五）康复训练与保护

出现损伤预兆后，即应对腕部进行软包扎制动，减少局部活动量，直至局部神经症状消失。上肢上举，维持10秒，反复多次的专项训练，对缓解症状有效。

十六、腕尺管综合征

腕尺管综合征是腕部尺神经被卡压的一系列症状和体征，一直被称为Guyon管综合征，也有人称之为尺管综合征。是较早被认识的上肢周围神经卡压病变之一，也是临床上仅次于肘部尺神经卡压的常见的尺神经卡压病变。（图11－12）

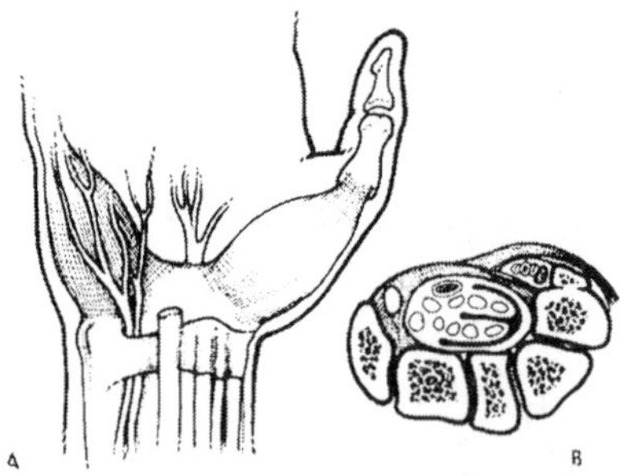

图11－12 尺管内结构的解剖关系

A. 掌面观 尺神经位于尺动脉的内侧；

B. 腕管与尺管的横切面 尺管位于顶端右侧，前壁为浅层腕横韧带，后壁为深层腕横韧带，内侧壁为豆骨与豆钩韧带。管内结构（从右至左）：静脉、动脉、静脉、神经。

（一）分 类

根据尺神经卡压的部位和临床表现的不同分为三型。

Ⅰ型：出现运动和感觉的损伤。病变位于Guyon管或其附近。尺神经在尺管的入口处的近端豌豆骨处受压，深浅两支均受损害，在手的尺神经分布区感觉与运动均出现障碍，又称为混合型。

Ⅱ型：只有运动功能的损伤。病变位于Guyon管的远端出口处。尺神经在钩突部受压，累及尺神经深支，出现尺神经支配的掌内肌（掌短屈肌除外）麻痹的运动障碍，而无感觉异常。又称为运动障碍型。

Ⅲ型：只有感觉功能的损伤。病变位于Guyon管的远端出口处。尺神经浅支于尺管远端处受压，临床上只有感觉障碍，主要是手掌尺侧及尺侧一个半指皮肤感觉障碍。

（二）损伤机理

最常见运动性致伤因素为，外来机械刺激所引起的职业性慢性积累性劳损，如自行车和射击运动等，其他原因有局部骨与关节的损伤及先天性解剖变异。

（三）临床表现与诊断

Ⅰ型：运动的受累包括所有尺神经支配的手内肌，而感觉的受累则影响到手掌尺侧、小指两侧和环指的皮肤。

Ⅱ型：尺神经支配的蚓状肌、骨间肌、拇收肌被累及，但小鱼际肌未受累。临床表现为骨间肌的萎缩，拇内收无力，环、小指的爪形畸形，Froment征阳性，而手部感觉正常。

Ⅲ型：感觉的改变局限于手掌尺侧、小指两侧和环指的尺侧的皮肤，手背皮肤无累及，而手部运动功能也正常。

肌电图检查有助于本病的确诊和定位。

（四）治 疗

保守治疗特别适用于怀疑与职业或运动有关

系的腕部尺神经卡压。对有轻度症状的患者，可给予 1～3 个月的保守治疗。包括局部制动、避免腕部过度运动、使用非甾体抗炎药、局部封闭等。

保守治疗无效，或怀疑由占位病变引起的卡压，或就诊时已有肌萎缩的重度患者，应及时进行手术减压。

十七、腱鞘囊肿

腱鞘囊肿（Ganglion）是发生在肢体上，尤其是在关节附近的良性囊性病灶。多见于年轻人和中年人。最好发部位为腕部，也可见于手部、足部与膝部。

（一）发病机制

病因不甚明确，最常由滑液突破鞘壁引起，或由空腔形成后结缔组织黏液变性所致。多发于关节轻度扭伤或关节劳损后。

（二）临床表现与诊断

病变部位逐渐出现肿块是本病的主要表现。一般无明显症状，一些病人有酸痛或胀痛感。过度使用时疼痛加重，局部休息或制动时疼痛减轻且囊肿趋于变小。肿块多为半圆形，表面光滑，不与皮肤粘连，有饱满感，硬度不一。

（三）治　疗

无症状且不影响关节功能者，一般无须特殊处理。有症状者可行穿刺抽吸术和封闭注射治疗；症状重者特别是引起腕管综合征等并发症的需行外科手术切除。另外也有许多非手术疗法可以采用，如理疗、局部制动、局部加压包扎、保护性粘膏支持带等；或用手法挤破囊肿后加压包扎，但较易复发；此外，可采用针灸或中药外敷以减轻症状、缩小或消除囊肿。

本章小结

（1）腕部是前臂与手的连接部，腕部的屈伸运动是桡腕关节和腕骨间关节的共同运动。掌部检查要求双侧对比。

（2）腕部损伤男性运动员以急性为多见，女性以慢性多见。

（3）举重、高尔夫运动员发生的腕桡侧疼痛多为桡骨茎突狭窄性腱鞘炎。

（4）腕凸症多见于举重、体操、击剑及高尔夫运动员，男性多见。

（5）屈指肌腱腱鞘炎多为慢性劳损，好发于举重运动员。

（6）腕三角软骨盘损伤多见于体操、排球、乒乓、网球、摩托车等运动项目。

（7）腕骨中最易发生骨折的部位是腕舟骨骨折，腕舟骨骨折常见于足球、滑冰等运动项目。

（8）腕管综合征是周围神经卡压中最常见的一种。

讨论题

（1）腕不稳定的临床常用分类方法有哪些？

（2）腕管综合征与腕尺管综合征怎样鉴别？

推荐阅读参考文献

于胜吉（2002）：腕关节外科．人民卫生出版社．此书汇聚腕关节的发生发育、功能解剖、生物力学、影像学、检查方法、关节镜应用、创伤与疾病的诊断与治疗、显微外科重建技术、康复医学等于一体，全面反映了腕关节外科的最新进展。

侯树勋（2002）：现代骨科创伤学第 18～19 章．人民军医出版社．此书对腕手部的常见创伤进行了较为详细的介绍。

戴克戎（2002）：现代骨科学第 3 部分．科学技术文献出版社．此书介绍了与骨科临床密切相关的基础知识和近年来在骨科领域中的新发展、新技术、新观念。

第十二章　髋、大腿部运动创伤

髋关节是人体最大的杵臼关节，是全身发病率最高的关节之一。髋与大腿部损伤在运动中很常见，如跨栏的后腿过栏动作，体操、舞蹈的“旁腿”动作，常可导致髂腰肌小转子末端病的改变或腰大肌下滑囊炎。足球运动中足弓内侧踢球所引起的耻骨联合骨软骨炎（内收肌的牵拉刺激）等。髋与大腿部的大部分损伤若能及时诊断、正确治疗，预后往往良好；否则反复发作，缠绵难愈，影响运动机能的恢复。

第一节　骨盆和大腿部应用解剖

一、骨与关节

骨盆由髂骨、坐骨、耻骨和骶骨组成，与股骨头构成髋关节。骨盆是连接躯干与下肢的枢纽，借助弓形结构支持人体站立位和坐位时的体重，保护盆腔内的脏器，为腹部及下肢一些肌肉提供附着处。

髂骨外后方有臀部臀大肌、臀中肌和臀小肌附着，是臀部肌筋膜炎的好发部位。耻骨联合处易患耻骨炎，是足球运动员的易伤部位。髂前上棘是缝匠肌与髂胫束的起点，髂前下棘是股直肌与髂股韧带的起点，青少年运动员跑跳过多，会引起局部疲劳反应，也是运动中常见的损伤部位。坐骨结节主要是半腱半膜肌、股二头肌长头和内大收肌的起点，耻骨的坐骨支为其他内收肌和股薄肌的起点，都是易伤部位。(图 12－1)

髋关节由髋臼与股骨头构成杵臼关节。关节前后部由丰满的肌肉包围，关节囊坚韧，前面有髂股韧带加强，结构稳定（图 12－2）。髂股韧带的主要功能是限制髋关节过伸。但髋关节除屈曲位外，其他各种动作髂股韧带都维持一定的紧度。体操、武术运动员和杂技舞蹈演员所谓的

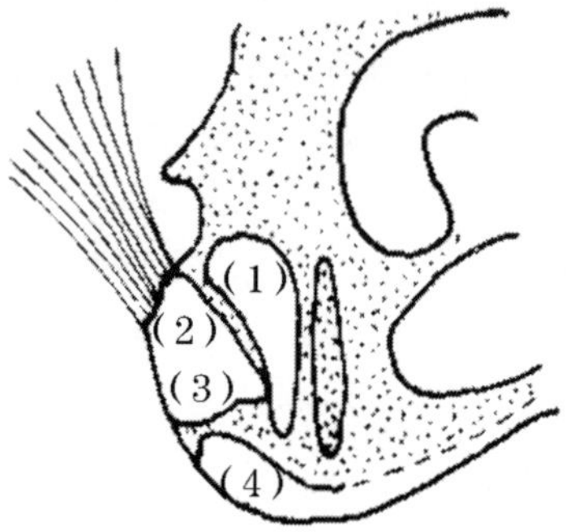

图 12－1　坐骨结节的肌止点

（引自曲绵域 1996，648 页）

（1）半膜肌（2）（3）股二头肌及半腱肌（4）内大收肌

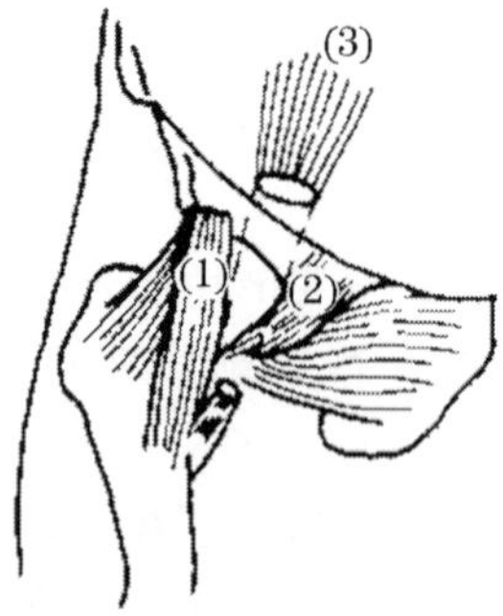

图 12－2　骨盆韧带（实用运动医学一版，曲绵域 P648）

（1）髂股韧带（Y 韧带）

（2）耻骨韧带（3）髂腰肌

“拉髋关节韧带”主要是指此韧带。此韧带太紧，固然对稳定关节有益，但却常常出现“髋硬”“凹臀”现象，不仅影响姿势的优美，且易

加重“下腰作桥”时腰部的负担，造成椎板骨折或椎体骨骺炎。

髋关节除髂股韧带外还有耻骨韧带、坐骨韧带与圆韧带。髂股韧带与耻骨韧带之间，关节囊比较薄弱，髂腰肌的肌腱覆盖其上以加强之，其下有腰大肌下滑囊，可产生炎症及弹响。

股骨干是人体中最长的管状骨，股骨干向前侧和外侧形成约 10～15 度的弧形弯曲，中 1/3 最明显，这个弧度有利于发挥股四头肌的伸膝作用。股骨颈与股骨干之间形成 135 度的颈干角，大于此角称髋外翻，小于此角称髋内翻。

髋部滑囊有重要临床意义的有腰大肌下滑囊（髂耻滑囊），大转子部的皮下滑囊和腱下滑囊。

二、肌　肉

（一）髋关节的主要运动肌肉

1. 屈髋肌

主要有髂腰肌、股直肌、缝匠肌和阔筋膜张肌。但在屈髋超过 90 度后，髂腰肌是唯一有足够张力的屈髋肌。髂腰肌除屈髋的作用外，也有发挥屈髋同时外旋髋关节的辅助作用。股直肌的屈髋作用在屈膝时增强，缝匠肌则与此相反。

2. 伸髋肌

主要有臀大肌、股二头肌长头、半腱半膜肌和大收肌后部。屈膝超过 90 度后，则主要依靠臀大肌的伸髋作用。臀大肌除伸髋作用外，也有外旋髋关节的作用。腘绳肌的伸髋作用在伸膝时增强，屈膝作用则在屈髋时增强。

3. 外展肌

主要是臀中肌和臀小肌。臀大肌的上部也发挥一定的辅助作用。

4. 内收肌

主要是内收肌群，包括内收长肌、短收肌和大收肌，辅助的有耻骨肌和股薄肌。内收长肌除内收功能外，在最初 70 度屈髋过程中，有屈髋作用，但超过 70 度时，则有伸髋作用；在伸髋位时，有弱的内旋作用；在屈髋位时，则有弱的外旋作用。内收短肌，除内收功能外，在最初屈曲 50 度内是一个屈肌，超过 50 度则成为一个伸肌。

5. 外旋肌

主要有梨状肌、上仔肌、下仔肌、闭孔内肌、闭孔外肌和股方肌。

6. 内旋肌

即臀中、小肌的前部纤维。

（二）大腿部的主要肌肉

1. 大腿前侧

大腿前侧有缝匠肌和股四头肌。缝匠肌有屈膝屈髋的作用。股四头肌是维持人体直立、行走以及跑、跳的主要肌肉，有伸膝屈髋的作用，但其中只有股直肌为双关节肌，跨过髋关节。股四头肌的各部分对伸膝的作用不同，其中外侧头主伸 90 度～150 度，直头伸膝 145 度～90 度，内侧头伸膝 20 度～0 度。

2. 大腿内侧

大腿内侧肌肉为股薄肌、长收肌、耻骨肌、短收肌以及大收肌等内收肌群。

3. 大腿后侧

大腿后侧肌肉主要有股二头肌、半腱肌和半膜肌。大腿后侧肌肉均有伸髋屈膝功能。这一组肌肉在跑、跳时最易拉伤。

三、髋部活动

髋、膝伸直，髌骨向上，为髋的中立位（0 度）。髋关节活动范围（图 12－3）：伸 0 度，屈

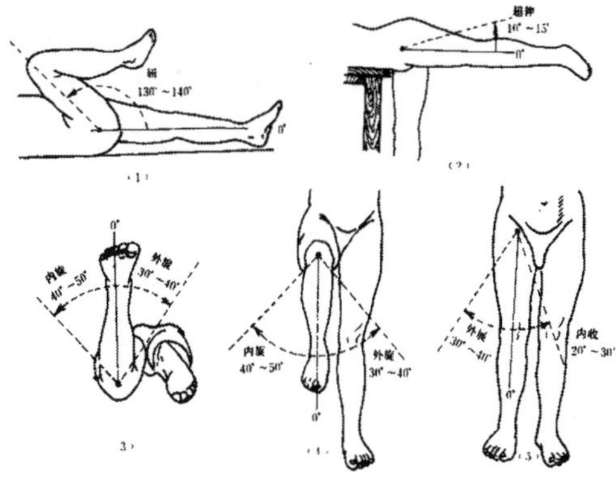

图 12－3　髋关节活动范围

（引自 曲绵域，2003，531 页）

150度，可有15度的过伸；内收30度，外展45度，内旋40度，外旋60度。

第二节　常见损伤

一、髋部滑囊炎与弹响髋

髋关节附近的滑囊很多，其中最主要、也是最常损伤的有3个：即股骨大粗隆滑囊、坐骨结节滑囊和髂耻滑囊。

髋部弹响有多种，有肌肉、筋膜、关节结构等多方面的因素，弹响髋则常指髂胫束挛缩或臀大肌肌腱前缘增厚所致的髋关节在活动时大转子部位弹响，有症状者多合并股骨大粗隆滑囊炎。

(一) 损伤机理及病理

髂胫束是全身最厚的筋膜，由阔筋膜张肌和臀大肌的腱膜共同组成。髂胫束的下端止点分为两部分，其主要部分止于胫骨上端外侧的Gerdy结节，另有小部分斜形腱性纤维止于髌骨外侧缘，因此，髂胫束挛缩所致的大转子部弹拨感有时可下传到膝关节外侧，而被误认为是膝关节外侧盘状半月板弹响。髂胫束挛缩引起弹响髋的原因有先天性髂胫束肥厚紧张（多见青少年运动员的双侧发病）、臀部药物注射引起的肌肉组织发生纤维疤痕化、与专项训练动作有关。

大转子部滑囊有两个，一个为髂胫束与大转子之间的腱下滑囊，另一个为髂胫束浅面的皮下滑囊，两个均可因外伤或反复摩擦产生炎症，有时可出现弹响（感）。足球守门员长期侧向扑救动作可造成此伤。另外，髂胫束挛缩出现弹响髋时，亦可引起此滑囊的炎症。

腰大肌下滑囊又称髂耻滑囊，有些与髋关节腔相通。如跨栏的后腿过栏动作，体操舞蹈的“旁腿”动作，常致慢性炎症，但多迅速消失。若反复出现炎性改变，则囊壁肥厚，滑膜的内皮细胞变性，囊液吸收能力下降，即形成慢性顽固性肿胀，或内壁纤维粘连。有时继发腰大肌腱弹响。

(二) 临床表现与诊断

1. 大转子部滑囊炎与弹响髋

一般患者有慢性劳损史，局部肿胀疼痛、压痛。肿胀较大时，大转子后方的正常凹陷消失，并有波动感。值得注意的是此处有发生结核性滑囊炎或大转子结核的可能，根据有无外伤史、结核病史、X线检查及血液检验可以鉴别。

股骨大转子部有弹响，合并滑囊炎症时大转子部有疼痛和压痛。患者主动引发的弹响有时较医生检查引出的更明显，但个别患者也可无弹响征。有的患者沿臀大肌纤维走行方面可触及一挛缩束带，当髋关节内收内旋时更为明显。

坐位时双膝分开，不能做“跷二郎腿”动作。有的卧位直腿不能做仰卧起坐。站立位双下肢不能完全并拢，或并拢困难。下蹲时屈髋过程中必须分开双膝关节再蹲下，轻者蹲下后还能并拢，重者双膝不能并拢。步态异常，特别是跑步时，双下肢呈外旋、外展状。

奥伯氏征（Ober's test）阳性：患者健侧卧，健侧髋、膝屈曲并使腰伸直，患侧在上，检查者立于患者背后，一手扶住患侧髋部，另一手握患侧踝上部，使患者在屈膝（90度）伸髋时做内收并腿动作。若患侧膝不能接近床面，即为阳性，提示有髂胫束挛缩，同时可在患侧大腿外下部可触到髂胫束呈弓弦状紧张（图12-4）。另一检查方法为患者屈髋屈膝位先做髋内收内旋后再伸直下肢时可闻及弹响或在大转子处触及弹拨感。

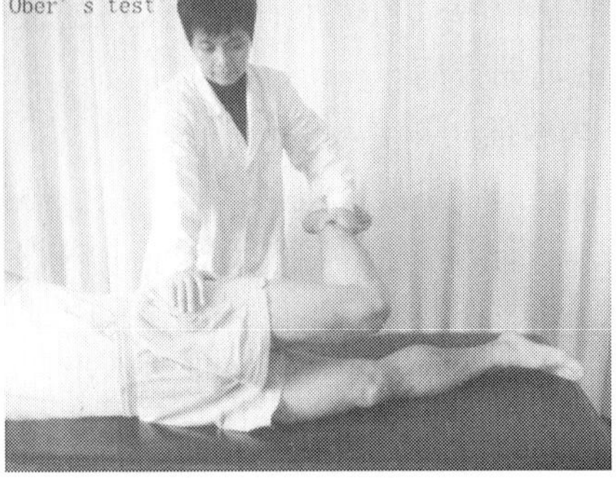

图12-4　奥伯氏征

2. 腰大肌下滑囊炎

急性期，患髋多呈屈曲外旋畸形。由于刺激股神经，疼痛多向大腿前部放射。相当于髂前下棘的内侧腰大肌腱沟部压痛，并有饱满感。慢性期，髋可伸直，活动时伤部有吱喳音及疼痛。有时，髋外展、外旋再伸直做回环活动时有弹响。检查时伤部压痛，腰大肌试验可呈阳性。

(三) 治疗及预后

大转子部滑囊炎及弹响髋的治疗，可予外敷滑囊炎散，软坚药水加红外线照射，以及配合局部大范围的肌肉放松按摩等治疗措施，对多数病人有效。滑囊积液多时，可行无菌穿刺抽液。

腰大肌下滑囊炎的治疗，则以休息、局部注射泼尼松龙为较有效的治疗方法。

顽固病例可手术松解挛缩结构或切除滑囊，术后 2 周可恢复训练。

如无明显自觉不适，对日常生活和体育运动无明显影响，仅有大转子部弹响者，无须特殊处理，但应耐心解释说明。

(四) 预　防

有症状者，局部休息或减量训练对控制病情是必要的。同时，对髋部活动度要求较高的运动项目，必须强调髋关节及髋部肌肉的柔韧性训练、训练后的放松和加强训练比赛中的保护。

二、坐骨结节损伤

坐骨结节主要是腘绳肌的起点，在运动中常可发生腘绳肌坐骨结节部拉伤或坐骨结节撕脱骨折、骨骺分离或撞击骨折，多见于短跑、体操、竞走、武术、击剑等项目运动员。正常人屈髋时，在臀部下方可摸到坐骨结节，损伤后，局部可触及明显压痛。

(一) 损伤机制

坐骨结节骨化中心的出现时间在男性约为 15 ~ 19 岁，女性为 12 ~ 15 岁，闭合时间男性约为 19 ~ 24 岁，女性为 18 ~ 24 岁。大腿后群肌肉，股二头肌长头、半腱肌和半膜肌均起于坐骨结节，有伸髋屈膝的作用。在膝关节伸直、髋关节极度屈曲时易引起肌腱在坐骨结节附丽部的拉伤。

急性损伤，多因大腿后群肌猛烈收缩或受到过度牵拉，导致肌肉附丽部拉伤、撕脱骨折及骨骺分离。尤其在伸膝屈髋时，腘绳肌的突然收缩最易导致坐骨结节部的牵拉损伤。

慢性损伤则系坐骨结节部长期受腘绳肌的牵拉，造成局部的微细损伤积累所致，多表现为坐骨结节肌腱附丽部末端病改变或骨骺炎表现。后者骺板软骨有变性及裂隙，可能有骺板的疲劳软骨骨折。同时还可合并坐骨结节部慢性滑囊炎。坐骨结节骨骺分离（ischial apophysiolysis）在竞走和体操运动员较多见，故又称为“竞走损伤”（hurdler injury）。

另外不可忽视的原因是在准备活动不充分的情况下，或在寒冷天气下训练比赛时，容易发生牵拉损伤。

(二) 临床表现与诊断

急性损伤，多有明确的受伤史，坐骨结节处疼痛剧烈，并常伴有响声，患肢活动受限，局部压痛明显，腘绳肌痉挛，伸膝屈髋时疼痛加重，抗阻屈膝试验阳性（患者俯卧位，双下肢伸直，检查者一手置于患侧小腿下端后面，令患者在对抗检查者阻力下屈膝；同时，检查者另一手触摸压痛点，坐骨结节部疼痛或有压痛者即为阳性）。有撕脱骨折时，局部可触摸到游离的骨折片。

慢性损伤者，多有慢性劳损史，一般在活动开始时出现疼痛，运动中减轻，而大强度跑跳时疼痛加重。坐骨结节处有明显压痛。并发坐骨结节部慢性滑囊炎者，可触及变性的滑囊，并有压痛。

X 线检查可明确有无骨折及骨骺损伤。

(三) 治　疗

急性损伤无骨折者，卧床休息 12 ~ 24 小时后，按摩放松大腿后群肌肉，一次治疗约 5、6 分钟，配合指针痛点。2 天后可在放松肌肉后，重点按揉、弹拨痛点和发硬部位，按压阿是穴、承扶、委中、阳陵泉等穴。骨折者，建议手术切除骨块或复位内固定。

慢性损伤，采用超短波、针灸、按摩、中药离子透入等综合治疗手段，效果良好。

轻中度损伤可在粘膏支持带保护下继续训练比赛，严格控制伸膝屈髋动作幅度和限制步幅。

急性损伤的恢复期或慢性损伤者，加强训练后的腘绳肌静力牵拉训练，每次 1 分钟，10 分钟内进行 3 次。

预防损伤，应重视大腿前后群肌肉的协调和均衡训练，增强腘绳肌的柔韧性。

三、髂腰肌小转子末端病

髋腰肌小转子末端病是髂腰肌于小转子附着部的一种慢性劳损。多见于跨栏运动员的过栏腿侧。多因逐渐劳损发生，对专项训练影响较大。

（一）损伤机制

局部负荷过多，反复的牵拉，致微小损伤的积累是发病的主要原因。跨栏运动员的过栏腿在翻膝送髋的过栏过程中（在上栏摆腿过栏后，接着过栏腿由外展、外旋位迅速内收、内旋和前屈而送髋向前），需要髂腰肌在牵伸位的强力收缩，可因长期的反复牵拉刺激引起肌腱末端病改变。因同样的损伤机制，可出现或伴发腰大肌下滑囊、小转子部滑囊的慢性炎症。

（二）临床表现与诊断

专项训练中，跨越腿过栏时明显疼痛。当健膝 30 度屈曲，患髋置“4”字试验位时，可有小转子部触痛，注意与健侧对比。髋腰肌抗阻收缩试验阳性：患者屈膝 90 度后，做抗阻屈髋动作，出现腹股沟前内侧深部疼痛为阳性（可在床旁坐位或仰卧位检查）。

X 线检查：晚期可见小转子部骨质密度增高，有时可见腱的钙化影。

（三）治 疗

早期局部封闭有效。同时，暂停跨栏动作训练。陈旧性损伤，可内服外敷续筋疗伤的中药。温针或电针大肠俞、秩边，快针阿是。顽固不愈的病例，应手术治疗，切除滑囊及粘连的腱围。

循序渐进的训练安排和正确的技术动作定型是预防损伤的关键。

四、股四头肌拉伤

股四头肌包括股直肌、股内侧肌、股外侧肌和股中间肌。直肌起于髂前下棘和髋臼上缘，其余 3 块肌肉起于股骨干。股四头肌的生理横截面大，是全身最有力的肌肉，主要起伸膝作用。而股直肌是双关节肌肉，既可伸膝又可屈髋。股四头肌拉伤多伤及股直肌，损伤项目以足球、短跑、跳远等运动多见。

（一）损伤机制

股四头肌猛烈收缩或过度牵拉，能引起拉伤。跑步运动员冲刺时髋关节急剧屈曲，可引发股四头肌于髂前下棘附着处的拉伤，而跳远运动的踏跳时，膝关节由屈变伸的同时髋关节也由屈变为过伸。股四头肌猛力收缩，也可引起拉伤。

膝关节半屈曲位，突然强力收缩股四头肌，是引起股四头肌断裂的主要原因。断裂可以是股四头肌的全部肌腱，或者其中一条肌腱，而以股直肌断裂较多见。

（二）临床表现与诊断

患者有明确的受伤时，局部疼痛剧烈，可出现跛行，髋膝关节屈伸活动受限。若肌腱断裂，疼痛剧烈，膝关节主动伸直功能消失。

查体：损伤处肿胀、压痛，膝关节不能伸直。肌腱断裂者，可触到明显凹陷。抗阻力伸膝试验阳性。抗阻力伸膝试验：患者仰卧，检查者一手托住腘部，另一手压于踝关节上方，抬起肢体并屈膝。若伤处疼痛加重或伸膝无力即为阳性。

X 线片可排除肌肉附着处的撕脱性骨折或髌骨骨折。

(三) 治　疗

1. 股四头肌拉伤

股四头肌拉伤的急性期肿痛较重，及时采取RICE原则。可以新伤药外敷局部，内服消肿止痛汤，每日1剂，水煎分3次服用。可配合局部外擦舒活酒，急性期一般不做局部的按摩，做患肢的股四头肌静力收缩联系；肿痛减轻后，局部改用二号新伤药外敷，内服强筋丸，每次6克，每日2~3次，伤部周围可做抚摩、揉、推压、搓等手法，并配合风市、阳陵泉、膝髎、腓隆等穴的经穴按摩。每次选2~3穴做掐法，增加伸膝抗阻的力量练习。

2. 股四头肌断裂

股四头肌断裂者，立即手术缝合，术后伸膝位固定。3周后开始股四头肌收缩，4~6周解除固定，逐渐进行膝关节屈伸功能锻炼。

五、股内收肌拉伤

股内收肌包括股薄肌、耻骨肌、长收肌、短收肌和大收股。内收肌拉伤可见于武术、跳高、跨栏等运动项目。

(一) 损伤机制

在运动中，股内收肌群突然剧烈猛烈的收缩，过度牵拉或者大腿内收时受到外来的阻力，均可因超越了肌纤维的弹性限度，而导致肌肉的拉伤。如跨栏运动员准备活动不充分，跨栏时动作不协调，可致起跨栏腿内收肌拉伤。

(二) 临床表现与诊断

有外伤史。伤后大腿内侧呈持续性胀痛。股内侧有明显肿胀及皮下瘀斑，压痛明显，有时可触及条索状隆起。内收肌断裂时们及凹陷存在。大腿内收抗阻试验阳性。

(三) 治　疗

损伤早期遵循RICE原则，局部外敷新伤药加压包扎，抬高患肢，休息位固定。可做痛点注射。有肌肉断裂者手术缝合。

中后期可用揉、揉捏、推压的按摩手法，后期加提弹和阳明经穴位的指针。

针灸常用阿是穴、伏兔、阴陵泉、足三里、三阴交、血海等穴位，电针刺激。

(四) 预　防

训练前要做好充分的准备活动。加强髋部的外展练习，多做侧压腿，增加内收肌的柔韧性。

六、腘绳肌拉伤

腘绳肌由半腱肌、半膜肌和股二头肌组成。腘绳肌的主要机能为屈小腿，伸大腿。腘绳肌拉伤好发于跨栏运动员，也常见于跳远、跑步等运动项目。

(一) 损伤机制

腘绳肌的3条肌肉共同止于坐骨结节，形成了集中的拉力。在运动中，腘绳肌强烈收缩可引起腘绳肌的主动拉伤。如短跑运动员起跑时，腿部强烈用力蹬离起跑器，腘绳肌剧烈收缩，屈膝蹬地，地面给腿以强大的反作用力，使腘绳肌受到拉伤。

运动员准备活动不充分，过早做踢腿、压腿等运动，对腘绳肌的牵拉超过了生理限度可引起腘绳肌的被动拉伤。

(二) 临床表现与诊断

有急性外伤史，疼痛较剧烈，活动时疼痛加重，伤时能听到断裂声。依拉伤的部位不同，可在坐骨结节、肌腹、肌腱部出现不同的肿胀与压痛。肌腱断裂者可触及凹陷裂隙。抗阻力屈膝试验阳性。

(三) 治　疗

损伤早期遵循RICE原则，局部外敷新伤药加压包扎，抬高患肢。肿胀消退后可予按摩、电针、超短波等治疗。有肌肉断裂者手术缝合。

(四) 预　防

科学安排训练，训练前做好充分准备活动。

增强腘绳肌的肌力练习，增强大腿屈伸肌群的协调性。伤后治疗要及时并彻底，以免再次拉伤。

本章小结

（1）髋与大腿部的损伤是常见的运动损伤。

（2）股骨大粗隆滑囊炎、坐骨结节滑囊炎和髂耻滑囊炎是髋部最常见的滑囊炎。

（3）坐骨结节是腘绳肌的起点，坐骨结节损伤多见于短跑、体操、竞走、武术、击剑等运动项目。

（4）髂腰肌小转子末端病是髂腰肌于小转子附着部的一种慢性劳损，多见于跨栏运动员的过栏腿侧。

讨论题

（1）髋部滑囊炎与弹响髋的关系。

（2）坐骨结节损伤的治疗。

（3）髋腰肌小转子末端病的损伤机制

推荐阅读参考文献：

赵炬才（1997）：髋关节外科学．中国医药科技出版社．此书重点对髋关节常见疾病的病因、病理、发病机理、临床表现、诊断、鉴别诊断、治疗做了系统、全面的阐述与讨论。

侯树勋（2002）：现代创伤骨科学．人民军医出版社．此书对髋关节常见疾病的诊断与治疗做了较为全面的介绍。

第十三章　膝、小腿部运动创伤

膝关节是人体中最复杂的关节。在运动过程中，其稳定性是由骨骼、半月板、韧带、关节囊和有关肌肉共同维持的。肌肉为动力稳定因素，其他则为静力稳定因素。膝部损伤是最常见的运动损伤之一，从损伤部位统计数据表明，膝部损伤患病率为 19.25%。在膝部损伤中，最多见的是韧带损伤。

小腿位于膝部与踝部之间，小腿的运动损伤远比前臂多。

第一节　膝部相关应用解剖

膝部包括膝前区、膝后区、膝内侧、膝外侧和膝关节。

一、膝前区

膝前区是由髌骨及其近端的股四头肌腱和远端的髌韧带，以及附近的髌内、外侧支持带等结构所组成。

股四头肌由股直肌、股内侧肌、股外侧肌和股中间肌组成，其四条肌腱在髌底的不同部位附着，通过髌骨、髌韧带牵拉小腿向前，完成伸膝动作。

髌骨是人体最大的籽骨，其与股骨滑车构成髌股关节。随着膝关节的不同屈伸活动角度，髌股接触区域不同。当膝关节伸直时，髌骨与髌上脂肪垫接触；当膝屈曲 10 度～20 度时，髌股开始接触，髌骨面下 1/3 与滑车面上 1/3 相接触；当膝继续屈曲至 60 度时，髌骨面中 1/3 与滑车面中 1/3 相接触；当膝继续屈曲至 120 度时，髌骨面上 1/3 与滑车面下 1/3 相接触，并且髌骨奇面开始与股骨内侧髁相接触；当膝屈曲至 135 度时，髌骨滑向髁间切迹。因此，在膝关节伸屈过程中，髌股关节之间的运动是一种复杂的三维运动。

髌韧带为股四头肌腱的中份纤维向下的延续，是全身最大的韧带之一。髌骨及髌韧带的两侧为髌内外侧支持带，为髌骨提供稳定性。

二、膝后区

膝后区解剖主要是腘窝。腘窝呈菱形，有四个壁及顶和底。

上外侧壁为股二头肌，上内侧壁为半腱肌、半膜肌，下内侧和下外侧壁由腓肠肌的内外侧头组成。腘窝的底，由上向下为股骨的腘面，膝关节囊的后份，腘肌及其筋膜。腘窝顶为腘筋膜。

在腘窝内有 4 个重要结构，由浅至深为胫神经、腓总神经、腘静脉、腘动脉及其分支。

三、膝关节

膝关节由胫股关节和髌股关节构成，组成膝关节的骨骼有股骨下端，胫骨上端和髌骨。腓骨不参与膝关节的构成。

膝关节囊附着在关节面的周缘上，关节囊前面不完整，为股四头肌、髌骨和髌韧带所代替，并有股内侧肌和股外侧肌形成的髌内外副韧带加强。关节囊后面有腘斜韧带和腘弓状韧带。

膝关节最重要的韧带是侧副韧带和交叉韧带。侧副韧带分为胫侧副韧带和腓侧副韧带，侧副韧带损伤多见于胫侧。交叉韧带是稳定膝关节的重要结构，位于股骨内、外髁及胫骨内、外髁的髁间窝中，分为前交叉韧带和后交叉韧带。

半月板为半月形纤维软骨组织，外缘厚，与关节囊相接，内缘薄，游离于关节腔内。半月板上面凹陷，与股骨髁相接，下面平坦，与胫骨髁相接。内侧半月板较大略薄，呈“C”形，外侧半月板较小略厚，呈“O”形，且易出现盘状半月板变异。随着研究的不断深入，半月板在膝关节功能中的重要作用得到了大家的共识。其主要功能有稳定关节、提供关节匹配性、限制关节过度屈伸、传递载荷、吸收震荡、减小应力、润滑和营养关节等。

第二节　常见损伤

一、膝关节不稳

膝关节的韧带及其附属稳定结构的损伤，是膝关节创伤中最常见的损伤形式。膝关节的稳定取决于许多因素，包括关节的力学状态、关节内稳定因素（半月板和交叉韧带）及关节外稳定因素（关节囊、侧副韧带、肌肉与肌腱等附属结构）。

（一）分　类

膝关节的韧带损伤可引起膝关节不稳（表 13－1）。1968 年 Scocum 提出，膝内侧副韧带断裂后引起胫骨内髁向前旋转半脱位，继发前内侧旋转不稳定的概念。此后，将一侧胫骨髁向前或向后旋转半脱位的非生理运动，统称为旋转不稳定。分为前内、前外、后外及后内侧旋转不稳定。此时，其旋转轴（垂直轴）必然出现相应的移动。

表 13－1　膝关节的解剖学不稳定

<table>
<tr><th colspan="2">类　别</th><th colspan="2">特征描述</th><th>相关结构</th></tr>
<tr><td rowspan="6">单平面不稳定</td><td rowspan="2">单平面内侧不稳定</td><td rowspan="6">简单或直向的</td><td>30 度外翻试验</td><td>内侧副韧带，内侧关节囊或复合损伤</td></tr>
<tr><td>0 度外翻试验</td><td>后侧结构（后关节囊或/和后交叉韧带）和内侧结构</td></tr>
<tr><td rowspan="2">单平面外侧不稳定</td><td>30 度内翻试验</td><td>外侧或腓侧副韧带、髂胫束和外侧关节囊</td></tr>
<tr><td>0 度内翻试验</td><td>外侧副韧带、关节囊、二头肌腱、髂胫束、弓形的腘肌腱、腘腓韧带、前交叉韧带和经常合并后交叉韧带的撕裂</td></tr>
<tr><td>单平面后侧不稳定</td><td>90 度中立位后抽屉试验</td><td>后交叉韧带、后交叉韧带复合体（部分或全体）和后斜韧带复合体（部分和全体）</td></tr>
<tr><td>单平面前侧不稳定</td><td>90 度中立位前抽屉试验</td><td>前交叉韧带和部分或全部内外侧韧带</td></tr>
</table>

续　表

<table>
<tr><th colspan="2">类　别</th><th>特征描述</th><th>相关结构</th></tr>
<tr><td rowspan="4">旋转不稳定</td><td>前内侧旋转不稳定*</td><td>90 度小腿外旋的
前抽屉试验
30 度外展应力试验</td><td>内侧关节囊、内侧副韧带、后斜韧带和前交叉韧带
（应力试验产生关节内侧张开，胫骨平台产生向前向外的旋转—PCL 完整，当胫骨平台在股骨下旋转时起到一个轴的作用）</td></tr>
<tr><td>前外侧旋转不稳定*</td><td>Jerk 试验
外侧轴移试验
屈曲旋转抽屉试验
前外抽屉试验</td><td>前交叉韧带和外侧关节囊的破裂（膝关节接近伸直时，外侧胫骨平台向前半脱位）</td></tr>
<tr><td>后外侧旋转不稳定</td><td>外旋反屈试验
反向轴移试验
后外抽屉试验
胫骨外旋试验</td><td>腘肌腱、弓状韧带复合体（部分或全体）、外侧关节囊韧带破断
后交叉韧带过度牵伸或完整性丧失
（应力试验时，胫骨外侧平台在股骨上向后旋转，关节外侧间隙张开）</td></tr>
<tr><td>后内侧旋转不稳定</td><td></td><td>内侧副韧带，内侧关节囊韧带，后斜韧带，后交叉韧带和后关节囊的内侧部分撕裂
半膜肌腱的牵拉或损害，
前交叉韧带也可能受损
（应力试验中，内侧胫骨平台向后旋转，感觉内侧间隙张开）</td></tr>
</table>

这种分类方法是根据胫骨移位的方向和结构的缺损，来描述膝关节不稳定的，因此它是解剖性的。单平面内侧不稳定，表示胫骨在内侧作远离股骨的异常活动；前内侧不稳定，表示胫骨在内侧作了相对股骨的向前、向外旋转运动。

（二）损伤机制

运动员的膝关节不稳定大多由创伤引起膝稳定结构的破坏，最终导致膝关节不稳定的发生。

当膝关节外展、屈曲，以及股骨在胫骨上内旋，均可能发生膝内侧支持结构、内侧副韧带、内侧关节囊韧带的损伤。遭遇强大暴力时，前交叉韧带还可能断裂，同时内侧半月板可因被挤压在股骨髁和胫骨平台之间，产生半月板周围的撕裂和内侧副韧带的撕裂，导致“膝关节损伤三联征”。

当膝关节内收、屈曲及股骨在胫骨上外旋，首先产生的是外侧副韧带撕裂，随即发生关节囊韧带、弓状韧带复合体等的损伤。

（三）临床表现与诊断

患者常有外伤史，以后出现膝关节不稳定的症状。

临床检查有助于本病的诊断及判断膝关节不稳定的类型。

1. 外翻应力试验

患者仰卧位，先检查健侧肢体，以获知正常韧带张力，然后检查患侧。检查者将一手放置于膝关节外侧，另一手放置于内踝上方，对膝关节施加外翻应力，而同时踝关节的手使小腿处于轻微的外旋位，注意膝关节屈曲 30 度位时的关节稳定性，将膝关节完全伸直并重复轻微的摇动，或者在外翻应力下伴有轻微的摇摆运动。以评价膝关节内侧结构的损伤。

2. 内翻应力试验

与外翻应力试验的操作原理相同。不同处在

于分别将手放置于膝关节内侧和外踝上方，对膝关节施加内翻应力。完全伸直位和屈曲 30 度两个位置均应检查，以评价关节外侧结构的损伤。

3. Slocom 试验

Slocom 试验是前抽屉试验的一种改良。用胫骨在股骨上的不同旋转位置，进行前抽屉试验，来评价膝关节的旋转不稳定。在 15 度内旋位、30 度外旋位及中立位进行试验观察，并记录胫骨在股骨上向前位移的程度。胫骨中立位前抽屉试验阳性，如将胫骨外旋 30 度，前抽屉试验增强，而当胫骨 15 度内旋时测试，位移减少表明膝关节前内侧旋转不稳定。相反，则表明膝关节前外侧旋转不稳定。

X 线片检查一般无阳性发现，但有鉴别诊断价值。

MRI 能准确反映韧带损伤情况。

(四) 治　疗

根据关节不稳定的程度、患者的年龄、职业及生活质量要求等情况，全面分析评估，决定治疗方案。

对陈旧性损伤引起的膝关节不稳定，治疗需根据具体情况而定。不稳定程度较轻者，可以通过肌力锻炼，以加强对膝关节的控制能力。但仅依靠加强肌力控制，膝关节稳定性长期效果并不理想。不稳定的时间越长，恢复困难越大。对于游泳运动员，运动量大，且要求较高，往往不能适应突然转向、突停、起跳、跳水等动作。

手术治疗方案，首须考虑膝关节不稳定的原因和程度，其次是关节软骨面的情况。然而，膝关节肌肉功能的状况，往往是手术成功修复韧带后，膝关节获得满意的功能重要条件之一。

就手术本身而言，包括静力修复与动力修复两大类：

静力修复是指根据情况修补损伤韧带，或取移植体（包括自体、同种异体以及人工韧带等）重建韧带，同时对半月板损伤也应争取修复。目前该类手术技术成熟，如在术后积极配合康复治疗，大多能获得满意的疗效。但对于膝关节后外侧复合体损伤，目前的治疗方法尚不十分满意。

动力修复是通过肌腱移位，利用该肌肉形成的动力作用控制关节的稳定。动力修复后，需经过一定的训练和适应才能较好地发挥作用，但应力试验往往仍为阳性。

二、髌骨脱位与半脱位

髌骨脱位与半脱位有较高的发病率，特别好发于女性青少年，最常见的髌骨脱位是髌骨向外脱位。

(一) 分　类

髌骨脱位通常可分为急性创伤性髌骨脱位、复发性髌骨脱位和髌骨半脱位。复发性髌骨脱位可由急性髌骨脱位后，未获得正确处理和未纠正先天性的髌骨不稳定因素造成。髌骨半脱位可由创伤及发育异常引起。

根据脱位的方向及脱位程度髌骨脱位可分为半脱位、倒立脱位、中间脱位、外侧脱位等。

(二) 损伤机制与病理

髌骨呈三角形，前面粗糙，被包于股四头肌腱内，其后方为软骨面。髌骨关节面呈楔形，中央有一纵嵴，与股骨滑车凹形成关节，阻止髌骨左右滑动。髌两侧的支持带关节囊在股四头肌收缩时紧张，从而稳固了髌骨，防止向外脱位。

当有髌股关节解剖异常及膝关节遭受外力时，可造成髌骨脱位。

1. 创伤性

髌骨遭受直接暴力如被撞击或跪地受撞而引起脱位。

2. Q 角异常

大腿伸肌装置轴线和髌腱线所夹角，正常情况是外翻的，用 Q 角来表示（图 13－1）。Q 角即为髂前上棘至髌中点连线，与髌骨中点至胫骨结节连线的夹角，应该在股四头肌收缩时测量。

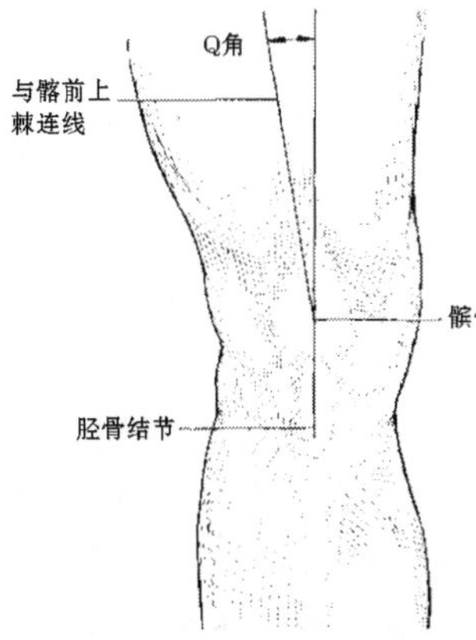

图 13－1　膝关节 Q 角

正常此角平均为 14 度（男性 10 度，女性 15 度），如超过 20 度时为异常。许多学者发现髌骨半脱位的病人 Q 角增大，因伸肌的机械作用从起点到止点之间的过程最短，因此造成髌骨向外牵拉，一旦股内侧肌软弱，就会发生髌骨向外脱位。

股四头肌与髌腱力线不同在一条直线上的情况，如股骨外侧扁平、膝外翻、髌腱止点外移都使髌骨有向外脱位的趋势。

3. 髌骨发育异常

Wiberg 根据髌关节面内外侧长度的比率将髌骨分成三型：Ⅰ型为两侧关节面几乎相等，约占 24%，Ⅱ型为外侧关节面明显长于内侧，占 57%，Ⅲ型为外侧关节面呈平行状，内侧关节面短，接近直角，占 19%。Reider 发现Ⅱ型易向外滑脱，Ⅲ型易发生髌骨软化症。

4. 其　他

股四头肌松弛无力，韧带松弛等易发生髌骨脱位。De Palma 等曾报道，患有 Ehlers－Danlos 综合征儿童常因伴发韧带松弛，而发生髌骨脱位。

如果髂胫束挛缩，髂胫束的髌骨束紧张，向外牵拉髌骨，以致有外脱位倾向。胫骨外旋畸形，股四头肌力线改变，使髌骨部形成向外的切线力，而易发生脱位。髌骨习惯性脱位的患者，其内侧关节囊或股内侧肌较松弛。

（三）临床表现与诊断

急性病例多有损伤史，受伤时多有关节错动感，伴疼痛、活动受限，并逐渐出现肿胀。如向外脱位，则股内侧肌肌膜和内侧关节囊常撕裂，局部压痛明显，偶可触及裂缝体征。屈曲患膝检查可发现髌骨不在股骨滑车沟内，而于股骨外髁处可触及。

急性髌骨半脱位常常容易漏诊或误诊，多因重点考虑半月板损伤及韧带损伤，而造成漏诊，或被误认为一般的软组织损伤。X 线检查有助于诊断。注意不可将膝关节完全伸直摄片，因伸膝后髌骨脱位可能会自动复位，而致误诊或漏诊。但若髌骨向上脱位，由于髌骨上移则宜作伸膝侧位摄片。

习惯性髌骨脱位多数为单侧，常有家族史及轻微外伤史，脱位后觉膝关节发软、无力和“忧虑症”，髌内侧压痛，屈膝时可触及向外脱位的髌骨，伸膝时或用手轻推即可复位，因髌骨经常从股骨外髁处脱出，而摩擦故可致创伤性关节炎，出现关节痛，甚至关节积液，多数患者有不同程度的股四头肌萎缩。

恐惧试验有助于髌骨复发性脱位的诊断。恐惧试验：患肢屈膝 30 度，肌肉放松，于髌骨内侧给予一个向外的力，致髌骨向外半脱位，同时稍被动屈膝，如果病人有急性的恐慌，拒绝测试，该试验阳性。

X 线正侧位片，仅能显示股骨外侧髁扁平，有不同程度创伤性关节炎改变，髌骨可能较正常为小；侧位 X 线片，可以通过测量判断髌骨向上脱位或半脱位，因髌骨与髌韧带的关系恒定，两者的长度相等。如髌骨居高位则髌腱可能受损而延长，提示髌骨向上半脱位。但要更清楚地了解髌骨脱位、半脱位或有否脱位倾向（潜在脱位）时，宜做屈膝位 30 度、60 度 、90 度的轴位摄片，此方法除可显示髌骨脱位的详细情况外，还可观察到髌骨与股骨沟槽的形状及它们之间的关系。正常股骨滑车角为 141 度～143 度，若该角大于 143 度则为股骨滑车沟槽发育不良。此外，CT 片对髌骨脱位的诊断具有明显的优势，尤其对于那些合并微小骨软骨骨折的病例。

Brattstrom 认为，股骨滑车的异常是复发性髌骨脱位病人中最重要的发病因素，并提出滑车角的改变是由于股骨沟槽深度的减少，而不是股骨外侧髁隆起的减低。

(四) 治　疗

新鲜髌骨脱位一般手法可复位，复位后若关节积血较多可穿刺抽出、加压包扎，伸膝位制动 3 周后，早期直腿抬高锻炼股四头肌肌力。

若关节穿刺抽出的积血中，含有脂肪滴，应高度怀疑合并骨软骨骨折，需早期行关节镜手术或切开手术治疗。手术可根据情况摘除或复位固定骨软骨折块，并矫正髌骨脱位。

三、髌股关节紊乱

髌股关节紊乱（patellofemoral disorder PFD）是膝关节常见病，在膝关节病变中占 20% ~ 40%。是最常见的与运动有关的膝关节病变，也是需骨科处理的最常见的膝关节疾患，常常严重影响训练及成绩提高。

髌骨是股四头肌复合体的一部分，与股骨下端形成关节，其关节面具有人体中最厚的软骨。髌骨的功能多样，决定了髌股关节紊乱的复杂性。目前，国际上尚无统一命名，有髌骨软骨软化症（Chondromalacia patellae，简称 CP）、髌股关节疼痛、髌骨排列异常（patella malalignment）和髌股关节不稳等，其病理变化是软骨的退行性变。

髌股关节疾病主要表现为膝前疼痛、髌骨轨迹异常和髌股关节软骨损伤。近年来，随着体育训练的科学化，训练水平的提高，其发病率有所下降，但仍为运动创伤中的常见多发病种，在田径、排球、篮球、冰雪、体操等运动项目中患病率很高，影响训练及比赛。

(一) 损伤机制

髌骨是伸膝结构的重要组成部分。髌股关节紊乱的发生与急性或慢性直接创伤、髌股关节的劳损、髌股关节不稳定等因素密切相关。

1. Q 角异常

Q 角的存在，使髌骨受到外侧的剪切应力，而 Q 角的变化可改变剪切应力的大小，导致髌股接触区出现向内或向外的移行，最终影响到髌股接触应力的分布。Q 角的异常增大或减小，可能导致髌骨软骨面的压力分布不均。Mizuno 等的研究发现：Q 角增大会导致髌骨外移，引起髌股外侧压力增高，Q 角减小会导致髌骨内移，引起髌股内侧压力增高。研究表明 Q 角的增大与髌股关节疾病密切相关。

2. 股骨、胫骨的扭转畸形

股骨、胫骨位置的异常，可以造成髌股关节相对位置的异常，影响髌股对合，并造成髌骨支持带的紧张，导致髌股关节的局部接触应力增加。

3. 髌骨倾斜

在髌股关节疾病患者中，髌骨倾斜十分常见，是主要的发病因素之一。髌骨倾斜常系髌骨外侧支持带挛缩紧张，或内侧支持带松弛导致髌骨向外侧倾斜，造成髌股关节外侧压力增高，引起髌股关节紊乱。

4. 排列异常

髌骨排列异常，使髌股关节接触区面积较正常明显减小，从而增加了接触区单位面积的应力，与髌股关节紊乱的发生密切相关。

(二) 临床表现与诊断

1. 症　状

主诉和症状多与疼痛、不稳相关。运动员多有长期半蹲发力的训练史或扭伤史。

疼痛是最常见的主诉，疼痛位于膝前侧或前内侧。任何活动均可诱发，但最常见于重复蹬楼梯或屈膝 90 度久坐，如长时间乘坐飞机、汽车或在影剧院久坐后，即所谓的影院征（movie - theater sign）。

此外，患者还有膝关节不稳定感，包括下楼时有不安全感及膝关节假性绞锁等症状。膝关节假性绞锁，通常指膝关节屈伸受限。

以疼痛为主诉的髌股关节紊乱，膝关节不稳定是继发的，而且不会伴随脱位发生，这类患者被称为疼痛性髌骨综合征（PPS）。在疼痛性髌骨综合征中，一部分患者会逐渐发展为膝关节不稳定，这部分患者被称为潜在髌骨不稳定（PPI）。

以膝关节不稳定为主要症状的髌股关节紊乱，常伴有不同程度的脱位发生，这类患者的疼痛和膝关节假性绞锁，是继发性的，这类患者被称为客观髌骨不稳定（OPI）。

OPI 常与解剖结构异常有关。解剖结构异常包括：滑车发育不良；髌骨高度、倾斜度和胫骨结节到滑车的距离超过正常范围；股骨前倾；膝外翻；膝反屈以及股骨髁与胫骨平台之间在伸直时存在外旋等。

髌骨在屈膝 30 度时便齿合进入滑车，且在此位置是稳定的。如果髌骨相对滑车来说太高，它与滑车接合就被延迟，在其进入最大稳定位置前，就有脱位的风险。胫骨结节到滑车的距离正常值不超过 20 毫米。OPI 组有 56% 的患者超过 20 毫米。胫骨结节到滑车的距离越大，股四头肌收缩产生髌骨外侧脱位的机会就越大。

肿胀不常见，如果有也是轻微的。很多患者早期无关节渗液，常见胶着或滑移感，当发炎的组织粘连于骨突或髌骨关节面，发炎的皱襞粗糙时均可出现胶着现象，甚至轻微的不稳也会被病人当作胶着。髌骨外侧滑移感系从温和的胶着到髌骨完全离开滑车面，最终出现膝关节不稳定。

增加髌股关节负荷或产生强压力的动作，（如上下楼梯、下蹲或长时间屈膝 90 度坐位）均可产生明显的髌股关节紊乱。

2. 查 体

常规检查包括观察步态、站立位的下肢力线，测量 Q 角的大小，检查股内侧的形态和肌力，评价髂胫束、腘绳肌、股四头肌的紧张度等。

临床检查，除能发现前述的解剖学因素问题之外，还可发现髌骨压痛，膝关节活动时的髌股关节捻发音和髌骨外侧脱位般的剧痛感。

髌骨磨压痛阳性，出现率几乎 100%（图 13－2）。压髌股四头肌收缩试验阳性，将髌骨向远端推剂，同时股四头肌收缩，髌下出现酸痛为阳性。常需左右对比。

推髌抗阻伸膝试验阳性。病人单腿直立，逐渐半蹲直到出现疼痛。然后再令病人直立，放松，术者用手向内或向外推开髌骨，同时令病人逐渐下蹲，疼痛加重或者减轻（或消失）为阳性。

单腿半蹲痛阳性。该征是髌骨软骨病最显著，而又有诊断价值的体征之一。曲绵域报告该征阳性率达 100%，陈世益报告也达 93% 以上。股四头肌萎缩，尤其以内侧头为明显。

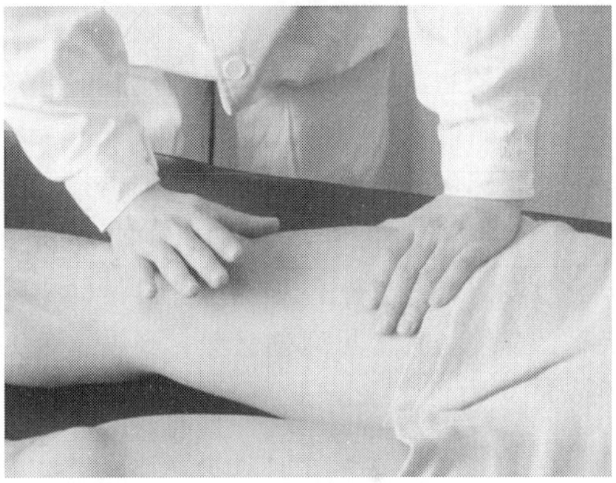

图 13－2 磨髌试验

膝关节积液征阳性，浮髌试验可助诊断。当膝关节积液量少于 30 毫升时，可用积液诱发膨出试验查出。关节穿刺可抽出淡黄色透明液体，偶可抽出混浊的关节液。髌周指压痛，髌骨软骨病并发周围软组织炎症时，用指尖扣刮髌周可以出现疼痛。

髌后捻发音，髌骨软骨软化剥脱后，髌软骨面不平整，膝关节运动时髌后可出现粗糙的捻发音。这种捻发音的特点，是在膝关节活动到某一固定角度时出现，多次重复不变，为粗糙不平的软骨摩擦所致。患滑膜炎时也出现细碎的捻发音，捻发音出现的机会不多，但不少作者认为，髌后某一固定角度出现的粗糙捻发音，对诊断有意义。

临床检查的重点是评价髌骨活动，评价髌骨活动的方法如下。

（1）被动髌骨倾斜试验

膝伸位，髌骨内外翻。髌骨外侧的倾斜度正常为0度。小于0度者提示外侧支持带紧张，可能存在外侧髌股压力增高症（elevated lateral pressure syndome，ELPS）。

（2）髌骨推移试验

屈膝30度，将髌骨等分为4个区域，向外侧推移髌骨。正常时髌骨可内外移达第2区，不会产生疼痛和恐惧感。外侧支持带紧张时，内移仅至1个区。在复发性髌骨脱位的病例，髌骨可外移达第3~4区。

3. 辅助检查

影像学检查的目的，主要是观察髌股关节面的对合，了解有无软骨损伤及其他关节疾病。X线片仅给详尽的病史和物理学检查提供很少的额外信息。早期X线改变不明显，晚期呈现骨性关节炎改变。常规的正位和侧位片可帮助排除其他疾病，从侧位片上可以估计髌骨高度。因为髌股关节是动力性的，有严重髌股关节不稳的病人，静态摄片可能显示正常。

CT和MRI通过对软骨的显影，可以更好地了解髌股关节的对合关系，发现关节软骨的损伤。在不同屈膝角度下进行髌股关节扫描，能动态地了解髌股关节的适合性，并可以研究髌骨的运动轨迹异常。

（三）治 疗

髌股关节紊乱的治疗方式很多，主要治疗目的是为了缓解疼痛。各种治疗手段都是针对髌股关节紊乱的发病机制，通过改变Q角的大小、改善髌股关节的对合、降低髌股关节的接触应力而发挥作用。

1. 保守治疗

保守治疗的目标，是使力量获得最佳恢复，消除关节疼痛，力求恢复患者的功能。绝大多数患者可以通过保守治疗缓解疼痛。

每个方案应包括疼痛控制，柔韧性、肌肉力量和功能性活动的相互协调。在功能性活动和协调性训练之前，必须使肌肉的柔韧性和力量获得良好的恢复。由于髌股关节病变临床表现的复杂性和多样性，康复训练计划应个体化，要充分考虑病人肢体的解剖形态学特点，软骨损伤的现状和严重性，以及病人对各种练习的反应及功能上的需要。

治疗首先是控制关节的肿胀和炎症。每天可用数次冰敷来减轻炎症、疼痛及减少渗出缓解肿胀。激光、超声波和非甾体抗炎药可用于控制疼痛。

支具的使用有助于稳定运动中的髌骨。通过对髌骨外侧施力，使髌骨重新回到股骨滑车沟中的位置。捆绑也有同样的效果。

柔韧性练习应集中在大腿的外侧结构。肌肉的伸展应该长而且柔和，不仅要伸展股四头肌、腘绳肌、腓肠肌－比目鱼肌群和髂胫束，而且要小心推动髌骨向内侧滑动及倾斜以伸展外侧支持带结构。

Meziere姿势和背部按摩可伸展整个后面的运动链。可以使用生物反馈，电刺激和对股四头肌、腘绳肌进行等长练习等方式开始加强VMO。当肌肉很灵活，并且进行等长练习时没有疼痛时，才可能逐步开始进行封闭链式练习。最初，ROM（关节活动范围）必须限制在45度内，避免过度下蹲，可部分负重达体重的1/8~1/6，以不会加剧疼痛为度。随着患者症状的改善，可在训练中增加负重和ROM，并开始开链式训练。

开链式训练，能增加髌骨压力，但不应产生不适症状。套管锻炼和人工本体感受器技术可改善髌股关节压力。当达到患者所需的力量和曲度后，就可进行恢复协调及正常功能活动的训练。在不稳定踏板或蹦床上进行本体感觉训练，能增加运动觉，从而增加膝关节的力学稳定性。此外，必须在恢复运动后对患者进行随访。

按摩的目的，是消除髌骨周围张腱、伸膝筋膜、末端及滑膜的炎症反应，减轻症状。蜡疗及超短波有效，但不能根治。

用红花30克、生川乌30克、归尾30克、甘草30克、自然铜30克、马钱子30克、生草乌30克、生姜9克，酒浸泡7天，取汁局部湿敷或用直流电导入，有良好效果。

醋酸去炎松A或康宁克痛关节腔内注射液

效果较好。玻璃酸钠关节腔内注射可增加关节润滑度，保护软骨，减轻症状。

2. 手术治疗

保守治疗无效，且伴有膝关节不稳定时可考虑手术治疗。手术方式有远端胫骨结节前移重排术或近端髌内侧支持带紧缩、外侧支持带松解术。

（四）医务监督与功能锻炼

单足下蹲试验是早期发现髌骨软骨病的一种有效的简单手段，轻症病例可继续运动训练，但须使运动方式多样化，避免“单打一”，尽量避免引起疼痛的动作。症状较重的病例应停止导致症状发生的专项训练。避免半蹲发力等引起疼痛的动作。特别重的病例则应停止一般体育运动。

由于失用性及关节源性因素，患者常有明显的股四头肌萎缩，使膝关节稳定性受损，进一步加重软骨磨损，形成恶性循环。故保持及恢复膝部肌力，特别是股四头肌肌力有特殊重要意义。对中、重度病例宜采用避开痛点的短弧等张或等速练习，或多点等长练习。常用的站桩法，选数个无痛角度依次练习，也是一种多点等长练习。肌力练习负荷不宜太大，负荷的增加宜缓，练习时应无痛，无摩擦感，同时密切观察症状及体征改变。

由于股四头肌的拉力线与髌韧带中轴线间有一定的角度（Q 角），股四头肌收缩时，可将髌骨向外牵拉，而股四头肌内侧头对抗伸膝时髌外移倾向，维持髌股关节应力的正常分布有特殊作用，需特别注意加强。为此要做最后 30 度的抗阻伸膝练习。这一姿势用力伸膝时髌股关节受力较小，对本病患者也特别适宜。也有人认为股内收肌止点与股四头肌内侧头有关，内收肌软弱可使内侧头功能受限，故主张应同时加强内收肌。

四、髌下脂肪垫炎

脂肪垫是位于髌骨下极及髌腱后方的一团脂肪组织，在膝关节前方起到缓冲髌骨与股骨、髌腱与胫骨前缘之间的撞击的作用。

（一）损伤机制与病理

在膝关节正常的活动范围内，髌下脂肪垫不会被挤入关节间隙内，其急性损伤多因膝关节突然猛烈的过伸与旋转，脂肪垫来不及上移，被嵌夹于关节内，受到挤压而发生无菌性炎症。急性损伤也可见于膝前部的直接撞击伤。慢性损伤则多由于反复跳跃，引起膝关节过伸或股四头肌疲劳无力，不能充分向上牵拉脂肪垫而发病。

脂肪垫急性损伤为充血、水肿，慢性损伤多见增生、肥厚、硬化，脂肪变性，玻璃样变或钙化。可能伴有周围组织的粘连和钙化现象。

（二）临床表现与诊断

有膝关节受伤史或过度活动史，伸膝活动受限，并有膝过伸疼痛。患者可有“假性绞锁”，即因肥厚的脂肪垫挤在前关节间隙而引起的卡住感觉，经短期休息即可好转。

检查时，急性损伤可见膝眼处肿胀隆起，局部压痛，或有轻度关节积液征。慢性病变膝眼处触之有皮革样的增厚或呈结节状的感觉。并可伴有股四头肌（特别是股四头肌内侧头）萎缩。

过伸挤压试验和髌韧带松弛紧张压痛试验有助于本病的诊断及鉴别。

X 线侧位片有时可在脂肪垫区发现钙化点阴影。MRI 对髌下脂肪垫炎的诊断有一定的意义。关节镜检查对本病能作出较明确的诊断，镜下通常可见伸入髌骨后方及胫股关节前方的脂肪垫舌瓣。

（三）治　疗

1. 急性期

首先应适当休息，限制反复的膝过伸活动，并加强股四头肌的锻炼。药物治疗宜行气活血，消肿止痛。内服制香片，每次 4 片，一日 3 次。外敷新伤药或外用新伤药水加红外线照射，每次 20 分钟。每日 1 次。内服制香片，每次 10～15 片。直流电碘离子导入疗法效果好。也可采用短波或超短波透热法等。针灸治疗，急性损伤取阿是穴、阴陵泉、阳陵泉，以快针泻法，每日 1

次，连续 5 次左右。

2. **慢性期**

应以通经活络，软坚散结为治则。内服活络丸或五灵二香丸，每次 3 ~6 克，每日 3 次。外敷软坚散或软坚药水浸敷加红外线照射，配合手法按摩、超短波理疗、局部封闭等治疗方法，局部封闭治疗要注意注射的部位、深浅和药量，并要做到对侧膝眼同时注射。

按摩有助于改善局部血液循环，促进炎症消退和损伤的愈合，具体方法为：将患膝下垫枕至屈膝 30 度位，于股四头肌和膝关节周围行揉、捏、推压手法，上下来回数次，共 3 ~5 分钟；再以拇指揉两膝眼，由轻及重，手法宜柔和、有力、深透，以引起局部轻微酸痛为宜。在行该手法的过程中，亦可嘱患者做屈伸膝关节活动，以助于松解粘连；然后在脂肪垫肥厚、硬结或痛点处行拇指尖刮法。手法应深透缓慢，同样以局部酸痛为度；最后做轻揉和抚摩膝周围整理按摩。

针灸治疗，慢性损伤取阿是穴温针，阳陵泉、足三里快针，对侧曲池留针，配合伸屈膝运动 15 分钟，间日一次，治疗 10 次左右。

对非手术治疗无效者，可行关节镜下脂肪垫切除术，关节如有粘连应一并同时松解。

五、运动性腿痛

导致慢性运动性腿痛的常见原因，有胫骨内侧疲劳性骨膜炎、慢性运动性骨筋膜室综合征、应力性骨折、血管源性跛行、椎间盘病性腿痛。此处，我们着重介绍胫骨疲劳性骨膜炎、应力性骨折和慢性骨筋膜室综合征。

（一）损伤机制

胫骨遭受碰撞、踢打等直接暴力作用，可致胫骨创伤性骨膜炎。

胫骨疲劳性骨膜炎和胫骨疲劳性骨折，多发生于长期下肢过度使用和大负荷运动，如长跑、跳跃、行军等反复或周期性的应力作用，在胫骨局部应力集中，使胫骨骨膜和骨组织逐渐出现疲劳性微细损伤，导致胫骨疲劳性骨膜炎，最终出现胫骨疲劳性骨折。此外，也可能与胫骨前肌附着处受到反复、大力的肌肉牵拉，致胫骨的骨膜发生剥离，骨膜下血肿形成有关。局部呈现血肿机化、纤维化、钙化、骨化，类似于骨折愈合时生长新骨的组织变化过程。

慢性骨筋膜室综合征通常发生于运动初期，多由于训练不当所致，如在坚硬的路面上跑步、训练强度增加过快、踝背伸肌（胫前筋膜室）无力、运动鞋不合脚或跑步技术不正确等都可以为其发病原因。

（二）临床表现与诊断

胫骨疲劳性骨膜炎起病缓慢，逐渐加重，多无明显受伤史，但有在硬地上跑跳过多的运动史。常在运动后发生钝痛或刺痛，有的在训练后出现搏动样疼痛，严重者可出现休息痛。肿胀多见于急性期。

检查时，压痛点多集中于胫骨内侧、内后缘及腓骨下段（图 13 －3）。有时在皮下骨面上可触及小结节或有骨增厚感，且皆伴有压痛。此病较为典型的症状是后蹬痛（当足尖用力做后蹬动作时，小腿立即疼痛）。对长期无好转者，应怀疑为疲劳性骨折存在。X 线摄片可明确诊断。

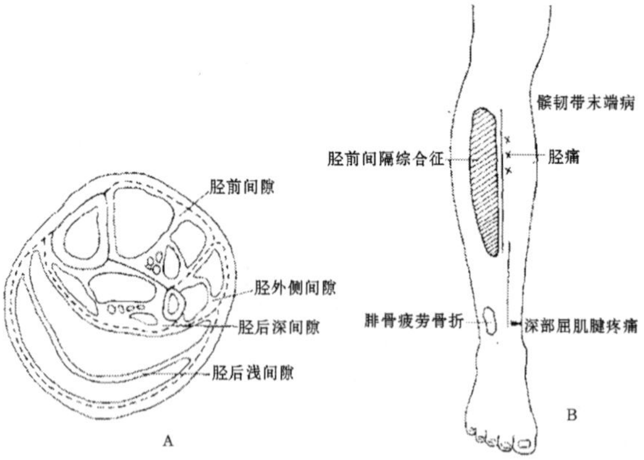

图 13 －3　小腿中段横断面和常见压痛点

（引自 陈中伟，1996，313 页）

慢性骨筋膜室综合征的典型症状是胫前部肿痛，疼痛多发生于剧烈活动时，休息片刻（最多不超过 1 小时）即愈，呈间歇性跛行。

（三）治　疗

1. 疲劳性骨膜炎

早期可调整训练、局部冷敷、口服抗炎药，配合拮抗肌和受累肌群的牵张疗法。同时将训练项目交替进行，避免“单打一”。

一旦确诊，应立即减少下肢运动量，伤肢小腿用弹力绷带包扎。初期局部肿痛，外敷新伤药加减，内服桃红四物汤。中后期骨膜增厚，局部有硬结者，外敷软坚水加红外线照射，内服正骨紫金丹。可配合按摩治疗，施用抚摩、揉、揉捏、推压、指切等手法，同时指针委中、丰隆、足三里、三阴交、解溪、绝骨等穴。针灸取漏谷、三阴交、绝骨、足三里等。

2. 疲劳性骨折

停止运动训练，用铁丝托板固定伤肢 4～6 周。在此期间，作踝关节的屈伸活动和股四头肌静力收缩练习。外敷旧伤药，内服接骨丸。

3. 慢性骨筋膜室综合征

症状明显者，应停止训练，注意休息，能应付日常生活的，可给予非手术治疗。

对职业运动员，为恢复训练可考虑手术治疗。目前手术多采用选择性筋膜间隙切开术，术后症状解除较快。

对于由慢性骨筋膜室综合征转变为急性时，应立即作受累间隙筋膜切开减压术，以防止引起缺血性肌挛缩，甚至缺血性肌坏死和神经病变等。

六、髌腱末端病

髌腱末端病，是指由于髌腱在其髌骨下极止点部反复过度的牵拉，造成髌腱末端及其周围附属结构，如腱围、脂肪垫、髌下软骨垫等组织出现炎症、变性、增生、坏死等一系列的病理变化。髌腱末端病是常见运动创伤之一，由于本病多发生于田径、篮球、排球、举重等跳跃或起蹲动作频繁的项目，故又称为“跳跃者膝”。

（一）损伤机制

髌腱一般长约 6～8 厘米，由结缔组织组成的腱围包裹，血供来自膝中动脉分支及髌下脂肪垫血管支。最常见的致伤原因是因专项训练的需要，股四头肌反复快速收缩，导致髌尖部位的髌腱附郦区受到超过生理负荷的牵拉，局部长期处于血液循环不良的状态，加上牵拉本身的损伤，导致末端区的主要结构和附属结构的病变。此外，一次性牵拉伤或由于外力直接撞击髌尖部位致伤，未能及时得到恰当的治疗，病程迁延，也可导致本病。

（二）临床表现与诊断

临床表现为起跳、负重蹲起或深蹲等膝关节发力时疼痛（如足球运动员正脚背大力踢球），严重者跑步痛、上下楼痛，甚或走路痛、打软腿等。静息时也可有疼痛，常常影响训练和比赛。

在运动员中，一般平时症状不明显，疼痛多在训练量过大或相应专项训练过多时出现。

查体时，常在髌尖和髌腱部位有明显的压痛，急性期还可见局部红肿、皮温增高。伸膝抗阻试验阳性，其疼痛最明显的是在伸膝 135 度左右。如用普鲁卡因痛点封闭后，症状消失，活动时也不出现疼痛，这对诊断具有鉴别意义。

（三）治　疗

绝大多数患者通过非手术治疗可继续训练、比赛。一般治疗方法，包括腱围封闭注射、理疗、体疗、按摩、中药等。

对有急性炎症表现的，应采用局部冰敷，以减轻炎症反应和缓解疼痛。也可根据情况配合理疗，如蜡疗、超短波、微波等透热疗法。

按摩对部分患者有效，急性期宜采用经穴按摩以通络止痛为主；慢性期可用局部指刮法配合搓揉法以活血祛瘀，松解粘连。

中药外敷急性期，以清热消肿止痛类为主，如新伤药加减。慢性期以活血祛瘀、软坚散结为主，如旧伤药、软坚散加减。

体疗，以加强股四头肌肌力练习为主，可采用负重静蹲、伸膝抗阻等长练习。可采用多组次，小负荷的练习方式。以不引起患者疼痛为宜。

(四) 预　防

强调预防为主的观念，训练时应遵循循序渐进的原则，避免突然加大训练量。训练中应注重专项训练和身体素质相结合的原则，避免单打一的训练；对运动技术的掌握要精益求精，注意动作协调。

对出现的疲劳症状应尽快消除，避免积累。应经常进行单足半蹲检查，一旦出现阳性，应认真做进一步检查，并适当减少运动量或短期休息。

七、膝内侧副韧带损伤

美国在过去20年中，膝关节韧带损伤的发生率不断升高，这与越来越多的人积极参加各种体育运动有关。常见的膝关节韧带损伤，有前交叉韧带损伤（ACL）、后交叉韧带损伤（PCL）内侧副韧带损伤（MCL）、复合损伤等。其中膝内侧副韧带损伤是最常见的韧带损伤，中医称之为“虎眼里缝伤筋”。

内侧副韧带损伤可分为3度损伤。Ⅰ度损伤：屈曲30度位关节间隙张开1～5毫米。Ⅱ度损伤：屈曲30度位关节间隙张开6～10毫米。Ⅲ度损伤：屈曲30度位关节间隙张开11～15毫米。

(一) 损伤机制

膝关节无论伸直或屈曲位，各种造成小腿突然外展外旋或膝关节突然外翻的暴力作用，即可引起膝关节内侧副韧带不同程度的损伤。轻者发生部分纤维撕裂，重者可造成内侧副韧带完全断裂，甚至合并交叉韧带断裂或半月板破裂。

轻度的内侧副韧带损伤，可能发生在非接触性的外翻或外旋损伤，如滑雪、游泳等运动项目。中至重度内侧副韧带损伤，通常是由于外力作用于膝关节上下，导致外翻。损伤机制通常发生在接触性运动中，如足球、橄榄球等运动项目。

(二) 临床表现与诊断

有明显的小腿外展、外旋受伤史。膝关节内侧副韧带损伤临床症状和体征差异甚大，轻者可仅见局部疼痛，而肿胀和关节功能受限不明显；重者局部肿胀，皮下瘀斑、青紫，伤处触痛敏感，膝关节功能障碍，甚至关节失稳，不能行走。若合并交叉韧带、半月板损伤，会出现关节腔内出血，并扪及全关节肿胀及波动，浮髌试验呈阳性。

1. 临床检查

膝关节内侧有固定压痛点，大多数病人压痛点在内收肌结节上方，也可见于关节线的上方和内侧副韧带的远侧止点。当完全断裂时，局部可扪及凹陷的缺损组织压迹。

2. 韧带紧张试验

主要用于韧带拉伤的检查。当膝关节完全伸直时，韧带处于紧张状态，伤部呈现疼痛，而膝关节半屈曲，韧带松弛时，疼痛随之消失，即为阳性。

3. 膝关节外翻应力试验（侧方分离试验）

检查应在膝关节完全伸直位及屈曲30度位分别进行。患者仰卧位，术者一手固定患肢踝部，一手握住膝部的同时以大鱼际的隆起部对准腓骨头处，然后向内推膝关节，以确认膝内侧是否有开口感。可根据小腿外展的角度来判断损伤的程度。如疑有奥多诺休（O Donoghe）氏三联征，则应加作前后稳定试验及旋转稳定试验。

4. X 线检查

普通X线片正侧位像，只有当撕脱性骨折存在时才有阳性所见。特异性方法可摄膝应力外翻位片。

早期MR可发现明显的信号增高或信号不均匀。（图13－4）

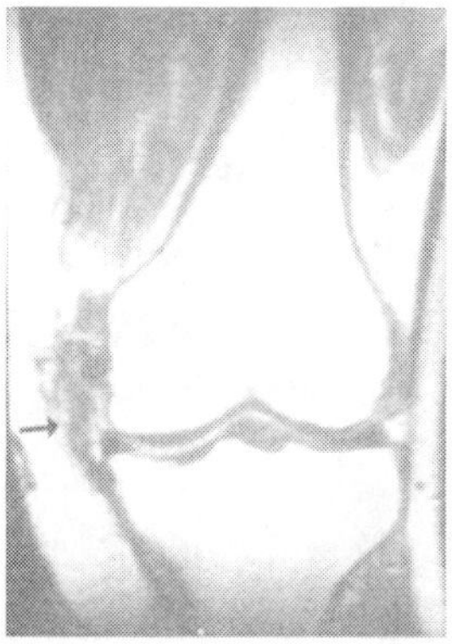

图 13－4　内侧副韧带损伤 MRI
内侧副韧带撕裂，韧带
增粗，信号不均匀

（三）治　疗

1. 急救处理

膝内侧副韧带损伤后，局部应及时进行制动、冰敷、加压包扎、并抬高患肢，以减少出血，避免并发症，缩短病程，有利于进一步的治疗。

2. 治疗原则

韧带轻度扭伤而无断裂者，以非手术治疗为主。可进行药物、针灸、理疗及推拿等治疗，配合功能锻炼。尽早行股四头肌静力收缩练习，肿胀消退，疼痛消失，能行走时，逐渐增加活动范围，3～6 周即可恢复正常活动和接触性运动。

韧带不完全性撕裂，且不引起急性不稳定者，制动 3 周左右。尽早开始股四头肌锻炼与膝关节内侧动力稳定装置的练习。运动员恢复训练时应以粘膏支持带保护，直到局部疼痛完全消失，关节周围肌肉恢复正常肌力。

凡膝关节侧方应力试验阳性，局部性疼痛、压痛明显、肿胀，经应力位 X 线片显示膝关节内侧间隙增宽超过 1 厘米，关节明显失稳或见撕脱伴较大骨折者，应积极早期手术探察和修复。合并前交叉韧带、半月板损伤者，依据具体情况，按各种修复方法分别处理。

3. 治疗方法

（1）中　药

早期，外敷新伤药加大黄、牛膝、黄柏等，内服七厘散或制香片。中后期，局部外敷旧伤药，加海桐皮、牛膝、血竭等，亦可配合使用 1 号熏洗药熏洗，内服强筋丸。若后期韧带附着处钙化或骨化改变，则宜外敷生南星、生半夏、红花、川乌、草乌、川芎、海藻、昆布、木香、牙皂等，并配合 3 号熏洗药局部熏洗。

（2）按　摩

损伤中后期，可外擦舒活酒，在伤部周围作较大面积的按摩，手法以推、揉、揉捏、搓等为主，指针血海、阳陵泉、足三里、阴陵泉等穴位。在韧带附着处的损伤，局部不宜手法刺激太多，以防局部钙化或骨化，形成佩利格尼林－施蒂达（Pellegrini－Stieda）病。

（3）针　灸

早期，取阿是穴，同侧阴陵泉快针，再取对侧尺泽留针 15 分钟，每日 1 次，治疗 5 次左右。中后期，取阿是穴温针，然后取对侧尺泽留针配合运动患膝 15 分钟，隔日一次，治疗 10 次左右。

附注：外侧副韧带损伤的中药、按摩治疗同内侧副韧带损伤的治疗，针灸治疗将“阴陵泉”改为“阳陵泉”，将“尺泽”改为“曲池”即可。

八、膝外侧副韧带损伤

膝关节韧带损伤的发生率，依次为膝内侧副韧带、前交叉韧带和后交叉韧带。外侧副韧带损伤（1ateral collateralligament injury）较少见。

膝关节外侧副韧带较坚固，是对抗膝关节内翻的主要静力性装置。膝外侧有髂胫束、股二头肌腱及腘肌腱的保护，可防止膝过度内翻；膝关节伸直位时，外侧关节囊紧张，对韧带有保护作用；膝屈曲位时，外侧副韧带松弛，不易受到牵张。此外，对侧下肢可防止膝过度内翻和小腿内收，故膝外侧韧带损伤的机会较内侧副韧带少。

膝外侧副韧带损伤，主要见于足球、橄榄球、三级跳远等项目，也可见于膝关节复合伤时合并损伤。膝外侧副韧带损伤中医称为“虎眼外缝伤筋”。

(一) 损伤机制

急性损伤的病因主要有两种：一种是当膝关节屈曲时，小腿突然内收、内旋；另一种是脚踝（被动）固定，而上身惯性外旋前冲，大腿外展、外旋，也可引起膝外侧副韧带损伤。

膝外侧副韧带损伤，一般为部分撕裂，极少发生完全断裂。损伤时，常伴有髂胫束、股二头肌腱的撕裂或撕脱骨折，也可同时伴发关节囊、交叉韧带等其他膝关节结构的损伤。有时，在X线片上，可见到外侧胫骨平台缘的小撕脱骨片，为膝关节旋转性损伤，外侧关节囊撕脱下的骨片，称关节囊征（Segond's Sign），提示可能伴有前交叉韧带损伤。

严重的外侧副韧带损伤有时可伴有腓总神经的损伤。

(二) 临床表现和诊断

膝关节有内翻或过度内旋的受伤史。伤后膝外侧剧烈疼痛、肿胀、皮下瘀斑。患膝关节活动受限、跛行及膝关节有不稳感。合并关节囊或交叉韧带伤者，有不同程度的关节积血。

检查时，沿膝外侧副韧带走行方向有固定压痛。临床诊断时，沿膝外侧副韧带路径触摸压痛点很重要；腓骨小头处撕脱者，可触及骨折片；合并腓总神经损伤，则有“垂足（foot drop）”畸形，以及足背和小腿外侧麻木。以下试验有助于本病的诊断。

1. 单腿盘足试验（cross – legged test）

患者取坐位，健侧下肢屈髋屈膝均约90度，足踩平。伤侧下肢髋关节外旋，膝关节屈曲90度，外踝置于健膝之上，呈单腿盘足姿势。正常人膝关节外侧能摸到一条坚韧的条索，此即是外侧副韧带。检查者一手掌施压力于伤膝内侧，若外侧副韧带处疼痛，另一手指触之坚韧度比健侧减弱，为外侧副韧带撕裂；若摸不到坚韧的条索，说明外侧副韧带完全断裂（图13 –5）。

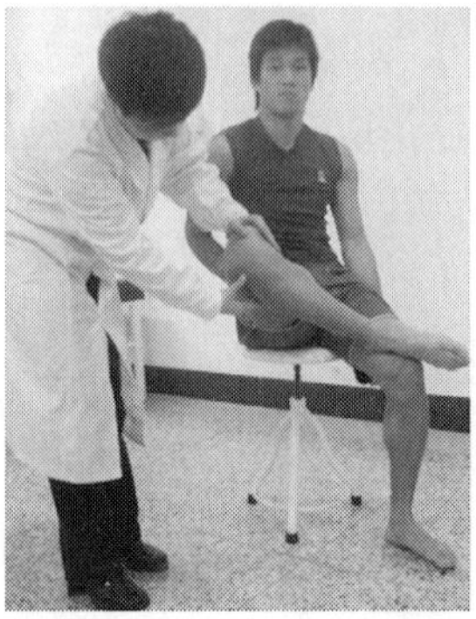

图13 –5 单腿盘足试验

2. 膝关节内翻应力试验（varus stress test）

患者膝关节伸直，检查者一手固定膝关节内侧，另一手置小腿下端外侧，推小腿向内，出现膝关节外侧异常活动感者，提示膝外侧副韧带断裂。此检查应在完全伸直位和屈曲30度位分别进行。

3. X线检查

先在膝外侧韧带压痛点处用1%普鲁卡因封闭，然后在双膝间夹圆枕，用绷带缠紧双踝部。摄双膝X线正位片。外侧副韧带断裂者，膝外侧间隙加宽。合并关节囊和前交叉韧带断裂者，其间隙显著加宽。

早期MR可发现信号增高或不均。（图13 –6）

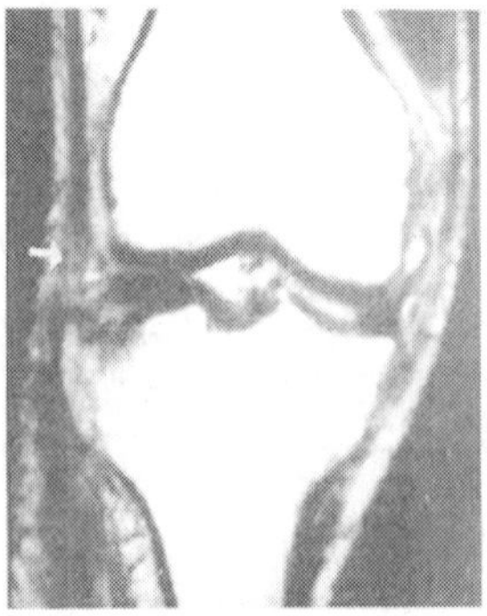

图13 –6 外侧副韧带损伤

外侧副韧带撕裂，信号不均匀（箭头所示）

(三) 治　疗

1. 非手术治疗

膝外侧副韧带部分撕裂，多属单纯损伤。采用非手术疗法，即以铁丝托板将膝关节固定于屈曲20～30度位，3～4周，配合中药、推拿、肌力锻炼，可获得满意效果，其中药与推拿参见膝内侧副韧带损伤。

2. 针灸治疗

早期取阿是穴、阳陵泉（同侧），快针。后取曲池（对侧），留针加患膝运动，15分钟。1日1次，治疗6次左右。中后期用阿是穴温针，对侧曲池加患膝运动15分钟。间日1次，治疗10次左右。

3. 手术治疗

膝外侧副韧带断裂，过去认为可以不必进行修补。但近年来观察，若经保守治疗后，未能愈合者，后遗症明显，常导致关节前外侧旋转不稳定，出现胫骨外髁向前旋转呈半脱位现象，如有合并前交叉韧带损伤时则更为明显。当合并后交叉韧带损伤时，则发生后外侧旋转不稳定，出现胫骨外髁向后旋转半脱位，旋转轴移向后内侧之现象。或继发其他不稳定现象。所以，近年来主张经保守治疗未愈者，一旦诊断明确后应予手术治疗。

如果仅有韧带、关节囊或前交叉韧带撕裂，可直接缝合；如果损伤严重不能直接缝合时，可根据旋转不稳定的方位进行手术修补或重建；如果合并腓骨小头撕脱骨折而有移位或腓总神经损伤者，可行切开复位将撕脱骨块施行固定。同时探查腓总神经。术后配合中药、推拿、针灸、功能锻炼、理疗等。神经损伤者常需较长时间方可恢复运动。

九、前交叉韧带损伤

前交叉韧带的主要功能，是限制胫骨的前移，同时可限制膝关节的过度内、外翻和过度内、外旋。目前，在美国每年有25万人被诊断为前交叉韧带损伤。

大多数前交叉韧带损伤发生于非接触性运动中，在旋转或停跳这类运动中更易出现。足球运动员膝关节扭伤的一半是前交叉韧带损伤。Henning等人的研究表明，防守移位及奔跑中踢球是足球运动员前交叉韧带损伤的最主要原因。在篮球运动员中，防守中移动、弹跳及运球是前交叉韧带损伤的主要原因。

在前交叉韧带损伤中，伸膝位损伤占29%，双足固定突然改变方向占24%，一步急停占17%。

女性前交叉韧带损伤的发病率，明显高于男性。在Mylebust等人对挪威手球运动员前交叉韧带损伤的报告中，女性损伤的发生率为男性的两倍。

大约50%前交叉韧带损伤的患者伴有半月板撕裂。急性前交叉韧带损伤常伴有外侧半月板撕裂；慢性前交叉韧带损伤常因膝关节失稳，而可伴有内侧半月板撕裂。前交叉韧带损伤的运动员通常无法恢复到损伤前的竞技水平。

(一) 损伤机制

前交叉韧带的损伤机制如下。

1. 膝关节外翻外旋位损伤

膝关节遭受外翻外旋暴力，会造成前交叉韧带的损伤，并易同时伤及内侧副韧带和半月板。这种损伤常见于滑雪过程中，当滑雪板前端受阻，膝关节外翻伴胫骨外旋即可能导致此损伤发生。

2. 膝关节内翻内旋位损伤

膝关节受力内翻内旋位损伤与膝关节外翻外旋位损伤机制相似，仅方向相反。常见于手球和篮球运动员。

3. 膝关节伸直胫骨内旋位损伤

胫骨受力内旋的同时膝关节处于伸直位，这可造成股骨内髁前方撞击前交叉韧带，严重者导致韧带断裂。

4. 滑雪靴导致的损伤

滑雪者向后摔倒失衡时，重量集中于脚跟上，此刻滑雪者努力通过用力收缩股四头肌等保持直立，这种动作与滑雪靴的后侧部分的合力，可导致单纯的前交叉韧带撕裂。

（二）临床表现和诊断

多有较严重的暴力受伤史，患者自觉膝关节内有撕裂感，80%的前交叉韧带损伤患者，在受伤时可闻及撕裂声。随即出现关节剧烈疼痛，关节不稳，不能完成正在进行的动作和行走（此点是与膝关节其他韧带损伤的鉴别要点之一）。关节很快肿胀、积血，随之疼痛加重，肌肉发生保护性痉挛，膝关节固定于屈曲位，拒绝搬动。断裂的交叉韧带可嵌入关节间隙，出现典型的关节交锁。如有撕脱骨折，则出血快、疼痛较重。

以下物理检查有助于本病的诊断：

1. 前抽屉试验（the anterior drawer test，ADT）

患者仰卧位，嘱其尽量放松，屈髋45度，屈膝30度或90度，小腿呈中立位，术者以臀部压住患者足背以固定之，双手抱住患者小腿上端向前拉。正常情况下，向前移动在0.5厘米以下（需与健侧对比并参考手、腕部韧带松紧程度）。向前活动度加大，表明前交叉韧带损伤。可分为3级：向前活动度为0.5厘米以下，为1+；向前活动度为0.5~1厘米，为2+；向前活动度为1厘米以上，则为3+。在前抽屉试验中，出现胫骨向前的运动终点模糊（即软点），也提示前交叉韧带损伤。前抽屉试验是诊断前交叉韧带损伤的经典试验。

2. 斯洛克姆试验（Slocum test）

这是前抽屉试验的发展。在膝关节屈曲90度，足外旋15度位，做前抽屉试验，如果呈阳性，为膝前内侧旋转不稳，提示前交叉韧带损伤合并内侧副韧带和半月板损伤。然后在膝屈曲90度，足内旋30度位，做前抽屉试验，如果是阳性，则为膝前外侧旋转不稳。

3. 拉赫曼试验（Lachman test）

病人仰卧位。术者将病人膝关节屈曲10~30度，一手固定大腿远端，另一手抓住小腿上端。在患者肌肉放松的情况下，尝试使胫骨向前移动。如果胫骨向前移动超过0.5厘米（与健侧对比）或出现“软点”，则为阳性，表明前交叉韧带损伤。此法检出的阳性率较前抽屉试验为高。

4. 轴移试验（pivot shift test）

所谓“轴移”，并非用来描写某种病理解剖名词，而是形容在前交叉韧带损伤后，一种患膝突然错动的不稳定感觉。本试验可使轴移现象再现，具体方法是：患者仰卧于检查床上，患肢屈膝约70度，屈髋20度。术者一手压于患肢大腿远端外侧，另一手握住轻度内旋踝部上方，给予患膝外翻应力，然后使膝关节逐渐伸直。当伸直动作在最后20度左右时，有突然的滑动（slip）或震动（jog）感。而膝关节由伸直位逐渐屈曲时，在20度~30度亦产生同样的感觉，即为轴移试验阳性。

5. 毛（宾尧）氏改良式前、后抽屉试验

患者平卧伸膝位，若后交叉韧带断裂时，术者双手缓缓地抬起患者大腿下段约10厘米以上，可见胫骨上段向后滑移，髌下段明显塌陷。若前交叉韧带断裂时，术者双手缓缓抬患侧小腿上段10厘米以上，可见股骨下段向后滑移，髌上段塌陷。每例应在膝上、下各抬高检查1次，即可判断有否前或后交叉韧带损伤。

（1）关节腔穿刺

穿刺可抽得全血（早期）或血性液，关节内血液抽出后多不凝结。膝关节内，外翻应力试验和内、外旋转不稳试验，可帮助鉴别有无侧副韧带和关节囊损伤。进行这些试验应作双侧对比。

（2）X线检查

膝关节侧位X片显示胫骨平台向前活动范围增大。出现胫骨外侧缘的撕脱性骨折常是前交叉韧带损伤的标志。急性损伤在麻醉下，在作抽屉试验情况下摄侧位X线片，两侧对比。如果胫骨向前、后错位即为阳性。向前或向后超过0.5厘米即有诊断意义。

（3）磁共振成像（MRI）

是目前被认为最好的体外非侵入性辅助诊断手段，MRI越来越广泛地被应用于前交叉韧带损伤的诊断。对交叉韧带成像的敏感性、特异性都很强。前交叉韧带断裂在T1和T2加权相均可见到韧带的不连续，缺损区充满液体（图13－7）。MRI可以发现伴随的半月板和关节软骨的损伤。

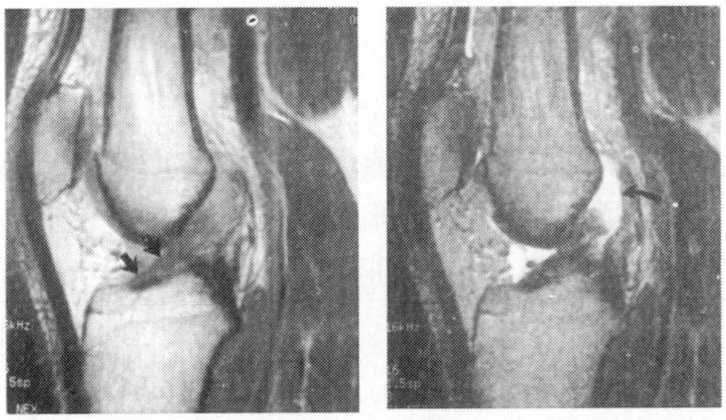

图 13－7　前交叉韧带的 MRI 影像
前交叉韧带后份断裂，断端呈扫帚样，
左图 T1W 示前交叉韧带，右图 T2W 示关节积液

根据外伤史、明显的症状和膝部体征、物理检查，结合放射学检查，诊断一般不难。关节镜对于诊断交叉韧带损伤更加直观和可靠，故对诊断有怀疑的可做关节镜检查。

(三) 治　疗

前交叉韧带损伤的治疗，包括保守治疗和手术治疗。对于单纯性前交叉韧带撕裂的患者，活动水平是决定治疗方法的唯一重要的因素。国际膝关节咨文委员会（International Keen Documentation Committee）将运动度分为四级：Ⅰ级：跳跃、旋转或激烈竞争如足球、橄榄球；Ⅱ级：重手工劳动或是对抗性运动如滑冰、网球；Ⅲ级：轻手工劳动或非剧烈竞争性运动如漫步、跑步；Ⅳ级：非运动性坐位性活动。对活动量小的患者Ⅲ、Ⅳ级，可保守治疗。

1. 保守治疗

保守治疗包括控制炎症、限制活动以及康复训练。康复训练包括肌肉的康复训练及本体感觉训练。功能性支架可限制胫骨的前移，但大多数功能性支架可减缓腘绳肌反应的时间，要谨慎选用支架。要对选择保守治疗的患者进行健康教育，患者可能会出现膝关节不稳定，如不避免剧烈旋转性运动，可能会引起半月板的损伤以及出现骨性关节炎。

2. 膝关节交叉韧带损伤的中医治疗

对于部分断裂者可参考如下中医治疗方法。

急性期，应固定伤膝于伸直位 2～3 周，局部外敷新伤药加泽泻、防己、赤芍、龙骨、牡蛎、牛膝、泽兰；内服三七散、七厘散或桃红四物汤。

慢性期，外敷：黄芪、泽泻、续断、赤芍、土鳖、当归、穿山甲、紫河车；内服：健步虎潜丸或强筋丸，每次 6 克，每日 2～3 次。另可选择性使用蜡疗法或超短波透热法等热疗法。

针灸治疗：损伤后初期，取用同侧委中、犊鼻，快针，后取对侧天井留针，配合患膝活动 15 分钟，每日 1 次，6 次为一疗程；中后期，取阿是穴温针，后取对侧尺泽，配合患膝活动 15 分钟。隔日一次，10 次为一疗程。

3. 手术治疗

对活动水平要求高的单纯性前交叉韧带撕裂、复合韧带损伤及前交叉韧带撕裂合并可修复的半月板损伤，以及陈旧性交叉韧带损伤、膝关节严重不稳定者，多数学者主张手术解剖重建前交叉韧带。前交叉韧带重建的成功，取决于选择移植物的力学反应、移植物的位置、移植物的初始张力、移植物的固定及适当的康复。目前使用的移植物有三种主要类型：自体骨－髌腱－骨（B－PT－B），体腘绳肌腱，同种异体骨－髌腱－骨以及人工韧带等。

由于前交叉韧带撕裂后，影响膝关节的稳定性，容易并发或加重半月板损伤。主张早期修复或重建前交叉韧带。

4. 功能锻炼

（1）挨伤和部分断裂

1～2 日即可用粘膏支持带保护开始练习。①股四头肌静力收缩练习 5 分钟；②直腿抬高练习，采用最大强度的重量，抬腿 10 次（如由于疼痛不能做，可采用负向抗阻运动法）；③等长或等动伸屈膝练习 15 次；④髋伸屈内收及外展各 20 次。

（2）完全断裂

术后以厚棉花夹板加铁丝托固定于屈曲 20～60 度位。固定时间 4～6 周。术后及早开始股四头肌静力收缩练习，每日 2 次，每组 30 次。数日后直抬腿练习的渐加负重和对抗阻力，在固定期间，由于厚棉花夹板有一定弹性，因此膝在固定的棉花夹板内，仍有小范围的伸屈活动，有利于防止因关节固定带来的肌肉萎缩和关节僵直。陈旧性交叉韧带损伤，膝关节严重不稳定者，可考虑行重建交叉韧带术。

十、后交叉韧带损伤

在膝关节韧带结构中，后交叉韧带最为强大。生物力学实验证明后交叉韧带对抗外力的强度相当于前交叉韧带或内侧副韧带的2倍，它是膝关节屈伸及旋转活动的主要稳定结构，相当于膝关节旋转活动轴。因此，后交叉韧带损伤为强大暴力所致。后交叉韧带损伤后，不仅造成关节后直向不稳，还可能导致膝关节旋转不稳和侧方不稳，临床必须进行正确的治疗。

(一) 损伤机制

1. 前后位损伤

屈膝时胫骨近端受到直接向后的暴力是常见的后交叉韧带损伤机制，并多属单纯性后交叉韧带损伤。在此机制下后交叉韧带撕裂有70%发生在胫骨端，15%在股骨端，15%发生于韧带中部。

2. 过伸位损伤

膝关节过伸位受伤时，后交叉韧带首当其冲，因过伸位位损伤往往同时存在有内收内旋暴力，因而损伤多涉及后交叉韧带和前交叉韧带。

交叉韧带的损伤与应力作用点及方向有关。当着力点位于胫骨上端前方，导致膝关节过伸且胫骨后移，即主要损伤后交叉韧带；当着力点位于胫骨下端前方，主要损伤前交叉韧带。

(二) 临床表现和诊断

后交叉韧带损伤后，腘窝血肿较明显，关节可能有不稳定感及后脱位的倾向，有明显的肿胀和压痛。微屈膝关节时，胫骨上段向后方移动。

后拉赫曼试验、后抽屉试验、股四头肌动力试验有助于诊断。

1. 后抽屉试验（posterior drawer test, ADT）

膝关节屈曲90度，如果能将胫骨向后推1厘米（与腱侧对比），或向后推胫骨时出现“软点”，则为后抽屉试验阳性。需注意的是，后交叉韧带断裂时，此体位胫骨上端因重力关系而下陷。此时做前抽屉试验会出现假阳性，故将胫骨拉至正常位置后再检查。

2. 胫骨后沉试验

患者仰卧位，屈髋、屈膝90度，检查者以手托患者双足，如发现胫骨粗隆后沉（双侧对比），则为阳性。

3. 股四头肌动力试验

病人仰卧位，屈膝90度让其主动收缩股四头肌，在伸膝的开始可见后移的胫骨向前活动。

4. X线检查

可显示因韧带牵拉而造成的撕脱骨折块，麻醉下屈膝90度摄膝关节侧位向后应力片，进行测量。从股骨髁的中心向胫骨平台水平线作直线，将后者分为前后两段，任何一段比健侧同段长5毫米以上即为阳性，后段长者为后交叉韧带损伤。

MRI可准确诊断后交叉韧带损伤，甚至可发现关节镜漏诊的后交叉韧带损伤。（图13－8）

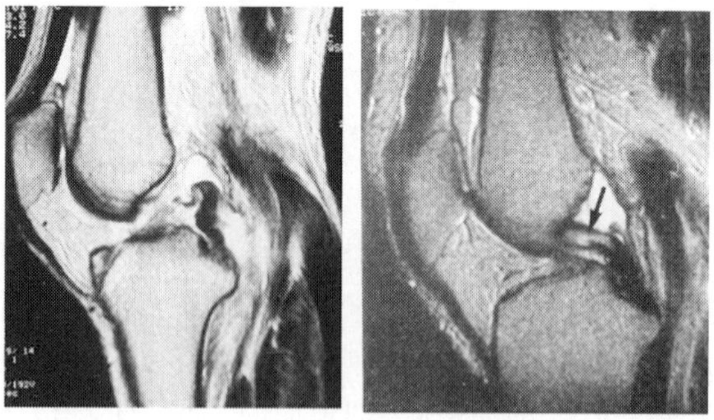

图13－8 后交叉韧带损伤

后交叉韧带断裂（左图）和慢性损伤（右图）

(三) 治 疗

对单纯的后交叉韧带损伤，以前学者们大多认为非手术而积极的股四头肌锻炼可恢复膝关节的稳定性，现越来越多的文献支持对急性单纯的后交叉韧带损伤进行早期的修复或重建。原因如下：①如有其他隐匿损伤，可在其伤后一段时间显示出来，并且随时间推移而加重，尤其是后外侧角的损伤。②后交叉韧带损伤引起旋转不稳定，在髌股关节之间产生异常的应力分布，导致关节退行性改变。急性单纯的后交叉韧带损伤的良性自然转归过程受到挑战。随着膝关节镜技术的发展与完善，现倾向于对后交叉韧带损伤行手术治疗，而在关节镜下重建后交叉韧带倍受推崇。

对不愿手术治疗的患者可保守治疗。用长腿石膏托功能位外固定4～6周。受伤后急性期可用冷敷、包扎及制动等来减少关节出血。之后开始关节活动及下肢力量的训练，尤其是恢复股四头肌的肌力。同时采用特殊设备和方法进行膝关节本体反射训练，增加膝周围肌肉的张力和反应。保守治疗短期内有良好的效果，但远期效果不理想。传统的外固定无法恢复后交叉韧带的张力，且关节的稳定性得不到及时的矫正，其结果只能是促进骨关节炎的逐渐形成和发展。

目前对于后叉韧带完全断裂，有胫骨后倒不稳的，倾向于手术治疗，而取自体股四头肌腱－髌骨（QT－B）在关节镜下原位解剖重建后交叉韧带是比较好的方法。

十一、膝关节周围滑囊炎

膝部滑液囊很多，有的与关节相通，有的不相通。与运动创伤有关的滑囊有：髌上囊、髌前皮下囊、髌下浅滑囊、髌下深囊、腘肌腱滑囊、鹅足囊、半膜肌滑囊、股二头肌滑囊。

（一）损伤机制

引起滑囊炎的原因有两种：急性损伤和慢性劳损。

1. 急性损伤

暴力直接作用于滑囊而起病。如运动员跌倒时，膝关节屈曲，髌前部与地面相撞，可产生髌前皮下囊损伤。股四头肌松弛时，直接暴力撞击髌上部可导致髌上滑囊损伤。

2. 慢性劳损

膝关节过多活动，滑囊受到反复摩擦而发病。如长期的跑跳，膝关节过度屈伸，髌韧带过多牵拉，可引起髌下浅滑囊炎。

（二）临床表现与诊断

患膝疼痛，关节某一动作受限明显。检查可见病变区有局限性肿胀，压痛。髌前皮下囊炎的肿胀最为明显。局部有压痛。急性期滑囊内常可抽出血液，慢性期滑囊内常为淡黄色、透明、较黏稠的液体。

X线检查，晚期病变区可能有钙化影。

（三）治　疗

首先是停止引起损伤或疼痛的动作。局部外敷中药、封闭等均有一定疗效。个别病人经非手术治疗无效，影响训练和日常生活者，可以考虑手术切除滑囊。

十二、膝关节创伤性滑膜炎

膝关节的关节囊分为纤维层和滑膜层，滑膜层衬垫于纤维层之内。滑膜层起于关节软骨的边缘，反折覆盖于关节囊的纤维层、脂肪垫或脂肪组织的表面，构成密闭的囊腔，称膝关节的滑膜囊。膝关节是人体滑膜面积最大的关节。

滑膜的表层有滑膜细胞，分泌滑液，以保持关节面的润滑，提供关节软骨营养、并扩散关节活动时所产生的热力。

（一）损伤机制

运动员过多进行跑、跳、起蹲等练习，使膝关节过度的屈伸、扭转、肌肉疲劳，关节稳定性减弱，滑膜与关节面的摩擦、挤压增多，可导致膝关节创伤性滑膜炎。

膝部扭伤、挫伤、关节内游离体等，也可导致膝关节创伤性滑膜炎。

（二）病　理

滑膜损伤后，病变区域的血管扩张，滑膜充血、水肿，渗出液增多，血浆、血细胞等渗出到滑膜腔内。滑膜细胞活跃、增生，分泌许多黏液，后期滑膜增厚，粘连，关节软骨萎缩，导致膝关节功能障碍。

(三) 临床表现与诊断

患者通常有典型的外伤史或过度劳损的病史。膝关节胀痛，关节屈曲受限，下蹲困难，关节乏力。

查体：膝关节肿大，关节间隙有压痛。屈曲位能看到两膝眼肿胀明显。中量以上的积液者浮髌试验阳性，关节穿刺抽出积液或积血。

浮髌试验：患者平卧，伸直患肢，检查者一手按压髌上囊将液体推入关节腔内，以另一手食指快速按压髌骨，如能感到髌骨与股骨髁间有撞击感即为阳性。

X 线检查可排除关节内骨折及其他病变。

(四) 治 疗

制动休息。关节大量积液时，可以在严密无菌操作下，进行关节穿刺抽液，并加压包扎。

急性期：外敷新伤药，内服当归、防己、泽泻、茯苓皮、大腹皮、蒌皮、川芎、牛膝、泽兰、甘草，每日一剂，水煎，分 3 次服，此期不宜按摩治疗。

慢性期：外敷滑囊炎散，水醋各半调敷于患处。肿胀发热者，去龙骨、牡蛎。加芙蓉叶、蒲公英；水肿大而属实者，加牛膝、地肤子、牵牛子；反复肿胀属虚者，加用党参、黄芪、白术、川芎；肿胀发凉者，加桂枝、千年健、海桐皮、威灵仙。内服术桂散，每次 3 克，每日 2 ~ 3 次。此期肿胀已退，可予按摩治疗，与膝关节上下外擦舒活酒，后做抚摸、揉捏、搓等手法，配合指针血海、阴陵泉、足三里等。具体方法为：①先于膝及膝周围表面抚摩后，由远及近推压大小腿，双手交替进行 3 ~ 5 分钟；②以拇指先揉、推两侧膝眼，再推、揉髌上囊处，然后推揉髌周围以及内外关节间隙处，该手法时此阶段的主要手法，可起到活血消炎的作用；③揉捏、搓大小腿肌肉，然后行股四头肌及小腿三头肌练习。

十二、膝关节半月板损伤

半月板是膝关节的重要辅助装置，是膝关节复杂的生物力学系统的重要组成部分。它起着传递负荷、吸收震荡、减少应力、保护营养关节软骨、增强润滑、提供关节匹配性、维持关节稳定，以及限制关节过伸过屈等作用。

据统计，膝半月板损伤是创伤率在前三位的伤病之一，约占总数的 4.20%。在日常生活和运动训练中，常因不正确的姿势和用力而引起半月板损伤，成为影响人们生活质量和运动训练的常见因素。同时又因半月板组织内部缺少血管，损伤修复困难，因此半月板损伤一直是国内外运动医学和骨科界关注的焦点之一。

(一) 分 类

半月板撕裂有许多不同的分类方法，O′Connor 分类法是较合理明确的分类方法，得到普遍认可。该分类法将半月板撕裂分为 5 种类型：①纵行撕裂；②水平撕裂；③斜行撕裂；④放射状撕裂；⑤其他，包括瓣状撕裂、复合撕裂、退变撕裂、裂隙撕裂等。

另外，临床上常根据半月板损伤部位的修复潜能，将其分为红 - 红撕裂、红 - 白撕裂、白 - 白撕裂。它为临床修复半月板提供了理论基础。

(二) 损伤机制

半月板损伤的最基本原因是膝关节屈伸时伴旋转暴力，引起半月板的矛盾运动（膝的伸屈同时又有扭转、挤压或内外翻动作），导致半月板破裂。内侧半月板在胫骨上很少移动，很易挤压在两髁之间，结果造成损伤。最常见的半月板损伤是半月板后角损伤，而且最多见的损伤类型是纵行破裂。

在体育运动中，产生这种半月板矛盾运动的动作很多，如篮球运动员的争球、过人、切入投篮时的转身跳起和落地，以及足球运动员的带球疾跑转向或急停转身等都可以引起半月板损伤。

（三）临床表现与诊断

膝关节半月板损伤是最常见的膝关节损伤之一，多见于运动员、体力劳动者，男多于女。

多数患者有急性扭伤史。受伤后关节剧痛，活动受限。有些患者在伤膝关节活动时可听到清脆的响声或伴疼痛，且疼痛与响声常恒定在同一侧。部分患者有关节交锁，解锁后可立即进行伸屈活动。若损伤当时即有交锁或多次出现部位固定的交锁，对半月板损伤的诊断有意义。

检查发现患者关节肿胀，关节内常有积血、积液。压痛点固定而局限，多次检查位置不变。压痛恒定在伤侧，是诊断半月板损伤的重要依据之一。

打软腿（give away）：患者感到肌肉无力控制关节，常有突然跪倒的趋势。特别是上下台阶，或行走不平坦的道路上时。其原因与膝关节不稳以及股四头肌力弱有关。多见于慢性期。

股四头肌萎缩：74%以上的患者可以见到，多出现于慢性期或有症状的病例，以股内侧肌最明显。

有诊断意义的试验如下。

1. 半月板摇摆试验

北京大学第三临床医学院运动医学研究所首先使用此法，方法简便，病人痛苦少，诊断符合率高，尤其适用于急性损伤病人。方法：患者仰卧，膝伸直或半屈，检查者一手托患膝，拇指缘放在内或外侧关节间隙，压住半月板缘，另一手握足部并内外摇摆小腿，使关节间隙开大缩小数次，若拇指感到鞭状、条状物于关节间隙进出滑动或听到响声或患者感到疼痛，即表示该半月板损伤。

2. 膝回旋挤压试验（McMurray's sign，麦氏征）

患者仰卧，医生一手扶按膝侧方，另一手握足踝部，极度屈膝，然后将小腿外展外旋，或内收内旋，在保持此状态下逐渐伸直膝关节，如关节间隙处出现疼痛和（或）弹响声，即表示外侧或内侧（医生手扶按的一侧）半月板损伤。

3. 半月板挤压试验

操作方法同膝关节侧扳试验。膝关节伸直，侧方施加压力使胫股关节挤压受伤侧的半月板。若关节间隙疼痛，则可能有半月板损伤。胫骨平台软骨病和滑膜炎也可为阳性。

4. 半月板旋转试验（Timbrill－Fischer's test）

患者屈膝30度左右，检查者一手拇指紧压内（或外）侧副韧带前方的关节间隙，另一手握小腿进行内外旋转，连续数次。如果拇指于关节间隙处感到鞭条状物即为阳性。表示内或外侧半月板损伤。常与半月板摇摆试验联合进行。

5. 半月板前角挤压试验（Kellogg－Speed's test）

检查者将拇指压在半月板前角处，检查患者膝关节被动由屈到伸过程中是否出现疼痛。两侧膝对比，如一侧特殊痛即为阳性，表示此侧半月板前角可能损伤。

6. 弹拨试验

这是盘状软骨损伤病人的典型体征，但不是所有盘状软骨损伤都会出现此征。病人仰卧，抬高下肢，膝关节在伸直过程中，达20度～30度时，病人自觉膝部发出响声及酸痛，响声钝而强，小腿发生震动，称弹拨征阳性。

此外还有膝提拉研磨试验（Apley's test）、膝过伸试验（Jones test）、膝过屈试验、Steimen's试验及重力试验等，对半月板损伤有一定诊断价值，但阳性率不高。

应当注意，在膝关节半月板损伤的诊断中，不能仅仅依赖于一种方法，而应将病史、症状、关节间隙压痛点以及多种试验综合分析，才能作出较准确的诊断。

X线检查：可排除骨关节本身的病变、关节内其他损伤和游离体。膝外侧间隙增宽、腓骨小头位置偏高对盘状软骨损伤的诊断有一定价值。

关节造影：半月板撕裂的诊断符合率较高，但由于现代MRI等非侵袭性和高准确性的检查手段的应用，关节造影目前已较少应用。

磁共振成像（MRI）：MRI是目前为止，是敏感性和准确性最高的影像学检查手段。在临床上被广泛应用（图 13－9）。

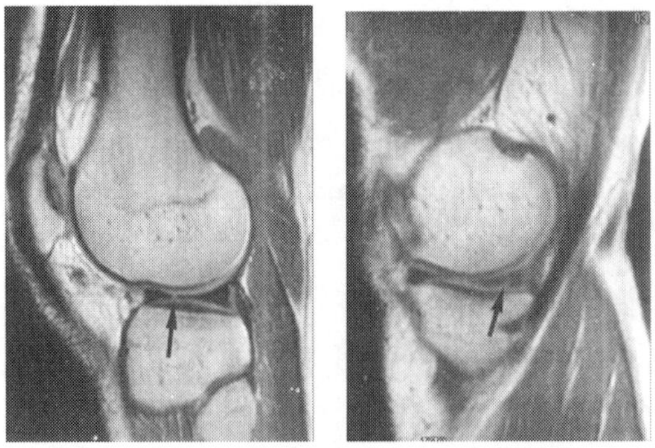

图 13－9　半月板的 MRI 影像

外侧半月板前角（左图）和

内侧半月板后角（右图）损伤

关节镜使用：优点是能直接看到关节内的病变及部位，且能在镜下行修复手术。手术损伤少，恢复快。其诊断正确率可达 95% 以上，但对半月板后角损伤和半月板水平裂较难诊断。

（四）鉴别诊断

1. 侧副韧带损伤

可表现为内侧或外侧关节间隙疼痛、肿胀。但这种疼痛多较局限且明确，沿侧副韧带有压痛。肿胀多位于损伤侧皮下组织，有瘀斑，较少有关节积液征。侧扳试验膝关节有开口感。半月板挤压试验可资鉴别。

2. 关节内游离体

可表现为急性交锁，大多数稍加伸屈，膝关节即可解锁，交锁部位经常移动变化，有时在膝关节附近扪及可滑动的游离体。

3. 交叉韧带损伤

多有较严重的运动创伤或其他损伤史，关节肿胀、积液（积血），大多损伤当时即不能再活动。若残端嵌塞在胫股关节之间可引起膝关节交锁。常合并有内侧半月板损伤或（和）内侧副带损伤，称为 O′Donoghue 损伤三联征。抽屉试验、Lachman′s test、Pirot Shift′s test 有助鉴别，关节镜能确诊交叉韧带损伤。

4. 腘肌腱损伤

本病较少见。主要表现为膝后外侧的疼痛，容易与外侧半月板后角损伤混淆。腘肌腱从股骨外髁后方向小腿内下方行进过程中，在腓骨小头、后关节囊及半月板后缘处发出三束纤维，分别连接于以上三个组织。当受到膝部旋转性暴力时，其中任何一束损伤都会引起膝后疼痛，尤其是深蹲痛。仔细检查多无半月板损伤体征，也无关节积液。痛点局封有助鉴别。

5. 脂肪垫和翼状韧带的损伤

这两种结构均位于膝的前部，多由于膝突然过伸挤压而引起，如跳远运动员落沙坑时的损伤。可表现为膝不能完全伸直、过伸痛，膝眼较突出，有压痛，也可有积液。与半月板前角撕裂和关节鼠症状相似。检查多无半月板损伤体征。痛点局封效果好。

6. 髌股关节滑膜皱襞挤压综合征（Plica′s syndrome）

此病多发生在髌股关节的内侧，半蹲位行走活动时疼痛。注意与内侧半月板损伤鉴别。单腿半蹲试验阳性，股骨髁局部压痛及局封后疼痛可消失，可资鉴别。

7. 关节内骨折、软骨切线骨折

多由于髌骨受到暴力向外侧脱位或半脱位，股四头肌反射性猛烈收缩使髌骨复位，引起股骨髁软骨面或髌骨软骨面的骨软骨切线骨折。病人常有膝部扭伤或“脱位感”，关节肿胀，有时有交锁。X 线片可见到关节内有小的游离骨片影。关节穿刺为血性积液，有大的油滴，为骨软骨骨折从骨髓腔渗出的带油滴的血液。此点对诊断很有帮助。骨软骨切线骨折宜急诊手术。

（四）治　疗

未合并其他损伤的半月板损伤：先予保守治疗，因为有些小裂伤急性期过后可无症状，边缘裂伤有时会自愈（不完全的半月板撕裂或小于 5 毫米的稳定的边缘撕裂，不合并其他病理损伤如前交叉韧带撕裂，可以采用非手术治疗，预后较好）。轻微的半月板撕裂可以通过康复、限制活动进行治疗。

1. 急性期

以处理关节积血和创伤性滑膜炎为主。

急性期半月板损伤伴关节交锁：关节积液严重，怀疑有交叉韧带或关节内骨软骨切线骨折时，应行急诊手术探查，切除损伤的半月板，修复关节内其他损伤。

急性期单纯半月板损伤：应抽去积液积血，局部冷敷，加压包扎，石膏固定，制动2~3周。若有关节交锁，可用手法解锁后石膏托固定。解锁方法：患者侧卧，医生一手握住患足，一手固定患膝，先屈曲膝关节同时稍加牵引，拉开交锁膝关节间隙，然后来回旋转小腿至正常范围，突然伸直膝关节，解除交锁。疼痛可立即解除，恢复原有伸屈活动。急性期中不必急于明确诊断，以免加重损伤，可按上法处理后，石膏托固定，待肿胀、疼痛消退后再检查。

2. 慢性期

近年来，通过对大量临床病例的长期观察，认为对半月板损伤盲目手术切除的治疗方法非常错误，能做半月板部分切除的尽量不做全切。对其治疗应争取尽早明确诊断，防止小的损伤进一步加重，丧失修复的机会，并且可根据损伤部位、类型、程度，尽快决定治疗方案。一般来说，红区小的纵裂可采取非手术治疗的方法，纵裂、桶柄样撕裂、内缘小撕裂者做部分切除成形；边缘撕裂或前、后角撕裂者可做缝合。即使是全切除者，亦应在靠近关节囊的半月板实质中进行，避免出血。

单纯的半月板损伤，未引起关节内紊乱者，可选择非手术治疗。主要目的在于改善局部的血液循环，促进损伤半月板的修复；其次，加强肌肉锻炼，增强关节的稳定。具体方法，可以通过中药、按摩和康复、限制活动进行治疗。

（五）中医治疗

1. 手法治疗

急性损伤患者有膝交锁症状，应予手法理筋解锁。先以抚摩、揉、揉捏、推压等手法，由轻而重的按摩膝周，放松肌肉，消除患者紧张心理，然后术者一手握住患者踝关节上方，另一手捏住膝部，幅度由小到大地缓慢屈伸膝关节，并在此过程中轻轻内外旋或内收外展小腿，直至交锁症状消失。损伤的中后期以舒活酒为按摩介质，在膝关节上下施行抚摸、揉、揉捏、搓等手法，以拇指指腹揉压关节间隙痛点，以局部皮肤发红稍感温热为度；然后以指尖做痛点刮拨，做到力达深处，且指尖与皮肤间无移动，最后指针刺激足三里、阴陵泉、阳陵泉、风市、血海等穴位，并以整理手法结束按摩。

2. 中药治疗

早期局部外敷半月板1号药，配合1号熏洗药熏洗，每日1次。内服活血止痛汤，每日1剂，水煎，分3次服，以行气活血，消肿止痛。中后期外敷半月板2号、3号药加减，可配合1号、2号熏洗药熏洗，每日1次，内服正骨紫金丹或健步虎潜丸，以温经活络，生血活血，续筋强筋。

（六）康复训练

1. 伤后康复训练

不管手术与否，都要十分重视防治失用性及关节源性肌萎缩，力求肌力的充分恢复。急性期初步治疗后或手术后次日应即开始股四头肌等长收缩练习。并逐渐增加负荷。传统的直退抬高练习阻力负荷不够大，只可供初期应用。肿胀疼痛消失后作渐进抗阻练习。如运动至某一关节角度有疼痛时，可避开此角度做短弧等张或等速练习或多点等长练习。术后2周可扶拐行走，3周后正常行走，3个月后如下蹲起立无疼痛无响声可开始准备性训练。经循序渐进的跑步、变速跑、8字跑、突停、跳跃等训练，以不引起疼痛或肿胀为度。至关节活动度充分恢复，肌力恢复至90%以上，才能参加正规训练。

2. 术后康复

这是很重要的环节。首先要求术后膝加压包扎加石膏托固定。第2天即可进行股四头静力收缩练习，逐渐增加股四头肌力量。然后根据半月板手术类型决定患者康复方案，康复要有计划按规律进行，以不加重关节肿痛为标准。

十三、跖肌腱断裂

跖肌腱断裂多发生于网球、羽毛球、体操、

技巧等项目，又叫网球腿。

(一) 损伤机制

膝关节伸直位足突然蹬地提踵起跳，跖肌腱因受过度牵拉而断裂。如网球运动员跳起扣球，用足用力蹬地，踝关节跖屈，同时膝关节急剧的由屈变伸，此时全部的力量都加在已经收缩的腓肠肌和跖肌上，将跖肌拉断。

外力撞击，直接作用于处于紧张状态下的肌肉上，亦可引起强烈收缩，使肌张力过大而发生断裂。

(二) 临床表现及诊断

有急性外伤史。受伤时患者自觉小腿后侧有被钝器打击，并有崩裂感。伤后疼痛明显，活动受限，行走不便。

查体：小腿后侧有压痛，有时能触及肌腱断端回缩的突起。足背伸与抗阻跖屈时疼痛加重。

(三) 治 疗

由于跖肌是退化的肌肉，因此跖肌腱断裂可采用非手术治疗。损伤早期争取 RICE 原则，局部外敷新伤药加压包扎，并用支具/铁丝托板固定踝关节于中立位，以防受伤肌肉与其他组织粘连，影响功能。内服制香片或七厘散，2 ~ 3 日后局部轻手法按摩或红外线照射，每次 20 分钟，每日 1 次。取承筋、承山针刺留针 5 分钟，每日 1 次，治疗 5 次左右。损伤中后期，若出现局部粘连，可采用抚摩、揉、揉捏放松小腿部肌肉，局部以弹拨、刮等手法为主，配合牵拉手法，以达到松解粘连；也可配合委中、承山、阳陵泉、阴陵泉等穴位指针，取阿是穴留针，取健侧小海、支正留针 10 分钟，并配以患侧起踵运动，间日 1 次，治疗 5 ~ 10 次。

(四) 预 防

在训练前做好充分的准备活动，在腿部力量训练中，要注意小腿力量的锻炼，对自感小腿疲劳、僵硬的运动员应注意观察，调整局部负荷量，训练时应绑上护腿或弹力绷带，并可进行放松按摩及理疗。

本章小结

(1) 膝关节是人体最大最复杂的关节，此部位较多的是慢性劳损引起的软骨、韧带、腱膜与滑囊等损伤。

(2) 膝关节损伤与其解剖即运动特征密切相关。

(3) 股四头肌功能锻炼及其肌力的维持与提高在膝关节病损的防治中具有重要意义。

(4) 膝关节不稳的病理机制复杂，病程多样，治疗效果不一，应尽可能地注意。

(5) 髌股关节紊乱多见，临床以非手术治疗为主。

(6) 运动性腿痛原因多样，其中以胫骨疲劳性骨膜炎较为多见；应强调正确的训练方法，讲求生物力学原则以及运用合适的运动器材等。

(7) 应力修复在损伤韧带的修复过程，能更好地提供功能恢复。

(8) 早期的正确处理是损伤韧带恢复的重要保障。

(9) 非手术治疗对韧带损伤仍是疗效明确的方案，尤其是对运动员而言。

(10) 韧带损伤的失治可能带来关节松弛不稳，但陈旧性损伤后的韧带松弛，通过强化肌肉对关节的保护和稳定作用，仍能完整地进行训练和比赛。

讨论题

(1) 前交叉韧带的损伤机制。

(2) 后交叉韧带损伤的治疗原则。

推荐阅读参考文献

刘智华（2003）：膝关节后交叉韧带损伤的诊断和治疗．国外医学·骨科学分册，24 卷 1 期，10 ~ 12 页．此论文对膝关节后交叉韧带损伤的诊断及治疗进展进行了较为详细的介绍。

陈疾杵（2003）：髌股关节疾病研究进展．国外医学·骨科学分册，24 卷 1 期，15 ~ 17 页．此论文对髌股关节疾病的发生机理、诊断及治疗的进展进行了较为详细的介绍。

第十四章　足踝部运动创伤

足踝部损伤是常见的运动损伤。从损伤部位统计数据表明，足踝部损伤患病率为6.01%，其损伤发生率仅次于膝关节。由于足踝部解剖及生理功能的复杂性，给足踝部运动损伤的预防和治疗带来了一定的困难。足踝部的运动损伤严重影响了运动员的训练及成绩的提高。

第一节　应用解剖

踝部是指踝关节及其上下结构。踝关节为人体6大关节中位置最低、承载最大而又相对薄弱的关节。踝关节由胫、腓骨下端的关节面构成，而内踝关节面、外踝关节面、胫骨下端关节面和后踝构成踝穴。外踝较内踝低大约1厘米并偏后1厘米。后踝是指在胫骨下端后缘，并向下突起的部位。

踝部诸骨之间主要靠韧带连接，踝关节的外侧有副韧带，由后向前分别为距腓后韧带、跟腓韧带和距腓前韧带，踝内侧副韧带又称三角韧带。

虽然直接外力如撞击等可损伤踝关节，但大部分踝部损伤是由间接外力引起的。当踝关节受到极度跖屈、背伸及内、外翻外力，或再加上旋转应力的作用时易造成损伤。

足骨有跗骨、跖骨和趾骨3种：跗骨共7块，分为两排。近排为距骨和跟骨，远排有舟骨、第1~3楔骨和骰骨；跖骨有5块；趾骨14块。此外尚有若干籽骨及额外骨。

足骨的关节有距下关节、距舟关节、跟骰关节、跗横关节、跖跗关节、跖骨间关节、跖趾关节和趾间关节。距下关节又称跟距关节，由跟骨上关节面与距骨下关节面构成。

足部的主要运动是内收与外展，内翻与外翻。足的内、外翻并非由踝关节完成，主要发生在跟距关节和跗横关节。在运动中，足踝部各关节间相互配合。例如，踝关节背屈的同时，往往有足的外翻和前足的外展，称为旋前；踝关节跖屈时，往往有足的内翻和前足的内收，称为旋后。

足部创伤有直接暴力、间接暴力和肌肉拉力或扭转力三种致伤因素。运动损伤以间接暴力和肌肉拉力或扭转力引起的损伤为主。

第二节　常见损伤

一、踝关节外侧韧带损伤

踝关节外侧韧带（lateral collateral ligament，简称LCL）是由距腓前韧带、跟腓韧带、距腓后韧带组成。距腓前韧带：起自外踝前缘，止于距骨外踝关节面的前方及距骨颈的外侧面，有限制足的过度跖屈及内翻功能。跟腓韧带：起自外踝尖前方到跟骨外侧面中部，有限制足内翻的功能。距腓后韧带：起自外踝后缘，止于距骨后突，有防止距骨向后脱位的作用。

（一）损伤机制

踝关节损伤中，外侧韧带损伤较为常见，是创伤率在前五位的伤病之一，约占创伤总数的4.49%。这主要是因为：①外踝较内踝长0.5厘米；②内侧三角韧带较外侧韧带坚强；③距骨体前宽后窄，当跖屈时，关节不稳，允许较大的侧向和内旋；④旋后肌群远比旋前肌群有力。因此，踝关节旋后位受伤较多。

1. 距腓前韧带

足在正常承重时，距腓前韧带与距骨的长轴走行方向一致。当踝跖屈时，其走行方向与胫骨纵轴一致，并变得紧张，此时如受到内翻应力时，距腓前韧带即产生撕裂。

2. 跟腓韧带

当踝关节处于跖屈，如内翻应力进一步增加时，除产生距腓前韧带损伤外，还可产生跟腓韧带损伤。如踝关节处于中立位，当踝关节极度内翻位时，则首先可产生跟腓韧带的损伤。

3. 距腓后韧带

为外踝韧带中最强的一束，主要限制踝关节的过度背伸。距腓后韧带损伤主要是因为足超限内翻所致。

踝关节的旋后损伤，是一个联合动作，它包括踝的内旋（及胫腓外旋）、跟距舟关节内翻及前足内收，在损伤过程中很难区别开来。如篮球运动中，起跳投篮后，落地时失去重心或踩在别人脚上，造成足旋后位动作，导致外侧韧带损伤，根据其解剖结构及受伤机制，距腓前韧带首当其冲，遭受暴力损伤而发生撕裂，如损伤暴力能量较大时，距腓前韧带断裂后，残余损伤能量可继续造成跟腓韧带撕裂。除了踝关节外，跟腓韧带还跨越跟距关节，起稳定该两个关节的作用。如果跟腓韧带断裂，可能会波及跟距关节的骨间韧带。（图 14－1）

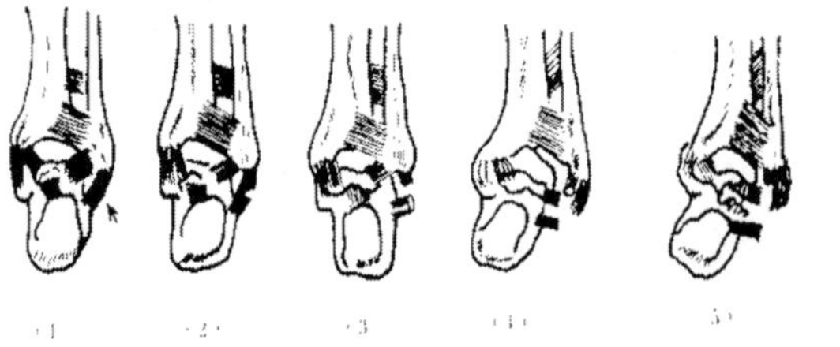

图 14－1 踝外侧韧带损伤示意图

（引自曲绵域，2003）

（1）（2）韧带部分断裂；

（3）韧带完全断裂无脱位；

（4）韧带完全断裂合并胫距关节脱位；

（5）韧带完全断裂合并跟距间韧带断裂及跟距关节脱位（联合损伤）

（二）临床表现与诊断

有明确的足踝旋后受伤史。损伤后腓骨下端、外踝前外方迅速发生肿胀、瘀血及疼痛，伤后 2～3 天最为明显。

检查可见局部有明显压痛。距腓前韧带损伤，压痛点在外踝前下方；跟腓韧带损伤，压痛点在外踝尖偏后下方约 1 厘米处。同时还可作物理检查，一般在损伤当时尚处于疼痛休克期时操作，或在局麻下实施。以下试验有助于诊断。

1. 前抽屉试验

用以检查距腓前韧带的完整性。检查者一手固定胫骨远端，另一手握住足跟部，向前方用力试图使距骨前脱位，有较大前移者为前抽屉试验阳性，提示有距腓前韧带断裂或松弛，有时需以健侧作为参照。

2. 距骨倾斜试验

这是检查跟腓韧带与距腓前韧带完整性的试验（图 14－2）。握住足跟部内翻距骨，正常人距骨倾斜不超过 5 度，与对侧相比有显著差异时表明距腓前韧带及跟腓韧带完整性有破坏，应力位 X 线检查有助于诊断（倾斜角大于对侧 10 度为阳性）。

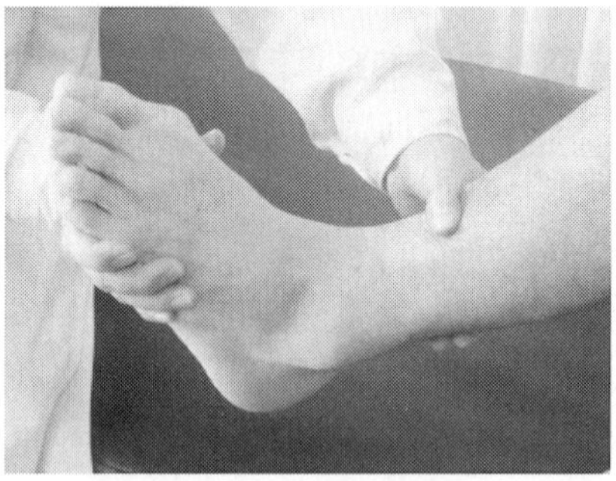

图 14－2 距骨倾斜试验

根据这两个试验，可将踝关节扭伤分级：Ⅰ级，前抽屉试验与距骨倾斜试验均为阴性；Ⅱ级，前抽屉试验阳性，而距骨倾斜试验阴性；Ⅲ级，前抽屉试验与距骨倾斜试验均为阳性。

外侧韧带损伤诊断并不困难，重要的是要明确外侧韧带损伤后，踝关节稳定性是否受到影响，是否伴随其他韧带损伤或骨折（如腓骨下端骨折、距骨骨折或第五跖骨基底部骨折等)。

损伤后，踝关节 X 线片必不可少，以排除伴随骨折，对可疑病例或考虑关节不稳定病例，应拍摄应力位 X 线片，必要时行 CT 或 MRI 检查。MRI 对隐性骨折、关节内出血、周围韧带损伤及软组织水肿显示最清晰。

(三) 治 疗

1. 扭伤和部分撕裂

(1) 急救：受伤后立即采用 RICE 急救原则处理。以粘膏支持带或绷带、弹力绷带固定，减少血肿形成。

(2) 药物治疗：初期，外敷新伤药，内服玄胡伤痛宁；中期，外敷旧伤药，内服强筋丸；后期，外敷续断、土鳖、血竭、地龙、木瓜、合欢皮、关桂、紫荆皮；若局部发硬者，加生南星、生半夏、血余炭，内服秦艽、当归、赤芍、首乌、牛膝、乳香、骨碎补、续断，松节、通草，水煎，分 3 次服。

(3) 关节穿刺：如部分断裂，踝关节腔已有明显积血者，应行关节穿刺，将积血抽出，以消除创伤性炎症，并保护关节软骨。穿刺后应加压包扎。

(4) 手法治疗：应在 12 小时以后开始。①用拇指按、掐绝骨穴，持续 1 分钟，使其得气而感酸胀沉重；②轻抚摩、轻推法由踝的远端向近端按摩，以达到活血祛瘀的作用；③在肿胀、瘀血部位用连续密集的指切挤推手法，自肿胀瘀血的远端挤向近端，并挤过踝部的小腿十字韧带和小腿横韧带。指切从肿胀的中线开始，经过第一次指切，沿着中线形成一条凹陷的浅沟，把肿胀瘀血分割成左右两半。然后再从浅沟两侧逐次指切，切到整个肿胀的边缘为止。经过 1 次指切，肿胀瘀血则明显消退，如消退不理想，可重复指切 1 次。指切时患者有疼痛感，应嘱其配合。按摩完后，加压固定。④3 ~ 4 天后，肿已消退，则改用在足踝部及小腿作抚摩、揉、揉捏、摇晃等手法，再加指针足三里、解溪、昆仑、太溪等穴。

(5) 功能锻炼：急性期（第一周）扶拐部分负重，并间断地抬高患肢，加强肌肉等长锻炼。若病情改善，2 ~ 3 周后，应行关节活动度练习、强化肌肉练习，及本体感觉训练，支持带保护下功能锻炼。(图 14 – 3)

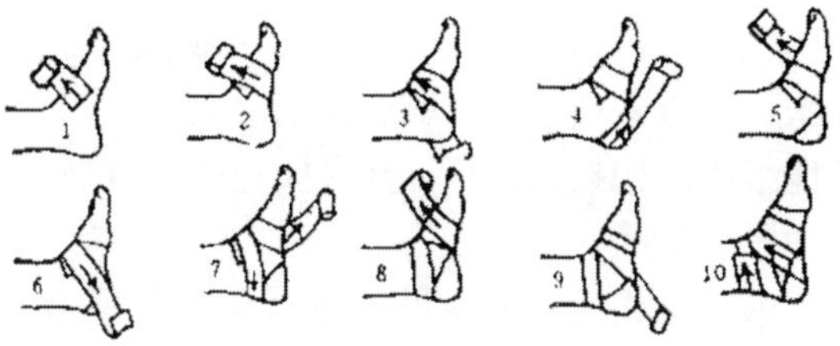

图 14 – 3 踝关节的粘膏支持带

2. 韧带完全断裂

踝关节韧带完全断裂一般不须手术治疗，伤后可用支具将足固定在旋前位。3 ~ 4 周后解除固定，配合中药内服、熏洗和按摩等治疗，并加强功能锻炼，一般疗效较好。必要时才行手术修补，手术治疗仅适用于踝关节不稳定的患者。

二、踝关节三角韧带损伤

三角韧带（deltoid ligament）又称踝关节内侧韧带（medial collateral ligament，简称 MCL)，可分为两层。浅层：跟胫韧带，由内踝尖止于跟骨载距突，跨越距上和距下两个关节。深层：分为三束，由胫距前韧带、胫舟韧带和胫距后韧带构成。均起自内踝尖，分别止于距骨前缘，向前延伸至足舟骨，和距骨后内侧。三角韧带的功能有防止足跟外翻、距骨异常外翻及前后错动。前部纤维可限制踝关节过度跖屈，而后部纤维则有限制踝背伸的功能。相对而言，踝关节内侧稳定性较高。

(一) 损伤机制

踝关节三角韧带损伤较少见，因为足外踝较长，胫前肌较强，所以不易发生旋前动作而致伤。但是一旦损伤则较严重。三角韧带参与构成趾长屈肌腱、胫后肌腱及踇长屈肌腱的腱鞘，当三角韧带断裂，距上关节腔即与腱鞘相连，同时肿胀。

一般踝关节遭受到严重外翻、外展，或外翻、外旋暴力，常可发生内踝的牵拉损伤，但单纯的三角韧带撕裂损伤远比内踝骨折发生率低。

（二）临床表现与诊断

三角韧带损伤后，踝关节内侧可迅速有明显肿胀、内踝尖端或其下方有压痛，此外还可伴有其他组织结构损伤体征，如胫腓连结部或腓骨下端肿胀、压痛。

内踝损伤后，常规进行X线检查是必要的，以明确诊断。

（三）治　疗

参考外侧韧带损伤。单纯内侧韧带断裂十分少见，如果发生，往往还伴有其他韧带损伤或骨折。因此在治疗内侧韧带损伤时，应与其他损伤治疗一起考虑。

三、胫腓联合韧带损伤

胫腓联合韧带位于胫腓骨之间，有胫腓前韧带、胫腓后韧带、胫腓横韧带，以及连接胫腓骨相对面之间的骨间韧带组成。胫腓联合韧带维持着远端胫腓骨之间的稳定性，抵制使其分离的轴向、旋转及横向暴力，对踝关节稳定性有特殊作用。踝关节伸屈时，胫腓上下联合随之活动，踝穴宽度也随之变化，以适应踝关节活动的需要。

（一）病因病理

胫腓前韧带损伤，主要是指踝关节遭到外旋伤力，使距骨体向前外方顶撞外踝，使其向外、向后扭转。由于致受伤暴力大小程度的不同，可以出现胫腓连结自前向后的撕裂，先后发生胫腓前韧带撕裂、胫骨前结节撕脱性骨折、骨间韧带撕裂、胫骨后唇撕脱骨折。

如果损伤暴力巨大，其残余损伤暴力还可引起腓骨解剖颈骨折。少数病例还可有内侧韧带浅、深两层破裂。

另一种类型损伤，是胫腓连结的完全分离，往往是踝关节遭受猛烈的外展或外旋暴力的结果。这类损伤的特点是：①胫腓连结近端有较高位的腓骨骨折；②胫腓连结近侧骨间膜破裂，直至骨折平面为止；③四条韧带均发生破裂；④内踝撕脱骨折或内侧韧带断裂。

（二）临床表现与诊断

胫腓联合韧带损伤病人，其相应部位有压痛，内外踝对向挤压试验阳性，外旋踝关节或负重时疼痛。正确的X线检查不可或缺，尤其是小腿内旋15度斜位片及应力位片。

（三）治　疗

非手术治疗适合于单纯胫腓连结的韧带损伤，而无内踝骨折或内侧韧带损伤。如果复位成功，恢复正常解剖关系，将踝固定于0度位6周左右，并提倡晚负重，期间可配合其他治疗（参考外侧韧带损伤节）。当胫腓下连结分离超过0.5厘米，踝穴明显增宽，踝关节不稳时，必须尽早手术复位固定并修复韧带。

四、踝关节创伤性骨关节炎

踝关节创伤性骨关节炎，又名足球踝，好发的运动项目为足球、体操、田径等。

（一）发病机制

踝关节过度背伸、跖屈、内翻及外翻运动，使胫骨前唇与距骨颈，胫骨后唇与距骨后突，胫骨下关节面与距骨上关节面反复碰撞、挤压，导致软骨或骨组织的慢性劳损。（图14－4）

图14－4　足球踝

急性损伤后未痊愈，过早投入训练，因韧带修复不好，肌肉力量不强，关节稳定性差，容易发生反复损伤，使骨或软骨受到损害，最终可导致踝关节创伤性骨关节炎或称足球踝的产生。

(二) 临床表现与诊断

起病缓慢。初感踝部不适，以后出现疼痛，以腾空后着地、踢球、下蹲等动作为甚。

查体：踝关节肿胀，以踝关节前方尤为明显。关节间隙的前、后方或内、外侧有压痛。踝关节被动跖屈、背伸或内、外翻时疼痛。有时能摸到关节内游离体。

X 线检查：早期无明显异常；晚期表现为骨赘、关节间隙变窄、软骨下骨硬化或有关节内游离体等。

(三) 治　疗

以非手术治疗为主。减少活动和穿软底鞋均有助于减轻症状，并配合中药外敷（当归、黄芪、血藤、紫河车、牛膝、白及、儿茶、土鳖、骨碎补）、按摩、理疗等方法均有较好疗效。有关节鼠或骨质增生影响踝关节活动者，则应考虑手术治疗，手术有关节成形术、关节融合术等。

(四) 预　防

预防措施包括加强小腿与足部肌肉锻炼，增加踝关节稳定性；足球运动员比赛与训练时应带护踝，保护踝关节；踝关节急性损伤应彻底治疗，以免反复损伤。

五、跖腱膜炎

跖腱膜炎在田径运动员经常发生。跖腱膜位于足底深层，为足底筋膜的一部分，它的韧性很强，足弓的稳定性主要靠它来维持。

(一) 发病机理

本病的发病，有直接暴力和间接暴力两种。

1. 直接暴力

多为跑、跳发力时，足尖用力过猛，造成一瞬间对跖腱膜起点的牵扯，可造成其纤维断裂，或高处落地时，足尖点地，造成跖腱膜损伤。

2. 间接暴力

多为反复作用所致，使跖腱膜发生松弛，纤维变性，进而断裂而发病、此外，本病易发生于喜欢穿高跟鞋的女性及老年人。

大约 50% 患跖腱膜炎的病人有跟骨刺，跟骨刺常常位于跟骨结节趾短肌附近。

(二) 临床表现与诊断

疼痛为跖腱膜炎的一个典型症状。疼痛的部位多位于跟骨结节内侧、足底中部、后部。其性质有的为钝痛，有的为撕裂样锐痛。疼痛在走路劳累后加重，休息后可缓解。为缓解疼痛，病人多采用足跟支撑跛行。

检查时可见：病人足弓有不同程度的塌陷，并伴有外翻畸形。其压痛点多位于足心和跟骨结节处，触摸足底发现患侧足底变硬。由于维持足弓的辅助组织，如胫骨前肌、胫骨后肌、腓长短肌等负担较重，常可造成这些肌肉的劳损，而出现小腿外侧或后方的疼痛和压痛。这种情况多提示“跖腱膜损伤或跖腱膜炎”。

体育运动中急性外力，可致跖腱膜断裂，患者感到足底剧痛，多主诉听到组织“啪”的断裂声，背伸患足检查，可发现足底较松弛，局部有凹陷，整个足底变平。

X 线摄片，部分患者可见跟骨结节处有骨质增生。

诊断主要依据临床表现和体征。应与跗骨管综合征鉴别。

(三) 治　疗

对于本症的治疗，多提倡局部休息和改变鞋型为主，辅以中药熏洗、推拿、理疗、局部封闭等。改变鞋型的目的是改变足的负重力线，以减轻跖腱膜的张力。局封的进针点，多选在较明显的地方。

疼痛多与跟骨刺无直接关系，故无必要考虑手术松解。

六、跖骨骨折

跖骨骨折是足部发生率最高的骨折，约占全身骨折的2.3%。由于各跖骨的基底部均有横韧带相连接，故单根跖骨骨折很少移位。

（一）分 类

1. 按骨折部位分类

按骨折部位，跖骨骨折可分为：跖骨颈骨折、跖骨干骨折、跖骨基底部骨折。跖骨基底部骨折最为多见。

2. 按骨折原因分类

按骨折原因，跖骨骨折可分为：外伤性骨折、应力性骨折。应力性骨折常见于2、3跖骨干。

（二）发病机理

1. 直接暴力

直接暴力如车轮压伤等可引起跖骨骨折。直接暴力常常引起多根跖骨骨折。

2. 间接暴力

高处坠落伤或扭伤，前足着地时极度内翻，可引起跖骨基底部骨折，以外侧3根跖骨基底部骨折为多见。

3. 肌腱拉力

前足跖屈内翻，腓骨短肌腱张力的牵拉，可致第5跖骨基底部撕脱性骨折。

4. 应力骨折

应力骨折又名行军骨折，多见于跑、跳、竞走、体操等运动。运动员过多跑、跳训练，使维持跖骨的骨间肌、跖腱膜和跖长韧带长期处于紧张状态最终导致维持跖骨的肌肉、韧带松弛，应力集中于第2、3、4跖骨，当积累应力负荷超过其皮质骨所能承受的能力时，即可产生应力性骨折。

（三）临床表现与诊断

应力骨折一般无外伤史，开始仅有隐痛不适，在跑、跳训练后出现疼痛。以后症状逐渐加重，轻微活动便出现疼痛。一旦出现骨折，疼痛突然加重，而且疼痛呈持续性。足的负重行走功能障碍。

其他骨折常有外伤史，伤后损伤局部出现疼痛、肿胀及瘀斑瘀血，足的负重行走功能障碍。

查体：骨折局部肿胀，有明显的局部压痛及挤压痛。足的主、被动活动功能障碍。

X线可显示骨折部位，移位方向及移位程度。

（四）治 疗

1. 非手术治疗

非手术治疗的适应证为：应力骨折休息3～4周，减少负重量即可；无移位的骨折，用小腿石膏固定4～6周；有移位的跖骨颈骨折，行手法复位，复位后用小腿石膏固定4～6周。

配合中药外敷、理疗和手法治疗以改善局部血液循环。

2. 手术治疗

手术治疗的适应证为：移位明显的跖骨骨折，行手法复位效果不好者；开放性跖骨骨折；陈旧性跖骨骨折，移位明显，影响足的功能者。术后用小腿石膏固定8～10周。

（五）应力骨折的预防

合理安排跑跳训练课，遵守循序渐进原则，改进训练方法；加强足部内在肌的训练；训练后，坚持足部自我按摩和热水浴，消除足部肌肉疲劳。

七、跟腱炎和跟腱腱围炎

跟腱炎和跟腱腱围炎常同时存在，多见于体操、篮球、田径、足球、羽毛球、网球等项目的运动员。由于个体发育的不同，跟腱的长短粗细相差很大，跟腱越长，腱纤维内血供状况也相对较差，因此跟腱细长者易于发病。

（一）损伤机制

由于踏跳、长跑、负重等动作，跟腱组织长期受力的牵拉作用，在腱止点发生末端病样改变，小血管腔堵塞，腱本身血供状况变差，腱纤维发生变性而形成跟腱炎。较长期而强烈的机械性刺激也可造成腱围小血管的变性而发生腱围炎。也可由于碰撞、打击等急性的外界暴力，致使跟腱和腱围发生急性炎症而发病。

另外应予重视的是，踝关节处于过伸位起跳或起踵发力过多而引起本病。当踝背伸至20度位时，跟腱已被拉紧，相对而言两侧的腓骨肌和胫骨后肌却较松弛，这时起跳或起踵，跟腱将承受几乎全部载荷，跟腱及腱围容易出现劳损而发病。有时炎症可波及周围滑囊，引起跟腱滑囊炎。

（二）临床表现与诊断

早期多表现为活动时局部酸胀不适或轻微疼痛，逐渐发展症状加重，表现为跟腱部疼痛，肿胀。疼痛以起跳、后蹬和提踵时明显，患者常见全脚掌着地或脚跟着地的支撑状跛行。

查体时，可见跟腱处肿胀、压痛。触诊时可扪及皮下捻发音，跟腱较健侧粗、硬，有结节状或梭形膨大。足抗阻跖屈时跟腱疼痛，或踝背伸20度位时用力蹬地痛。

X线检查：急性期可见腱组织肿胀影，病程较久者，可见腱止点钙化或骨质增生。

（三）治　疗

早期应暂停跑跳动作的训练，将鞋跟稍垫高减少跟腱牵拉，使局部得以休息。

急性期以冰敷为主，配合消肿止痛中药外敷，对疼痛较重或并发滑囊炎者可行局部封闭。

慢性期可采用透热疗法，如红外线、超短波、蜡疗和离子导入等，以改善局部血供，松解粘连，配合活血化瘀、软坚散结中药熏洗或外敷，则疗效更佳。

按摩应以揉、搓、拿、捏、推、拨法等手法为主，配合经穴按摩以放松小腿三头肌，松解局部粘连。对于上述方法疗效不佳者可行手术治疗，以剥离粘连的腱围和切除受累的滑囊。术后应积极开展康复，第2天即开始踝关节活动，避免再度形成粘连。

（四）预　防

对有早期症状者可采用支持带将踝关节的背伸角度限制在10度左右，以减轻跑跳时跟腱所受的牵张力；训练中，应尽量避免在踝背伸位发力。此外应注意以下与发病有关的因素：①跟腱柔韧性的相对缺乏；②踝关节的过度内旋；③近期运动量的增加，特别是上坡跑训练；④定期更换运动鞋。

八、跟腱断裂（Achilles Tendon Rupture）

跟腱断裂有相对特定好发人群，多为体育、舞蹈运动者。直接撞击使跟腱断裂者在运动员中较少见，常发生于下列情况：①踝关节背伸位时，跟腱已处于拉伸状态，此刻忽然爆发用力起跳，小腿三头肌猛烈收缩，跟腱因过载而致断裂。②职业运动员，反复而持续的激烈运动，致跟腱血运障碍，肌腱发生退变，疲劳积累也可发生跟腱断裂。③局部封闭时，误将药物注入肌腱，使腱纤维坏死而致其结构破坏，用力后即可发生断裂。此外，患有跟腱腱围炎时也易诱发其跟腱断裂。

跟腱断裂在体操运动员中最常见，在其他项目运动员中也时有发生。如篮球的向前扑救球和后退起跳投篮是最易引起跟腱断裂的动作。完成这类动作，常需踝关节处于背伸约70度时起跳，而这恰好是跟腱最大危险的易断裂角度。

（一）损伤机制

1. 踝关节极度背伸，跟腱突然猛烈牵拉致伤

按解剖分析，一个提踵起跳动作是由跟腱、腓骨肌和胫骨后肌、拇长屈肌完成的。但由于跟腱止点与踝关节轴心间的半径较长，而腓骨肌、胫骨后肌等的半径较短，所以当踝背伸至70度时，跟腱已经牵拉很紧张，而腓骨肌和胫骨后肌却相对较松。这时突然起跳，负荷几乎完全由跟腱承载，就很容易断裂。跟腱最易断裂的部位在跟骨结节上方2～6厘米处的血运薄弱区，断裂的跟腱多呈马尾状，少数为横断或止点撕脱。

2. 直接暴力致伤

主要为切割伤和撞击伤。

3. 其　他

跟腱腱围炎、寒冷、疲劳等均与跟腱断裂有关。

（二）临床表现与诊断

临床病史是早期诊断的重要依据。在踝关节背伸位忽然用力起跳，如：篮球半蹲位拍球急停起跳投篮，忽然感到跟腱被重物打击，出现跟后疼痛，患腿提踵无力，继而局部肿胀、压痛。在受伤过程中，有时可听到钝性低沉的撕裂声。查体则可发现腓肠肌肌腹上移，在跟腱断端处触及一局部凹陷或横沟，断端的近侧有时可出现一硬结，有时可出现皮下瘀血斑。

跟腱断裂后，由于深层屈肌仍完整，踝关节仍可有部分跖屈功能。但临床体检时，病人不能抗阻力跖屈足踝，也不能用患足跖屈单腿负重。Thompson's 试验有于确立诊断。方法是：使病人仰卧，屈膝 90 度，挤压小腿腓部，踝关节有跖屈，则跟腱为不完全断裂；踝关节无跖屈，则跟腱为完全断裂。

超声检查是诊断跟腱断裂的重要方法。超声检查具有实时、动态、经济、简便的优点。在成像时机及操作随意性方面具有一定的优势。超声扫描可发现跟腱部分或全部断裂连续性中断，以及跟腱囊积液和跟腱周围软组织肿胀。超声诊断跟腱断裂的准确性为 80% ~90% 。

X 线检查可见跟腱的阴影不连续或紊乱，跟腱前脂肪垫模糊，并注意有无跟腱钙化或跟骨撕脱骨折。核磁共振成像是早期诊断跟腱损伤，尤其是确诊跟腱断裂的首选检查方法。

MRI 检查诊断跟腱断裂的准确性约为 96% ~100% ，高于超声检查。MRI 尤其适用于跟腱部分断裂的术前评估，以及与各种跟腱慢性退行性改变相鉴别。MRI 对于手术前准确定位和确定手术方案具有重要意义。（图 14 –5）

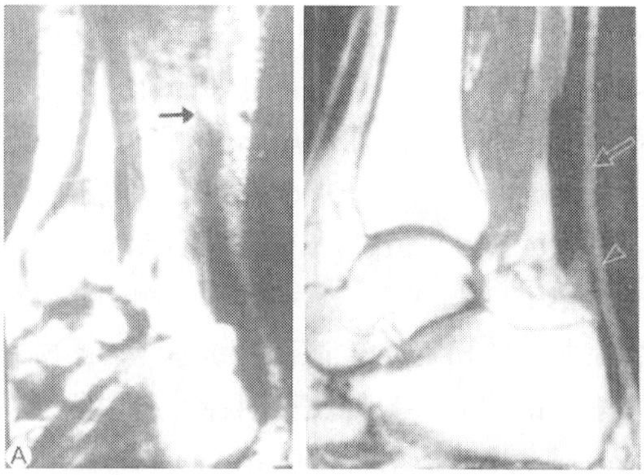

图 14 –5　跟腱断裂的 MRI 检查

跟腱高位断裂（左图），跟腱撕裂
（右图，箭示跟腱，箭头示撕裂处）

（三）治　疗

对于新鲜的完全性跟腱断裂应早期施行手术缝合，而非手术治疗由于不能控制跟腱愈合后的长短与松紧，以致踏跳无力或易再次断裂，因此只在无手术条件或局部皮肤有擦伤感染等不得已情况下采用。术后 3 月可慢跑。半年后正式全面训练。

对于陈旧性断裂，因有腓肠肌短缩，常需做跟腱修补。

（四）功能锻炼

术后 1 天至 5 周：局部固定，练习股四头肌力量及足趾活动。4 周后固定自行车练习踝屈伸活动，带托板下地活动，5 周后垫高鞋跟扶拐行走。

6 周至 3 个月：练习踝关节屈伸活动，加强小腿肌肉力量练习，开始做起踵及小范围蹲起，3 个月后可开始慢跑。

4 个月以后：机能和训练恢复期。可开始部分专项训练，6 个月后在小腿肌肉力量和腿围与健侧基本相同时，可开始正规训练。

跟腱损伤应以预防为主，尽量利用前足跖趾关节踏跳，利用跖趾关节的屈伸背伸来缓解踝的过大背伸角发力和减轻跟腱负荷。尽量使用保护带，以防止踝的背伸过度。

九、踝部腱鞘炎

运动中跑、跳过多或易扭伤踝关节的项目易发生踝部腱鞘炎。拇长屈肌、胫骨肌、腓骨肌、趾长伸肌腱鞘炎多见。

(一) 损伤机制

足踝部有3组滑液鞘，分布在足背、足底的内外侧，都位于肌腱走行过程的转折处，因与踝关节运动有关的肌肉都较粗大有力，故在运动中易受摩擦、挤压。长时间的运动，肌腱在腱鞘内来回滑动，这种机械性刺激使腱鞘充血、水肿、增生、肥厚，发生无菌性炎症反应。

(二) 临床表现与诊断

疼痛、肿胀和功能障碍是主要的临床表现。因病变的腱鞘不同，出现的临床表现也不相同。伸肌腱腱鞘炎多发生在支持带附近，屈肌腱腱鞘炎多发生在内踝后下部。腓骨肌腱腱鞘炎常发生在外踝后下部。

抗阻试验可进一步确定损伤部位。前群肌腱鞘炎，足背伸抗阻试验呈阳性反应；内侧肌群腱鞘炎，足内翻抗阻试验呈阳性反应；外侧肌群腱鞘炎，足外翻抗阻试验呈阳性反应。

(三) 治　疗

采用综合的非手术治疗效果肯定。治疗期间注意局部休息，减轻运动量。封闭、理疗、针灸尤以电针治疗效果明显。

非手术治疗无效者可考虑手术切开松解。

十、跖腱膜止点末端病

在训练和临床中，常常会有一些患者因一次大运动量的训练或因硬物反复抵触足跟底部，导致足跟底部疼痛而就诊，这种伤痛常见于跖肌腱膜止点末端病。

(一) 损伤机制及病理表现

跖腱膜在维持足纵弓的结构中起重要作用。由于跑跳过多，跖腱膜在跟骨结节底部的止点受到反复牵拉；或由于足跟底部因场地不平或鞋底过硬而反复挫伤，均可造成跖腱膜及其止点的牵拉伤，最终导致末端病。此外，跟骨结节底面的慢性挫伤也可导致本病。也有学者认为本病的发生与淋病、梅毒、糖尿病、动脉硬化、类风湿等有关。

损伤主要表现为跖腱膜的炎症、变性；止点部位的骨刺形成及末端主要结构内钙化软骨区和骨向腱膜方向的推进，形成腱膜内骨刺；此外，尚可出现骨刺周围的滑囊炎症。

(二) 临床表现与诊断

本病常表现为足的负重痛及前脚掌蹬地痛。足跟底部可有广泛压痛，痛点以跟骨跖面的前正中部分（即骨刺部位）多见，且随足趾被动背伸加重。

X线片可见跟骨结节前方的骨刺，有些可见周围软组织的肿胀影。如果骨刺显现不规则，伴周围脱钙，表明局部有亚急性炎症，大多症状明显。

(三) 治　疗

治疗本病的重点为减小跖腱膜的牵张力，或增加跟骨结节负重部位的接触面积。治疗方法较多，如使用粘膏支持带，或用足弓垫抬起足弓均可减小跖腱膜的牵张力；足跟垫的使用可使部分患者的症状消除；对于患者出现的晨僵和疼痛，国外多采用夜间夹板疗法以保持足底筋膜被动伸展而缓解症状。

此外，不应忽视局部休息、按摩、理疗及抗炎药物的作用。跖腱膜附着处痛点的局部封闭疗法也有效。这些非手术疗法对多数患者有效，仅有少数需外科手术治疗，如切断跖腱膜、切除炎症滑囊，或胫后神经的跟支切断等。对于此病的预防，应注意运动鞋、训练场地及训练安排等因素。

本章小结

(1) 踝部损伤是常见的运动损伤，损伤不仅限于韧带，也包括肌肉、肌腱、肌腱支持带、软骨等结构。

(2) 节韧带损伤中，踝关节韧带损伤居第一位。踝关节韧带损伤以外侧韧带损伤常见。

(3) 跟腱炎和跟腱周围炎常合并存在，跟腱长者易于发病。

(4) 跟腱断裂最常见于体操运动员，其他运动项目也时有发生。有跟腱炎和跟腱周围炎者更易发生跟腱断裂。

(5) 一次大运动量的训练或硬物反复抵触足跟底部，导致足跟底部疼痛多为跖肌腱膜止点末端病。

讨论题

(1) 踝关节疼痛的常见病因。

(2) 跟腱断裂的危险因素。

推荐阅读参考文献

张新书 (1999)：正常人跟腱超声解剖学研究及其临床意义．中华超声影像学杂志，8 卷 3 期，172～174 页．此论文对通过对正常人跟腱超声解剖学的研究，揭示了跟腱损伤的超声诊断征象。

侯树勋 (2002)：现代创伤骨科学．人民军医出版社 26～27 章．此书对足踝部的常见损伤的发生机制、诊断及治疗进行了较为详细的阐述。

附方索引

一号半月板伤外敷药（《正骨成药与方剂》）

【组成】白及30克、白芍30克、甜瓜子30克、合欢皮30克、续断30克、年见30克、土别15克、远志15克、草薢15克、白芷15克、甘草9克（患者是中年人时，可加檀香、黄七、广香各15克）。

【功效与适应证】逐寒、散瘀、消肿、止痛、续筋。

【用法】共研细末，先用水调匀，然后用蛋清或蜂蜜调敷。

一号旧伤药（《伤科诊疗》）

【组成】续断15克、土鳖虫15克、儿茶9克、檀香6克、木香9克、羌活9克、独活9克、血痛9克、松节9克、乳香6克、紫荆皮9克、关桂6克。

【功效与适应证】舒筋，止痛，逐寒。治各关节伤后经常酸痛，不能着力负重。

【用法】同一号新伤药。

一号接骨丸（《伤科诊疗》）

【组成】秦归60克、白芍60克、茯苓60克、莲米60克、血竭30克、川红花30克、儿茶30克、丁香30克、广木香30克、熟大黄30克、丹皮15克、甘草6克、自然铜30克、土鳖虫30克。

【功效与适应证】生血、活血，健脾、续骨、促进骨痂生长。用于一切骨折和骨质疏松脱钙。

【用法】共研细末。做蜜丸或水丸，每丸约6克，每次服1丸，每日2~3次。

一号新伤药（《运动创伤学》）

【组成】黄柏30克、延胡索12克、血通12克、白芷9克、羌活9克、独活9克、木香9克、血竭3克。

【功能与适应证】退热、消肿、止痛。外用于新伤局部肿胀、疼痛，微烧。

【用法】上药研为细末，混合均匀。用冷开水和少许蜂蜜调匀，根据损伤面积的大小，摊于油纸或纱布上，贴敷伤部。

一号熏洗药（《运动创伤学》）

【组成】川红花60克、赤芍60克、血通60克、合欢皮40克、松节40克、香附40克、威灵仙40克、三七根20克、木瓜20克、生川乌15克、生南星15克。

【功效与适应证】活血散瘀，解痉止痛。用于陈旧性损伤局部冷痛，竣痛，肌肉萎缩，骨折，脱位后关节功能受限。

【用法】以上各药切片，混合均匀，分装成袋，每袋重125克。水煎，外用熏洗患处，每日熏洗2~3次。

二号半月板伤外敷药（《正骨成药与方剂》）

【组成】白及15克、合欢皮15克、碎补15克、象皮15克、续断9克、紫河车（胎盘粉）9克、年见15克、黄柏3克、云苓15克、木通9克、羌活6克、苏木6克。

【功效与适应证】逐水、消肿胀、止痛、续折伤、生新。

【用法】同一号半月板伤外敷药。

二号旧伤药（《伤科诊疗》）

【组成】黄芪9克、杜仲9克、海藻9克、续断12克、土鳖虫12克、红花9克、羌活9克、合欢皮6克、草薢9克、儿茶6克、松节6克、紫荆皮6克、关桂9克。

【功效与适应证】散寒湿，通经络，续筋强筋。用于关节韧带伤后怕冷，峻痛，发硬，乏力。

【用法】同一号旧伤药。

二号接骨丸（《伤科诊疗》）

【组成】当归30克、首乌30克、鸡血藤30克、合欢皮30克、土鳖虫15克、广木香15克、骨碎补15克、白及15克。

【功效与适应证】活血行气，补骨，续筋。用于新旧韧带伤和关节脱位，骨折久不长骨痂，脱钙等。

【用法】炼蜜为丸，每丸约6克、重，每次1丸，日服2~3次。

二号熏洗药（《运动创伤学》）

【组成】通桂45克、吴茱萸45克、甘松45克、独活45克、土茯苓45克、威灵仙45克、陈皮30克、血通30克、川芎30克、藁本30克、骨碎补30克、钻地风30克、苍术15克、细辛15克。

【功效与适应证】行气、通经络，散寒、暖筋骨。用于筋骨冷痛，腿脚麻木、肿胀。风湿性关节痛。

【用法】同一号熏洗药。

八珍汤（《正体类要》）

【组成】党参10克、白术10克、茯苓10克、炙甘草5克、川芎6克、当归10克、熟地10克、白芍10克、生姜3片大枣2枚。

【功效与适应证】补益气血，治气血俱虚者。

【用法】清水煎服，每日一剂。

三号半月板伤外敷药

【组成】紫河车30克、白及30克、广土别30克、儿茶15克、血竭15克、乳香12克、没药12克、丹参15克、骨碎补15克、牛夕9克、象皮9克、云苓15克。

【功效与适应证】生血、活血、通经、续折伤。

【用法】同一号半月板伤外敷药。

三七伤药片（《实用骨伤科诊治手册》经验方）

【组成】参三七、雪上一支蒿、红花、扦扦活等。

【功效与适应证】活血祛瘀，定痛，止血。用于各种急性扭伤、挫伤、关节痛、神经痛及软组织跌打损伤。

【用法】每次3~4片，每日3次。

三七散（《运动创伤学》）

【组成】四制香附30克、三七3克、甘草3克。

【功效与适应证】去瘀行气，通经活血，止。治肌肉韧带伤，以肋间肌和腰肌效果甚佳，胸胁伤，可与七厘散交替服，效果更好。

【用法】每次3克，每日2~3次，开水或酒服。

三号接骨丸（《伤科诊疗》）

【组成】鸡蛋壳150克、三七50克、当归40克、制首乌75克、白及75克。

【功效与适应证】生血活血，增强钙质。用于跌打损伤、骨折、脱钙等。

【用法】作蜜丸，每丸重6克，每日2~3次，每次1丸，开水送服。

三号熏洗药（《运动创伤学》）

【组成】生南星45克、白级45克、赤芍45克、川红花30克、川芎30克、王不留行30克、木鳖子30克、泽兰30克、川木香30克、海桐皮30克、土茯苓30克、鸡血藤30克、三棱30克、莪术30克、生川乌20克、生草乌20木瓜20克、穿山甲15克。

【功效与适应证】活血通经，软坚散淤积，解痉挛，治陈旧性损伤，局部肿胀发硬，关节功能受限，骨化性肌炎等，骨折、脱位、软组织损伤的后遗症。

【用法】同一号熏洗药。

三妙丸（《医学正传》）

【组成】黄柏、苍术、牛膝。

【功效与适应证】清热燥湿，治湿热下注，腰膝关节疼痛。

【用法】水煎服。

云南白药（成药）

【组成】（略）

【功能与适应证】活血止血，祛瘀定痛。治损伤瘀滞肿痛，创伤肿痛，骨疾病疼痛等。

【用法】内服每次0.5克，每隔4小时服1次。外伤创面出血，可直接撒在出血处，然后包扎，亦可调敷患处。

五灵二香丸（《中医治疗骨伤科经验》）

【组成】五灵脂120克、乳香30克、没药30克、指川乌45克、麝香0.3克、薄荷3克。

【功能与适应证】镇痛，通经络。用语坐骨神经痛，肋间神经痛，椎间盘突出症，风湿关节痛。

【用法】炼蜜为丸，每丸3克。每日服2~3次，每次1~3丸。

元胡伤痛宁 成药

六味地黄（丸）汤（《小儿药证直诀》）

【组成】熟地黄25克、淮山药12克、茯苓10克、泽泻10克、山萸肉12克、牡丹皮10克。

【功能与适应证】滋水降火，治肾水不足、腰膝酸痛、头晕目眩、咽干耳鸣、潮热盗汗、骨折后期迟缓愈合等。

【用法】水煎服，日一剂。做丸，将药研细末，炼蜜为丸，每克10克，每服一丸，日3次。

双龙接骨丸（《伤科诊疗》）

【组成】脆蛇30克、广土鳖虫45克、当归头60克、血竭30克、白地龙15克、续断30克、自然铜30克、苏木30克、茯苓30克、熟大黄30克、广香30克、虫朱砂15克、龙骨15克、白芍30克、牛膝30克、乳香30克、没药30克。

【功能与适应证】生血，活血，通经络，安神镇痛，增强骨质。用于旧骨折，骨痂不易形成，失用性脱钙，对半月板损伤也有一定效果。

【用法】炼蜜为丸，每丸6克，或做水丸，虫朱砂穿衣。

双柏散（《中医骨伤科讲义》）

【组成】侧柏叶2份、黄柏1份、大黄2份、薄荷1份、泽兰1份。

【功能与适应证】活血解毒，消肿止痛。治跌打损伤早期，局部红肿热痛，或局部包块形成而无溃疡者。

【用法】同一号新伤药。

正骨丸（见正骨紫金丹）

正骨紫金丹（《医宗金鉴》）

【组成】丁香1份、木香1份、血竭1份、儿茶1份、熟大黄1份、红花1份、牡丹皮1/2份、甘草1/3份。

【功能与适应证】活血祛瘀，行气止痛。治跌扑堕坠、闪挫伤之疼痛，瘀血凝聚等症。

【用法】共研细末炼蜜为丸。每服10克，黄酒送服。

伤科熏洗方（经验方）

【组成】伸筋草15克、透骨草15克、苏木9克、五加皮9克、威灵仙9克、红花6克。

【功效与适应证】活血舒筋、通络止痛。治损伤肿硬、疼痛、或陈皮发痛者。

【用法】水煎先熏后洗。

血府逐瘀汤（《医林改错》）

【组成】当归10克、生地黄10克、桃仁12克、红花10克、枳壳6克、赤芍6克、柴胡3克、甘草3克、桔梗4.5克、川芎4.5克、牛膝

10 克。

【功效与适应证】活血逐瘀，通络止痛。活瘀血内阻，血行不畅，经脉闭塞之疼痛。

【用法】水煎服。

抗骨质增生丸（《运动创伤学》）

【组成】熟地45克、鹿含草30克、肉苁蓉30克、鸡血藤30克、骨碎补30克、狗脊25克、独活15克、海桐皮15克、焦神曲15克、焦麦芽15克、焦山楂15克。

【功效与适应证】生血活血，补肝肾，祛风湿。用与老年退变性骨质增生，创伤性关节炎，肾虚腰痛。

【用法】炼蜜为丸，每丸重6克，每次1丸，每日3次。

补筋丸（《医宗金鉴》）

【组成】丁香30克、沉香30克、木香9克、丹皮30克、当归30克、牛膝30克、人参9克、熟地30克、茯苓30克、山药24克、肉苁蓉30克、菟丝子30克、蛇床子30克、五加皮30克、木瓜30克、白莲蕊30克。

【功效与适应证】补筋骨，益气血，通经络。主治筋肉青紫肿痛，患处活动不便，形体虚弱，面色无华。

【用法】共为细末炼丸，如弹子大，每丸重9克，用无灰酒送下。

制香片（即三七散压片而成，见三七散）

和营止痛汤（《伤科补要》）

【组成】赤芍9克、当归尾9克、川芎6克、苏木6克、陈皮6克、桃仁6克、续断12克、乌药9克、乳香6克、没药6克、木通6克、甘草6克。

【功效与适应证】活血止，去瘀生新。用于损伤中期，积瘀肿痛。

【用法】水煎服。

软坚水（《运动创伤学》）

【组成】山豆根60克、海藻60克、白蔹60克、川芎30克、鸡血藤30克、川红花30克、莪术30克、生南星30克、生川乌30克、生草乌30克、生半夏30克、赤芍30克、木瓜15克、一枝蒿15克、穿山甲15克。

【功效与适应证】活血散瘀，软坚散结，止痛。用于陈旧性损伤患部肿硬，关节功能障碍，骨化性肌炎等。

【用法】上药研成粗粉，分装入纱布袋中，每药50克加45%酒精500毫升坛中浸泡，每周翻动一次，一月后即可使用。棉花或纱布浸湿药水后，外敷患处。

复元活血汤（《医学发明》）

【组成】柴胡15克、天花粉10克、当归尾10克、红花5克、穿山甲10克、酒浸大黄30克、酒浸桃仁12克。

【功效与适应证】活血祛瘀，消痛止痛。治跌打损伤，血积胁下，或肿痛剧烈的体实患者。

【用法】水煎，分两次服，如服完第一次后泻下大便，得利痛减，则应停服。如6小时后仍无泻下者，则应服下第二次，以利为度。

活血止痛汤（《伤科大成》）

【组成】当归12克、川芎6克、乳香6克、苏木5克、红花5克、没药6克、地鳖虫3克、三七3克、赤芍9克、陈皮5克、落得打6克、紫荆藤9克。

【功效与适应证】活血止痛，治跌打损伤肿痛。

【用法】水煎服。目前临床上常去紫荆藤。

活络丸（《运动创伤学》）

【组成】当归60克、天麻60克、制首乌60克、防风60克、独活60克、川牛膝60克、煅牡蛎60克、石斛60克、川芎100克、千年健100克、续断80克、杜仲80克、泽泻80克、桑寄生80克、松节80克、狗脊（去毛）40克、厚朴40克、银花60克、钻地风40克、桂枝40

克、甘草40克。

【功效与适应证】祛风活络，养血舒筋，止痛。全身关节痛，头晕恶风寒，四肢胀麻。

【用法】以上药物经筛选除去泥、杂质，切片烘干为细末，混合均匀，打水丸，如胡椒大小。烘干。每次3克，每日2～3次。

活络膏（《运动创伤学》）

【组成】麝香1.5克、玉桂156克、丁香156克、红花156克、檀香156克、排草156克、白芷36克、羌活36克、独活36克、没药36克、川芎36克、木香186克、山柰36克、当归16克、续断195克、血竭42克。

【功效与适应证】活血散瘀，逐风，散寒，止痛。主治损伤后期肌肉关节疼痛，风湿关节痛。

【用法】用上各药研为细末，混合均匀。桐油500克，菜油50克，红丹250克，放入锅内熬成膏，待膏降温到50～60℃时，加入混合的药粉60克，搅拌均匀，然后摊于膏药布上，每张活络膏重20～25克。用时将活络膏烤化后揉匀，待膏药不烫伤皮肤时，贴于伤部。

顺气活血汤（《伤科大成》）

【组成】苏梗3克、厚朴3克、枳壳3克、香附3克、木香2克、砂仁2克、桃仁9克、红2克、花 当归尾6克、赤芍3克、苏木末6克。

【功效与适应证】行气消瘀，活血止痛。主治跌打损伤，气滞血瘀。

【用法】水、酒参半煎服。

四制香附散（《郑怀贤医著集粹》）

【组成】盐制香附、酒制香附、醋制香附、当归水制香附（各等份）。

【功效与适应证】通气活血，消积止痛，通经络。治伤后肌肉疼痛，胸胁部损伤，肋间神经痛，腹部损伤胀痛。

【用法】上药共为研末，每次服3克，每日2～3次。

健步虎潜丸（《伤科补要》）

【组成】龟胶2份、鹿角胶2份、虎胫骨2份、何首乌2份、川牛膝2份、杜仲2份、锁阳2份、当归2份、熟地2份、威灵仙2份、黄柏1份、人参1份、姜活1份、白芍1份、白术1份、大川附1份半、蜜糖适量。

【功效与适应证】补气血，壮筋骨。治跌打损伤，血虚气弱，筋骨萎软无力，步履艰难。

【用法】共为细末，炼蜜为丸如绿豆大。每服10克，空腹淡盐水送下，每日2～3次。

柴胡疏肝汤（《景岳全书》）

【组成】柴胡、芍药、枳壳、甘草、川芎、香附。

【功效与适应证】疏肝理气止痛，治胸胁损伤。

【用法】按病情拟定药量，并酌情加减，水煎服。

桃仁四物汤（《中国医学大词典》）

【组成】桃仁25粒、川芎3克、当归3克、赤芍3克、生地黄2克、红花2克、牡丹皮3克、制香附3克、延胡索3克。

【功效与适应证】通络活血，行气止痛。用于骨伤患有气滞血瘀而肿痛者。

【用法】水煎服。

消肿止痛药膏（《外伤科学》经验方）

【组成】姜黄、羌活、干姜、栀子、乳香、没药。

【功效与适应证】祛瘀、消肿、止痛。治损伤初期瘀肿疼痛者。

【用法】共研细末，用凡士林调成60%软膏外敷患处。

消结散（《郑怀贤医著集粹》）

【组成】三棱30克、莪术30克、丹参40克、赤芍30克、生南星30克、生半夏30克、生川乌20克、生草乌20克、马钱子10克、半支莲30克、茯苓20克、萆薢20克、甘草

10 克。

【功效与适应证】软坚散结，温筋止痛，活血散瘀。治损伤后期局部软组织肿硬，关节功能受限，骨化性肌炎等。

【用法】上药研细末混匀。水醋各半调敷患处。

理气活血汤（《伤科大成》）

【组成】苏梗 厚朴 枳壳 砂仁 归尾 红花 木香 赤芍 桃仁 苏木 香附。

【功效与适应证】行气活血，祛瘀止痛。用于胸腹挫伤、气滞胀满作痛。

【用法】按病情定剂量，水煎，可加入少量米酒和服。

强筋丸（《郑怀贤医著集粹》）

【组成】四制香附 160 克、乳香 20 克、没药 20 克、甘草 20 克、远志 20 克、牛膝 40 克、续断 60 克。

【功效与适应证】通经络，强筋。治疗韧带、肌肉陈旧性损伤。

【用法】上药研为细末，炼蜜为丸，每丸重 7 克，每次服 1 丸。每日 2～3 次，用开水或酒送服。

滑囊炎散（《郑怀贤医著集粹》）

【组成】穿山甲 10 克、生南星 20 克、生半夏 20 克、茯苓 20 克、防己 20 克、龙骨 15 克、牡蛎 15 克。

【功效与适应证】软坚散结、利水消肿。主治滑囊炎、黏液囊炎等。

【用法】上药研为细末，混合均匀，用温水、热醋各半，将药粉调匀，外敷患部。

舒活酒（《中医治疗骨伤科经验》）

【组成】樟脑（先用酒精溶解）45 克、三七 0.3 克、麝香 0.3 克、生地（量不限，夏多冬少，约 60 克，先用酒泡好，药性透，颜色鲜艳）冰片 18 克、薄荷脑 24 克、白酒 2500 克。

【功效与适应证】舒筋活血、祛瘀。用于骨折、脱位后肌肉－腱損伤，肌肉疲劳及肌肉萎缩等，可透深部。

【用法】将上药共泡于酒内，再加上生地酒即成。外用不可内服。

麝香虎骨膏（成药）

【组成】略功效与适应证：祛寒通络，舒筋止痛。主要用于关节扭挫伤，风寒湿痹等症。

【用法】皮肤清洁后外贴患处。

蠲痹汤（《百一选方》）

【组成】羌活 6 克、姜黄 6 克、当归 12 克、赤芍 9 克、黄芪 12 克、防风 6 克、甘草 3 克、生姜 5 片。

【功效与适应证】活血通络，祛风除湿。治损伤后风寒乘虚而入络者。

【用法】水煎服。

主要参考文献

1. 曲绵域，于长隆．实用运动医学［M］．北京大学出版社，2003.

2. 王亦璁．骨与关节损伤［M］．人民卫生出版社，2001.

3. 陈启明，秦岭．骨科基础科学［M］．人民卫生出版社，2001.

4. 曲绵域，田得祥．运动创伤检查法［M］．北京医科大学出版社，1999.

5. 陈中伟．骨科医师手册［M］．上海科技教育出版社，1995.

6. 吴文豹，徐光耀．人体软组织损伤学［M］．广西科学技术出版社，2002.

7. 范振华，胡勇善．骨科康复医学［M］．上海医科大学出版社，1999.

8. 周士枋，范振华．实用康复医学［M］．东南大学出版社，1998.

9. 张安桢．中医骨伤学［M］．上海科学技术出版社，1998.

10. 鲁住广信，郑宏伟．运动损伤和功能恢复［M］．人民体育出版社，2000.

11. 戴克戎．现代骨科学［M］．科学技术文献出版社，2003.

12. 吴在德．外科学［M］．人民卫生出版社，2000.

13. 刘明铎．实用颅脑损伤学［M］．人民军医出版社，2003.

14. 吴承远，刘玉光．临床神经外科学［M］．人民卫生出版社，2001.

15. 陈中伟．运动医学［M］．上海科技教育出版社，1996.

16. 吴林生．运动创伤的诊断和中医治疗［M］．人民卫生出版社，2000.

17. 于胜吉．腕关节外科［M］．人民卫生出版社，2002.

18. 侯树勋．现代骨科创伤学［M］．人民军医出版社，2002.

19. 戴克戎．现代骨科学［M］．科学技术文献出版社，2002.

20. 赵炬才．髋关节外科学［M］．中国医药科技出版社，1997.

21. 戴克戎．肩部损伤外科学［M］．人民卫生出版社，1996.

22. 任玉衡，田得祥．中国优秀运动员运动创伤流行病学研究［R］．国家体育总局科教司（2002）．

23. 任玉衡，田得祥，史和福，等．优秀运动员的运动创伤流行病学调查［J］．中国运动医学杂志，19卷4期，377~386.

24. 刘亚波．骨科运动医学的最新观点与争论［M］．北京医科大学出版社，2002.

25. 毛宾尧．肘关节外科学［M］．上海科学技术出版社，2002.

26. 李百川，周明．关节镜技术的历史与新进展［M］．华夏医学，2003（4）：597~599.

27. 刘建仁，范光顺．小针刀疗法的临床研究进展［J］．新中医，2002（8）：69~71.

28. 韩晓实．中医在运动损伤康复中的作用［J］．河北医学，2002.8（10）：953~954.

29. 黄晋，四肢骨折损伤的运动康复训练［J］．中国康复理论与实践，2002.8（4）：222~223.

30. 李敏杰，王予彬．现代康复支具在运动创伤治疗中的应用［J］．中国运动医学杂志，2003. 22（2）：200～202.

31. 江海燕，于法景．膝关节常见运动创伤术后康复方案—总论（上）［J］．中国运动医学杂志，2002. 21（4）：442～449.

32. 江海燕，于法景．膝关节常见运动创伤术后康复方案—总论（下）［J］．中国运动医学杂志，2002，21（5）：527～533.

33. 王吉兴，姚军．关节软骨损伤基因治疗的研究进展［J］．中华风湿病学杂志，2003，7（10）．

34. 杨桂勇，卢世璧．关节软骨损伤修复基础研究进展［J］．中国矫形外科杂志，1996，3（1）：54.

35. 张磊，吴林生．关节软骨损伤修复研究进展［J］．中国骨伤，1997，10（2）：60～61.

36. 耳廓特殊运动创伤 5 例报告［J］．滨州医学院学报，1998，21（3）：255.

37. 举重运动损伤及预防，广州体育学院学报，2003，23（4）：43～44.

38. 运动性腰椎间盘突出症病因病理［J］．邵阳高等专科学校学报，2002，15（1）：45～46.

39. 下腰痛的评定及运动疗法，中华物理医学与康复杂志，2001，23（3）：177～178.

40. 肩关节撞击症研究进展［J］．国外医学·骨科学分册，2003，24（1）：4～6.

41. 陈进利．肘关节不稳定研究进展［J］．国外医学·骨科学分册，2003，24（3）：111～113.

42. 刘智华．膝关节后交叉韧带损伤的诊断和治疗［J］．国外医学·骨科学分册，2003，24（1）：10～12.

43. 陈疾杵．髌股关节疾病研究进展［J］．国外医学·骨科学分册，2003，24（1）：15～17.

44. 张新书．正常人跟腱超声解剖学研究及其临床意义［J］．中华超声影像学杂志，1999，8（3）：172.